U0610858

绿色低碳行为研究丛书

绿碳行为选择及决策

田立新　范兴华　李丹丹　孙　梅　殷久利　著

科　学　出　版　社

北　京

内 容 简 介

本书从系统复杂性角度研究绿碳发展中各主体行为的认知与感知，综合运用多元统计分析、复杂网络理论、行为分析理论、非线性动力学理论、多目标动态优化、大数据分析技术等方法，探索多区域工业碳生产力及其绿色竞争优势，评价区域绿色竞争力，分析居民绿色低碳行为选择及扩散机制，揭示绿色低碳行为下经济发展的度量及市场的阈值规律，旨在建立中国特色的企业和居民绿色低碳行为的管理新体系。

本书可作为行为经济、能源系统工程、复杂系统分析与决策等方向的研究生教材，也可作为绿色低碳行为相关领域研究人员的参考书。

图书在版编目（CIP）数据

绿碳行为选择及决策/田立新等著. —北京：科学出版社，2023.2
（绿色低碳行为研究丛书）
ISBN 978-7-03-073321-4

Ⅰ．①绿…　Ⅱ．①田…　Ⅲ．①低碳经济–行为经济学–文集
Ⅳ．①F062.2-53

中国版本图书馆 CIP 数据核字（2022）第 182643 号

责任编辑：邓　娴／责任校对：贾娜娜
责任印制：张　伟／封面设计：蓝正设计

科学出版社 出版
北京东黄城根北街 16 号
邮政编码：100717
http://www.sciencep.com
北京虎彩文化传播有限公司 印刷
科学出版社发行　各地新华书店经销

＊

2023 年 2 月第 一 版　开本：720×1000　1/16
2023 年 2 月第一次印刷　印张：25 1/4
字数：506000
定价：298.00 元
（如有印装质量问题，我社负责调换）

序　言

当前，世界范围内的可持续发展正在推进两大进程：一是推进联合国《2030年可持续发展议程》，旨在实现全球经济发展、社会进步和环境保护之间的协调和平衡；二是落实和实施《巴黎协定》，旨在推进能源和经济低碳化变革，实现控制全球升温、保护地球生态安全的目标。实现这两个目标的政策措施相一致，具有广泛的协同效应，都需要强化能源革命，建立并形成清洁低碳、安全高效的能源体系；推动经济发展方式转变，形成绿色、低碳、循环可持续发展的经济体系，打造经济发展、能源安全、环境保护和减排二氧化碳协同治理与多方共赢的格局。

当前及"十四五"期间，中国要保持战略定力，坚持节能减碳的目标导向和政策措施不放松。要以习近平生态文明思想为指导，努力实现以生态优先、绿色低碳发展为导向的高质量发展。习近平生态文明思想倡导人与自然和谐共生，倡导绿色低碳循环可持续发展的生产方式和生活方式，是中国推动生态文明、建设美丽中国的指导方针，而且对全球应对气候变化、保护地球生态安全、实现人类社会可持续发展具有重要指导意义。习近平同志提出，"共谋全球生态文明建设，深度参与全球环境治理，形成世界环境保护和可持续发展的解决方案，引导应对气候变化国际合作"[①]，这也是中国推进全球气候治理体系变革和建设的基本理念和指导思想。

经过多年的扎实工作，田立新教授团队撰写了专著《绿碳行为选择及决策》，从系统科学的观点出发，多角度介绍绿色低碳行为下新的经济学理论和方法。全书共 21 章，分为三篇，第一篇主要介绍绿碳行为的认知与感知分析，第二篇主要介绍绿碳行为的选择分析，第三篇主要介绍绿碳行为的决策分析。该专著内容相对于该领域已有成果，学术视角独特、研究方法新颖、数据资料充分详尽、理论与实证分析相结合且相互印证，对行为经济学在绿色低碳领域的发展具有独到的贡献；综合运用多元统计分析、复杂网络理论、行为分析理论、非线性动力学理论、多目标动态优化、大数据分析技术等多学科交叉方法，构建企业和居民绿色

---

① 习近平：坚决打好污染防治攻坚战 推动生态文明建设迈上新台阶. http://jhsjk.people.cn/article/30000992，2018-05-20.

低碳行为的基础理论，探索多区域工业碳生产力及其绿色竞争优势，评价区域绿色竞争力，分析居民绿色低碳行为选择及扩散机制，揭示绿色低碳行为下经济发展的度量及市场的阈值规律，实现绿色低碳行为领域的理论创新，发展绿色低碳行为理论体系，理论价值明晰。研究绿碳行为经济学问题跨越了多学科，交叉特色明显。定性、定量分析相结合，前后思路连贯，逻辑严密，数学模型多样，多角度、多方法阐述绿碳行为的经济学问题，绝大多数章节已在国内外重要期刊上发表，其中部分内容刊登在国际权威期刊 *Applied Energy*、*Energy*、*Journal of Cleaner Production* 等上。

　　中国倡导合作共赢、公平正义、共同发展的全球气候治理新理念，把合作应对气候变化作为推动各国可持续发展的机遇，促进各国特别是发展中国家走上气候适宜型的低碳经济发展路径，以实现"发展"与"减碳"的双赢，促进各国加强互惠合作，共同发展，打造人类命运共同体。中国在国内遵循绿色、循环、低碳发展理念，统筹国内可持续发展与全球应对气候变化国内、国际两个大局，推动能源革命和经济发展方式转型，打造经济、民生、资源、环境与应对气候变化多方共赢的局面。中国在全球气候治理变革、能源与经济低碳转型、互惠共赢国际合作等领域，已经并将继续做出重要贡献，发挥引领作用。

　　在这样的背景下，田立新教授团队撰写的专著《绿碳行为选择及决策》，正合时宜，该书作为行为经济学在绿色低碳行为领域的新拓展，适合作为研究性参考书，会让从事经济学、管理学的研究人员比较感兴趣，值得推荐。

国际欧亚科学院院士

中国国家气候变化专家委员会副主任　何建坤

国务院参事室特约研究员

2022 年 5 月 20 日

前　　言

　　"绿色低碳发展转型中的关键管理科学问题与政策研究"是实现碳达峰、碳中和的管理科学问题的最重要的方向。绿色低碳发展转型涉及经济转型和产业升级、个人和组织行为改变、能源系统变革和国际气候治理体系创新等问题，是一项复杂的系统工程，存在很多挑战和不确定性。为了尽可能降低转型的成本和有效应对转型过程中的风险，需要全球性的视野和前瞻性的布局，在国家宏观战略层面进行不同空间和时间尺度的统筹协调，提出近期、中期、远期不同阶段的转型目标和要求，优化转型路径，实施及时有效的政策干预，对转型过程进行科学管理。鉴于我国绿色低碳发展转型的复杂性，对我国绿色低碳发展转型中的关键管理科学问题进行系统和深入的研究，实现对转型过程自身客观规律的深刻认识，形成国家决策和政策制定的科学支持平台，促进相关学科领域的发展，是兼具学术与实践价值、体现国家需求的重大研究任务。

　　绿色低碳行为研究从社会参与的角度阐明企业和居民绿色低碳行为的规律和模式，是关于绿色低碳转型行为方式研究的理论与实现。所构建的企业和居民的绿色低碳行为理论及方法，是落实中央提出的"创新、协调、绿色、开放、共享"发展理念的重要体现。《巴黎协定》制定后，自下而上的减排行动推动个人、团体、联盟的自发绿色低碳行为，成为实现《巴黎协定》的基础。绿色低碳行为正在成为时尚潮流、社会公德、生活习惯。绿色低碳行为的深入研究趋势增强，成为学科发展前沿。在全球应对气候变化进程出现新转折的时代背景下，统筹国内、国际两个大局，形成我国企业和居民的绿色低碳行为的特征、规律、路径、机制及关键不确定性的科学描述，建立起我国绿色低碳发展转型的科学理论和方法，具有重要意义。

　　本书研究企业和居民等不同层面的绿色低碳行为机理，利用行为管理学、行为经济学、复杂网络、博弈论、大数据分析、社会心理分析等多学科综合交叉的理论方法，结合统计资料及问卷调查数据，探索企业和居民绿色低碳行为的理论基础，建立中国特色的企业和居民绿色低碳行为的管理新体系：分别从企业异质性和社会交互对居民绿色低碳产品使用的作用两个角度构建绿色低碳行为的模式模型与核算方法；研究行为干预对企业和居民节能减排的作用机制，分析企业和居民的需求对节能和绿色能源利用的影响，提出促进绿色低碳生产和消费行为方式改变的行为治理政策措施。

本书着重构建绿色低碳行为经济学中的选择与决策体系，重点研究企业和居民的绿色低碳行为选择及决策，揭示绿碳行为的选择及决策机理。本书由田立新教授总体规划设计及协调。第 1~4 章由田立新教授、李丹丹副教授撰写；第 5~9 章由田立新教授、李薇宇博士、高星雨博士撰写；第 10~14 章由田立新教授、孙梅教授、范兴华教授、殷久利教授撰写；第 15~21 章由田立新教授、范兴华教授、殷久利教授、杜瑞瑾副教授撰写。全书由田立新教授、孙梅教授、李丹丹副教授统稿及润色。感谢积极参与写作的教师，他们是蒋书敏教授、韩敦副教授、李文超副教授、白洋副教授、王明刚副教授、甄在利老师等。感谢参与本书写作的研究生合作者，他们是胡鹏琪、刘雅萍、顾丽琴、潘将来等。本书相关研究内容得到下列基金项目的资助：国家重点研发计划全球变化及应对重点专项课题（2020YFA0608601），国家自然科学基金项目（72174091、51976085、61973143、71974080、72174077、71874188、51876081），国家自然科学基金重大项目课题（71690242），江苏省社会科学基金（18EYB020），江苏省软科学基金（BR2019027），江苏高校优势学科建设工程（三期）资助项目（PAPD-2018-87）。衷心感谢何建坤教授、刘燕华研究员、张希良教授、魏一鸣教授、范英教授、耿涌教授、陈文颖教授、周宏春研究员、石敏俊教授、周德群教授、周鹏教授、陈诗一教授、毕军教授等，他们在本书的写作过程中提出许多宝贵意见及建议，感谢来自海外的杨自力教授、沈波教授、苏斌教授、严晋跃教授、关大博教授等，他们在本书的撰写和出版过程中提供了许多有益建议和帮助。同时，感谢与著者团队长期以来合作交流的学者和管理人员的大力支持。再次感谢为本书撰写和出版提供帮助的所有人。

田立新

2022 年 5 月 14 日

目　　录

第二篇　绿碳行为的选择分析

第三篇　绿碳行为的决策分析

第1章 绪 论

1.1 研究背景及意义

中国国家主席习近平在 2020 年 9 月 22 日召开的联合国大会上表示,"中国将提高国家自主贡献力度,采取更加有力的政策和措施,二氧化碳排放力争于 2030 年前达到峰值,努力争取 2060 年前实现碳中和"[①],这是党中央、国务院统筹国际、国内两个大局做出的重大战略决策,体现了坚定支持多边主义、积极推动构建人类命运共同体的大国担当,极大提振了国际社会共同实施《巴黎协定》和推动疫后世界经济"绿色复苏"的信心。随着全球的气候变化、城市雾霾等问题的日益凸显,各国政府对环境问题愈加重视,绿碳(即绿色低碳)经济和绿碳生活作为支撑社会生产和生活的新型绿色发展模式受到广泛关注[1~4]。

从系统复杂性角度分析绿碳发展中各主体行为的认知与感知,对科学有效地推进绿色行为发展有重要意义。绿碳经济和绿碳生活的发展离不开企业和居民等主体对绿色低碳能源利用的选择及决策。企业和居民的选择及决策管理是现代市场条件下,缓解用能矛盾、促进节能减排和绿色低碳能源利用的重要科学手段[5, 6]。企业和居民的绿碳行为选择及决策是指企业和居民对节能产品和绿色低碳能源的价格或相应的激励信号做出响应,并改变正常用能模式,从而实现用能优化和系统资源的综合优化配置。节能和绿色低碳能源利用是一场涉及生产模式、生活方式、价值观念和国家权益的全球性革命,它以低碳化、无碳化能源体系为基础,以社会生产与再生产活动低碳化、无碳化为主要内容。这种新的用能模式旨在通过协调人与自然的关系,构建人与自然友好、人与社会和谐的良性互动关系,保证人类社会具有长期持续的发展能力。因此,如何增加企业和居民的节能力度、提高绿色低碳能源利用是现代能源管理亟待解决的问题。企业和居民的绿碳行为

---

① 习近平在第七十五届联合国大会一般性辩论上发表重要讲话. http://jhsjk.people.cn/article/31871240, 2020-09-23.

选择及决策行为是一个关系到社会各阶层利益的活动，离不开政府、企业和公众三大主体的共同参与[7, 8]。对人类行为的研究一直是社会学、心理学和经济学共同关注的焦点[9~11]。人类个体行为是隐藏在许多复杂社会现象背后的驱动力，定量分析人类行为是现代科学的一个重要研究课题[12, 13]。通过对人类行为的研究，不但可以提高人类对自身的认识，而且可以提高由于人类行为对社会系统演化结果的理解[14]。不同的个体行为会给人们带来不同的期望收益，因此，在复杂的社会环境与不同的激励机制下，人类的行为选择是随着时间变化的[15, 16]。研究表明，传统的经济及管理理论往往不能够解释或预测人类行为带来的社会结果[17]。因此，我们需要基于人类行为复杂性的视角探讨主体的绿碳行为选择及决策。

在我国推广绿色电力需求响应（demand response，DR）计划，有效地引导各主体的绿色用电选择，培养各主体的绿色用电习惯，是非常重要的决策。"绿碳"在"碳中和"中贡献潜力大，优化"绿碳"供给为实现"碳中和"赋能极具现实意义。绿色电力是"绿碳"的主要组成部分，绿色电力和绿证交易，能够全面反映绿色电力价值，加快引导全社会减污降碳行动，有力促进风电、光伏发电等新能源发展，是助力实现"碳达峰、碳中和"目标，构建以新能源为主体的新型电力系统"需求响应"的重要举措。目前，我国电价制度缺乏灵活性，电力市场还没有引入平衡发电机制，缺乏长期、稳定和可靠的经济激励来源是阻碍用户侧需求响应潜力的主要因素。可以预见的是，国内需求响应存在较大发展空间，电价和激励机制是需求响应实施的两个关键因素，两者相辅相成，相互促进。但目前，在我国现有监管体制下，很难制定出灵活的电价政策。合理有效的激励机制能够有效地促进需求响应的实施和发展，为此，我国部分地区已经制定了统一的需求响应补偿标准。这些补偿虽然取得了一定程度的激励效果，但并没有考虑到用户的响应意愿。因此，制定公平公正的，能够保护电力生产企业利益，并且能充分激发用户灵活性的激励机制势在必行。考虑到我国电力市场的现状，我国电力市场并不存在实时电价（real-time pricing，RTP）机制，因此没有价格信号来规范用户的用电行为。目前，分时电价（time-of-use pricing，TOU）虽然得到了广泛实施，但仍未达到实施需求响应的预期目的。因此，找到一种能够实时调整用户用电行为，帮助用户优化用电策略，且能保证电网安全可持续发展的电价方案迫在眉睫。

绿色行为的选择离不开需求侧管理（demand side management，DSM），需求侧管理作为智能电网的重要组成部分，于20世纪80年代初期提出，旨在平衡电力系统发电与消费者对电力的时变需求。需求侧管理，即对电力实施的管理，是指在国家政策与法规的支持下，通过电力生产企业和各类用户的参与，来改善并提高电网的供电效率，并且通过引导消费者转移峰时用电需求以优化消费模式，从而改善能源效率，提高电网系统输配电的可靠性和有效性。近年来，电力的生产成本一直是电力生产企业和电力行业广泛关注的问题。因此，许多研究尝试通过设计有效的方案，来帮助电力企业生产电力，并管理电力在工业和商业及住宅领域的使用。其中，最新的研究工作主要集中在发电、配电及电力使用的成本上，由于电力生产企业和用户是电力市场中的主要利益相关者，其研究目标是最小化电力生产企业的电力生产成本和最大化电力生产企业的利润，同时最小化用户的效用成本和最大化用户的满意度。为了应对气候变化带来的挑战，大多数研究人员致力于以环境友好的方式，在现有的装机容量下，寻求电力生产和电力消费之间的平衡。智能电网为利益相关者带来了极大的好处，并解决了电力管理方面的许多问题，但还需要对其进一步完善来确保电力生产者的利益及保证用户从电力市场中获得更好的服务。一方面，对用户来说，可以在电价过高或用电高峰期时减少用电负荷，降低用电成本；另一方面，这也有利于电力生产企业减少用电高峰期的发电成本，从而减少环境污染。此外，智能电网为电力运营商提供可靠的数据和信息，指导它们在运营、网络设置和配电方面做出决策。在这个数字信息化的时代，智能电网配网系统有效地确保电力的可靠供应，同时迅速满足终端用户的电力需求。发电和配电企业可以通过智能电网随时了解每个用户的用电负荷，在采用统一费率的情况下，智能电表可以确保只有在高峰期使用更多电力的用户才需要为其使用付费，而其他用户无须付费。

绿碳行为的决策涉及企业、居民和政府等各主体。企业、居民和政府是社会生产和经济活动的基本主体，是影响绿色低碳发展的决定性力量，参与绿碳行为的各主体只有做出科学、正确的绿色低碳决策，才能真正促进并实现我国绿碳发展。各绿碳主体行为的决策，宏观上包括各级政府层面的绿碳行为治理决策，微观上又包括企业及个体绿碳行为的决策。在宏观层面上，建立和完善碳市场是促进温室气体减排，实现我国"双碳"目标的重要战略举措。随着全球能源消耗的急剧增加，全球气候变化引起的二氧化碳排放问题越来越受到关注。世界主要经济体，如中国、美国和欧盟，已经宣布了各自的减排目标。值得注意的是，中美两国发表的关于 2020 年后减排目标的联合声明，将成为应对气候变化的强大力量。两国将加强在先进煤炭技术、核能、页岩气、可再生能源等领域的合作，促进两国能源结构的优化。调整能源消费结构，降低煤炭在我国一次能源消费中的比重，是一项十分重要的任务。改善能源消费结构是减少碳排放的重要途径之一，但缺少具体的途径来控制能源的使用。碳市场已被发达经济体和发展中经济体采纳为主要履行《京都议定书》规定义务的具有成本效益的机制。碳市场由监管机构与政策制定者设计，呈现环境、市场、金融和政策的属性。排放二氧化碳的许可证在这种市场上交易，其价格称为碳价格。作为一种降低排放成本的有效工具，排放交易计划（emissions trading scheme，ETS）已在全球范围内扩展到欧洲以外。ETS 政策主要通过碳市场来影响我国的经济体系，碳价格在一定范围内波动。由于不同的制度设计、政策调整与市场效率不高，我国 ETS 试点的碳排放权交易价格差异较大，市场活力和流动性较弱。在一个信息有效的市场里，当前的市场价格应能快速反映所有相关的信息。碳市场的有效性有助于解决关于能源消耗、能源结构与新能源技术发展等问题。在能源市场与碳市场之间的波动溢出方面，以往的研究多采用计量经济学模型，如向量自回归模型或广义自回归条件异方差模型等。计量经济模型总是要求数据是固定的，这给许多实际问题研究带来限制。此外，这些方法还存在一些不足之处，如样本数据选择不同会导致结果不一致，而且经典的统计方法和计量经济学模型在解决与时间序列相关的非线性和非平稳问题时存在着明显的不足。为此，学者借助非线性动力学理论、复杂网络理论、人工智能算法和递归理论提出了各种新的模型，并取得了许多有意义的成果。从复杂网络理论视角，递归图（recurrence plots，RP）和递归量化分析（recurrence quantification analysis，RQA）方法是可视化和分析动态系统的有用工具，可用于研究相空间中的动态系统，这两种方法在处理非线性数据方面具有很大的优势，可以在多维空间中研究一维数据，发现真实数据背后的潜在机制。这两种方法已被广泛应用于金融、地球科学、医学等领域。然而，很少有研究使用这两种方法来研究碳市场或化石能源市场与碳市场之间的关系。如何量化与识别我国试点市场碳价格的潜在时期及动态演化特征，探究它们在价格动态上的相似性与异质性，如何量化碳市场效率，如何从非线性角度考量化石能源市场与碳市场之间的波动溢出关系等，这些问题的探究在碳市场研究中具有重要的理论意义和应用价值。

1.2 国内外研究现状

1.2.1 绿碳行为的认知与感知

合作自古以来就是人类社会的焦点，关于如何采取合作、是否应该采取合作及怎样促进合作，学者开展了不同的讨论[18~21]。Thogersen[22]的研究表明，人们的环境意识是驱动行为改变的重要因素。Kennedy 等[23]的研究表明，除了挖掘碳价格、市场和碳税对碳排放有影响外，政府应该制定有效地推动城市绿碳基础建设的措施。Iyer 等[24]研究了短期低碳技术部署政策对长期收益的影响，结果表明短期低碳技术部署政策是一个多元化的投资组合过程，促进低碳技术部署政策的实施可以带来长期收益。Rai 和 Henry[25]研究了基于多主体的消费者能源消费选择模型，通过多主体仿真，研究了个体低碳行为和低碳技术的采用策略。Cohen 等[26]研究了政府对用户的补贴如何影响绿色技术采用，研究结果表明，如果政府在制定补贴政策时忽视产品需求的不确定性，那么预期的绿色技术采用将会受到很大影响。Steinhorst 和 Matthies[27]的研究表明个人的心理行为是一个重要的影响低碳政策推行的因素。在国内，郑玉香和王猛[28]阐述了低碳行为研究理论，分析了我国推行低碳消费的不足和人们对推进低碳消费的一些认识误区，提出了一些引导消费者低碳消费和低碳生活方式的建议。王秀村等[29]研究了低碳消费行为影响因素与作用路径，探讨了低碳信念、功能性价值认知对低碳家电购买意图的作用路径，发现消费者对于低碳产品的态度在其中发挥着中介作用。朱淀等[30]研究了工业企业的低碳生产意愿与行为，提出了一些不断加大我国工业企业的自主技术创新能力，以及政府适度引导规模以上工业企业实施节能减排等的相关政策建议。陈红等[31]研究了个体低碳消费行为引导的低碳经济实现路径，研究结果表明，自我低碳消费偏好对个体知觉消费行为具有负向作用，应加以引导。徐建中和吕希琛[32]研究了低碳经济下政府、制造企业和消费群体决策行为的演化，结果表明降低低碳监管成本、加大低碳规制惩罚力度、提高全民低碳心理意识等措施有助于推动理想低碳运营模式演化。孙希波和常庆博[33]研究了基于博弈理论和激励相容原理的低碳经济相关主体行为，建议政府作为生态利益和社会总福利的代表者，要充分利用现有条件和资源，针对企业和公众制定相应的激励措施，调动其参与低碳经济发展的积极性。Zhou 等[34]研究了政策的制定如何影响低碳的投资，结果表明碳税能够引导企业的投资方向，不同的碳市场能够产生不同的企业行为。Chen 等[35]研究了基于个体态度的个体低碳行为是如何产生的，并提出了一些促进个体低碳行为的策略。牛晓叶[36]研究了企业低碳行为与股东价值的关系，研究结果表明我国企业低碳行为有利于股东价值的提升，环境敏感行业的低碳行为与股东价值的关系更显著，但是与被动的低碳行为相比，主动的低碳行为并未获得更大的股东价值。Cheng 等[37]的研究结果表明广东省的煤炭消耗在 2017~2019 年达到顶峰。考虑到消费者、企业和政府对全球变暖问题日益的关注，Wang 等[38]建立了温室气体排放模型，研究了个体选择低碳家庭产品的双目标优化问题。

国内外关于企业和居民的需求侧响应对节能和绿色低碳能源利用影响的研究主要划分为两种类型：基于价格的需求响应和基于激励的需求响应。基于价格的需求响应是指以价格作为激励手段，促使企业和居民根据价格变化调整用能方式。基于激励的需求响应是指项目实施机构通过建立一些经济激励或补偿机制，来促使企业和居民使用节能和绿色低碳产品。然而，这些研究主要聚焦在一些单一因素对需求侧响应的影响，从人类行为时空复杂性的角度，科学合理地分析企业和居民的需求侧响应对节能和绿色低碳能源利用影响的研究还比较少。此外，对引导个体及企业节能和绿色低碳能源利用的研究大多是定性分析，而定量研究还比较少。因此，有必要从人类行为管理和人类行为复杂性的角度研究有效驱动企业和居民需求侧响应的措施，该类研究有利于推动节能和绿色低碳能源的发展，实现国家对环境和大气的保护战略。

1.2.2　绿碳行为的选择

近年来，许多学者对电力供需中需求响应选择做了大量的研究。随着电力需求的增长，峰值负荷的不断增加对电网的安全稳定产生了重大影响。为了满足消费者的高峰用电需求，传统的做法是通过增加尖峰负荷电厂来维持供需平衡。但这种方法不仅提高了发电成本，损害了消费者的利益，也造成了资源的浪费。因此，在我国推广需求响应计划，有效地引导各主体的用电选择，培养各主体的用电习惯，是非常重要的决策，同时这也将为减少有害气体排放的目标做出重大贡献。目前，我国还没有推行实时电价政策，电价制度缺乏灵活性，同时智能电表也没有在电力市场上得到广泛推广，缺乏合理有效的激励机制来促进需求响应的实施和发展。为此，制定公平公正的能够保护电力生产企业利益并且能充分激发用户灵活性的激励机制势在必行。基于价格的需求响应被认为是转移消费者峰值负荷最有效的途径之一。合理的电价机制直接影响消费者参与需求响应的意愿和积极性，以及需求响应实施的效果。此外，在住宅领域，随着智能电网的发展，传统的电价机制已难以满足用户多样化的用电需求。因此，定制化的需求响应价格机制显得尤为重要。碳排放交易机制是减少大气中温室气体的一种经济有效的方法。

近年来，人们对动态定价的作用和实施效果进行了大量研究。Schlereth 等的研究结果表明，与动态定价相比，消费者更偏爱于静态定价。并且指出，动态定价的不可预测性是影响消费者接受意愿的最主要原因[39]。在一项针对加利福尼亚州小型电力用户的实证研究中，Levin 表明，动态的定价方案能够使峰值负荷降低20%以上[40]。Zhou 等研究了电价对用户在峰时和谷时电力消费的影响，并指出适当的需求响应方案不仅可以减少峰时的用电量，还能减少消费者的电力使用成本[41]。Wang 等通过模拟消费者 24 小时的用电需求，分析了实时电价对家庭用电量的影响因素，研究结果表明实时电价方案具有将居民用电负荷从峰时转移至谷时的潜力，并且能降低总体用电量[42]。Campill 等分析了需求响应对瑞典经济的影响，并对在不采用需求响应的情况下，消费者是否会接受实时电价的问题进行了探究，结果表明，即使没有需求响应和需求侧管理，消费者的用电成本在实时电价机制下依然会有显著的降低[43]。Li 等提出了一种新的渐进时差峰值定价（progressive time-differentiated peak pricing，PTPP）需求响应定价机制，并结合消费者心理，研究了空调温度设定值与实时电价之间的关系[44]。上述的文献研究表明，实时电价可以有效地降低，或将峰值负荷转移到非峰值时段。但是，实时电价在实施中会显露一个弊端，就是当用户普遍将峰值负荷转移到非峰时段的时候，有可能会在非峰时段重新产生一个反弹高峰。Chen 等在 2013 年首次提出了以电力积分为核心概念的需求响应激励机制，该文章在信用积分理论的基础上，通过考虑用户类型、外部环境、信用等级等影响因素，提出了综合消费与奖惩积分的电力信用模型，并详细阐述了电力积分激励机制的运行模式、奖惩机制和实施方法[45]。Han 等在 2014 年提出了一种基于电力信用机制的需求响应机制，在这种电力信用机制下，用户可以根据自己的需求来安排每天的负荷调度[46]。Moghaddam 等提出了一种新的交易模型，在该模型中，能源供应商与电力用户签订一种同时考虑激励和惩罚的合同，即用户会为违反合同付出代价，同时，当用户对需求响应做出响应时，会得到应有的奖励[47]。Wang 等的研究表明，电力积分机制的应用是根据不同程度的电力短缺和资金流动来对电网进行管理和控制的[48]。Chen 等通过综合考虑需求响应类型和响应时间，提出了基于电力积分理论的响应负荷分配模型，并从网络、终端用户和社会单方利益的角度设计了一种包括电力积分交易和交换的电力积分交易框架[49]。

1.2.3 绿碳行为的决策

近年来，学者对碳排放、碳市场中主体行为决策做了大量的研究。碳价格一直是碳市场研究的热点。一类研究侧重于碳价格的影响因素分析，如经济活动[50]、能源价格[51, 52]、信息[53]、政策[54~56]。另一类研究侧重于碳价格的波动规律，分析发现碳价格的波动也存在与股票市场价格波动类似的非对称性和持续性等特征[57]，碳价格收益率存在"尖峰厚尾"等条件异方差性，同时发现碳价格具有短期记忆性和长期记忆性。

近年来，复杂网络已成功应用于金融市场[58~60]、城市交通[61~63]、能源系统[64, 65]等众多领域，为复杂问题的研究提供了新视角。其中，可视图（visibility graph，VG）方法[66]和粗粒化（coarse grained，CG）方法[67]是将数据的时间序列映射到复杂网络的重要方法。可视图方法使得复杂网络继承了原时间序列的固有特征，能有效分辨和提取不同类型时间序列的复杂网络特征[68~71]。CG 方法从复杂网络角度揭示时间序列的动力学特征[72]。尽管上述模型给碳价格的研究带来了颇丰富的研究成果，但在碳价格潜在时期的准确识别及动态演化特征的分析上存在明显不足。

　　自 19 世纪工业革命以来，化石燃料的燃烧已经产生了近 290 Gt[①]二氧化碳。根据 1990~2014 年的数据，化石燃料燃烧占二氧化碳总排放量的 70.9%。因此，许多学者对碳市场与能源市场的关系进行了研究。一些人关注它们之间的价格关系，而另一些人关注它们之间的波动溢出效应。Ji 等研究了碳市场的影响因素，包括能源市场和金融市场[73]。Aatola 等研究了影响欧盟碳排放权配额价格的因素，发现欧盟碳排放权配额价格取决于煤炭价格、天然气价格和电价[74]。Creti 等的结果表明，在欧盟排放权交易机制的第二阶段，石油价格是碳价格的重要决定因素之一[75]。Carnero 等认为，欧盟配额和燃料的远期价格是由三种共同趋势驱动的永久性成分内生决定的[76]。Chevallier 得出结论，煤炭价格会显著影响碳价格[77]。可以理解，化石期货价格的上涨意味着化石需求的增加，意味着未来的燃烧将增加，导致碳排放的增加，而碳排放补贴需求的增加将推高碳价格。

　　在能源市场与碳市场之间的波动溢出方面，以往的研究多采用计量经济学模型，如向量自回归模型或广义自回归条件异方差模型。Wang 和 Guo 使用 Diebold 和 Yilmaz 提出的 DY 框架来预测波动溢出，对这一主题进行了研究[78]。该方法不仅可以发现两个市场之间波动溢出的方向，而且可以度量溢出效应的大小。Byun 和 Cho 的一项研究发现，通过使用广义自回归条件异方差模型，化石能源市场对碳市场具有明显的波动溢出效应[79]。Hammoudeh 等发现，长期效应是负向的和不对称的，油价下跌时的效应比油价上涨时更强[80]。此外，Liu 和 Chen 发现能源市场和碳市场之间存在长记忆效应和溢出效应[81]，结果表明它们之间存在着动态的相互关系。

　　由此可见，现有的研究方法大多是经典的统计方法或基于计量经济模型的方法。计量经济模型总是要求数据是固定的，这将给这些研究带来限制。

1.3　研究内容

　　本书分 3 篇，共 21 章研究内容，第 1 章为"绪论"。

　　第一篇包括第 2~9 章，主要介绍绿碳行为的认知与感知分析，分别从惩罚机制对个体行为影响分析、记忆性对个体行为影响分析、从众心理和利益感知对个体行为影响分析、多重网络上负面信息扩散对绿色行为传播的影响、不同通勤移动模式下的生态创新扩散、多重网络耦合相互作用下的知识扩散、考虑存在反对

---

　　① 1Gt=10⁹ 吨。

者的绿色共识演化与信息传播的相互作用、多层网络中伴随正面和负面绿色信息传播的绿色共识演化 8 个方面进行分析研究。该篇考虑"反社会惩罚"和"二阶搭便车"机制，建立了一类新的活动驱动网络中的公共品博弈模型；构造了不同的两层网络，研究记忆性对于囚徒困境演化影响，研究结果表明异质性网络结构有益于促进个体采取合作行为；从传播和博弈的双视角，研究从众心理和利益驱动对考虑强连接和弱连接社会关系网络中的个体绿色行为传播的影响；提出了一种新的多重网络异质绿色行为传播（hetergeneous green behavior spread，HGBS）模型来研究绿色行为的传播，利用未知-已知-未知（unaware-aware-unaware，UAU）模型表示信息扩散过程；提出了 F-非线性模型、线性模型和 S-非线性模型，将个体异质性引入生态创新的扩散过程中；提出了一个反对者存在下的绿色共识演化与信息传播相互作用的系统；提出了一个伴随正面和负面信息传播的绿色共识演化模型；研究了正面信息传播率的提升水平、社会整体态度、耦合强度和信息传播率，揭示了它们对系统演化的影响。

第二篇包括第 10~14 章，主要介绍绿碳行为的选择分析，分别从基于信用机制的中国实时电价实施研究、需求响应双向实时电价机制的研究、基于信用函数的激励机制优化个体峰谷用电行为研究、环境税对绿色发展影响的研究、碳排放交易试点市场相关性研究 5 个方面进行分析研究。该篇所提出的一种基于电力积分的虚拟实时电价模型，可以实时地引导用户将可转移负荷的电力需求调整到非峰时段，从而可以达到需求响应的目的；通过制定合理的电价机制，提高用户参与需求响应计划的程度和积极性；从住宅用户的角度出发，通过考虑用户相关的评价指标，提出了一种新的基于评价模型的住宅需求响应双向实时电价定价机制；在双向实时电价定价机制的基础上，构造了一个带约束的多目标优化模型，并优化出各电器的最佳运行方案；基于优化模型，根据各住宅电器的运行数据进行优化和案例分析，验证了定价机制的有效性。

第三篇包括第 15~21 章，主要介绍绿碳行为的决策分析，分别从中国区域碳市场价格动态的相似性和异质性研究、碳排放权交易市场的多重分形性和市场效率研究、替代率对能源消费结构的影响、基于渗流理论的中国空气质量指数分析、传统能源价格与碳价格波动溢出的市场联动对碳减排行为价值实现的影响、国际碳交易市场价格演化特征、三维碳价动力系统的演化分析 7 个方面进行分析研究。该篇应用广义 Hurst 指数这一定量方法来研究碳市场的效率，这种对多重分形的重要性度量的综合运用使得人们能够比较碳市场的相对效率。相比之下，绝大多数基于有效市场假说的研究都采用了市场效率的定性测量，而缺乏从动态角度推导和分析市场效率的高低状态。从整体上看，探究碳市场的动力学性质有助于避免不同试点的特性差异导致的交易价格的盲目性。该篇通过探究市场低效性与市场活跃度之间的关系，进而提出通过改善市场活跃度来提高市场效率的方法。综合有向有限穿越可视图（directed limited penetrable visibility graph，DLPVG）和 CG 方法，建立了一种识别碳价格的潜在时期、构建碳价格动态复杂网络的新方法，剖析从高价期走向低价期的欧洲碳期货价格（European carbon futures price，EUCFP）的动态演化特征。对于化石能源市场与碳市场之间的波动溢出关系，RP 方法能够高维空间可视化化石能源期货价格与碳排放权期货价格之间的相关性，交叉递归图（cross recurrence plots，CRP）方法可用来比较三种不同化石能源市场和碳市场之间的波动溢出效应的大小。通过构建能源消费结构动力学模型，并引入连续时间变量对我国能源消费结构进行全面的定量分析，探究石油、天然气和可再生能源对煤炭的替代率及各类能源的自增长率对于能源消费结构的影响，有助于探寻能源消费结构向低碳化甚至无碳化方向发展的路径，并逐步形成绿色低碳能源体系的有效措施，为政府工作者提供调整能源消费结构的政策建议。

参 考 文 献

[1] Ali R，Daut I，Tai S. A review on existing and future energy sources for electrical power generation in Malaysia. Renewable and Sustainable Energy Reviews，2012，16：4047-4055.

[2] Hu L，Montzkab S A，Miller B R，et al. Continued emissions of carbon tetrachloride from the United States nearly two decades after its phaseout for dispersive uses. Proceedings of the National Academy of Sciences of the United States of America，2016，113（11）：2880-2885.

[3] Boyd E，Pasquantonio V，Rabalais F，et al. Although critical，carbon choices alone do not determine the fate of coastal cities. Proceedings of the National Academy of Sciences of the United States of America，2016，113（10）：E1329.

[4] Strauss B H，Kulp S，Levermann A. Carbon choices determine US cities committed to futures below sea level. Proceedings of the National Academy of Sciences of the United States of America，2015，112（44）：13508-13513.

[5] Hubacek K，Guan D B. Behaviour：the net effect of green lifestyles. Nature Climate Change，2011，1（5）：250-251.

[6] Service R F. Another biofuels drawback：the demand for irrigation. Science，2009，326（5952）：516-517.

[7] Iyer G C，Clarke L E，Edmonds J A，et al. Long-term payoffs of near-term low-carbon deployment policies. Energy Policy，2015，86：493-505.

[8] Mo J L，Agnolucci P，Jiang M R，et al. The impact of Chinese carbon emission trading scheme（ETS）on low carbon energy（LCE）investment. Energy Policy，2016，89：271-283.

[9] Nishi A，Christakis N A. Human behavior under economic inequality shapes inequality.

Proceedings of the National Academy of Sciences of the United States of America, 2015, 112（52）: 15781-15782.

[10] Pinheiro F L, Santos F C, Pacheco J M. Linking individual and collective behavior in adaptive social networks. Physical Review Letters, 2016, 116: 128702.

[11] Hauert C, Doebeli M. Spatial structure often inhibits the evolution of cooperation in the snowdrift game. Nature, 2004, 428（8）: 643-646.

[12] Cote S, House J, Willer R. High economic inequality leads higher-income individuals to be less generous. Proceedings of the National Academy of Sciences of the United States of America, 2015, 112: 15838-15843.

[13] Nishi A, Shirado H, Rand D G, et al. Christakis. Inequality and visibility of wealth in experimental social networks. Nature, 2015, 526: 426-429.

[14] Barabasi A L. The origin of bursts and heavy tails in human dynamics. Nature, 2005, 435: 207-211.

[15] Martin C F, Bhui R, Bossaerts P, et al. Chimpanzee choice rates in competitive games match equilibrium game theory predictions. https://www.nature.com/articles/srep05182, 2014-06-05.

[16] McCain R A. Collaboration in classical political economy and noncooperative game theory. Behavioral and Brain. Science, 2014, 37（3）: 265.

[17] Battiston S, Farmer J D, Flache A, et al. Complexity theory and financial regulation. Science, 2016, 351（6275）818-819.

[18] Axelrod R. The Evolution of Cooperation. New York: Basic Books, 1984.

[19] Coleman A A, Colman A M, Thomas R M. Cooperation without awareness: a multiperson generalization of the minimal social situation. Behavioral Science, 1990, 35: 115-121.

[20] Wang Q, Wang H C, Zhang Z X, et al. Heterogeneous investments promote cooperation in evolutionary public goods games. Physica A-Statistical Mechanics and its Applications, 2018, 502: 570-575.

[21] Li Y M, Zhang J, Perc M. Effects of compassion on the evolution of cooperation in spatial social dilemmas. Applied Mathematics and Computation, 2018, 320: 437-443.

[22] Thogersen J. Psychology: inducing green behaviour. Nature Climate Change, 2013, 3: 100-101.

[23] Kennedy C A, Ibrahim N, Hoornweg D. Low-carbon infrastructure strategies for cities. Nature Climate Change, 2014, 4: 343-346.

[24] Iyer G C, Clarke L E, Edmonds J A, et al. Long-term payoffs of near-term low-carbon deployment policies. Energy Policy, 2015, 86: 493-505.

[25] Rai V, Henry A D. Agent-based modelling of consumer energy choices. Nature Climate Change, 2016, 6: 556-562.

[26] Cohen M C, Lobel R, Perakis G. The impact of demand uncertainty on consumer subsidies for green technology adoption. Management Science, 2016, 62（5）: 1235-1258.

[27] Steinhorst J, Matthies E. Monetary or environmental appeals for saving electricity? —Potentials for spillover on low carbon policy acceptability. Energy Policy, 2016, 93: 335-344.

[28] 郑玉香, 王猛. 推行低碳消费的建议——基于低碳行为研究理论. 经管研究, 2012,（7）:

77-79.

[29] 王秀村，吕平平，周晋. 低碳消费行为影响因素与作用路径的实证研究. 中国人口·资源与环境，2012，22（11）：50-56.

[30] 朱淀，王晓莉，童霞. 工业企业低碳生产意愿与行为研究. 中国人口·资源与环境，2013，23（2）：72-81.

[31] 陈红，冯群，牛文静. 个体低碳消费行为引导的低碳经济实现路径. 北京理工大学学报（社会科学版），2013，15（2）：16-22.

[32] 徐建中，吕希琛. 低碳经济下政府、制造企业和消费群体决策行为演化研究. 运筹与管理，2014，23（6）：81-91.

[33] 孙希波，常庆博. 基于博弈理论和激励相容原理的低碳经济相关主体行为研究. 中国管理科学，2014，22：794-800.

[34] Zhou W J, Zhu B, Chen D J, et al. How policy choice affects investment in low-carbon technology: the case of CO_2 capture in indirect coal liquefaction in China. Energy, 2014, 73: 670-679.

[35] Chen H, Long R Y, Niu W J, et al. How does individual low-carbon consumption behavior occur? —An analysis based on attitude process. Applied Energy, 2014, 116: 376-386.

[36] 牛晓叶. 企业低碳行为与股东价值关系的实证研究. 华东经济管理，2014，28（2）：85-90.

[37] Cheng B B, Dai H C, Wang P, et al. Impacts of low-carbon power policy on carbon mitigation in Guangdong Province, China. Energy Policy, 2016, 88: 515-527.

[38] Wang Q, Tang D B, Yin L L, et al. Bi-objective optimization for low-carbon product family design. Robotics and Computer-Integrated Manufacturing, 2016, 41: 53-65.

[39] Schlereth C, Skiera B, Schulz F. Why do consumers prefer static instead of dynamic pricing plans? An empirical study for a better understanding of the low preferences for time-variant pricing plans. European Journal of Operational Research, 2018, 269: 1165-1179.

[40] Levin R. Time-variant pricing for California's small electric consumers. Division of Ratepayer Advocates, 2011.

[41] Zhou X, Ai Q, Wang H. A distributed dispatch method for microgrid cluster considering demand response. International Transactions on Electrical Energy Systems, 2018, (12): e2634.1-e2634.24.

[42] Wang H X, Fang H, Yu X Y, et al. How real time pricing modifies Chinese households' electricity consumption. Journal of Cleaner Production, 2018, 178: 776-790.

[43] Campillo J, Dahlquist E, Wallin F, et al. Is real-time electricity pricing suitable for residential users without demand-side management? Energy, 2016, 109: 310-325.

[44] Li Y, Shen Y W, Zhou L, et al. Progressive time-differentiated peak pricing (PTPP) for aggregated air-conditioning load in demand response programs. International Transactions on Electrical Energy Systems, 2019, (1): e2664.1-e2664.16.

[45] Chen L, Yang Y B, Yao J G, et al. Incentive mechanism design for demand response based on power score. Automation of Electric Power Systems, 2013, 37: 82-87.

[46] Han Y F, Shen B, Hu H J, et al. Optimizing the performance of ice-storage systems in electricity

load management in a credit mechanism: analytical work in Jiangsu, China. Energy Procedia, 2014, 61: 2876-2879.

[47] Moghaddam M P, Abdollahi A, Rashidinejad M. Flexible demand response programs modeling in competitive electricity markets. Applied Energy, 2011, 88: 3257-3269.

[48] Wang B, Sun Y, Li Y. Application of uncertain demand response modeling in power score incentive strategic decision. Automation of Electric Power Systems, 2015, 10: 93-99.

[49] Chen L, Yang Y, Yao J, et al. Design of power score transaction mode based on response load quota. Automation of Electric Power Systems, 2016, 2: 59-64.

[50] Chen J Y, Muckley C B, Bredin D. Is information assimilated at announcements in the European carbon market? Energy Economics, 2017, 63: 234-247.

[51] Chen W D, Xu H, Guo Q. Dynamic analysis on the topological properties of the complex network of international oil prices. Acta Physica Sinica, 2010, 59: 4514-4523.

[52] Creti A, Jouvet P A, Mignon V. Carbon price drivers: phase I versus phase II equilibrium? Energy Economics, 2012, 34: 327-334.

[53] Daskalakis G. Temporal restrictions on emissions trading and the implications for the carbon futures market: lessons from the EU emissions trading scheme. Energy Policy, 2018, 115: 88-91.

[54] Fan J H, Todorova N. Dynamics of China's carbon prices in the pilot trading phase. Applied Energy, 2017, 208: 1452-1467.

[55] Fang G C, Tian L X, Liu M H, et al. How to optimize the development of carbon trading in China—Enlightenment from evolution rules of the EU carbon price. Applied Energy, 2018, 211: 1039-1049.

[56] Feng Z H, Zou L L, Wei Y M. Carbon price volatility: evidence from EU ETS. Applied Energy, 2011, 88: 590-598.

[57] Mansanet-Bataller M, Pardo A, Valor E. CO_2 prices, energy and weather. Energy Journal, 2006, 28: 73-92.

[58] Fichera A, Frasca M, Volpe R. Complex networks for the integration of distributed energy systems in urban areas. Applied Energy, 2017, 193: 336-345.

[59] Gao Z K, Cai Q, Yang Y X, et al. Multiscale limited penetrable horizontal visibility graph for analyzing nonlinear time series. Scientific Reports, 2016, 6: 35622.

[60] Hossain M M, Alam S. A complex network approach towards modeling and analysis of the Australian airport network. Journal of Air Transport Management, 2017, 60: 1-9.

[61] Karpf A, Mandel A, Battiston S. Price and network dynamics in the European carbon market. Journal of Economic Behavior & Organization, 2018, 153: 103-122.

[62] Kim H J, Lee Y, Kahng B, et al. Weighted scale free network in financial correlations. Journal of the Physical Society of Japan, 2002, 71: 2133-2136.

[63] Kim J M, Park Y J, Ryu D. Stochastic volatility of the futures prices of emission allowances: a Bayesian approach. Physica A: Statistical Mechanics and its Applications, 2017, 465: 714-724.

[64] Lacasa L, Luque B, Luque J, et al. The visibility graph: a new method for estimating the Hurst exponent of fractional Brownian motion. Europhysics Letters, 2009, 86: 30001-30005.

[65] Luque B, Lacasa L, Ballesteros F, et al. Horizontal visibility graphs: exact results for random time series. Physical Review E, 2009, 80: 593-598.

[66] Newman M E J. Mixing patterns in networks. Physical Review E, 2003, 67: 026126.

[67] Onnela J P, Kaski K, Kertesz J. Clustering and information in correlation based financial networks. European Physical Journal B, 2004, 38: 353-362.

[68] Palao F, Pardo A. Assessing price clustering in European carbon markets. Applied Energy, 2012, 92: 51-56.

[69] Tang J S, Ouyang K J. Controlling the period-doubling bifurcation of logistic model. Acta Physica Sinca, 2006, 55: 4437-4441.

[70] Tang Y, Yi N, Mao J H. Derived network based on directed limited penetrable visibility graph for time series. Journal of Systems Engineering, 2017, 32: 156-162.

[71] Tsolas S D, Karim M N, Hasan M M F. Optimization of water-energy nexus: a network representation-based graphical approach. Applied Energy, 2018, 224: 230-250.

[72] Wang M G, Chen Y, Tian L X, et al. Fluctuation behavior analysis of international crude oil and gasoline price based on complex network perspective. Applied Energy, 2016, 175: 109-127.

[73] Ji C J, Hu Y J, Tang B J. Research on carbon market price mechanism and influencing factors: a literature review. Natural Hazards, 2018, 92 (2): 761-782.

[74] Aatola P, Ollikainen M, Toppinen A. Price determination in the EU ETS market: theory and econometric analysis with market fundamentals. Energy Economics, 2013, 36: 380-395.

[75] Creti A, Jouvet P A, Mignon V. Carbon price drivers: Phase I versus Phase II equilibrium? Energy Economics, 2012, 34 (1): 327-334.

[76] Carnero M A, Olmo J, Pascual L. Modelling the Dynamics of fuel and EU allowance prices during Phase 3 of the EU ETS. Energies, 2018, 11 (11): 3148.

[77] Chevallier J. Evaluating the carbon-macroeconomy relationship: evidence from threshold vector error-correction and Markov-switching VAR models. Economic Modelling, 2011, 28 (6): 2634-2656.

[78] Wang Y D, Guo Z Y. The dynamic spillover between carbon and energy markets: new evidence. Energy, 2018, 149: 24-33.

[79] Byun S J, Cho H. Forecasting carbon futures volatility using GARCH models with energy volatilities. Energy Economics, 2013, 40: 207-221.

[80] Hammoudeh S, Lahiani A, Nguyen D K, et al. An empirical analysis of energy cost pass-through to CO_2 emission prices. Energy Economics, 2015, 49: 149-156.

[81] Liu H H, Chen Y C. A study on the volatility spillovers, long memory effects and interactions between carbon and energy markets: the impacts of extreme weather. Economic Modelling, 2013, 35: 840-855.

第一篇
绿碳行为的认知与感知分析

引　言

　　绿色生活行动，是指从我做起，带动家庭，推动社会，改变以往不恰当的生活方式与消费模式，重新创造一种有利于保护环境、节约资源、保护生态平衡的生活方式与行动，是道德高尚、行为文明的体现。在可持续发展、循环经济、节能减排、低碳经济的持续倡导和推行进程中，绿碳行为已成为政府和社会的共识。绿碳行为的认知、感知与践行，需要绿碳行为中各参与主体之间的合作，因此研究如何促进参与其中的主体间合作十分重要且必要。合作自古以来就是人类社会的焦点，关于如何采取合作、是否应该采取合作及怎样促进合作，学者开展了不同的讨论，包括个体间的连接权重变化，个体的可视性，有限的资源等因素对个体间合作演化的影响。复杂网络的研究是复杂性理论研究的一部分，作为研究复杂性科学和复杂系统的有力工具，复杂网络为研究个体间合作提供了全新的视角。然而，总体上来看，复杂网络上的博弈演化研究主要集中在网络的拓扑结构、个体的选择机制及外界环境的干扰等因素对博弈演化动力学的影响。

　　个体行为的研究一直是社会学、心理学和经济学共同关注的焦点。个体行为是隐藏在许多复杂社会现象背后的驱动力，定量分析个体行为是现代科学的一个重要研究课题。不同的个体行为会给人们带来不同的期望收益，因此，在复杂的社会环境与不同的激励机制下，个体行为选择是随着时间变化的。复杂网络中的节点可被视作个体，边可被视作个体间的关系，复杂网络方法是一种有效研究个体行为传播及个体间博弈的有效工具。个体间的关系有亲疏，因此不同的关系对个体的影响也不一样。个体可学习那些经常联系的个体（如家人、朋友及合作伙伴）的行为，此外个体常常也会学习那些不经常联系的其他个体（如朋友的朋友）的行为。那些经常联系的个体我们称之为强连接关系个体，那些不经常联系的个体我们称之为弱连接关系个体。Granovetter教授早在1973年的研究结果就表明，弱连接关系对个体也有较大影响[①]。个体的绿碳行为包括绿色出行、路上消费和绿色环保行为等，识别出影响个体绿色行为的因素，研究个体绿色行为之间的相互

---

① Granovetter M. The strength of weak ties. American Journal of Sociology，1973，78：1360-1380.

作用机制，制定相应的促进绿色行为发展的可行措施，是期待解决的科学和社会问题。目前对个体绿色行为特性及传播的研究有很多，然而对绿色行为的研究中，学者往往单一地考虑绿色行为的传播或者个体绿色行为受哪些因素的影响，而忽视了个体采取绿色行为收益及邻居中绿色行为的普及率之间的相互作用影响。个体绿色行为的践行是一种博弈行为，当研究个体在采纳或者践行绿色行为时，我们需要考虑个体行为受两个方面影响：①受他人绿色行为的影响（从众驱动力），即个体行为具有传播性，个体可通过自身的行为来改变他人的行为；②受自身绿色收益的影响（利益驱动力），个体会根据自己的利益损益，来决策自身的行为。

　　绿色、可持续的生产和生活方式已成为当今文明社会发展的基调。例如，从2019 年 7 月起，上海开始实施垃圾分类政策，这是我国深入贯彻可持续发展战略的典型实践。目前，除了上海以外，越来越多的城市也在逐步推行垃圾分类政策。对于这样一类新型的居民绿色行为，政府应当采取措施来更有效地推广它。显然，绿色行为的推广离不开相关绿色信息及行为的传播。绿碳行为传播模型作用在一个两层多重网络上，绿色行为动力学演化过程则在实际接触层上进行，个体在这个底层网络传播绿色行为，该网络的连边对应着面对面的接触关系，既包含与家庭成员、邻居的关系，又包含与同事的线下关系。流动性加速了不同社会经济阶层个体之间的互动，并导致了人群混合。增加个体的移动促进了生态创新的爆发，使不同阶层的阈值相近。移动概率的增加也扩大了类间采用比例的差距。从空间角度来看，流动性促进了不同区域人群间的互动，并平衡了区域扩散。爆发区域的数量随着流动性概率的增加而增加。如果忽略了采用异质性，该区域的临界点将被低估，最终将降低整个系统的临界点。这一发现佐证了新产品增长的主要驱动因素是个体异质性导致的。因此，有必要在绿色传播过程中考虑主体行为的异质性。通常来说，个体周围较高的绿色共识演化水平对应着较高的正面绿色信息传播率和较低的负面绿色信息传播率。换句话说，如果个体在信息传播过程中的邻居的局部绿色共识演化水平很高，那么将会对正面绿色信息传播率的提高起促进作用。此外，个体的邻居节点中正面绿色信息的高传播率也将促进提升绿色共识演化水平，因为个人对绿色行为表现出积极性的高可能性显然会导致其中的绿色共识演化水平较高，而对于负面绿色信息则相反。

　　本篇主要研究绿碳行为的认知与感知分析，共分为 8 章，详细介绍如下。

　　第 2 章为"惩罚机制对个体行为影响分析"：考虑"反社会惩罚"和"二阶搭便车"机制，建立一类新的活动驱动网络中的公共品博弈模型，同时考虑激活态个体自主连接其他个体的数目和网络中初始合作者密度两个参数对个体间演化合作的影响。

　　第 3 章为"记忆性对个体行为影响分析"：构造不同的两层网络，研究记忆性对于囚徒困境演化影响，研究结果表明异质性网络结构有益于促进个体采取合作行为。随着诱惑收益 T 的增加，整个系统中采取合作行为的个体密度渐渐降低。此外，在两层网络结构下，如果有一层网络为异质性较大的网络，那么个体受历史收益影响越小越有益于个体间的合作，然而，如果两层网络都为异质性较小的网络，那么个体受历史收益影响越大越有益于个体间的合作。

第 4 章为"从众心理和利益感知对个体行为影响分析"：从传播和博弈的双视角，研究从众心理和利益驱动对考虑强连接关系和弱连接关系网络中的个体绿色行为传播的影响。通过多主体仿真建模，构造个体绿色行为扩散模型，分析了诱惑收益、固执性指数及选择偏好等因素在促进个体绿色行为实施中扮演的角色。最后提出一些有效推进绿色行为发展的有效措施，试图从系统复杂性角度，为个体绿色行为扩散提供一些科学借鉴。

第 5 章为"多重网络上负面信息扩散对绿色行为传播的影响"：提出一种新的多重网络中 HGBS 模型来研究绿色行为的传播。利用 UAU 模型表示信息扩散过程，在 BA（Barabási-Albert）无标度网络和 WS（Watts-Strogatz）小世界网络上进行仿真模拟，结果表明，通过在线社交网络等方式扩散的绿色行为信息，可吸引更多的人采取绿色行为。更重要的是，信息层的轻微影响会使绿色行为更易爆发，信息扩散方式的多样性对绿色行为爆发无益。在促进绿色行为传播时，应更加注意对绿色行为负面信息扩散的控制。

第 6 章为"不同通勤移动模式下的生态创新扩散"：提出 F-非线性模型、线性模型和 S-非线性模型，将个体异质性引入生态创新的扩散过程中。为了评估采用异质性对生态创新爆发的影响，将上述三个模型的结果与常数模型的结果进行比较。为了获得推进生态创新的政策建议，在一个真实的多重网络和两个人工网络上进行模拟，结果表明采用异质性扩大了社会经济阶层之间的差距。

第 7 章为"多重网络耦合相互作用下的知识扩散"：作为知识创新的一种方式，该章考虑了耦合知识相互作用对知识扩散机制的影响。用一个两层的多重网络框架来模拟一种知识在另一种耦合知识作用下的扩散。存在三种关系模式，即相依、竞争和解耦。基于平均场理论进行理论扩散阈值的推导，分别得到均匀网络和异质网络中的知识扩散阈值，发现相互作用项与扩散阈值成反比。另外，数值模拟基于 ER（Erdös-Rényi）随机网络、BA 无标度网络和一个真实的引文网络，得到不同网络拓扑下的演化结果，为提供更准确的政策建议提供支撑。

第 8 章为"考虑存在反对者的绿色共识演化与信息传播的相互作用"：提出一个反对者存在下的绿色共识演化与信息传播相互作用的系统。通过 Kuramoto 同步动力学和传染病传播模型的分析和数值模拟发现，当两种动力学过程相互作用时，绿色共识演化形成过程更加依赖于信息传播动力学。对于绿色共识演化过程，如果传播率不够高，无论耦合强度的值是多少，最终的全局绿色共识演化水平保持为零，即绿色共识演化失败。但对于信息传播过程，只要传播率足够高，稳态下就总会存在一定比例的信息传播者。因此，对于新型绿色倡议的推广策略，我们在此提出建议，以帮助政府和相关组织促进达成全局绿色共识。

第9章为"多层网络中伴随正面和负面绿色信息传播的绿色共识演化"：提出一个伴随正面和负面绿色信息传播的绿色共识演化模型，研究正面绿色信息传播率的提升水平、社会整体态度、耦合强度和信息传播率，揭示它们对系统演化的影响。为了促进绿色行为的推广，传播积极正面的绿色信息，我们给政府和居民提出以下建议：提升正面绿色信息传播率，提高正面绿色信息传播率的提升程度，改善全社会的整体绿色态度。

第2章 惩罚机制对个体行为影响分析

　　自古以来合作就是人类社会的焦点，关于如何采取合作、是否应该采取合作及怎样促进合作，学者开展了不同的讨论[1~4]。人们习惯于牺牲自己的部分利益，来促进整体利益的提高[5]，同时也会对那些不选择合作的对象采取惩罚行为[6~8]。通常将这类不实施合作行为的个体称为"一阶搭便车"者[9]，并将那些不愿承担惩罚成本的被惩罚个体称为"二阶搭便车"者[10, 11]。最终网络中的合作情况及众人的获利情况，除了受合作者对背叛者的惩罚行为，即"促社会惩罚"的影响外，还受背叛者对合作者的惩罚行为，即"反社会惩罚"[12~15]的影响[16~18]。"反社会惩罚"实质是背叛者对于合作者的报复，当背叛者受到合作者惩罚时，将有一定概率实施报复行为。面对背叛者可能实施的报复行为，合作者要在考虑惩罚成本的基础上，思考究竟是否应该进行惩罚。如果说"促社会惩罚"能够在一定程度上促进互利共赢，那么"反社会惩罚"就会使得网络中合作程度削弱[19~21]。因此，如何在这种"反社会惩罚"存在的情况下，促进合作达成互利共赢，是一个值得讨论的话题。本章考虑"反社会惩罚"和"二阶搭便车"机制，建立一类新的活动驱动网络中的公共品博弈模型，且考虑激活态个体自主连接其他个体的数目和网络中初始合作者密度两个参数对演化合作的影响。在实际生活中，个体的决策情况往往随着时间的变化产生一系列改变，因此在活动驱动网络中刻画该模型，可以更为准确地反映个体的选择倾向，并针对其倾向思考促进合作的对策，从而达到利益最大化。改变以上关键参数可以发现，随着最大惩罚力度 β 的增加，网络中最终合作者密度逐渐降低。与之对比，随着最大惩罚成本 γ 的变化，最终网络中合作者密度只会在一个较小的区间内波动。

2.1　模型描述及分析

　　传统公共品博弈的模型较为直观，通常只考虑合作者（C）与背叛者（D）两类个体，将合作者对群体的贡献记为 1，背叛者记为 0。最终利益在考虑合作协同效应的基础上，由一个乘法因子 $r > 1$ 相乘累计，最终平均分于每个个体。因此，背叛者能获取最大个体利益，而合作者则能促进最大群体利益。我们考虑"反社会惩罚"和"二阶搭便车"机制共同存在，并引入合作惩罚者（C_p）和背叛惩罚者（D_p）两类个体。C_p 实行的惩罚即"促社会惩罚"，D_p 实行的惩罚即"反社会惩罚"。

　　活动驱动网络是研究公共品博弈在时变网络中演变情况的有效工具，因此我们将这个模型建立在活动驱动网络中。在该网络中，每个个体活跃度为 $a \in [\varepsilon, 1]$，服从分布 $F(a) \sim a^{-\varphi}$，不失一般性，可令活跃度指数 $\varphi = 2.1$，激活态个体每一时间步长自主产生 m 个连边与其他个体连接，对于活跃度为 a 的节点平均度 $k = 2ma^{[21]}$，ε 是避免 $a \to 0$ 的小数。在活动驱动网络中，个体的邻居节点是随着时间变化而变化的。因此，某一时刻 t，对于一个度为 $k_i(t)$ 的节点 i，将参与 $N(t) = k_i(t) + 1$ 个组群的博弈，在以节点 i 为中心的组群 $g(t)$ 中，合作者个体所获利益 $\Pi_C g(t)$、背叛者个体所获利益 $\Pi_D g(t)$、合作惩罚者个体所获利益 $\Pi_{C_p} g(t)$ 和背叛惩罚者个体所获利益 $\Pi_{D_p} g(t)$ 如下所示：

$$\Pi_D g(t) = \Pi_{\text{PGG}} g(t) - \beta \frac{N_{C_p}(t)}{N(t) - 1} \tag{2.1}$$

$$\Pi_C g(t) = \Pi_{\text{PGG}} g(t) - \beta \frac{N_{D_p}(t)}{N(t) - 1} - 1 \tag{2.2}$$

$$\Pi_{D_p} g(t) = \Pi_{\text{PGG}} g(t) - \beta \frac{N_{C_p}(t)}{N(t) - 1} - \gamma \frac{N_C(t) + N_{C_p}(t)}{N(t) - 1} \tag{2.3}$$

$$\Pi_{C_p} g(t) = \Pi_{\text{PGG}} g(t) - \beta \frac{N_{D_p}(t)}{N(t) - 1} - \gamma \frac{N_D(t) + N_{D_p}(t)}{N(t) - 1} - 1 \tag{2.4}$$

其中，$N(t)$、$N_C(t)$、$N_D(t)$、$N_{C_p}(t)$、$N_{D_p}(t)$ 分别表示在 t 时刻下，群组内个体、合作者、背叛者、合作惩罚者、背叛惩罚者的数量；β 表示最大惩罚力度；γ 表示最大惩罚成本；$\Pi_{\mathrm{PGG}}g(t)$ 表示平均后的基础效益。$\Pi_{\mathrm{PGG}}g(t)$ 的表达式如下：

$$\Pi_{\mathrm{PGG}}g(t)=r\frac{N_C(t)+N_{C_p}(t)}{N(t)} \tag{2.5}$$

其中，r 为乘法因子。γ 与 β 在"促社会惩罚"和"反社会惩罚"两种情况下都是同一数值，以保证不给双方默认的演变优势或劣势[11]。

在每个时间点内，个体 x 依据式（2.1）~式（2.5）获得最终利益 $\Pi_{S_x}(t)$，它的一个随机邻居节点 y 以相同的方式获得最终利益 $\Pi_{S_y}(t)$，x 依赖于 Fermi 函数给出的概率，选择是否模仿 y 的决策：

$$\Gamma(S_x \to S_y) = \frac{1}{1+e^{\frac{\Pi_{S_y}(t)-\Pi_{S_x}(t)}{K}}} \tag{2.6}$$

其中，K 需要取一个较为适宜的数值，以保证当 $\Pi_{S_y}(t)<\Pi_{S_x}(t)$ 时，个体 x 仍能够选择模仿 y 的策略。在这里我们取 $K=0.1$，进行模型的构建。每完成一个时间点内的博弈，将网络中所有连接删除，重新进行新连接的构建。如果在下一个时间点时，个体 x 无邻居节点，则 x 不改变自身策略。

2.2 数 值 仿 真

将活动驱动网络中四类个体的密度分别记为 ρ_C、ρ_D、ρ_{C_p} 及 ρ_{D_p}。显然可知 $\rho_C+\rho_D+\rho_{C_p}+\rho_{D_p}=1$。在活动驱动网络中，假设一共有 1 000 个节点，我们聚焦活跃度为 a 服从分布 $F(a)\sim a^{-\varphi}$ 下的公共品博弈，活跃度指数 $\varphi=2.1$。将每个激活态个体自主连接其他个体的数目记为 m，将初始种群中的合作者比例记为 p（包括一般合作者 C 与合作惩罚者 C_p，初始状态下，合作者中 C 和 C_p 等概率分布），将背叛者比例记为 $1-p$（包括一般背叛者 D 与背叛惩罚者 D_p，初始状态下，背叛者中 D 与 D_p 等概率分布）。乘法因子 $r=4$。为了进一步讨论传播过程中的"搭便车"行为，用 β 表示最大惩罚力度，γ 表示最大惩罚成本。以下每个结果都是 1 000 次独立实验的平均结果（图 2.1）。

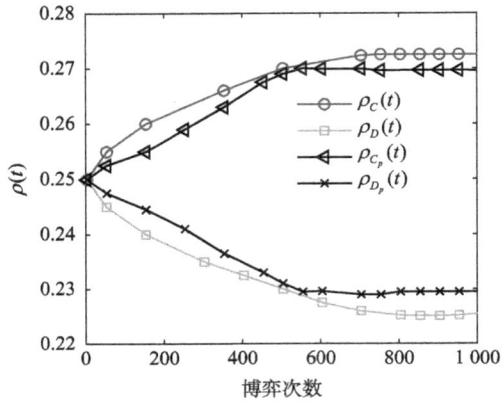

（a）$\gamma = 0.02$，$\beta = 0.02$

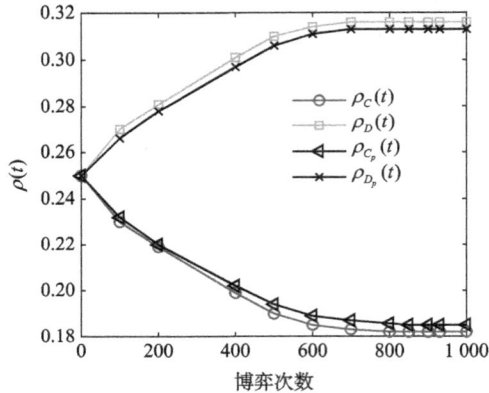

（b）$\gamma = 0.02$，$\beta = 0.5$

图 2.1　ρ_C、ρ_D、ρ_{C_p} 及 ρ_{D_p} 在不同 β 下随着博弈次数改变的演化图

参数设置为：仿真时间 $t = 1\,000$，初始种群中的合作者比例 $p = 0.5$，激活态个体自主连接其他个体的数目 $m = 3$

　　由图 2.1（a）可以发现，当 β 过小时，ρ_C 与 ρ_{C_p} 递增且 ρ_D 与 ρ_{D_p} 递减。这是因为当最大惩罚力度 β 过低时，背叛者中选择惩罚行为的人越来越少，所以 ρ_{D_p} 将显著减小，那么他们的惩罚对象 C 和 C_p 就会显著增多，而伴随着 ρ_{C_p} 的增大，且 D 与 D_p 是 C_p 的惩罚对象，因此他们的密度将进一步减小。逐渐增大 β，根据图 2.1（b），可以看出当最大惩罚力度 β 较大时，背叛者中选择惩罚行为的人将会不断增多，即 ρ_{D_p} 增大，那么他们的惩罚对象的密度 ρ_C 与 ρ_{C_p} 开始减小。伴随着 ρ_{C_p} 的减小，其惩罚对象的密度 ρ_D 与 ρ_{D_p} 将进一步增大。并且可以发现，随着时间的推进，四类决策者的最终密度都趋于一个稳定值。从图 2.1 的分析中我们

可以总结出，当最大惩罚成本一定时，若 β 较小，背叛惩罚者将随时间变化而减少，从而 ρ_C 与 ρ_{C_p} 增大且 ρ_D 与 ρ_{D_p} 减小；若 β 较大，背叛惩罚者将随时间变化而增多，从而 ρ_C 与 ρ_{C_p} 减小且 ρ_D 与 ρ_{D_p} 增大。因此，最大惩罚力度的变化对背叛者策略改变的影响较大。

图 2.2 揭示出在两种惩罚成本下，由于 β 的限制，惩罚者此时面临较大的惩罚力度，ρ_D 与 ρ_{D_p} 基本维持上升趋势，ρ_C 与 ρ_{C_p} 始终维持下降趋势。但是，当惩罚成本较小时，惩罚所要付出的成本也较小，则此时个体选择 C_p 的概率较大，即 $\rho_C < \rho_{C_p}$。在受 C_p 等可能惩罚的情况下，D_p 还需要承受一定的惩罚成本，因此此时个体选择 D_p 的概率较小，即 $\rho_{D_p} < \rho_D$。观察图 2.2（b），可以发现由于惩罚成本的上升，合作者中越来越少的人选择惩罚，低于了一般合作者的密度，故 $\rho_{C_p} < \rho_C$。此时一部分 C_p 转为 D_p，因此 ρ_{D_p} 就会大于 ρ_D。随着时间的推进，四类决策者的密度曲线均趋于平缓，代表四类决策者的密度趋近于稳定值。同样，我们也可以得到，当最大惩罚力度一定且较大时，合作者密度随时间增大而减小，背叛者密度随时间增大而增大。若 γ 较小，合作惩罚者数量增多，从而 $\rho_{C_p} > \rho_C$，$\rho_{D_p} < \rho_D$；若 γ 较大，合作惩罚者数量减小，从而 $\rho_{C_p} < \rho_C$，$\rho_{D_p} > \rho_D$。因此，最大惩罚成本的变化对合作者策略改变的影响较大，由此引起的决策变化导致了整个网络中节点情况的变化。从以上分析也可以得出，合作者的相应密度与背叛者的相应密度呈负相关关系。

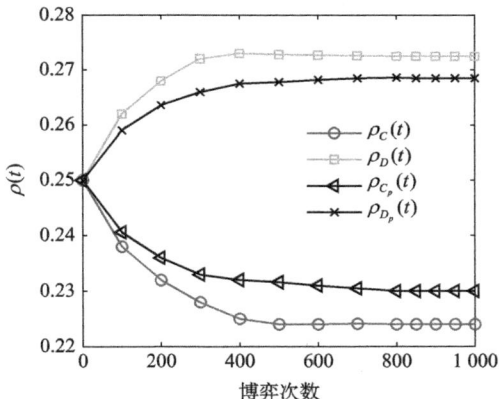

（a）$\gamma = 0.02$，$\beta = 0.4$

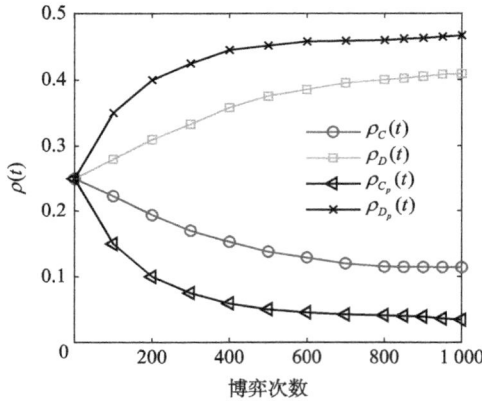

（b）$\gamma = 0.4$，$\beta = 0.4$

图 2.2　ρ_C、ρ_D、ρ_{C_p} 及 ρ_{D_p} 在不同 γ 下随着博弈次数的演化图

在不同 γ 下四类决策者密度的总体变化趋势不改变，ρ_C 与 ρ_{C_p} 随着博弈进行不断减小，ρ_D 与 ρ_{D_p} 随着博弈进行不断增大，但 ρ_C 由小于 ρ_{C_p} 转为大于 ρ_{C_p}，ρ_D 由大于 ρ_{D_p} 转为小于 ρ_{D_p}。参数设置为：仿真时间 $t = 1\,000$，初始种群中的合作者比例 $p = 0.5$，激活态个体自主连接其他个体的数目 $m = 3$

观察图 2.3，随着最大惩罚成本的变化，最终网络中合作者密度只会在一个较小的区间内波动，此结果表明：个体的合作与否，对最大惩罚成本 γ 的敏感性不高，但还是会随着惩罚成本的上升产生小幅度的改变趋势。当初始种群中合作者密度较大时，最终合作者密度较小；当初始种群中合作者密度较小时，最终合作者密度反而较大。合作者中一般合作者与合作惩罚者的密度将不会始终维持等概率状态，因此合作者的密度结构将发生改变，从而导致最终合作者密度的变化。

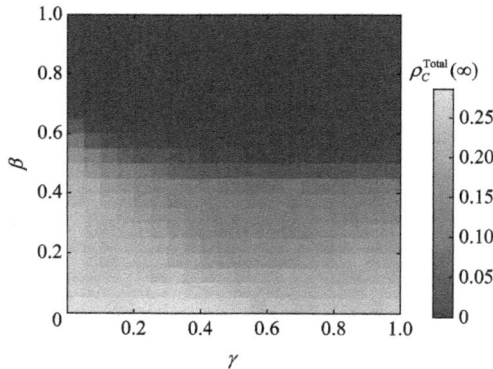

（a）初始种群中合作者比例为 $p = 0.5$

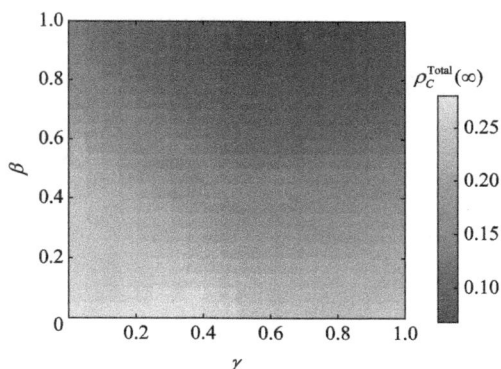

（b）初始种群中合作者比例为 $p = 0.1$

图 2.3　最终网络中合作者密度 $\rho_C(\infty)$ 随着最大惩罚成本 γ 和最大惩罚力度 β 变化的演示图

随着最大惩罚力度 β 的增加，最终网络中合作者密度逐渐降低。然而，随着最大惩罚成本的变化，最终网络中合作者密度会在一个较小的区间内波动。参数设置为：激活态个体自主连接其他个体的数目 $m = 3$

图 2.4 表明最大惩罚成本 γ 较小时，个体发现惩罚获得的利益远小于合作获得的利益，为了使自己最终获得更大的利益，此时网络中合作者密度大于背叛者密度。当 β 过小时，利益还无法完全弥补成本，故此时 $\rho_{C_p} < \rho_C$，这部分 C_p 转换成 D_p 以获得更多利益弥补成本，因此 $\rho_{D_p} > \rho_D$。当 β 慢慢增大到可以弥补此时较小的惩罚成本时，ρ_{C_p} 就会超过 ρ_C，相对应 $\rho_{D_p} < \rho_D$。进一步增大 β，此时个体发现惩罚利益会大于合作获得的利益，因此背叛者密度将会慢慢上升，直至超过合作者密度。在这种情况下 C 和 D 大小关系改变的阈值为 0.299 5，即 C 和 D 大小关系的改变阈值随着 γ 的减小而增大。这是因为当最大惩罚成本 γ 越小时，背叛者受到惩罚的可能性越大，所以只有面对更大的最大惩罚力度，他们才会愿意承担被惩罚的风险，选择背叛的决策，在此之前，合作者在网络中占据主导地位。

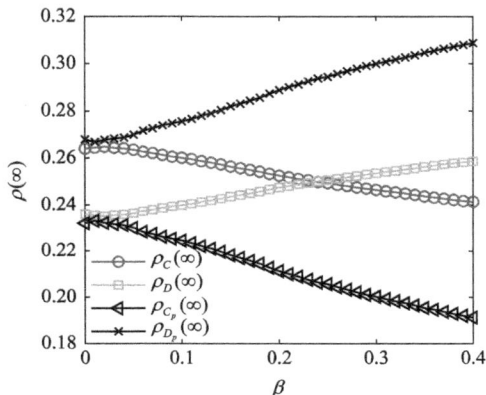

（a）$\gamma = 0.4$

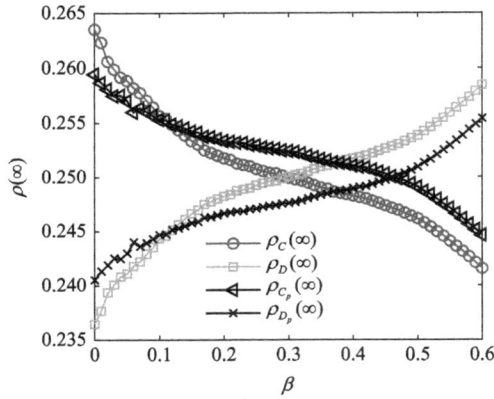

（b）$\gamma = 0.02$

图 2.4　ρ_C、ρ_D、ρ_{C_p} 及 ρ_{D_p} 在不同 γ 下随着最大惩罚力度 β 的变化演示图

在两种情况下，ρ_{D_p} 和 ρ_D 均随着 β 的增大而增大，ρ_{C_p} 和 ρ_C 均随着 β 的增大而减小。当最大惩罚成本 γ 较大时，在 β 从 0 增大到 0.4 的全过程中，$\rho_{D_p} > \rho_D$，而 $\rho_{C_p} < \rho_C$；当 γ 较小时，只有 β 小于某一个阈值时，才有 $\rho_{D_p} > \rho_D$，$\rho_{C_p} < \rho_C$ 成立。且随着 γ 的减小，ρ_C 与 ρ_D 大小关系的改变阈值将会增大。设置参数：激活态个体自主连接其他个体的数目 $m = 3$

　　比较图 2.5（a）与图 2.5（b）可以发现，在不同 β 下，四类决策者密度随着 γ 的变化情况都维持在一个较小的范围内，这也符合图 2.3 的结论：随着最大惩罚成本的变化，最终网络中合作者密度只会在一个较小的区间内波动。由图 2.5（a）可以看出，当最大惩罚力度 $\beta = 0.4$ 较大时，合作者的相应密度低于背叛者的相应密度。这是因为最大惩罚力度的变化对背叛者影响较大，采取惩罚措施的背叛个体密度将会较大，即 ρ_{D_p} 较大，从而 ρ_{C_p} 和 ρ_C 较小，ρ_D 也随之变大，所以合作者的相应密度低于背叛者的相应密度。当最大惩罚成本 γ 较小时，惩罚所付出的成本也较小，故合作者中 $\rho_{C_p} > \rho_C$，相应 $\rho_{D_p} < \rho_D$；逐渐增大 γ，面对逐渐增加的惩罚成本，合作惩罚者密度减少，即 ρ_{C_p} 减小，逐渐小于 ρ_C，则 ρ_D 与 ρ_{D_p} 增加，且 $\rho_{D_p} > \rho_D$。在图 2.5（b）中，最大惩罚力度 $\beta = 0.02$ 较小，故背叛者中选择惩罚措施的人也会变少，即 ρ_{D_p} 较小，由于合作者的相应密度与背叛者的相应密度呈负相关关系，从而 ρ_C 也较大，这就是为什么合作者的相应密度高于背叛者的相应密度的原因。当 γ 小于 0.031 2 时，$\rho_{D_p} < \rho_D$，$\rho_{C_p} > \rho_C$。随着最大惩罚成本 γ 的增加，合作者中选择惩罚的人减少，ρ_{C_p} 减小，ρ_{D_p} 减小。

（a）β=0.4

（b）β=0.02

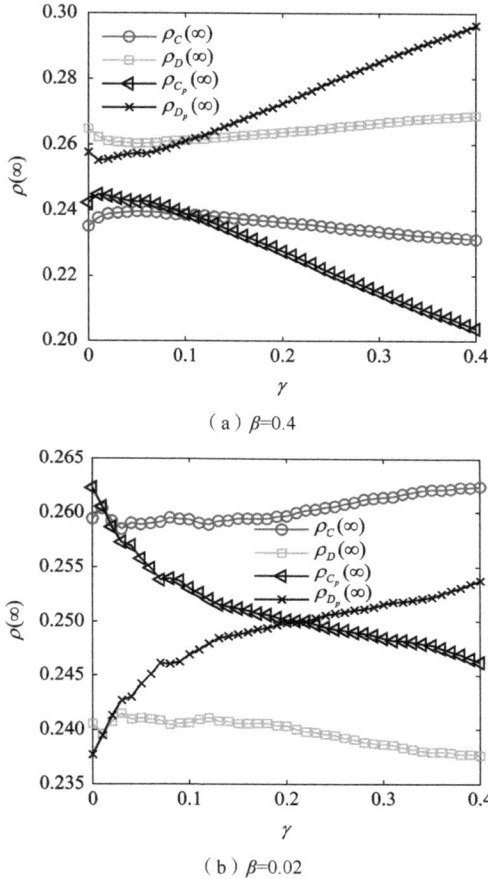

图 2.5 ρ_C、ρ_D、ρ_{C_p} 及 ρ_{D_p} 在不同 β 下随着最大惩罚成本 γ 的变化演示图

当最大惩罚力度 β 较大时，ρ_{D_p} 和 ρ_D 随着 γ 的增大而增大，ρ_C 和 ρ_{C_p} 随着 γ 的增大而减小。当最大惩罚力度 β 较小时，ρ_C 和 ρ_{D_p} 总体上随着 γ 的增大而增大，ρ_D 和 ρ_{C_p} 总体上随着 γ 的增大而减小。参数设置为：激活态个体自主连接其他个体的数目 m=3

观察图 2.6 可以发现，ρ_C 与 ρ_{C_p} 均随 γ 增大而减小，ρ_D 与 ρ_{D_p} 均随 γ 增大而增大。当 m 较大时，ρ_D 与 ρ_{D_p} 均较小且 ρ_C 与 ρ_{C_p} 均较大。这是因为当 m 较大时，此时网络中节点平均度较大，激活态个体自主连接其他个体的数目也较大，所以网络中选择合作的人数越来越多。并且 m 较大，此时网络中合作者占比更大，因此合作者的密度改变对博弈情况影响更为显著。当 γ 较小时，合作者个体发现惩罚成本不高，故合作者和合作惩罚者密度相差不大，即 ρ_C 和 ρ_{C_p} 相差不大，相对应地，此时 ρ_D 与 ρ_{D_p} 相差也不大。之后最大惩罚成本 γ 逐渐增大，合作惩罚者发现此时惩罚成本过高，故 ρ_{C_p} 逐渐小于 ρ_C，这部分 C_p 转换成 D_p 以获得更高利益

来弥补成本，故 ρ_{D_p} 逐渐大于 ρ_D，这也就是 ρ_D 与 ρ_{D_p}、ρ_C 与 ρ_{C_p} 大小关系出现转折的原因。当 m 增大时，激活态个体自主连接其他个体的数目增多，此时博弈总收益也较高，那么此时最大惩罚成本 γ 对合作惩罚者带来的损失相对较小。

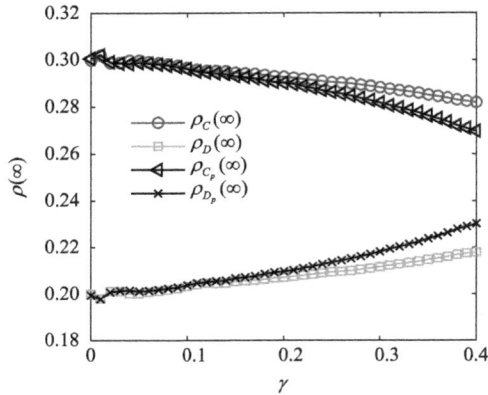

（a）m=5，β=0.4

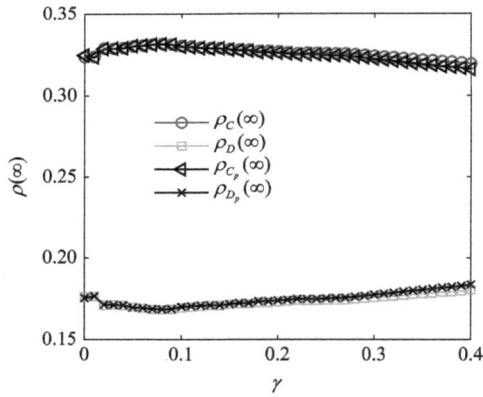

（b）m=7，β=0.4

图 2.6　ρ_C、ρ_D、ρ_{C_p} 及 ρ_{D_p} 在不同 m 下随着最大惩罚成本 γ 的变化演示图

m 表示激活态个体自主连接其他个体的数目。在 γ 较小时，ρ_{D_p} 和 ρ_D、ρ_{C_p} 与 ρ_C 相差不大，随着 γ 增大到某一个阈值时，$\rho_{C_p} < \rho_C$，$\rho_{D_p} > \rho_D$

2.3　本章小结

本章建立了一类新的活动驱动网络中的公共品博弈模型。考虑"反社会惩罚"

和"二阶搭便车"机制共同存在，设立了最大惩罚力度和最大惩罚成本两个参数。数值仿真结果表明，最大惩罚力度的变化对背叛者策略改变的影响较大，而对合作者策略改变的影响较小。随着最大惩罚力度的增加，网络中最终合作者密度逐渐降低；然而，随着最大惩罚成本的变化，最终网络中合作者密度会在一个较小的区间内波动。有意思的是，通过改变初始合作者密度 p，合作者密度结构也发生改变，由此发现当初始种群中合作者密度较大时，最终合作者密度较小；然而，当初始种群中合作者密度较小时，最终合作者密度反而较大。当最大惩罚成本 γ 较小时，合作者、背叛者、合作惩罚者、背叛惩罚者四者的最终密度相差不是很大。然而，如果增大最大惩罚成本到一定阈值 γ_C 时，合作惩罚者密度将会小于合作者密度，且背叛惩罚者密度将大于背叛者密度。并且，随着激活态个体自主连接其他个体的数目 m 的增大，阈值 γ_C 也会相应地增大。此外，无论在何种情况下，合作者的相应密度与背叛者的相应密度都呈负相关关系。

参 考 文 献

[1] Axelrod R. The Evolution of Cooperation. New York：Basic Books，1984.

[2] Coleman A A，Colman A M，Thomas R M. Cooperation without awareness：a multiperson generalization of the minimal social situation. Behavioral Science，1990，35：115-121.

[3] Wang Q，Wang H C，Zhang Z X，et al. Heterogeneous investments promote cooperation in evolutionary public goods games. Physica A：Statistical Mechanics and its Applications，2018，502：570-575.

[4] Li Y M，Zhang J，Perc M. Effects of compassion on the evolution of cooperation in spatial social dilemmas. Applied Mathematics and Computation，2018，320：437-443.

[5] Kurzban R，Descioli P. Reciprocity in groups：information-seeking in a public goods game. European Journal of Social Psychology，2008，38：139-158.

[6] Hsu L C. Fairness and bargaining power in threshold public goods experiments. Journal of Behavioral Decision Making，2008，21：151-167.

[7] Szolnoki A，Perc M. Reward and cooperation in the spatial public goods game. Europhysics Letters，2010，92（3）：38003-1-38003-6.

[8] Henrich J，Boyd R. Why people punish defectors：weak conformist transmission can stabilize costly enforcement of norms incooperative dilemmas. Journal of Theoretical Biology，2001，208：79-89.

[9] Bac M. Incomplete information and incentives to free ride. Social Choice and Welfare，1996，13：419-432.

[10] Fehr E. Don't Lose Your Reputation. Nature, 2004, 432: 449-450.

[11] Szolnoki A, Perc M. Second-order free-riding on antisocial punishment restores the effectiveness of prosocial punishment. Physical Review X, 2017, 7: 041027.

[12] Herrmann B, Thoni C, Gächter S. Antisocial Punishment across Societies. Science, 2008, 319: 1362-1367.

[13] García J, Traulsen A. Leaving the loners alone: evolution of cooperation in the presence of antisocial punishment. Journal of Theoretical Biology, 2012, 307: 168-173.

[14] Irwin K, Horne C. A normative explanation of antisocial punishment. Social Science Research, 2013, 42: 562-570.

[15] Rand D G, Nowak M A. The evolution of antisocial punishment in optional public goods games. Nature Communications, 2011, 2: 434-440.

[16] Gächter S, Herrmann B. The limits of self-governance when cooperators get punished: experimental evidence from urban and rural Russia. European Economic Review, 2011, 55(2): 193-210.

[17] Bochet O, Page T, Putterman L. Communication and punishment in voluntary contribution experiments. Journal of Economic Behavior & Organization, 2006, 60: 11-26.

[18] de Weerd H, Verbrugge R. Evolution of altruistic punishment in heterogeneous populations. Journal of Theoretical Biology, 2011, 290: 88-103.

[19] Rand D G, Armao J J, Nakamaru M, et al. Anti-social punishment can prevent the co-evolution of punishment and cooperation. Journal of Theoretical Biology, 2010, 265 (4): 624-632.

[20] Hauser O P, Nowak M A, Rand D G. Punishment does not promote cooperation under exploration dynamics when anti-social punishment is possible. Journal of Theoretical Biology, 2014, 360: 163-171.

[21] Perra N, Goncalves B, Pastor-Satorras R, et al. Activity driven modeling of time varying networks. http://www.bgoncalves.com/download/finish/4/22.html, 2012.

第 3 章　记忆性对个体行为影响分析

复杂网络研究是复杂性理论研究的一部分，作为研究复杂性科学和复杂系统的有力工具，复杂网络为研究演化博弈提供了全新视角[1~3]。Abramson 和 Kuperman 首次在小世界网络中研究囚徒困境博弈模型，模型中个体采取确定性的策略更新规则，每轮过后个体采取其邻居中收益最高个体的策略[4]。此后，复杂网络中的囚徒困境博弈模型、雪堆博弈模型等以两两相互作用为基础的模型，以及公共品博弈等以群体交互作用为基础的模型，作为研究合作的涌现和演化的范式得到广泛的关注[5~8]。学者研究了个体间的连接权重变化、个体的可视性、有限的资源等因素对个体间合作演化的影响[9~12]。然而，总体上来看，复杂网络上的博弈演化研究主要集中在网络的拓扑结构，个体的选择机制及外界环境的干扰等因素对博弈演化动力学的影响。例如，Kleineberg 研究了在无标度网络中度量群对演化博弈动力学的影响[13]。Yang 和 Wu 的研究结果表明，如果对那些度大的节点给予较多的利润，那么可以有效地促进整个网络中个体间的合作[14]。在信息扩散及接触传播的研究中，学者提出了不同的网络研究其内在特性[15~19]。这些不同的网络拓扑能较好地刻画人类活动的复杂性。复杂的个体间的交流网络不仅仅是变化的，而且是多层的，有聚类及社团现象[20~25]。但是，目前对演化博弈的研究，大多集中在单层网络上[26]。此外，个体的策略变化不仅受到与之直接相连的邻居节点的影响，而且受到历史收益的影响。基于以上讨论本章构造了不同的两层网络，研究记忆性对于囚徒困境演化的影响。

3.1　含有记忆性的两层网络中博弈模型

考虑含有 A 层和 B 层两层网络上的囚徒困境演化博弈模型：每一个 A 层中个

体 i ，在 B 层中都有一个对称个体 i ， A 层中的个体 i 与 B 层中的个体 i 之间的行为会相互影响。对于 A 层或 B 层中一对博弈节点，若博弈双方都采取合作策略，那么双方的收益都为 R ；若博弈双方都采取非合作策略，那么博弈双方的收益都为 P ；若博弈双方有一方采取合作策略，而另一方采取非合作策略，那么合作者的收益为 S ，背叛者的收益为 T （诱惑收益）。为简化起见，本章研究弱演化博弈模型，即 $S = P = 0$ ， $R = 1$ （图3.1）。

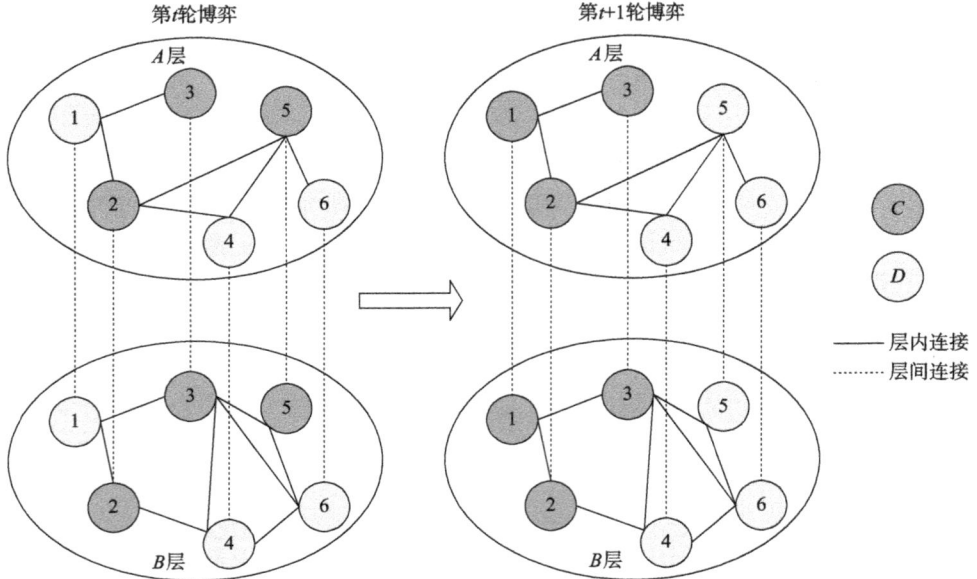

图3.1 每层包含6个节点的两层网络中的演化博弈示意图

我们提出如下有记忆性囚徒困境博弈。在每层含有 n 个节点的两层网络中，在 t 轮博弈后 A 层和 B 层网络中个体 i 与其某一邻居节点 j 博弈后的收益 g_{ij}^{A} 和 g_{ij}^{B} 计算如下：

$$g_{ij}^{A(B)}(t) = \sum_{j \in \partial_i} \left[\frac{1}{4}\left(1 + s_i^{A(B)}\right)\left(1 + s_j^{A(B)}\right)R + \frac{1}{4}\left(1 + s_i^{A(B)}\right)\left(1 - s_j^{A(B)}\right)S \right. \tag{3.1}$$
$$\left. + \frac{1}{4}\left(1 - s_i^{A(B)}\right)\left(1 + s_j^{A(B)}\right)T + \frac{1}{4}\left(1 - s_i^{A(B)}\right)\left(1 - s_j^{A(B)}\right)P \right]$$

其中， ∂_i 表示节点 i 在 A 层（ B 层）网络中的邻居节点集合； $s_i^{A(B)}$ 表示个体 i 在 A 层（ B 层）的状态， $s_i^{A(B)} = 1$ 表示合作， $s_i^{A(B)} = -1$ 表示不合作。那么， A 层（ B 层）网络中个体 i 在 t 轮博弈的总收益表示如下：

$$g_i^{A(B)}(t) = \sum_{j \in \partial_i} g_{ij}^{A(B)}(t) \qquad (3.2)$$

由于个体的记忆性，A 层（B 层）网络中个体 i 的适应度可计算如下：

$$f_i^{A(B)}(t) = \frac{1}{H+1} \sum_{\tau = t-H}^{t} e^{-\alpha(t-\tau)} g_i^{A(B)}(\tau) \qquad (3.3)$$

其中，$H \in N$ 表示历史收益记忆长度；$\alpha \in [0,1]$ 表示历史收益记忆衰变因子。

在每一轮博弈后，对于 A 层（B 层）中个体 i，有如下方式改变自身的策略。

（1）节点 i 有 β 的概率选择同层的一个邻居节点 j，并模仿其策略。A 层（B 层）中个体 i 在一轮博弈后，会随机地选择一个邻居节点 j 比较收益，那么个体 i 的策略改变概率如下：

$$P\left(s_i^{A(B)} \to s_j^{A(B)}\right) = \frac{1}{1 + e^{-\frac{f_j^{A(B)} - f_i^{A(B)}}{\kappa}}} \qquad (3.4)$$

其中，$f_i^{A(B)}\left(f_j^{A(B)}\right)$ 表示 A 层（B 层）中个体 i 和任选的一个 A 层（B 层）中邻居节点 j 的适应度；κ 表示环境噪声影响。

（2）节点 i 有 $1-\beta$ 的概率采取其伙伴的策略。

基于平均场理论，在均匀网络中，A 层中合作者密度 ρ_A^C 的变化如下：

$$\rho_A^C(t+1) = \rho_A^C(t) + \beta[\rho_A^{D \to C} - \rho_A^{C \to D}] + (1-\beta)\pi^{B \to A} \qquad (3.5)$$

其中，$\rho_A^C(t)$ 表示在 t 时刻 A 层中合作者密度；$\rho_A^{D \to C}$ 表示 A 层中，由背叛者个体 D 变化为合作者个体 C 的密度；$\rho_A^{C \to D}$ 表示 A 层中，由合作者个体 C 变化为背叛者个体 D 的密度；$\pi^{B \to A}$ 表示受 B 层中的对称个体影响，A 层合作者的变化。

基于合作者个体与背叛者个体的收益，可以得到背叛者与合作者之间转化率 $\rho_A^{D \to C}$ 和合作者与背叛者之间转化率 $\rho_A^{C \to D}$ 的表达式如下：

$$\rho_A^{D \to C} = (1-\rho_A^C)\rho_A^C P(D \to C) = (1-\rho_A^C)\rho_A^C \frac{1}{1+e^{-\frac{f_C - f_D}{\kappa}}} \qquad (3.6)$$

$$\rho_A^{C \to D} = (1-\rho_A^C)\rho_A^C P(C \to D) = (1-\rho_A^C)\rho_A^C \frac{1}{1+e^{-\frac{f_D - f_C}{\kappa}}} \qquad (3.7)$$

如果把 A 层（B 层）看作均匀网络，且网络的平均度为 $\langle k \rangle$，那么可以得到 A 层（B 层）中合作者 C 与背叛者 D 的平均收益分别为 $f_C = \langle k \rangle \rho^C$ 和 $f_D = \langle k \rangle \rho^C T$，则进一步可以得到

$$\rho_A^{D \to C} - \rho_A^{C \to D} = 4(1-\rho_A^C)\rho_A^C \tanh \frac{(1-T)\langle k \rangle \rho_A^C}{2\kappa} \qquad (3.8)$$

用同样的方法，可以分析 B 层中合作者密度的变化。

3.2　数　值　分　析

对于一些复杂的网络结构及一般性的参数，主要通过数值模拟来分析两层网络中的演化博弈动力学行为。我们主要研究三种不同类型的两层网络上囚徒困境博弈中合作者与背叛者演化行为：① A 层与 B 层中各含有 $n=1\,000$ 个节点的 ER 随机网络，网络的平均度为 $\langle k \rangle = 6$ ；② A 层与 B 层中各含有 $n=1\,000$ 个节点的 BA 无标度网络，度分布为 $P(a) \sim a^{-\gamma}$ ， $\gamma = 2.1$ ，且网络的平均度为 $\langle k \rangle = 6$ ；③ A 层中含有 $n=1\,000$ 个节点的 ER 随机网络，B 层中含有 $n=1\,000$ 个节点的 BA 无标度网络，度分布为 $P(a) \sim a^{-\gamma}$ ， $\gamma = 2.1$ ，且网络的平均度均为 $\langle k \rangle = 6$ 。博弈伊始，博弈层中每个个体是合作者 C 或者背叛者 D 的概率相同。为了消除随机因素对结果产生的影响，以下每个仿真结果都是运行 100 次独立实验的平均值。为方便起见，我们令 $\rho_A^C(t)$ 和 $\rho_B^C(t)$ 分别表示 A 层和 B 层中合作者在 t 时刻的密度， $\rho_A^C(\infty)$ 和 $\rho_B^C(\infty)$ 分别表示 A 层和 B 层中合作者在稳态时密度。用 $\rho^C(t) = \dfrac{1}{2n}\left(\sum_{i=1}^{n}\delta\left(s_i^A(t),1\right) + \sum_{i=1}^{n}\delta\left(s_i^B(t),1\right) \right)$ 和 $\rho^C(\infty) = \dfrac{1}{2n}\left(\sum_{i=1}^{n}\delta\left(s_i^A(\infty),1\right) + \sum_{i=1}^{n}\delta\left(s_i^B(\infty),1\right) \right)$ 分别表示在 t 时刻和稳态时整个系统中合作者密度，其中 $\delta(x,y)$ 表示 δ 函数，当 $x=y$ 时， $\delta(x,y)=1$ ，否则 $\delta(x,y)=0$ 。

图 3.2 描述了在不同的两层网络结构下，整个系统中合作者密度 $\rho^C(t)$ 随着博弈次数改变的演化图。通过比对分析图 3.2（a）和图 3.2（b），我们可以发现，当两层网络均为 ER 随机网络时，整个系统中采取合作行为的个体密度最低。然而，在相同的系统参数下，当两层网络均为 BA 无标度网络时，整个系统中采取合作行为的个体密度最高。结果表明，异质性网络结构有益于促进个体采取合作行为。此外，从图 3.2 可以看出，随着诱惑收益 T 的增加，整个系统中采取合作行为的个体密度渐渐降低。个体合作行为的践行，不但与个体和其他个体的连接方式有关，而且与整个社会环境对合作者与背叛者态度（奖励）有关。在相同的网络结构下，诱惑收益 T 的大小改变了背叛者个体获取利益的多少，因此，由仿真结果可以得到，如果背叛者获取较多利益，那么不利于个体合作行为的扩散。

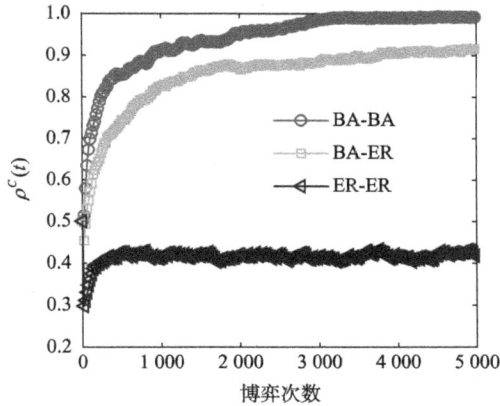

（a）诱惑收益 $T = 1.2$ 时合作者密度 $\rho^C(t)$ 的变化

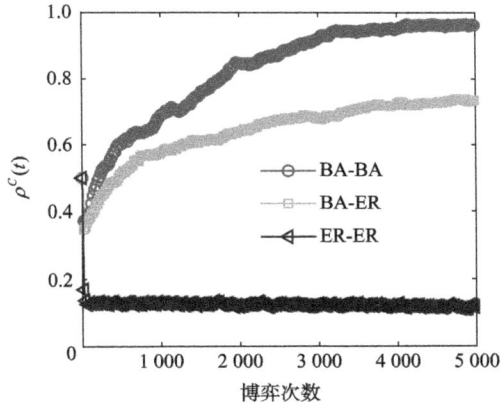

（b）诱惑收益 $T = 1.4$ 时合作者密度 $\rho^C(t)$ 的变化

图 3.2　在不同的两层网络结构下，整个系统中合作者密度 $\rho^C(t)$ 随着博弈次数改变的演化图
（ $\alpha = 0.5$，$\beta = 0.5$，$H = 1$ ）

　　图 3.3 刻画了在不同的两层网络结构下，整个系统中最终合作者密度 $\rho^C(\infty)$ 随着诱惑收益 T 改变的演化图。一般情况下，较大的诱惑收益 T 会给背叛者个体 D 带来较高的期望收益，根据图 3.3，随着诱惑收益 T 的增大，三类不同的两层网络中，最终合作者密度 $\rho^C(\infty)$ 整体下降。通过比对分析可以发现，当两层网络拓扑结构都为 BA 无标度网络时，随着诱惑收益 T 的增加，最开始最终合作者密度 $\rho^C(\infty)$ 还是会保持在一个较高的水平，然而一旦诱惑收益 T 增加到一定阈值后，$\rho^C(\infty)$ 的值会快速下降。然而，当初始两层网络拓扑结构为 ER 随机网络时，随着诱惑收益 T 的增加，最终合作者密度 $\rho^C(\infty)$ 的下降速度比初始网络拓扑结构都

为 BA 无标度网络时快。此外,当诱惑收益 $T \geqslant 1.6$ 时,整个系统中将不会再有合作者个体。然而相比之下,当初始两层网络拓扑结构为 BA 无标度网络且诱惑收益 $T \geqslant 1.6$ 时,系统中合作者与背叛者依然会共存。因此,我们可以进一步得出,异质性网络能有效地促进个体间的合作行为。

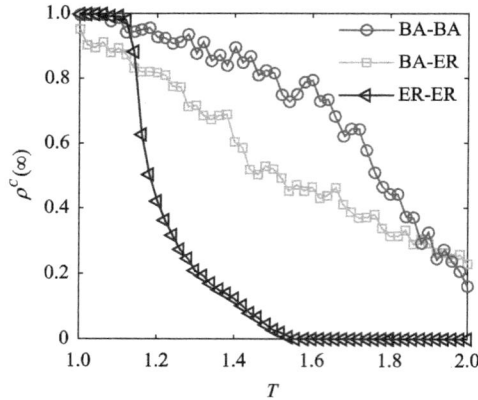

(a)历史收益记忆长度 $H = 1$ 时,合作者密度 $\rho^C(\infty)$ 随着 T 的变化

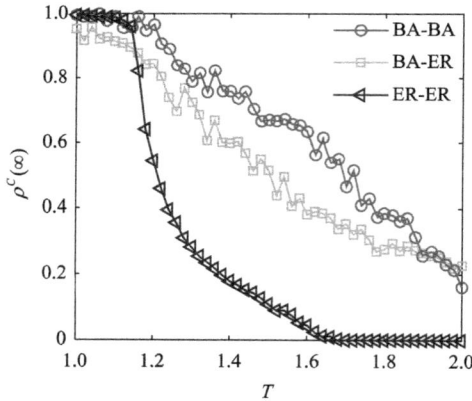

(b)历史收益记忆长度 $H = 3$ 时,合作者密度 $\rho^C(\infty)$ 随着 T 的变化

图 3.3　在不同的两层网络结构下,整个系统中最终合作者密度 $\rho^C(\infty)$ 随着诱惑收益 T 改变的演化图($\alpha = 0.5$, $\beta = 0.5$)

图 3.4 刻画了在不同的两层网络结构下,整个系统中最终合作者密度 $\rho^C(\infty)$ 随着历史收益记忆衰变因子 α 改变的演化图。结果表明,当两层网络结构中有一层为 BA 无标度网络时,随着历史收益记忆衰变因子 α 的增加,合作者密度 $\rho^C(\infty)$ 都是整体上升的。然而,有趣的是,当初始的两层网络拓扑结构为 ER 随机网络

时，随着参数 α 的增加，合作者密度逐渐减小。历史收益记忆衰变因子 α 反映出个体受历史收益的影响程度，在较小的 α 值下，个体受历史收益影响较大，反之，较大的 α 值下，个体受历史收益影响较小。因此，由仿真结果总结可得到：如果有一层网络为异质性较大的网络，个体受历史收益影响越小越有益于个体间的合作；如果两层网络都为异质性较小的网络，个体受历史收益影响越大越有益于个体间的合作。

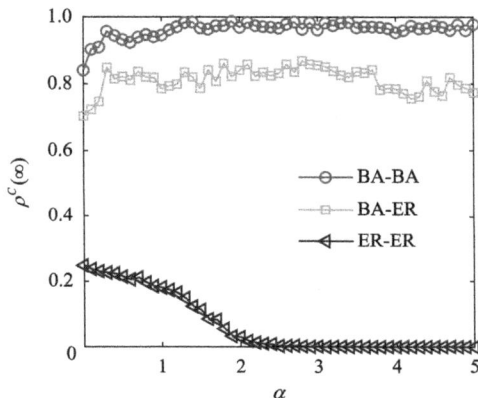

（a）历史收益记忆长度 $H=1$ 时，合作者密度 $\rho^C(\infty)$ 随 α 的变化

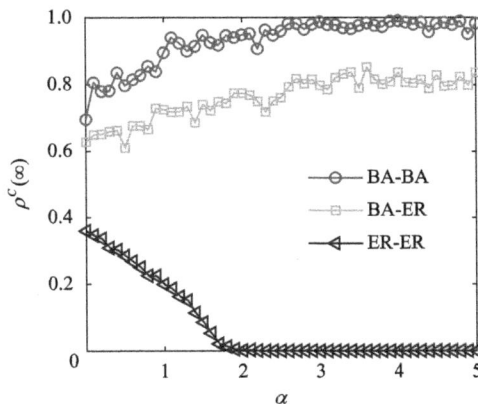

（b）历史收益记忆长度 $H=3$ 时，合作者密度 $\rho^C(\infty)$ 随 α 的变化

图 3.4　在不同的两层网络结构下，整个系统中最终合作者密度 $\rho^C(\infty)$ 随着历史收益记忆衰变因子 α 改变的演化图（$T=1.3, \beta=0.5$）

图 3.5 刻画了在不同的两层网络结构下，整个系统中最终合作者密度 $\rho^C(\infty)$ 随着选择参数 β 改变的演化图。由仿真结果可以发现，在不同的两层网络拓扑结

构下，随着选择参数 β 的增加，最终系统中合作者密度 $\rho^{C}(\infty)$ 整体上升。该结果表明，个体如果主要通过模仿其邻居的策略来改变自己的策略，那么有利于促进整个系统中个体间的合作。然而，如果个体主要通过其伙伴的策略来改变自身的策略，那么不利于个体间的合作。

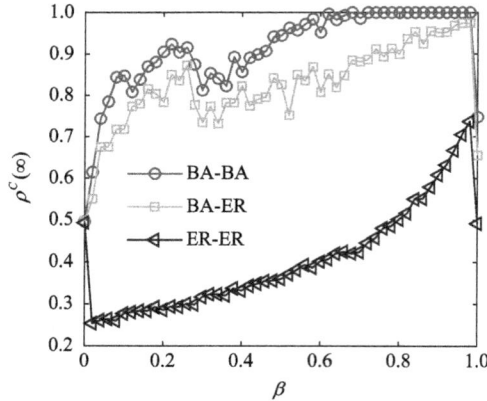

（a）历史收益记忆长度 $H=1$ 时，合作者密度 $\rho^{C}(\infty)$ 随 β 的变化

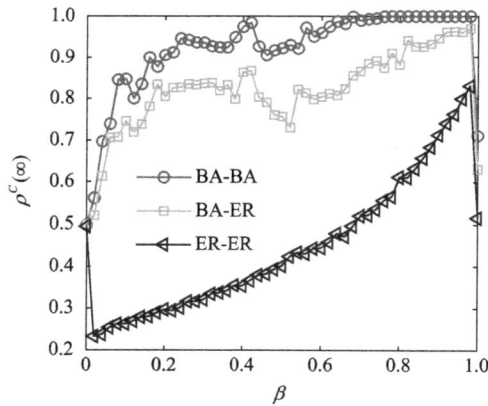

（b）历史收益记忆长度 $H=3$ 时，合作者密度 $\rho^{C}(\infty)$ 随 β 的变化

图 3.5　在不同的两层网络结构下，整个系统中最终合作者密度 $\rho^{C}(\infty)$ 随着选择参数 β

改变的演化图（$T=1.2$，$\alpha=1$）

图 3.6 刻画了在不同的两层网络结构下，整个系统中最终合作者密度 $\rho^{C}(\infty)$ 随着历史收益记忆长度 H 改变的演化图。比对分析图 3.6（a）和图 3.6（b）可以发现，随着历史收益记忆长度 H 的增加，当两层网络结构都为 BA 无标度网络或者一层为 BA 无标度网络，另一层为 ER 随机网络时，最终系统中合作者密度

$\rho^C(\infty)$ 整体下降；然而，当两层网络结构都为 ER 随机网络时，在个体历史收益记忆衰变因子 α 较大时，最终系统中合作者密度 $\rho^C(\infty)$ 先是逐渐上升，然后逐渐下降；然而，当个体历史收益记忆衰变因子 α 较小时，最终系统中合作者密度 $\rho^C(\infty)$ 逐渐上升。通过比对图 3.6（a）和图 3.6（b），我们可以得到，个体的历史收益记忆长度过长时，如果两层网络结构中至少存在一层为异质性网络结构，那么将会导致整个系统中个体间合作受阻。

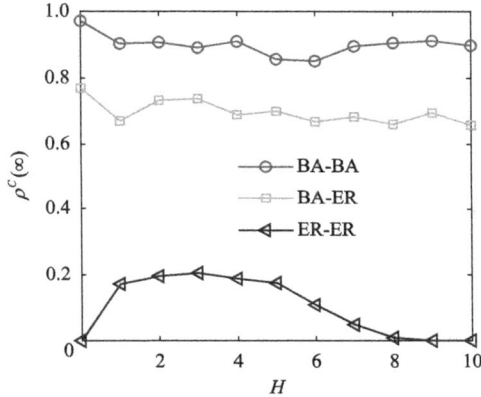

（a）历史收益记忆衰变因子 $\alpha=1$ 时，合作者密度 $\rho^C(\infty)$ 随 H 的变化

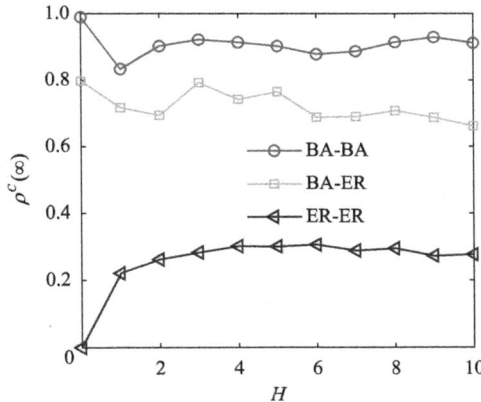

（b）历史收益记忆衰变因子 $\alpha=0.5$ 时，合作者密度 $\rho^C(\infty)$ 随 H 的变化

图 3.6　在不同的两层网络结构下，整个系统中最终合作者密度 $\rho^C(\infty)$ 随着历史记忆长度 H 改变的演化图（$T=1.3$, $\beta=0.5$）

图 3.7 刻画了在不同的两层网络结构下，整个系统中最终合作者密度 $\rho^C(\infty)$ 随着历史收益记忆长度 H 和诱惑收益 T 改变的演化图。随着诱惑收益 T 的增大，

三类不同的两层网络中，最终合作者密度 $\rho^C(\infty)$ 都在逐渐减小。通过比对图 3.7（a_1）~图 3.7（b_3）可以得到，个体的历史收益记忆长度过长时，如果两层网络结构中至少存在一层为异质性网络结构，那么将会导致整个系统中个体间合作受阻。当两层网络结构都为 ER 随机网络时，在个体历史收益记忆衰变因子 α 较大时，最终系统中合作者密度 $\rho^C(\infty)$ 先是逐渐地升高，然后是逐渐地降低。因此，当两层网络结构都为 ER 随机网络时候，存在一个最优的历史收益记忆衰变因子 H，使得个体的合作达到最大化。

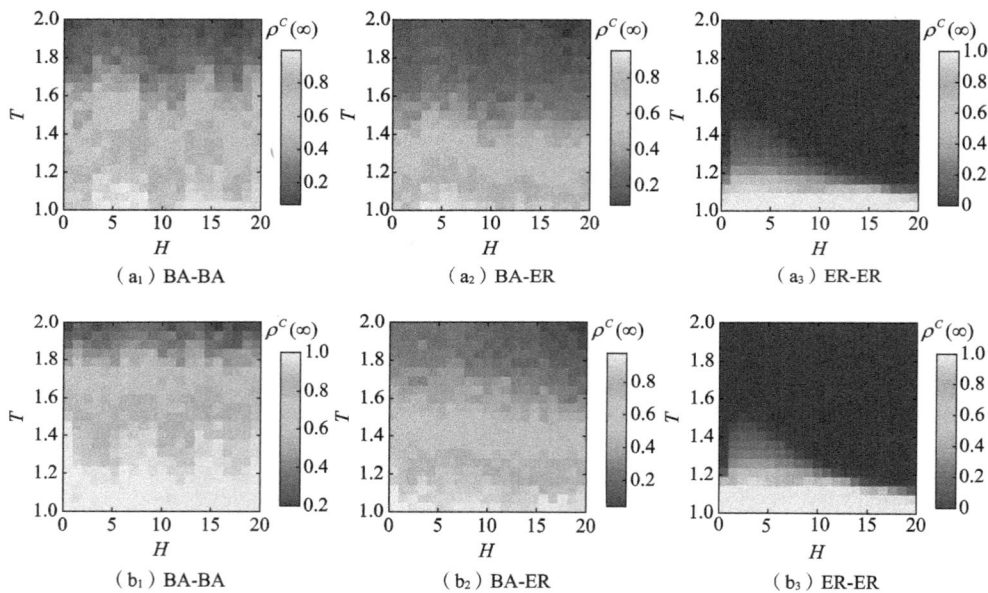

图 3.7　在不同的两层网络结构下，整个系统中最终合作者密度 $\rho^C(\infty)$ 随着历史收益记忆长度 H 和诱惑收益 T 改变的演化图（$\alpha=10$）

图 3.7（a_1）~图 3.7（a_3）表示在不同的两层网络结构下，选择参数 $\beta=0.3$ 时，合作者密度 $\rho^C(\infty)$ 的变化；图 3.7（b_1）~图 3.7（b_3）表示在不同的两层网络结构下，选择参数 $\beta=0.7$ 时，合作者密度 $\rho^C(\infty)$ 的变化

3.3　本章小结

本章构造了不同的两层网络，研究记忆性对于囚徒困境演化的影响。研究结果表明，异质性网络结构有益于促进个体采取合作行为。随着诱惑收益 T 的增加，整个系统中采取合作行为的个体密度渐渐降低。此外，在两层网络结构下，如果

有一层网络为异质性较大的网络，那么个体受历史收益影响越小越有益于个体间的合作，然而，如果两层网络都为异质性较小的网络，个体受历史收益影响越大越有益于个体间的合作。进一步可以得到，个体如果主要通过模仿其邻居的策略来改变自己的策略，那么有利于促进整个系统中个体间的合作。然而，如果个体主要通过其伙伴的策略来改变自身的策略，那么不利于个体间的合作。最终结果表明，个体的历史收益记忆长度过长时，如果两层网络结构中至少存在一层为异质性网络结构，那么将会导致整个系统中个体间合作受阻。在复杂的个体间交流下，如何合理地量化并研究个体行为策略一直是一个待解决且重要的问题，我们的研究试图为多层网络中的博弈研究提供一个可行且合理的方案，来揭示个体之间的相互作用关系。

参 考 文 献

[1] Amaral M A，Wardil L，Perc M，et al. Evolutionary mixed games in structured populations：cooperation and the benefits of heterogeneity. Physical Review E，2016，93：042304.

[2] Gracia-Lazaro C，Ferrer A，Ruiz G，et al. Heterogeneous networks do not promote cooperation when humans play a Prisoner's Dilemma. Proceedings of the National Academy of Sciences of the United States of America，2012，109（32）：12922-12926.

[3] Mazzoli M，Sanchez A. Equilibria，information and frustration in heterogeneous network games with conflicting preferences. https://digital.csic.es/bitstream/10261/173798/1/equilibria_Mazzoli. pdf，2017.

[4] Abramson G，Kuperman M. Social games in a social network. Physical Review E，2001，63（3）：901-904.

[5] Szolnoki A，Perc M. Second-order free-riding on antisocial punishment restores the effectiveness of prosocial punishment. Physical Review X，2017，7：041027.

[6] Li D D，Ma J，Han D，et al. The co-evolution of networks and prisoner's dilemma game by considering sensitivity and visibility. Scientific Reports，2017，7：45237.

[7] Rong Z H，Wu Z X. Effect of the degree correlation in public goods game on scale-free networks. Europhysics Letters，2019，87（3）：30001.

[8] Tang C B，Li A，Li X. When reputation enforces evolutionary cooperation in unreliable MANETs. IEEE Transactions on Cybernetics，2015，45（10）：2190-2201.

[9] Fujimoto Y，Sagawa T，Kaneko K. Hierarchical prisoner's dilemma in hierarchical game for resource competition. New Journal of Physics，2017，19：073008.

[10] Han D，Li D D，Sun M. How the initial level of visibility and limited resource affect the

evolution of cooperation. Scientific Reports, 2016, 6: 27191.

[11] Shen C, Chu C, Shi L, et al. Aspiration-based coevolution of link weight promotes cooperation in the spatial prisoner's dilemma game. Royal Society Open Science, 2018, 5: 180199.

[12] Szolnoki A, Perc M. Information sharing promotes prosocial behavior. New Journal of Physics, 2013, 15: 053010.

[13] Kleineberg K K. Metric clusters in evolutionary games on scale-free networks. https://arxiv.org/pdf/1704.00952.pdf, 2017.

[14] Yang H X, Wu Z X. Enhancement of cooperation by giving high-degree neighbors more help. https://arxiv.org/pdf/1807.00432.pdf, 2018.

[15] Liu S Y, Perra N, Karsai M, et al. Controlling contagion processes in activity driven networks. Physical Review Letters, 2014, 112 (11): 118702.

[16] Li D D, Han D, Ma J, et al. Opinion dynamics in activity-drivennetworks. Europhysics Letters, 2017, 120 (2): 28002.

[17] Zhang Y Q, Li X, Xu J, et al. Human interactive patterns in temporal networks. IEEE Transactions on Systems, Man, and Cybernetics: Systems, 2015, 45 (2): 214-222.

[18] Kim H, Ha M, Jeong H. Dynamic topologies of activity-driven temporal networks with memory. Physical Review E, 2018, 97 (6): 062148.

[19] Zhang Y Q, Cui J, Zhang S M, et al. Modelling temporal networks of human face-to-face contacts with public activity and individual reachability. European Physical Journal B, 2016, 89 (2): 1-8.

[20] Battiston F, Perc M, Latora V. Determinants of public cooperation in multiplex networks. New Journal of Physics, 2017, 19: 073017.

[21] Jalili M, Orouskhani Y, Asgari M, et al. Link prediction in multiplex online social networks. Royal Society Open Science, 2017, 4: 160863.

[22] Zino L, Rizzo A, Porfiri M. Continuous-time discrete-distribution theory for activity-driven networks. Physical Review Letters, 2016, 117: 228302.

[23] Kleineberg K K, Boguna M, Serrano M A, et al. Hidden geometric correlations in real multiplex networks. Nature Physics, 2016, 12: 1076-1081.

[24] de Domenico M, Granell C, Porter M A, et al. The physics of spreading processes in multilayer networks. Nature Physics, 2016, 12: 901-906.

[25] Amato R, Diaz-Guilera A, Kleineberg K K. Interplay between social influence and competitive strategical games in multiplex networks. Scientific Reports, 2017, 7 (1): 7087.

[26] Wang Z, Wang L, Szolnoki A, et al. Evolutionary games on multilayer networks: a colloquium. https://arxiv.org/pdf/1504.04359.pdf, 2015.

第 4 章　从众心理和利益感知对个体行为影响分析

个体绿色行为包括绿色出行、绿色消费和绿色环保行为等[1~4]，识别出影响个体绿色行为的因素，研究个体绿色行为之间相互作用机制，制定相应的促进绿色行为发展的可行措施，是期待解决的科学和社会问题。目前，对个体绿色行为特性及传播的研究很多[5~11]，然而在对绿色行为的研究中，学者往往单一地考虑绿色行为的传播或者个体绿色行为受哪些因素的影响，而忽视了个体采取绿色行为收益及邻居中绿色行为的普及率之间的相互作用影响。个体绿色行为的践行是一种博弈行为，在研究个体采纳或者践行绿色行为时，需要考虑个体行为受两方面影响：①受他人绿色行为的影响（从众驱动力），即个体的行为具有传播性，个体可通过自身的行为来改变他人的行为[12]；②受自身绿色收益的影响（利益驱动力），个体会根据自己的利益损益，来决策自身的行为[13]。因此，本章从传播和博弈的双视角，研究从众心理和利益驱动对考虑强连接和弱连接社会关系网络中的个体绿色行为传播的影响。通过多主体仿真建模，我们构造了个体绿色行为扩散模型，分析了诱惑收益、固执性指数及选择偏好等因素在促进个体绿色行为实施中扮演的角色，最后提出了一些有效推进绿色行为发展的有效措施。我们的研究试图从系统复杂性角度，为个体行为绿色扩散提供一些科学的借鉴。

4.1　个体绿色行为扩散模型

4.1.1　个体间强连接关系和弱连接关系构建

我们把个体间的关系分成两类，即弱连接关系和强连接关系，如图 4.1（a）

所示。弱连接关系，如网络上的朋友及不常见的朋友等，随着时间的变化而变化。在本章中我们用活动驱动模型描述弱连接关系网络[14]。强连接关系，如家人、朋友及合作伙伴等，随着时间不会改变。我们一般用随机网络模型、无标度网络模型及格点模型来描述强连接关系网络。这里注意，我们称弱连接关系所形成的关系网络为时变网络，我们称强连接关系所形成的关系网络为基础网络。

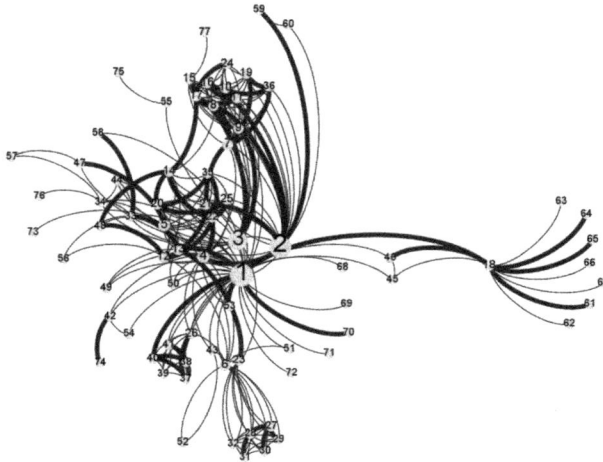

（a）77 个个体间的关系

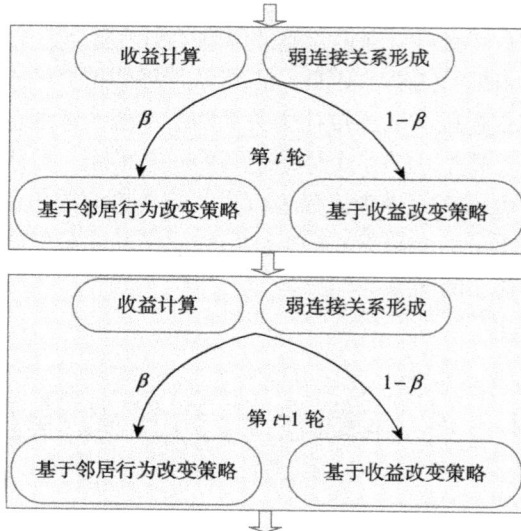

（b）个体绿色行为扩散模型中个体间博弈流程

图 4.1　个体间的关系及博弈流程图

图 4.1（a）中，粗边表示强连接关系，细边表示弱连接关系。强连接关系邻居是不会改变的，而弱连接关系邻居随着时间的变化而变化

4.1.2 个体绿色行为扩散机制

我们把社会中的个体分为两类：不愿采取绿色行为的个体(U)和愿意采取并践行绿色行为的个体(H)。个体采取不同行为策略时，其收益是不相同的。因此，可以运用演化博弈理论研究社会关系网络中绿色主体的利益及策略变化。在社会关系网络中，我们考虑这样的个体绿色行为之间的博弈：两者都采取绿色低碳行为，则双方收益为 $R=1$；两者都采取非绿色低碳行为，则双方收益为 $P=0$；若一方采取绿色低碳行为，另一方采取非绿色低碳行为，则采取绿色低碳行为个体的收益为 $S=0$，未采取绿色低碳行为个体的收益 $T>1$。我们把收益 T 称为诱惑收益，绿色低碳行为博弈收益矩阵如表 4.1 所示①。

表4.1　绿色低碳行为博弈收益矩阵

个体行为	H	U
H	(R,R)	(S,T)
U	(T,S)	(P,P)

由于个体的收益取决于其他个体的行为，根据表 4.1 可以计算出当个体 i 与个体 j 博弈后的收益如下：

$$B_{ij} = \delta_{S_i,H}\delta_{S_j,H}R + \delta_{S_i,U}\delta_{S_j,U}P + \delta_{S_i,U}\delta_{S_j,H}T + \delta_{S_i,H}\delta_{S_j,U}S \qquad (4.1)$$

其中，$\delta_{x,y}$ 表示 δ-函数，当 $x=y$ 时 $\delta_{x,y}=1$，否则 $\delta_{x,y}=0$。

一般地，在 t 轮博弈后个体 i 的总收益 $B_i(t)$ 可计算如下：

$$B_i(t) = \sum_{j=1}^{N} A_{ij}(t)B_{ij}(t) \qquad (4.2)$$

其中，$A_{ij}(t)$ 表示个体间的邻接矩阵。

一般情况下，个体会受到从众心理的影响，也会受自身收益的影响。即个体可能会根据其邻居节点中采取绿色低碳行为个体的比例，来决定自己的行为，或者通过比较其与邻居之间的收益而改变自己的绿色行为策略。根据以上讨论，个体绿色行为的扩散和博弈机制如下。

（1）个体有 β 的概率根据周围邻居的状态改变自己的状态。一般地，如果某个个体的邻居中有大部分个体采取某些绿色行为，由于从众心理，那么此个体采取绿色行为的概率就会很大。因此，我们假设个体 i 在 t 时刻状态转化到 $t+1$ 时刻

---

① 本书矩阵、向量字母均用白体表示。

状态的概率如下：

$$P(S_i(t+1)=U \mid S_i(t)=U)=1-(1-\alpha)\frac{\sum\limits_{j=1}^{N}A_{ij}(t)\delta_{S_j,H}(t)}{k(t)} \tag{4.3}$$

$$P(S_i(t+1)=H \mid S_i(t)=U)=(1-\alpha)\frac{\sum\limits_{j=1}^{N}A_{ij}(t)\delta_{S_j,H}(t)}{k(t)} \tag{4.4}$$

$$P(S_i(t+1)=H \mid S_i(t)=H)=1-(1-\alpha)\frac{\sum\limits_{j=1}^{N}A_{ij}(t)\delta_{S_j,U}(t)}{k(t)} \tag{4.5}$$

$$P(S_i(t+1)=U \mid S_i(t)=H)=(1-\alpha)\frac{\sum\limits_{j=1}^{N}A_{ij}(t)\delta_{S_j,U}(t)}{k(t)} \tag{4.6}$$

其中，参数 $\alpha \in [0,1]$ 表示个体的固执性指数。一般地，当 $\alpha=1$ 时，表示个体的固执性最大，即个体不愿意通过其多数邻居的行为来改变自己的行为；当 $\alpha=0$ 时，表示个体的固执性最小，即个体有很大的概率由于从众心理而改变自己的状态。这里我们需要注意的是，式（4.3）~式（4.6）间的关系如下：

$$P(S_i(t+1)=U \mid S_i(t)=U)+P(S_i(t+1)=H \mid S_i(t)=U)=1 \tag{4.7}$$

$$P(S_i(t+1)=H \mid S_i(t)=H)+P(S_i(t+1)=U \mid S_i(t)=H)=1 \tag{4.8}$$

（2）此外，个体 i 有 $1-\beta$ 的概率决定是否采取绿色行为。首先，一个采取策略 S_i 的个体 i 会随机地选择一个采取策略 S_j 的个体 j，然后通过比较各自的收益决定是否改变策略。我们运用 Fermi 准则，即一个采取策略 S_i 的个体 i 模仿所选择的一个采取策略 S_j 的个体 j 的概率如下：

$$P\left(S_i \rightarrow S_j\right)=\frac{1}{1+\mathrm{e}^{\frac{B_j-B_i}{\kappa}}} \tag{4.9}$$

其中，参数 κ 为环境噪声，我们设置 $\kappa=0.1$。

本章所提出的个体绿色行为扩散模型中个体间博弈流程如图 4.1（b）所示，上面的参数 β 表示个体的选择偏好。

情形 1：当 $\beta=0$ 时，表明个体会严格根据自己与邻居的收益来决定自己的绿色行为，即个体会偏向于选择邻居中收益高的个体模仿。

情形 2：当 $\beta=1$ 时，表明个体会严格根据邻居中多数个体的行为来决定自己的绿色行为。

4.2　个体绿色行为扩散仿真研究

下面我们通过多主体仿真的方法，研究影响个体绿色行为扩散的因素。我们用活动驱动模型刻画弱连接关系网络。在弱连接关系中，个体的活跃度服从分布 $F(a) \sim a^{-\theta}$，$\theta = 2.1$。一个激活态个体可以随机地选择 m 个个体连接。我们用 BA 无标度网络与 ER 随机网络两种不同的网络拓扑描述强连接关系网络，每种网络包括 1 000 个体。BA 无标度网络的度分布为 $P(k) = 2n^2k^{-\gamma}$，其中 n 表示网络中节点最小度，γ 为幂律指数。为了方便比较两种网络中个体行为演化情况，我们设置两种网络的平均度都为 6。初始时刻，不愿采取绿色行为的个体 (U) 和愿意采取并践行绿色行为的个体 (H) 的概率相同。我们用 $\rho_H(t)$ 表示愿意采取并践行绿色行为的个体密度，$\rho_H(\infty)$ 表示系统达到稳定时采取绿色行为的个体密度。

图 4.2 描述了在强连接关系网络结构分别为 ER 随机网络和 BA 无标度网络时，采取绿色行为的个体密度 $\rho_H(t)$ 随着博弈次数改变的演化图。通过比对分析图 4.2（a）和图 4.2（b），我们可以发现，随着博弈次数的增加，强连接关系网络为 ER 随机网络时，整个系统中采取绿色行为的个体密度逐渐下降。然而，在相同的系统参数下，当强连接关系网络为 BA 无标度网络时，整个系统中采取绿色行为的个体密度整体上升。我们从图 4.2 可以看出，随着激活态个体自主连接其他个体的数目 m 的增加，整个系统中采取绿色行为的个体密度渐渐下降。个体绿色低碳行为的践行，不但与个体和其他个体的连接方式有关，而且与个体的信息获取多少有关。在基础网络保持不变下，参数 m 的大小改变了个体获取信息的多少，因此，由仿真结果可以得到，如果个体盲目地获取外界信息，那么不利于个体绿色行为的扩散。

图 4.3 刻画了在强连接关系网络结构分别为 ER 随机网络和 BA 无标度网络时，系统中最终采取绿色行为的个体密度 $\rho_H(\infty)$ 随着诱惑收益 T 改变的演化图。在图 4.3 中，我们发现随着诱惑收益 T 的增加，采取绿色行为的个体密度快速下降。较大的 T 导致最终采取绿色行为的个体密度 $\rho_C(\infty)$ 下降。一旦诱惑收益 T 大于一定的阈值，最终采取绿色行为的个体将会消失。此外，通过比对分析图 4.3（a）和图 4.3（b）可以发现，当强连接关系网络结构为 ER 随机网络时，$T \approx 1.1$ 时，

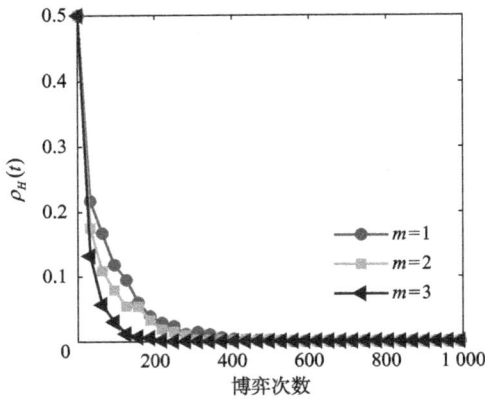

（a）强连接关系网络结构为 ER 随机网络　　　　　　（b）强连接关系网络结构为 BA 无标度网络

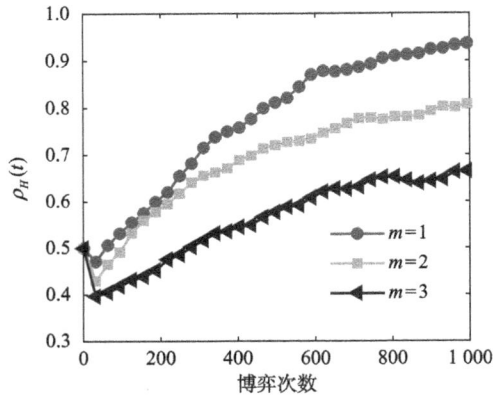

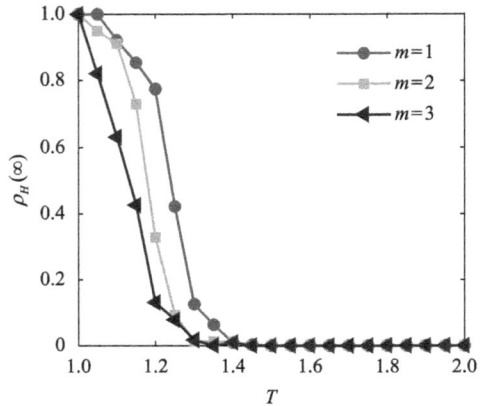

图 4.2　在不同的强连接关系网络结构下，采取绿色行为的个体密度 $\rho_H(t)$ 随着博弈次数
改变的演化图（$\beta = 0.5$，$\alpha = 0.9$，$T = 1.1$）

采取绿色行为的个体就会全部消失；而当强连接关系网络结构为 BA 无标度网络时，$T \approx 1.4$ 时，采取绿色行为的个体才会全部消失。由此可见，虽然诱惑收益 T 的增加极大地抑制了个体采取绿色行为，但是改变个体间交流方式，可以有效地促进个体采取绿色行为。

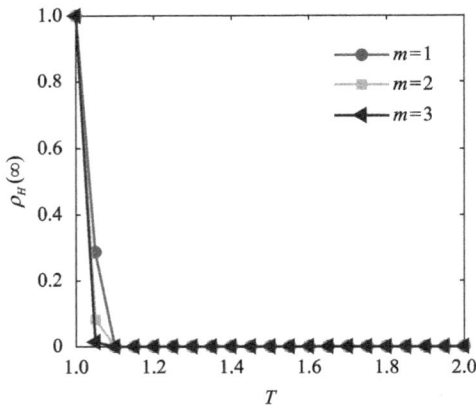

（a）强连接关系网络结构为 ER 随机网络　　　　　　（b）强连接关系网络结构为 BA 无标度网络

图 4.3　在不同的强连接关系网络结构下，最终采取绿色行为的个体密度 $\rho_H(\infty)$ 随着诱惑收益
T 改变的演化图（$\alpha = 0.9$，$\beta = 0.5$）

　　图 4.4 刻画了在强连接关系网络结构分别为 ER 随机网络和 BA 无标度网络时，系统中最终采取绿色行为的个体密度 $\rho_H(\infty)$ 随着个体的固执性指数 α 改变的

演化图。参数 $\alpha \in [0,1]$ 的大小反映出个体的固执性，通过比对分析图 4.4（a）和图 4.4（b），我们可以发现，当个体的固执性指数 α 较小时，即个体有很大的概率由于从众心理而改变自己的策略时，无论基础是何种网络，最终整个系统中将不会有采取绿色低碳行为的个体存在。然而，当个体的固执性指数 α 很大时，最终整个系统中采取绿色低碳行为的个体将会达到一个很高的水平。这是一个比较有趣的结果，固执性从一定程度上反映出个体行为改变的能力，较高的个体的固执性指数 α 表示，即使周围邻居中有许多个体不践行绿色低碳行为，只要自己不改初心，坚持己见，那么最终绿色低碳行为会广泛地传播开来。然而，如果个体一旦不能坚持绿色行为，容易受到周围邻居个体的影响，那么绿色低碳行为就很难推广。

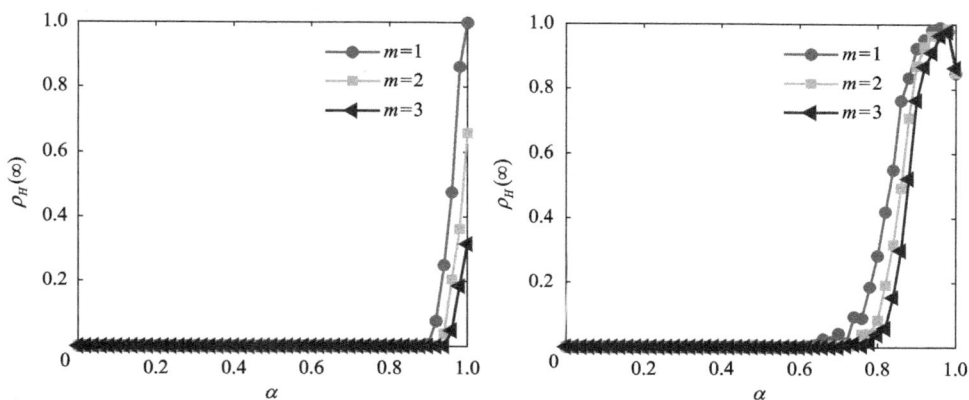

（a）强连接关系网络结构为 ER 随机网络　　　　　（b）强连接关系网络结构为 BA 无标度网络

图 4.4　在不同的强连接关系网络结构下，最终采取绿色行为的个体密度 $\rho_H(\infty)$ 随着个体的固执性指数 α 改变的演化图（ $\beta = 0.5$ ， $T = 1.1$ ）

图 4.5 刻画了在强连接关系网络结构分别为 ER 随机网络和 BA 无标度网络时，系统中最终采取绿色行为的个体密度 $\rho_H(\infty)$ 随着选择偏好 β 改变的演化图。通过比对分析图 4.5（a）和图 4.5（b），我们可以发现，在两种不同的基础情况下，最终采取绿色行为的个体密度 $\rho_H(\infty)$ 随着选择偏好 β 的增加，先是逐渐降低，然后快速上升。选择偏好 β 的大小反映个体受从众驱动力或利益驱动力的影响程度，当参数 β 非常小的时候，即个体对利益大小的敏感性较强。在个体绿色低碳行为博弈过程中，当博弈双方都采取合作行为时，才可以带来总体利益的最大化，由此导致多数个体乐意采取绿色行为策略。因此，最终采取绿色行为的个体密度 $\rho_H(\infty)$ 保持在一个较高的水平。然而，一旦参数 β 的值继续增大，就会使得个体有更多的机会去仿照周围其他个体的行为策略，他们会有更多的机会权衡"大多数策略"与"个体利益"。不合作会带来较多的收益，最终导致一些理性的个体选

择不合作策略。然而，当参数 β 增大到一定的阈值 β_c [图 4.5（a）中 $\beta_c \approx 0.95$，图 4.5（b）中 $\beta_c \approx 0.75$]时，个体受到从众驱动力的影响较大。一旦个体采取绿色行为策略而获取较多收益时，采取绿色行为策略就会迅速地传播开来，导致最终采取绿色行为的个体密度 $\rho_H(\infty)$ 上升。

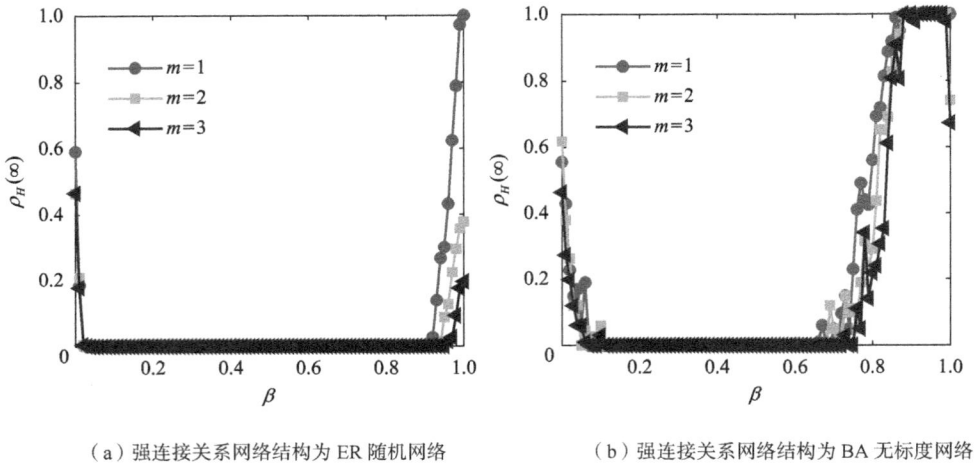

（a）强连接关系网络结构为 ER 随机网络　　　　　（b）强连接关系网络结构为 BA 无标度网络

图 4.5　在不同的强连接关系网络结构下，最终采取绿色行为的个体密度 $\rho_H(\infty)$ 随着
选择偏好 β 改变的演化图（ $\alpha = 0.5$ ， $T = 1.1$ ）

图 4.6 进一步描述了在强连接关系网络结构分别为 ER 随机网络和 BA 无标度网络下，系统中最终采取绿色行为的个体密度 $\rho_H(\infty)$ 随着参数 α 和 β 改变的演化图。通过比对分析图 4.6，我们可以发现，随着参数 α 和 β 的增加，最终整个系统中采取绿色行为的个体密度 $\rho_H(\infty)$ 逐渐地上升。此外，在相同的参数值 (α, β) 下，强连接关系网络结构为异质性较大的 BA 无标度网络时，最终 $\rho_H(\infty)$ 上升就高。

为了进一步探究采取绿色行为的个体与其连接度 k 和活跃度 a 的关系，我们设定指标 $F_H^i = \dfrac{1}{M} \sum_{t=1}^{M} \delta_{S_i(t), H}$ ，表示个体 i 在前 M 轮博弈中采取绿色行为的频率。

图 4.7 刻画了在强连接关系网络结构分别为 ER 随机网络和 BA 无标度网络下，当个体的连接度 k 与活跃度 a 之间没有相关关系时，个体采取绿色行为频率 F_H 与个体的连接度 k 和活跃度 a 之间的关系。图 4.7（a_1）和图 4.7（b_1）中阴影部分，包含了一些采取绿色行为频率较大的个体。通过比对分析图 4.7（a_1）和图 4.7（b_1），我们可以发现，当强连接关系网络结构为 ER 随机网络时，随着节点连接度的增加，个体采取绿色行为频率呈现增加趋势。然而，有意思的是，当

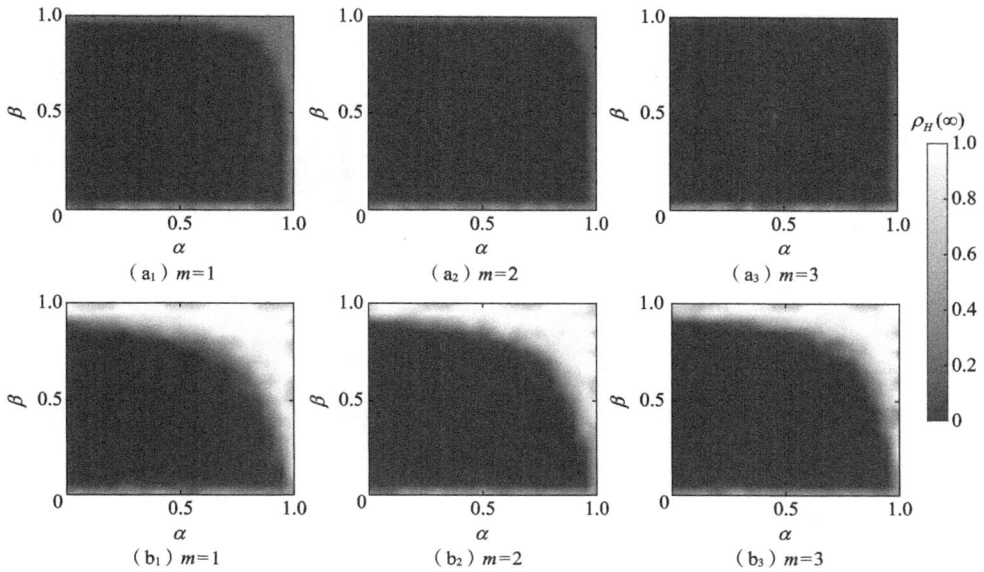

图 4.6　在不同的强连接关系网络结构下，最终采取绿色行为的个体密度 $\rho_H(\infty)$ 随着

参数 α 和 β 改变的演化图（$T=1.2$）

图 4.6（a_1）~图 4.6（a_3）表示强连接关系网络结构为 ER 随机网络；图 4.6（b_1）~图 4.6（b_3）表示强连接关系网络结构为 BA 无标度网络

强连接关系网络结构为 BA 无标度网络时，随着节点连接度的增加，个体采取绿色行为频率呈现先增加后减少的趋势。此外，通过比对分析图 4.7（a_2）和图 4.7（b_2），我们可以发现，个体采取绿色行为频率 F_H 与其活跃度 a 之间的相关关系不显著。

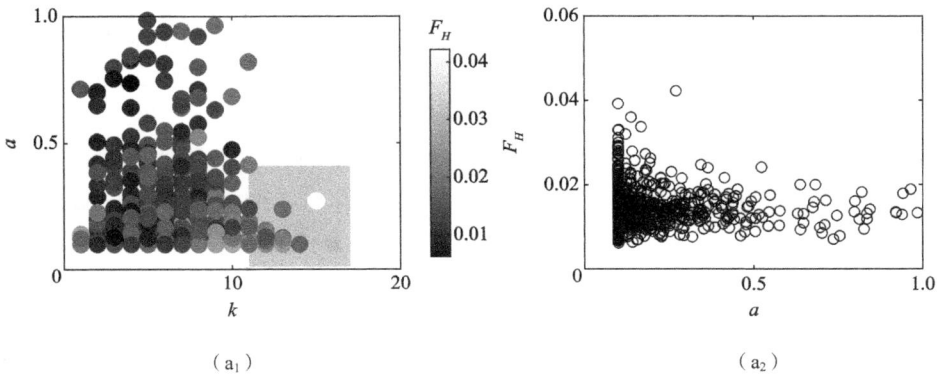

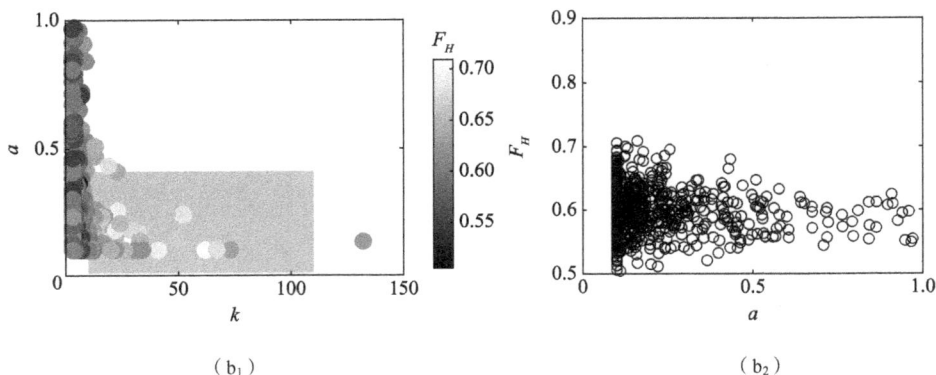

图 4.7　在不同的强连接关系网络结构下，个体采取绿色行为频率 F_H 与个体的连接度 k 和活跃度 a 之间的关系图（一）

个体的连接度 k 与活跃度 a 之间没有相关关系。图 4.7（a_1）和图 4.7（b_1）中阴影部分是采取绿色行为频率较大的个体与其连接度情况。参数设置为：$T = 1.1$，$\alpha = 0.9$，$\beta = 0.5$，$M = 1\,000$。图 4.7（a_1）和图 4.7（a_2）表示强连接关系网络结构为 ER 随机网络；图 4.7（b_1）和图 4.7（b_2）表示强连接关系网络结构为 BA 无标度网络

　　下面我们分析个体的连接度 k 与活跃度 a 之间存在相关性时，个体采取绿色行为频率 F_H 的变化情况。图 4.8 刻画了强连接关系网络结构分别为 ER 随机网络和 BA 无标度网络时，在个体的连接度 k 与活跃度 a 之间呈负相关关系时，个体采取绿色行为频率 F_H 与个体的连接度 k 和活跃度 a 之间的关系。通过观察图 4.8（a_1）和图 4.8（a_2）、图 4.8（b_1）和图 4.8（b_2）可以看出，随着个体的活跃度 a 的增大，个体采取绿色行为频率降低。也即表明，那些强连接关系的连接度较大的节点乐意采取绿色行为的策略。这是一个有意思的结论。强连接关系是那些不变的关系，而弱连接关系会随着时间的变化而变化，个体的活跃度 a 一定程度上决定了每一轮博弈中个体弱连接关系的多少。我们的结果表明，如果个体的固定邻居数目较多时，此个体采取绿色行为频率就会较大，即使在弱连接关系较少的情况下，依然会有这样的结论。通过图 4.8（a_2）与图 4.8（b_2）可以发现，活跃度较小的个体拥有较大的采取绿色行为频率。此外，强连接关系网络结构为 ER 随机网络时的个体采取绿色行为频率的极差 $R_{ER} = \max(F_H) - \min(F_H) \approx 0.02$，小于强连接关系网络结构为 BA 无标度网络时个体采取绿色行为频率的极差 $R_{BA} = \max(F_H) - \min(F_H) \approx 0.2$。这表明，强连接关系网络结构为异质性较大的 BA 无标度网络时，个体的行为变化拥有更为丰富的动力学现象。

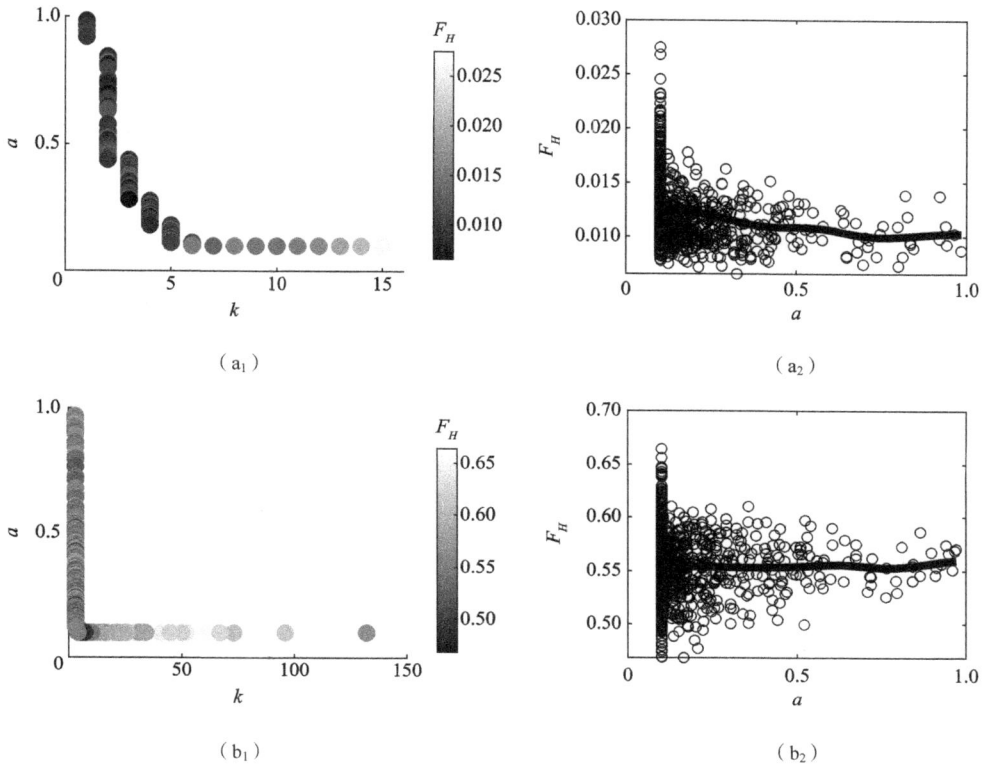

（a_1）

（a_2）

（b_1）

（b_2）

图 4.8　在不同的强连接关系网络结构下，个体采取绿色行为频率 F_H 与个体的连接度 k 和活跃度 a 之间的关系图（二）

个体的连接度 k 与活跃度 a 之间呈负相关关系。图 4.8（a_2）和图 4.8（b_2）中实线用参数拟合的方式获取。参数设置为：$T=1.1$，$\alpha=0.9$，$\beta=0.5$，$M=1000$。图 4.8（a_1）和图 4.8（a_2）表示强连接关系网络结构为 ER 随机网络；图 4.8（b_1）和图 4.8（b_2）表示强连接关系网络结构为 BA 无标度网络

图 4.9 刻画了在强连接关系网络结构分别为 ER 随机网络和 BA 无标度网络下，当个体的连接度 k 与活跃度 a 之间呈正相关关系时，个体采取绿色行为频率 F_H 与个体的连接度 k 和活跃度 a 之间的关系。同样地，通过图 4.9（a_1）和图 4.9（a_2）可以发现，随着强连接关系的个体的连接度的增加，个体更乐于合作。有意思的是，在图 4.9（a_2）中我们可以发现，随着活跃度的增加，个体采取绿色行为频率增加，然而从图 4.9（b_2）中我们可以发现，随着活跃度的增加，个体采取绿色行为频率先呈现增加趋势，而后出现减少趋势。随着强连接关系的个体的连接度的增加，个体的活跃度也随之增加，导致个体接收到的外界信息也随之增加。一旦不采取绿色低碳行为能够获取到更多的利润，个体就会更倾向采取非绿色低碳策略。

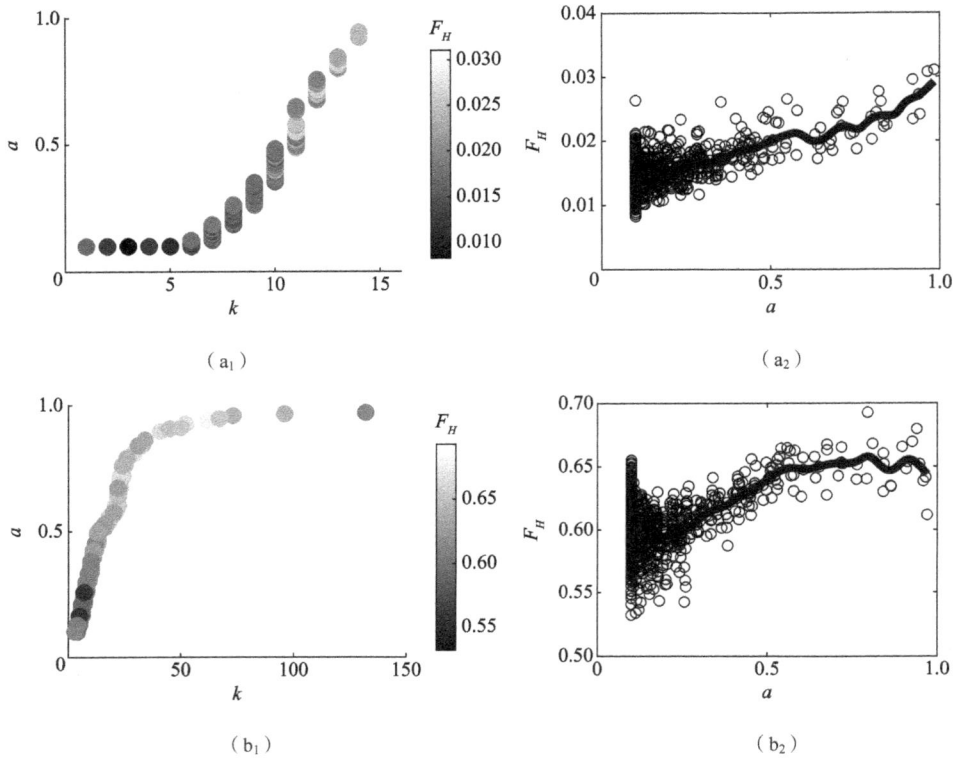

图 4.9　在不同的强连接关系网络结构下，个体采取绿色行为频率 F_H 与个体的连接度 k
和活跃度 a 之间的关系图（三）

个体的连接度 k 与活跃度 a 之间呈正相关关系。图 4.9（a_2）和图 4.9（b_2）中实线用参数拟合的方式获取。参数设
置为：$T = 1.1$，$\alpha = 0.9$，$\beta = 0.5$，$M = 1\,000$。图 4.9（a_1）和图 4.9（a_2）表示强连接关系网络结构为 ER 随机
网络；图 4.9（b_1）和图 4.9（b_2）表示强连接关系网络结构为 BA 无标度网络

4.3　本章小结

　　本章是从复杂网络和多主体建模的角度，基于实际情形分析对社会网络中个
体绿色行为变化的影响因素。基于我们的研究，提出如下的可以促进个体绿色行
为扩散的措施：第一，通过恰当的方式，完善个体之间的连接关系，如通过促使
某些有影响力的个体采取绿色行为，进一步让其他未采取绿色行为的个体"发现"
这些有影响力的个体；第二，增加采取绿色行为个体的收益，如对践行绿色行为
的个体给予一定的补贴或奖励；第三，对个体进行一系列的绿色行为教育，加强

个体践行绿色行为的信心，使得绿色行为得到广泛推广。我们的研究也存在一些不足之处，如现实社会中，对个体行为变化的影响因素有很多，而我们仅仅考虑了其中的三个因素，此外还缺乏相关的实证研究。虽然有很多不足，然而，我们通过数学建模的方法，为个体绿色行为扩散的研究提供了一种可行的研究思路。在以后的研究中，我们会完善所提出的模型，并通过实证的方式，完善并校正该模型。

参 考 文 献

[1] Jia H. Green travel behavior in urban China: influencing factors and their effects. Sustainable Development, 2018, 26 (4): 350-364.

[2] Taufique K M R, Vaithianathan S. A fresh look at understanding green consumer behavior among young urban Indian consumers through the lens of theory of planned behavior. Journal of Cleaner Production, 2018, 183: 46-55.

[3] Liobikiene G, Mandravickaite J, Bernatoniene J. Theory of planned behavior approach to understand the green purchasing behavior in the EU: a cross-cultural study. Ecological Economics, 2016, 125: 38-46.

[4] Chen C C, Chen C W, Tung Y C. Exploring the consumer behavior of intention to purchase green products in Belt and Road countries: an empirical analysis. Sustainability, 2018, 10 (3): 1-18.

[5] Bedard S A N, Tolmie C R. Millennials' green consumption behaviour: exploring the role of social media. Corporate Social Responsibility and Environmental Management, 2018, 25 (6): 1388-1396.

[6] Rahimah A, Khalil S, Cheng J M S, et al. Understanding green purchase behavior through death anxiety and individual social responsibility: mastery as a moderator. Journal of Consumer Behaviour, 2018, 17 (5): 477-490.

[7] Bohlmann C, van den Bosch J, Zacher H. The relative importance of employee green behavior for overall job performance ratings: a policy-capturing study. Corporate Social Responsibility and Environmental Management, 2018, 25 (5): 1002-1008.

[8] Wang W F, Wu J X, Wu M Y, et al. Shaping tourists' green behavior: the hosts' efforts at rural Chinese B&Bs. Journal of Destination Marketing & Management, 2018, 9: 194-203.

[9] Sreen N, Purbey S, Sadarangani P. Impact of culture, behavior and gender on green purchase intention. Journal of Retailing and Consumer Services, 2018, 41: 177-189.

[10] Muslim N H, Keyvanfar A, Shafaghat A, et al. Green driver: travel behaviors revisited on fuel saving and less emission. Sustainability, 2018, 10 (2): 325.

[11] Tang Y H, Hinsch C. Going green to be morally clean: an examination of environmental behavior

among materialistic consumers. Psychology & Marketing，2018，35（11）：845-862.

[12] Li W Y，Tian L X，Batool H. Impact of negative information diffusion on green behavior adoption. Resources Conservation and Recycling，2018，136：337-344.

[13] Hilbe C，Simsa S，Chatterjee K，et al. Evolution of cooperation in stochastic games. Nature，2018，559：246-249.

[14] Perra N，Goncalves B，Pastor-Satorras R，et al. Activity driven modeling of time varying networks. Scientific Reports，2018，2：469.

第5章 多重网络上负面信息扩散对绿色行为传播的影响

5.1 模 型

HGBS 模型作用在一个两层多重网络上，如图 5.1 所示。每层的连边不同，但上下两层节点都是相同的。每个节点代表一个个体，如果两个个体有关系，则两个节点由一条边连接。在信息层中，个人向与他们分享信息的人发送（或接收）有关绿色行为的负面信息，除了面对面的线下联系之外，在线社交网络中的线上联系也作为信息层的连边。绿色行为动力学演化过程则在实际接触层上进行，个体在这个底层网络传播绿色行为，该网络的连边对应着面对面的接触关系，既包含与家庭成员、邻居的关系，又包含与同事的线下关系。

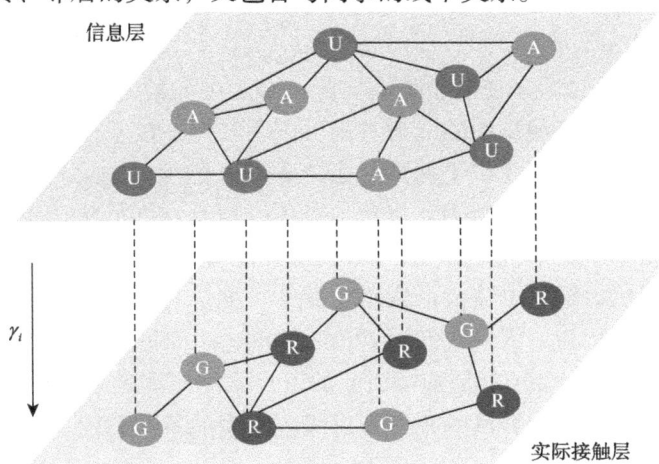

图 5.1 两层多重网络

信息层发生信息扩散，实际接触层则是绿色行为传播层。信息层中的节点可以处于以下两种状态之一：未知（U）或已知（A）。实际接触层的节点状态为红色（R）或绿色（G）

一个 UAU 模型被用于描述信息层上关于绿色行为的负面信息的扩散过程。每个节点处于以下两种状态之一：已知（A）或未知（U）。已知状态的节点可以将关于绿色行为的负面信息（如不便、不适）传递给同一层上处于未知状态的节点，并以概率 δ 忘记这些信息。未知状态的节点是指没有收到任何信息，但可以概率 λ 与已知节点进行交流的节点。考虑到已知状态的节点并不总能积极地传播信息，而传播信息的活跃度水平在一定程度上取决于节点自身的经验和属性，因此，每个已知状态的节点 i 被赋予了一个值，用以解释其活跃度的异质性。特别地，我们给出三个模型，包括均匀模型 $a_i = c\left(c \in [0,1]\right)$、指数模型和度相关模型，用于分配个体 i 扩散活跃度水平 a_i。

1. 均匀模型

在均匀模型中，已知个体在 $[0,1]$ 范围内具有相同的活跃度值 $a_i = c$。

2. 指数模型

在指数模型中，已知个体被分配为不同的活跃度值，遵循指数分布 $P(a) \sim \exp(-\lambda a)$。需要注意的是，即使个体具有相同的度，但其活跃度值可能不同。

3. 度相关模型

a_i 更活跃的个体通常在网络的拓扑结构中也起着核心作用[1]，该模型假设已知个体 i 的扩散活跃度 a_i 与其在实际接触层的度 k_i 呈正相关关系，这意味着具有较大度的个体具有更高的扩散活跃度：

$$a_i = \frac{k_i - k_{\min}}{k_{\max} - k_{\min}}$$

其中，$k_{\max}$ 和 $k_{\min}$ 分别表示所有个体在实际接触层中的最大度和最小度。

绿色行为在实际接触层中的传播过程可以用红-绿-红（red-green-red，RGR）模型来描述。每个节点处于以下两种状态之一：红色（R）或绿色（G）。红色节点可以采用概率 β 采取绿色行为，绿色节点可以恢复到红色状态（即放弃绿色行为）。为了简便和深入了解信息扩散对绿色行为传播的影响，而不是相反的状况，我们假设处在绿色状态的个体会以概率 1 获知负面信息。那些收到负面信息的人会自然地采用绿色行为，因此我们用 β^U 和 $\beta^A = \gamma_i \beta^U$ 来区分已知状态和未知状态的采用概率。这里，$\gamma_i \in [0,1]$ 是知情引起的节点采用概率的缩减因子。在 HGBS 模型中，该因子被设置为异质的来体现对绿色行为的不同态度。我们将已知状态节点的缩减因子定义如下：

$$\gamma_i = \begin{cases} (1-b)^{u_i}, & 0 \leqslant b < 1 \\ 0, & b = 1 \end{cases} \qquad (5.1)$$

其中，u_i 为节点 i 处于已知状态的邻居节点数；b 为信息层对实际接触层的作用强度。如果节点 i 有比较多的已知状态的邻居节点数，相应地就有较小的采用概率 $\beta_i^A = \gamma_i \beta^U$。两层网络上的传播动力学过程可见图 5.2。此外，对本章所用符号的使用及描述见 5.5 节"附录"。

（a）信息层　　　　　　　　　　　　　　　　（b）实际接触层

图 5.2　每层的传播动力学

5.2　理　论　分　析

根据 HGBS 模型，个体可以处于三种状态之一：未知-红色（UR）、已知-红色（AR）、已知-绿色（AG）。我们用一个邻接矩阵 $C = (c_{ij})_{N \times N}$ 来描述信息层，这里当节点 i 和节点 j 存在连边时 $c_{ij} = 1$，否则 $c_{ij} = 0$。对于实际接触层，其邻接矩阵为 $B = (b_{ij})_{N \times N}$。对于每个节点 $i \in \{1, 2, \cdots, N\}$，在 t 时刻具有一定概率转化为三种状态之一，分别为 $p_i^{UR}(t)$、$p_i^{AR}(t)$、$p_i^{AG}(t)$。假设这些概率彼此独立[2]，我们有

$$r_i(t) = \prod_j \left(1 - c_{ji} a_j p_j^A(t) \lambda\right) \qquad (5.2)$$

$$q_i^U(t) = \prod_j \left(1 - b_{ji} p_j^G(t) \beta^U\right) \qquad (5.3)$$

$$q_i^A(t) = \prod_j \left(1 - b_{ji} p_j^G(t) \gamma_i(t) \beta^U\right) \qquad (5.4)$$

其中，$r_i(t)$ 表示未被其任何邻居节点告知的概率。对于均匀状态，如果节点 j 在

未知状态，其传播活跃度 $a_j = 0$。$q_i^{\mathrm{U}}(t)$ 表示原本处在 UR 状态的节点 i 未被其任何邻居节点说服采取绿色行为的概率。当节点 i 处在 AR 状态时，相应的概率为 $q_i^{\mathrm{A}}(t)$。此外，$\gamma_i(t) = (1-b)^{\sum_j c_{ji} p_j^{\mathrm{A}}(t)}$，$p_j^{\mathrm{A}}(t) = p_j^{\mathrm{AR}}(t) + p_j^{\mathrm{AG}}(t)$ 表示节点 j 被告知的概率。

根据式（5.2）~式（5.4），我们获得状态转移概率树（图 5.3），它们能够描述多重网络中节点的可能状态及其转换。

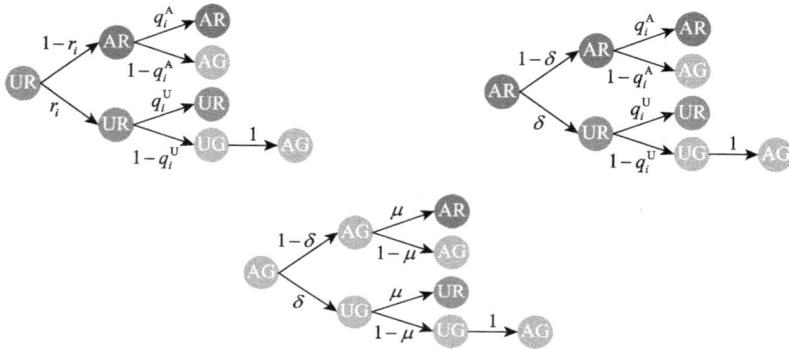

图 5.3　单位时间的状态转移概率树

每棵树的根代表节点 i 在任意时刻 t 的可能状态。每棵树的叶子代表节点在 $t+1$ 时刻可能的状态。相应的转化概率在箭头上方

使用式（5.2）~式（5.4）和状态转移概率树，可以很容易地获得任何节点 i 的微观马尔可夫链方法（microscopic Markov chain approach，MMCA）的方程[3]如下：

$$p_i^{\mathrm{UR}}(t+1) = p_i^{\mathrm{UR}}(t) r_i(t) q_i^{\mathrm{U}}(t) + p_i^{\mathrm{AR}}(t) \delta q_i^{\mathrm{U}}(t) + p_i^{\mathrm{AG}}(t) \delta \mu \tag{5.5}$$

$$p_i^{\mathrm{AR}}(t+1) = p_i^{\mathrm{UR}}(t)(1 - r_i(t)) q_i^{\mathrm{A}}(t) + p_i^{\mathrm{AR}}(t)(1 - \delta) q_i^{\mathrm{A}}(t) + p_i^{\mathrm{AG}}(t)(1 - \delta) \mu \tag{5.6}$$

$$p_i^{\mathrm{AG}}(t+1) = p_i^{\mathrm{UR}}(t)\left[(1 - r_i(t))(1 - q_i^{\mathrm{A}}(t)) + r_i(t)(1 - q_i^{\mathrm{U}}(t))\right] + p_i^{\mathrm{AG}}(t)(1 - \mu)$$
$$+ p_i^{\mathrm{AR}}(t)\left[(1 - \delta)(1 - q_i^{\mathrm{A}}(t)) + \delta(1 - q_i^{\mathrm{U}}(t))\right] \tag{5.7}$$

式（5.5）~式（5.7）分别表示节点 i 在 UR、AR 和 AG 状态时的概率演化。例如，AR 状态的节点 i 在 $t+1$ 时刻的概率 $p_i^{\mathrm{AR}}(t+1)$ 由三部分构成，它们分别对应状态转移概率树中 AR 作为叶子的三个分支，即 UR→AR→AR，AR→AR→AR，AG→AG→AR。在任何时刻 t，式（5.5）~式（5.7）满足 $p_i^{\mathrm{UR}}(t) + p_i^{\mathrm{AR}}(t) + p_i^{\mathrm{AG}}(t) = 1$。给定一个网络拓扑及式（5.2）~式（5.4），迭代解出式（5.5）~式（5.7）的解以追踪绿色行为传播的时间演变。如果演变系统进入稳定状态，我们有 $p_i^{\mathrm{UR}}(t+1)$

$= p_i^{\text{UR}}(t) = p_i^{\text{UR}}$，　$p_i^{\text{AR}}(t+1) = p_i^{\text{AR}}(t) = p_i^{\text{AR}}$ 和 $p_i^{\text{AG}}(t+1) = p_i^{\text{AG}}(t) = p_i^{\text{AG}}$。

这里存在一个采用概率 β^c，低于该值绿色行为不会爆发，我们将该值称为绿色行为阈值。弄清楚绿色行为在社会上能否普及是有意义的，该值定义如下：

$\beta^{\text{U}} < \beta^c \Rightarrow$ 绿色行为不能传播到很大一部分人口，即 $p_i^{\text{G}} \to 0$。

$\beta^{\text{U}} > \beta^c \Rightarrow$ 绿色行为得以普及，即 $p_i^{\text{G}} > 0$。

在阈值附近，节点采用绿色行为的概率 $p_i^{\text{G}} = p_i^{\text{AG}} = \epsilon_i \ll 1$。经过 5.5 节 "附录" 中的一些估算，我们可以得到

$$\sum_j \left\{ \left[1 - (1 - \gamma_i) p_i^{\text{A}} \right] b_{ji} - \frac{\mu}{\beta^{\text{U}}} \delta_{ij} \right\} \epsilon_j = 0, \quad \forall i = 1, 2, \cdots, N \qquad (5.8)$$

当 $i = j$ 时，$\delta_{ij} = 1$；否则 $\delta_{ij} = 0$。定义矩阵 H 的元素为

$$\left[1 - (1 - \gamma_i) p_i^{\text{A}} \right] b_{ji} \qquad (5.9)$$

式（5.8）简化为

$$H\epsilon = \frac{\mu}{\beta^{\text{U}}} \epsilon \qquad (5.10)$$

这里 $\epsilon = (\epsilon_1, \epsilon_2, \cdots, \epsilon_N)^{\text{T}}$。式（5.10）的非平凡解是 H 的特征向量，其特征值等于 μ / β^{U}。因此，绿色行为阈值 β^c 是满足式（5.10）的 β^{U} 的最小值。令 $\Lambda_{\max}(H)$ 表示 H 的最大特征向量，我们最终得到

$$\beta^c = \frac{\mu}{\Lambda_{\max}(H)} \qquad (5.11)$$

根据式（5.9）和式（5.11），我们可以看到阈值 β^c 依赖于信息层的动力学过程及信息层对实际接触层的作用强度或实际接触层的邻接矩阵。

5.3　仿　真　模　拟

5.3.1　蒙特卡罗方法和微观马尔科夫链方法

为了了解 MMCA 在 HGBS 模型上的性能，我们将 MMCA 得到的数值结果与蒙特卡罗（Monte Carlo，MC）方法模拟得到的数值结果进行交叉核对，如图 5.4 所示。这里使用了两种不同的多重网络：一种是具有 2 000 个节点的两层 BA 无标度网络[4]，其实际接触层是使用度分布 $P(k) \sim k^{-2.5}$ 的配置模型生成的 BA 无标

度网络，信息层则是在实际接触层基础上附加了 800 个随机连边，因为除了线下面对面的接触外，信息也可以通过在线社交网络等渠道传播。另一种是两层 WS 小世界网络[5]，每一层有 2 000 个节点，其中实际接触层是一个 WS 小世界网络，重连概率为 0.1，平均度为 $\langle k \rangle = 6$。此外，在信息层中仍然添加了 800 条额外连边。我们选择 BA 无标度网络和 WS 小世界网络的原因是很多社交网络是无标度的[4]，并且平均路径长度较短[5]。

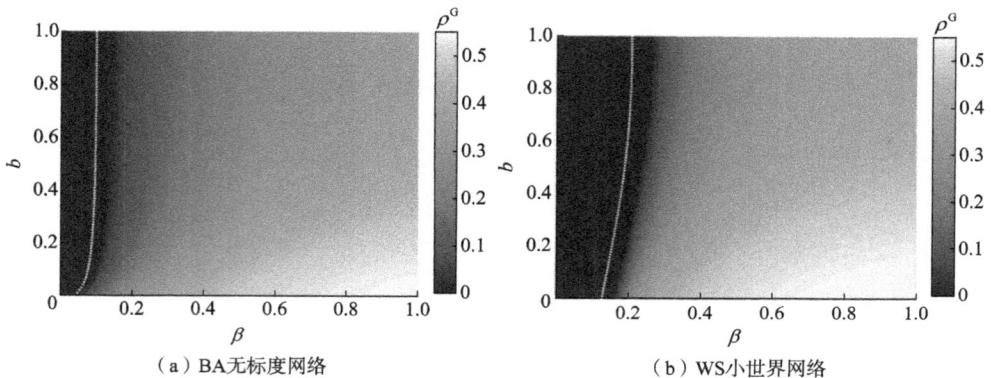

（a）BA无标度网络　　　　　　　　　　（b）WS小世界网络

图 5.4　由 MMCA（白色虚线）和 MC（热图）方法得到的绿色行为阈值 β^c 比较

每次仿真开始时，先随机选取 0.05 比例的节点作为 AG 节点。在每个时间步长，所有节点的状态都会更新。为了减少初始条件引起的采用比例的随机波动，我们使时间平均值 $\rho^G = 1/T \sum_{t=t_0}^{t=t_0+T-1} \rho^G(t)$，这里 $\rho^G(t) = 1/N \sum_{i=1}^{N} \rho_i^G(t)$，$T$ 被设为 10，即 $t_0 = 991$。如图 5.4 所示，我们发现无论使用哪个网络，由 MMCA 和 MC 方法计算得到的 β^c 吻合度较高。此外，也存在一定的差异，MMCA 得到的理论阈值低于 MC 方法得到的阈值，这是因为 MMCA 假设忽略动力相关性。由于该假设，MMCA 中 $r_i(t)$、$q_i^U(t)$ 和 $q_i^A(t)$ 的值要低于 MC 方法中相应的值[6, 7]，最终导致阈值被低估。

5.3.2　个体异质性的影响

图 5.4 显示了由已知邻居节点数引起的异质性态度对绿色行为阈值和采用比例的影响。通过将 b 从 0 增加到 1，我们发现绿色行为阈值 β^c 增强而采用比例 ρ^G

减少，特别是与 0（代表信息层对实际接触层没有影响）相比。这是因为式（5.11）给出的阈值 β^c 依赖于参数 γ_i。同时，参数 γ_i 与参数 b 相关。b 值越高，γ_i 值就越低，最终导致了较低的采用比例 ρ^G 和较高的阈值 β^c。注意到对于较小的 b 值，阈值明显向右移动。

　　然后，我们对比指数模型或度相关模型与均匀模型的结果，分析异构活跃度水平的影响。有趣的是，尽管三个模型的平均扩散活跃度被设置为相同的值 0.5，但这些模型产生了不同的结果，见图 5.5。图 5.5（a）~图 5.5（c）给出了两层 BA 无标度网络上的结果。可以清楚地看出，均匀模型的采用比例不同于其他两种模型，意味着活跃度异质性的增加对绿色行为的采用比例有影响。通过比较图 5.5（a）~图 5.5（c），我们观察到 b 的增加扩大了均匀模型和其他两个模型之间采用比例的差距。此外，异质活跃度对绿色行为阈值的影响可以忽略不计。然而，当我们观察图 5.5（d）~图 5.5（f）时，结果表明，两层 WS 小世界网络的绿色行为阈值受异质活跃度的影响。综上所述，在模拟绿色行为扩散过程时，需要考虑扩散活跃度的异质性。

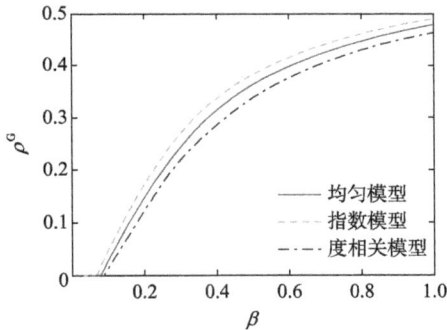

（a）两层BA无标度网络（$b = 0.2$）

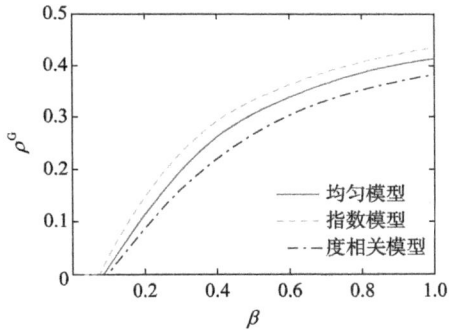

（b）两层BA无标度网络（$b = 0.4$）

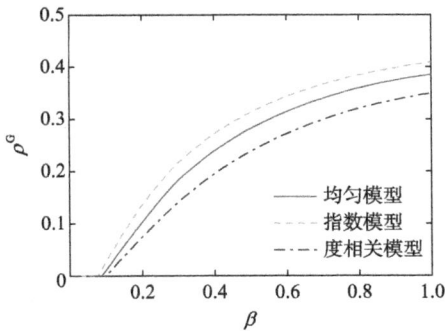

（c）两层BA无标度网络（$b = 0.6$）

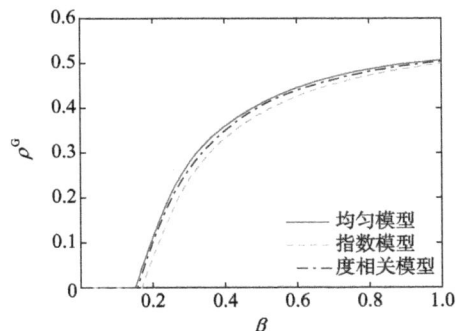

（d）两层WS小世界网络（$b = 0.2$）

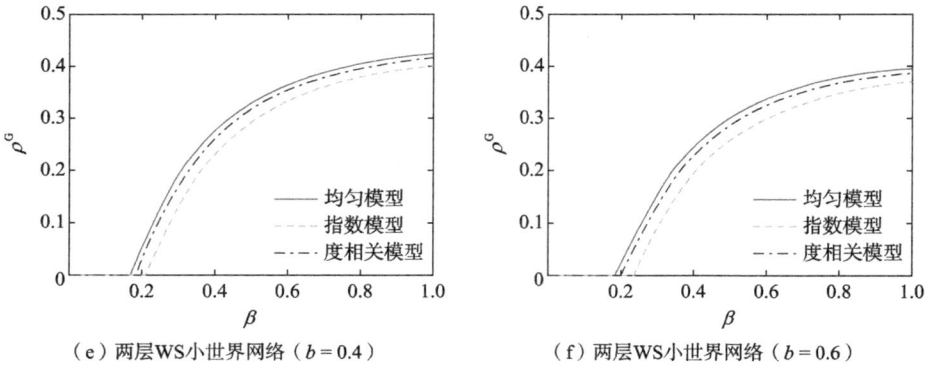

（e）两层WS小世界网络（$b=0.4$）　　　（f）两层WS小世界网络（$b=0.6$）

图 5.5　采用比例 ρ^G 随 b 从 0.2 增加到 0.6 时在两层 BA 无标度网络和两层 WS 小世界网络上的结果

5.3.3　网络结构的影响

为了探讨绿色行为的阈值是否随重连概率 p 的增加而减小，这里我们在一个类似于 WS 小世界网络的但具有重连概率 p 的 WS1 网络上进行仿真模拟。如图 5.6（a）所示，当 $b=0$ 时，UAU 和 RGR 两个过程的相互作用消失了，设置等同于在单层独立的网络中运行这两个过程。在这种情况下，绿色行为阈值随 p 的增加而减小，意味着当绿色行为在单层网络中传播时，与规则网络相比，它在 WS 小世界网络中更容易传播。但是，只要信息层对实际接触层有影响（即 $b>0$），则绿色行为阈值与重连概率 p 无关，这与单层网络上得到的研究结果不同。这种差异可以归因于两层 WS 小世界网络中绿色行为扩散和信息扩散之间的博弈。关于绿色行为的负面信息也在 WS 小世界网络中传播，较短的平均路径长度将使信息更容易扩散，部分抵消了实际接触层较高的重连概率 p 引起的采用比例的增加。

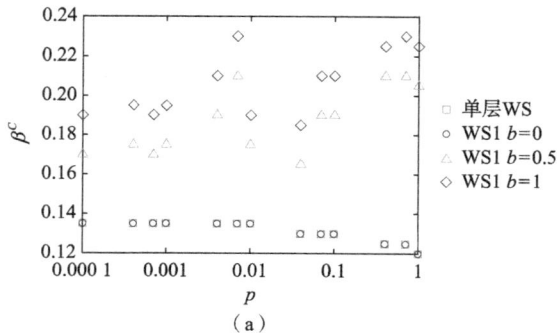

（a）

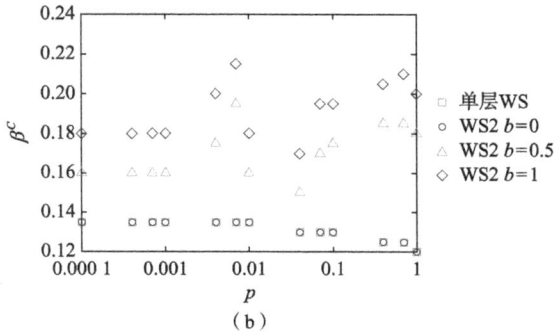

图 5.6　绿色行为阈值随 p 的变化情况

　　注意到 WS1 网络的信息层是通过在实际接触层的基础上添加 800 条连边来构建的，因此，为了探索上述发现是否受到额外连边的影响，我们在另一个名为 WS2 的网络上进行仿真实验，该网络没有添加额外连边，结果见图 5.6（b）。类似于 WS1 网络，当 $b > 0$ 时，绿色行为阈值不再总是随 p 的增加而减少。然而，有趣的是，信息层额外的连边会提高绿色行为阈值。这一发现意味着额外连边改善了知情性的扩散效率，使得更多的人对绿色行为持有谨慎或负面态度。然后，采用比例减少，绿色行为阈值增加。

5.3.4　初始节点的传播能力

　　为了弄清楚初始节点的度值是如何影响传播效率的，我们量化了初始节点的传播能力。在每个 MC 模拟开始时，除了种子节点外其余所有节点都处于 UR 状态，为了获得统计上显著的结果，网络中的每个节点均被选作初始种子 M 次。当节点 i 为传播初始节点时，平均采用比例 ρ^G 为

$$\rho_i^G = \frac{1}{M} \sum_{n=1}^{M} \rho_{i,n}^G, \quad \forall i = 1, 2, \cdots, N \tag{5.12}$$

其中，$\rho_{i,n}^G$ 表示当节点 i 为初始种子时，第 n 次仿真模拟得到的采用比例。我们根据初始节点的度将 $\{\rho_1^G, \rho_2^G, \cdots, \rho_N^G\}$ 进行分类，最终得到度值为 k 的初始节点的平均采用比例如下：

$$\rho^G(k) = \sum_{i \in D_k} \frac{\rho_i^G}{N_k} \tag{5.13}$$

其中，D_k 表示度值为 k 的节点集合；N_k 表示 D_k 中节点数量；$\rho^G(k)$ 表示度值为 k 的初始种子的平均采用比例。

图 5.7（a）展示了当 b 从 0.2 增加到 0.6 时，两层 BA 无标度网络上采用比例在不同度值 k 下的变化情况。我们发现当 $k \geqslant 9$ 时采用比例几乎相同，但当 $k < 9$ 时，初始节点度值越高，传播性能越好。在图 5.7（b）中，我们绘制了两层 WS 小世界网络的仿真结果。与图 5.7（a）的结果类似，在 k 到达转折点 7 之前，初始节点度值对采用比例仍有正向影响。

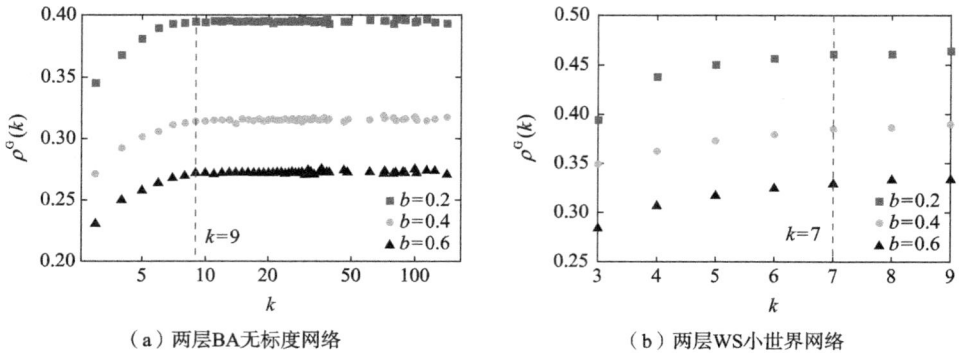

（a）两层BA无标度网络　　　　　　　（b）两层WS小世界网络

图 5.7　采用比例 ρ^G 随初始节点度值 k 的变化情况

5.4　本 章 小 结

本章提出了一种新的多重网络 HGBS 模型来研究绿色行为的传播。利用 UAU 模型表示信息扩散过程，利用 RGR 模型描述绿色行为传播过程，我们在两层 BA 无标度网络和 WS 小世界网络上进行仿真模拟，最终得出以下结论。

模拟结果表明，通过在线社交网络等方式扩散的绿色行为信息，如其具有节能和低碳性将吸引更多的人采取绿色行为。更重要的是，信息层的轻微影响会使绿色行为更易爆发，因为 b 稍微比 0 增加一点就会明显地使阈值左移，这些发现也被理论结果证实。我们还发现，实际接触层对信息层的影响不会传回给前者，意味着信息层对阈值和采用比例的影响纯粹来自信息层本身，而不是实际接触层的二次影响。

模拟结果显示，在线社交网络中关于绿色行为负面信息的扩散会阻碍人们参与线下绿色行为，最终减少绿色行为的采用比例。信息层的轻微影响会使绿色行为难以爆发，因为 b 稍微比 0 增加一点就会使阈值明显提高。通过探讨网络结构的影响，我们发现实际接触网络的平均路径长度较短，有利于绿色行为的扩散。然而，当关于绿色行为的负面信息在 WS 小世界网络中也扩散时，较短的平均路径长度将使信息更容易扩散，引发两层 WS 小世界网络中传播过程的相互竞争。

值得注意的是，添加到信息层的额外连边提高了绿色行为阈值，表明信息扩散方式的多样性对绿色行为的爆发无益。在促进绿色行为的传播时，应更加注意对绿色行为负面信息扩散的控制。

除了抑制负面信息扩散外，促进绿色行为传播的另外一种有效方法是鼓励在实际接触层中有更多邻居的个体表现出亲环境的行为。这是由于所采用比例在度值较小时增加，但在初始节点度值达到一定值后，该情况消失。此外，由于活跃度异质性的增加会影响绿色行为的采用比例和阈值，当模拟绿色行为传播时，传播活跃度的异质性是需要考虑的一个重要因素。

5.5　附　　录

本章使用的符号见表 5.1。

表5.1　本章使用的符号

符号	描述
UR	未知并未采取绿色行为的个体所在状态
AR	已收到负面信息但未采取绿色行为的个人状态
AG	收到负面信息并采取绿色行为的个人状态
N	信息层或实际接触层中的节点数
$C = \left(c_{ij}\right)_{N \times N}$	信息层的邻接矩阵
$B = \left(b_{ij}\right)_{N \times N}$	实际接触层的邻接矩阵
k_i	实际接触层节点的度
$k_{\min}$	$k_{\min} = \min\{k_i, i = 1, 2, \cdots, N\}$
$k_{\max}$	$k_{\max} = \max\{k_i, i = 1, 2, \cdots, N\}$
a_i	信息层中节点 i 的活跃度水平
λ	UR 状态的节点收到关于绿色行为信息的概率
δ	A 状态节点在忘记信息后变成 U 状态的概率
γ_i	知情引起的节点采用概率的缩减因子，$\gamma_i \in [0,1]$
β^{A}	实际接触层中 AR 状态节点的采用率，$\beta^{\mathrm{A}} = \gamma_i \beta^{\mathrm{U}}$
u_i	节点 i 处于已知状态的邻居节点数
b	信息层对实际接触层的作用强度
β^c	绿色行为阈值（临界点）
$\rho_{i,n}^{\mathrm{G}}$	当节点 i 为初始种子时，第 n 次仿真模拟得到的采用比例
ρ_i^{G}	当节点 i 设为初始种子时的平均采用比例

符号	描述
$\rho^{G}(k)$	度值为 k 的初始种子的平均采用比例
D_{k}	度值为 k 的节点集合
N_{k}	D_{k} 中的节点数

当 $\beta^{U} \to \beta^{c}$ 时，节点采取绿色行为概率接近 0，这意味着对于任何节点 i，$p_{i}^{G} = \epsilon_{i} \ll 1$。在这种情况下，假设 $p_{i}^{G} = \epsilon_{i} \to 1$，式（5.3）和式（5.4）近似为 $q_{i}^{U} \approx 1 - \beta^{U} \sum_{j} b_{ji}\epsilon_{j}$，$q_{i}^{A} \approx 1 - \gamma_{i}\beta^{A} \sum_{j} b_{ji}\epsilon_{j}$，其中 $q_{i}^{U} \approx 1, q_{i}^{R} = q_{i}^{A} \approx 1$。此外，因为 $p_{i}^{G} = \epsilon_{i} \to 0$，$\forall i = 1,2,\cdots,N$。将这些近似代入式（5.5）~式（5.7）可以得到它们在稳定时的情况：

$$p_{i}^{UR} = p_{i}^{UR} r_{i} + p_{i}^{AR} \delta \tag{5.14}$$

$$p_{i}^{AR} = p_{i}^{UR}\left(1 - r_{i}\right) + p_{i}^{AR}\left(1 - \delta\right) \tag{5.15}$$

$$\mu\epsilon_{i} = \left[p_{i}^{UR} r_{i} + p_{i}^{AR}\delta\right]\beta^{U} \sum_{j} b_{ji}\epsilon_{j} + \left[p_{i}^{UR}\left(1 - r_{i}\right) + p_{i}^{AR}\left(1 - \delta\right)\right]\gamma_{i}\beta^{U} \sum_{j} b_{ji}\epsilon_{j} \tag{5.16}$$

而式（5.12）为

$$\mu\epsilon_{i} = \left(p_{i}^{UR} + \gamma_{i}p_{i}^{AR}\right)\beta^{U} \sum_{j} b_{ji}\epsilon_{j} \tag{5.17}$$

由于 $p_{i}^{AG} = \epsilon_{i} \ll 1$，并且 $p_{i}^{A} = p_{i}^{AR} + p_{i}^{AG} \approx p_{i}^{AR}$，$p_{i}^{UR} = 1 - p_{i}^{AR} - p_{i}^{AG} \approx 1 - p_{i}^{A}$，式（5.17）可写为式（5.8）。

参 考 文 献

[1] Borge-Holthoefer J, Meloni S, Gonçalves B, et al. Emergence of influential spreaders in modified rumor models. Journal of Statistical Physics, 2013, 151（1）: 383-393.

[2] Chakrabarti D, Wang Y, Wang C, et al. Epidemic thresholds in real networks. ACM Transactions on Information and System Security, 2008, 10（4）: 1-26.

[3] Gómez S, Arenas A, Borge-Holthoefer J, et al. Discrete-time Markov chain approach to contact-based disease spreading in complex networks. Europhysics Letters, 2010, 89（3）: 38009.

[4] Barabási A L, Albert R. Emergence of scaling in random networks. Science, 1999, 286（5439）: 509-512.

[5] Watts D J, Strogatz S H. Collective dynamics of 'small-world' networks. Nature, 1998, 393（6684）: 440-442.

[6] Guo Q, Jiang X, Lei Y, et al. Two-stage effects of awareness cascade on epidemic spreading in multiplex networks. Physical Review E, 2015, 91 (1): 012822.

[7] Pan Y, Yan Z. The impact of multiple information on coupled awareness-epidemic dynamics in multiplex networks. Physica A: Statistical Mechanics and its Applications, 2018, 491: 45-54.

第6章 不同通勤移动模式下的生态创新扩散

6.1 异 质 模 型

由 R 个个体组成的人群分布在 N 个区域内。区域 i 的个体数量为 n_i，因此 $R = \sum_{i=1}^{N} n_i$。为了引入个体的异质性，我们将 R 个个体分为 L 个社会经济类别。假设同一类别个体的移动模式是同样的，因此总体显示出 L 种类型的移动模式。我们通过一个具有 L 层的 N 个节点的多重网络来描述复杂的移动模式，其中每一层为一个社会经济阶层的移动模式。每个节点代表一个区域，并且不同层中的节点是相同的。每个个体都存在一个家节点。每一层都是一个具有唯一连通性的加权有向图。对于层 $\alpha, \alpha \in \{1, 2, \cdots, L\}$，如果在移动模式 α 下，从区域 i 至少有一次移动到区域 j，则节点 i 通过有向边连接到节点 j。边上的权重 w_{ij}^{α} 是通过移动模式 α 下区域 i 到区域 j 的流量来定义的，该流量可以借助人类移动数据定量计算获取。传播可能发生于任何发生实际接触的区域（发生区域并不一定就是家所在的区域），因此不仅需要考虑发生接触的两个人的家庭住所，还需要考虑接触发生的其他地方（如工作场所）。为了将通勤移动过程纳入生态创新扩散模型，我们将每时间步长 t 的动力学过程分为以下三个不同的阶段。

（1）移动：R 个个体初始状态时都在家节点。每个个体以 p 的概率移动，或以 $1-p$ 的概率留在家节点。如果在移动模式 α 下来自区域 i 的个体移动，则根据以下偏好概率移动到区域 j（节点 j 与节点 i 有连边）：

$$c_{ij}^{\alpha} = \frac{w_{ij}^{\alpha}}{\sum\limits_{j=1}^{N} w_{ij}^{\alpha}} \tag{6.1}$$

可以用 L 个归一化加权矩阵 C 来描述多重网络 $C^{\alpha} = \left(c_{ij}^{\alpha}\right)_{N \times N}$, $\alpha = 1, 2, \cdots, L$。

（2）互动：一旦所有个体更新了他们的区域，他们就开始与在同一区域的个体互动。他们的状态根据未采用-采用-未采用（UAU）模型更新，每个个体处在两种状态之一，即采用（A）和未采用（U）。未采用的个体可以通过与采用的个体交流，以采用率 λ 参与生态创新。由于高投入或不便等原因，采用的个体可以恢复率 μ 返回到未采用的状态。生态创新的参与越复杂，恢复率就越高。

（3）返回：最后，所有的人都回到他们的家节点，下一个时间步长开始。

个体间的采用率取决于他们的社会经济阶层。由于具有相似社会经济地位的个体往往对新事物有相似的认知水平和态度，他们可以进行更有效的沟通。为了反映社会经济差异引起的采用异质性，我们使用 $\lambda^{\alpha\beta} = \gamma^{\alpha\beta}\lambda$ 而不是 λ 来区分采用率。这里，λ 是来自同一层（或类）的个体之间的采用率，而 $\gamma^{\alpha\beta} \in [0,1]$ 是与个体所在类别相关的缩减因子，我们提出了三个给定缩减因子的模型。

1. 线性模型

在线性模型中，缩减因子随着 $|\alpha - \beta|$ 的增加而降低。类差异较大个体的采用率较低，呈线性下降：

$$\gamma^{\alpha\beta} = 1 - \frac{|\alpha - \beta|}{L-1} \tag{6.2}$$

2. 快速非线性（F-非线性）模型

在 F-非线性模型中，当类差异 $|\alpha - \beta|$ 增加时，缩减因子呈非线性下降，类差异越大，下降速度越快：

$$\gamma^{\alpha\beta} = \cos\left(\frac{\pi}{2} \cdot \frac{|\alpha - \beta|}{L-1}\right) \tag{6.3}$$

3. 慢速非线性（S-非线性）模型

在 S-非线性模型中，缩减因子也随着类差异 $|\alpha - \beta|$ 的增加而非线性下降，类差异越大，下降速度越慢：

$$\gamma^{\alpha\beta} = 1 - \sin\left(\frac{\pi}{2} \cdot \frac{|\alpha - \beta|}{L-1}\right) \tag{6.4}$$

6.2　理 论 分 析

设 $\rho_i^\alpha(t)$ 表示 t 时刻 α 层与节点 i 相关的处在采用状态的个体（简称采用个体）的比例，其时间演化过程为

$$\rho_i^\alpha(t+1) = \rho_i^\alpha(t)(1-\mu) + \left[1 - \rho_i^\alpha(t)\right]\Pi_i^\alpha(t) \tag{6.5}$$

其中，等式右边第一项表示与 α 类相关的采用个体的比例；第二项表示在 $t+1$ 时刻处在未采用状态的个体（简称未采用个体）的比例。在第二项中，$\Pi_i^\alpha(t)$ 为 α 类区域 i 中未采用个体在 $t+1$ 时刻转化为采用状态的概率：

$$\Pi_i^\alpha(t) = (1-p)P_i^\alpha(t) + p\sum_{j=1}^N c_{ij}^\alpha P_j^\alpha(t) \tag{6.6}$$

其中，等式右边第一项为 α 类中家节点为 i 的个体在 i 处从未采用状态转化为采用状态的概率；第二项为在 i 的任何其他邻居节点处转化为采用状态的概率。此外，$P_i^\alpha(t)$ 表示 t 时刻节点 i 中未采用状态转化为采用状态的概率，可以写为

$$P_i^\alpha(t) = 1 - \prod_{\beta=1}^L \prod_{j=1}^N \left[1 - \lambda^{\alpha\beta}\rho_j^\beta(t)\right]^{n_{j\to i}^\beta} \tag{6.7}$$

其中，$\lambda^{\alpha\beta}$ 为 β 类采用个体说服 α 类未采用个体转化状态的概率。此外，$n_{j\to i}^\beta$ 为从节点 j 到节点 i 的 β 类个体数量。

$$n_{j\to i}^\beta = (1-p)\delta_{ij} n_i^\beta + pc_{ji}^\beta n_j^\beta \tag{6.8}$$

当 $i=j$ 时，$\delta_{ij}=1$，否则 $\delta_{ij}=0$。

为了弄清楚生态创新能否普及，我们首先考虑式（6.5），设 ρ_i^α 为稳态时 α 类节点 i 采用个体的比例，满足下式：

$$\mu\rho_i^\alpha = \left(1 - \rho_i^\alpha\right)\left[(1-p)P_i^\alpha + p\sum_{j=1}^N c_{ij}^\alpha P_j^\alpha\right] \tag{6.9}$$

在临界点附近，个体采用生态创新的概率接近于零，也就是说，$\rho_i^\alpha = \epsilon_i^\alpha \ll 1$，$\forall i = 1,2,\cdots,N$，$\forall \alpha = 1,2,\cdots,L$。这种情况下，式（6.7）近似为

$$P_i^\alpha = \sum_{\beta=1}^L \sum_{j=1}^N \lambda^{\alpha\beta}\rho_j^\beta n_{j\to i}^\beta \tag{6.10}$$

将式（6.10）代入式（6.9）得到

$$\mu \epsilon_i^\alpha = (1-p) \sum_{\beta=1}^{L} \sum_{j=1}^{N} \lambda^{\alpha\beta} \epsilon_j^\beta n_{j\to i}^\beta + p \sum_{j=1}^{N} c_{ij}^\alpha \sum_{\beta=1}^{L} \sum_{k=1}^{N} \lambda^{\alpha\beta} \epsilon_k^\beta n_{k\to j}^\beta \tag{6.11}$$

由于 $\lambda^{\alpha\beta} = \gamma^{\alpha\beta}$，再将式（6.8）代入式（6.11）后有

$$\frac{\mu}{\lambda} \epsilon_i^\alpha = \sum_{j=1}^{N} \sum_{\beta=1}^{L} \left[(1-p)^2 \delta_{ij} n_i^\beta + p(1-p) n_j^\beta \left(c_{ij}^\alpha + c_{ji}^\beta \right) + p^2 n_j^\beta \left(C^\alpha \cdot C^{\beta\mathrm{T}} \right)_{ij} \right] \gamma^{\alpha\beta} \epsilon_j^\beta \tag{6.12}$$

给定一个 $(NL \times NL)$ 维矩阵 H：

$$H = \begin{bmatrix} H^{11} & H^{12} & \cdots & H^{1L} \\ H^{21} & H^{22} & \cdots & H^{2L} \\ \vdots & \vdots & & \vdots \\ H^{L1} & H^{L2} & \cdots & H^{LL} \end{bmatrix} \tag{6.13}$$

这里 $\forall \alpha, \beta \in 1, 2, \cdots, L$，

$$H^{\alpha\beta} = \begin{bmatrix} h_{11}^{\alpha\beta} & h_{12}^{\alpha\beta} & \cdots & h_{1N}^{\alpha\beta} \\ h_{21}^{\alpha\beta} & h_{22}^{\alpha\beta} & \cdots & h_{2N}^{\alpha\beta} \\ \vdots & \vdots & & \vdots \\ h_{N1}^{\alpha\beta} & h_{N2}^{\alpha\beta} & \cdots & h_{NN}^{\alpha\beta} \end{bmatrix} \tag{6.14}$$

给定一个 $(NL \times 1)$ 维矩阵 $\epsilon = \left(\epsilon^1, \epsilon^2, \cdots, \epsilon^L \right)^{\mathrm{T}}$，$\epsilon^\alpha = \left(\epsilon_1^\alpha, \epsilon_2^\alpha, \cdots, \epsilon_N^\alpha \right)^{\mathrm{T}}$，$\alpha \in \{1, 2, \cdots, L\}$，也就是 $\epsilon = \left(\epsilon_1^1, \cdots, \epsilon_N^1, \epsilon_1^2, \cdots, \epsilon_N^2, \cdots, \epsilon_1^L, \cdots, \epsilon_N^L \right)^{\mathrm{T}}$。从而式（6.12）可简化为

$$H\epsilon = \frac{\mu}{\lambda} \epsilon \tag{6.15}$$

式（6.15）的非奇异解是 H 的单位向量，其单位根等于 μ / λ。从而，阈值 λ^c 是满足式（6.12）的 λ 的最小值。最终得到：

$$\lambda^c = \frac{\mu}{\Lambda_{\max}(H)} \tag{6.16}$$

6.3　仿 真 模 拟

6.3.1　真实多重网络上的仿真结果

为了更好地理解个体异质性对生态创新爆发及其最终采用比例的影响，我

们从 Lotero 等[1]建立的真实多重网络出发，来模拟生态创新的扩散过程。该网络基于麦德林市（哥伦比亚）的 6 个不同的社会经济阶层构建得到。来自第 1 层的人对应收入最低的人，而来自第 6 层的人对应最富有的人。第 1 类的移动模式用第 1 层表示，第 6 类的移动模式用第 6 层表示。每一层的节点表示麦德林市的不同区域，两个节点间的连边代表相应两个区域之间存在的移动。基于这个真实的多重网络，我们首先将每层的初始采用比例设置为 0.001，在每个时间步长，所有节点的采用比例被更新。仿真模拟直到采用比例 ρ^A 到达稳定状态。

$$\rho^A = \frac{1}{N \cdot L} \sum_{i=1}^{N} \sum_{\alpha=1}^{L} \rho_i^\alpha \quad\quad\quad (6.17)$$

其中，ρ^A 为总体的采用比例。为了更深入地了解不同社会经济阶层和区域之间的扩散结果，我们计算每一层的采用比例 ρ^α 和每个区域的采用比例 ρ_i：

$$\rho^\alpha = \frac{1}{N} \sum_{i=1}^{N} \rho_i^\alpha \quad\quad\quad (6.18)$$

$$\rho_i = \frac{1}{L} \sum_{\alpha=1}^{L} \rho_i^\alpha \quad\quad\quad (6.19)$$

观察社会经济差异引起的缩减因子的四个模型（常数模型、F-非线性模型、线性模型、S-非线性模型）的结果，我们发现，在计算生态创新的临界点时，理论预测结果和 MC 模拟结果之间有一致性。通过将移动概率 p 从 0 增加到 1，我们发现生态创新阈值 λ^c 随 p 的增加而降低。采用比例 ρ^A 随着 p 的增加先降低，但随着 λ 的增大，这一趋势逐渐不明显。此外，我们还发现 λ^c 从常数模型、F-非线性模型、线性模型到 S-非线性模型下，呈略有上升趋势。

四个模型每一层的采用比例 ρ^α 的差异比较明显：通过将图 6.1（b）、图 6.1（c）、图 6.1（d），分别与图 6.1（a）做比较，我们观察到后三个模型（即 F-非线性模型、线性模型和 S-非线性模型）的层间差距大于第一个模型（即常数模型），特别是在移动概率 p 值较低时，这表明经济差异引起的采用率异质性的引入，扩大了层间差距。其中，S-非线性模型导致的层间差距最大，这可能是因为扩散过程主要发生于相近类别之间[2]，相近阶层之间的采用率差异越大，层间差距就越大。

除个体异质性的影响外，移动概率 p 的增加也扩大了层间差距。p 的增加导致阶层混合，从而不同层的生态创新临界点变得更为相近。然而，无论我们选择的移动概率或模型如何，都存在一个领先层。这里是第 2 层导致了多重网络中生态创新的爆发。最富有的第 6 层的个体是受公众鼓动最小的群体，第二富有的第 5 层次之。

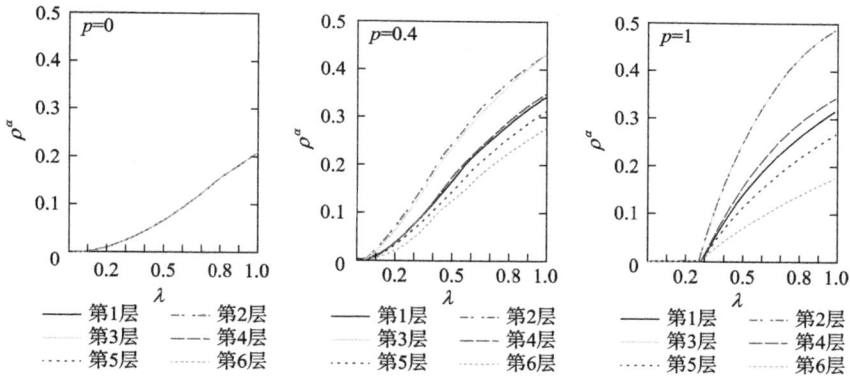

（a）常数模型

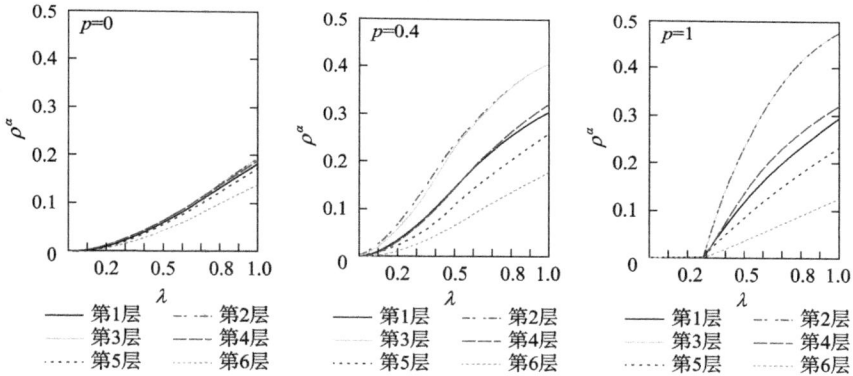

（b）F-非线性模型

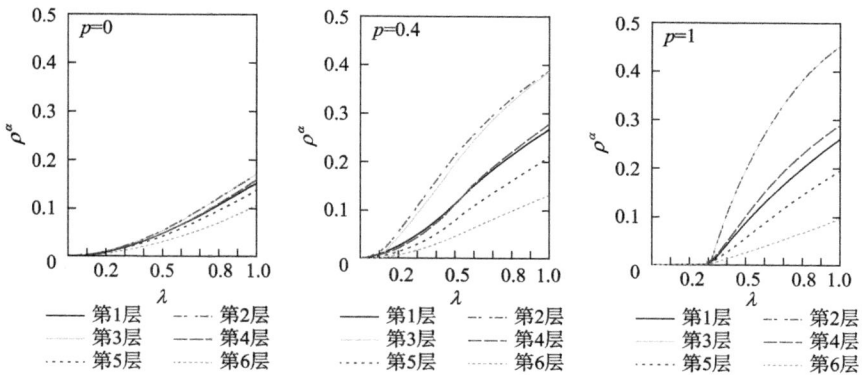

（c）线性模型

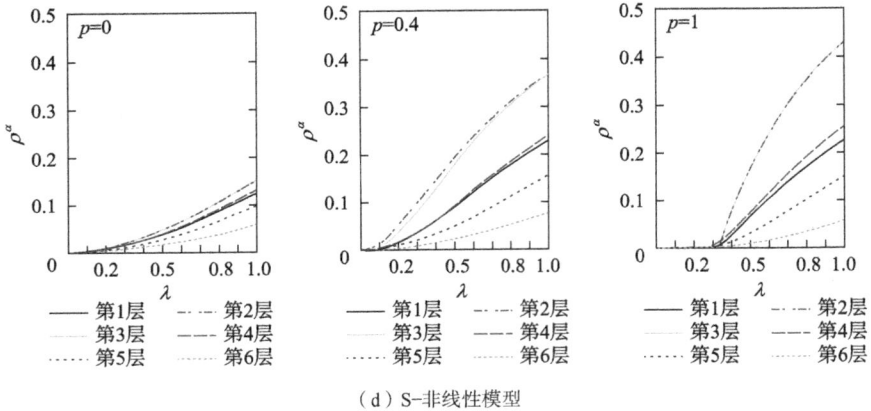

（d）S-非线性模型

图 6.1　每层采用比例 ρ^a 随采用率 λ（λ 为原值除以 1 000）和移动概率 p 的变化情况

恢复率设置为 0.2，初始采用比例设置为 0.001

在每个区域的采用比例方面，我们发现对于所有模型，爆发节点的数量随着 p 的增加而增加，所有节点处生态创新的临界点几乎相同，表明流动性促进了来自不同地区的个体之间的相互作用，然后平衡了区域扩散。若忽略采用异质性，将使节点临界点左移，最终导致整个系统的临界点左移。

6.3.2　移动模式、人口分布及初始状态

为了检验通勤移动模式对采用比例的影响，我们构建了两个不同的人工网络。每个网络都是一个 6 层的多层网络：一个是同质多层网络（homogeneous multiplex networks，HoMN），该网络每一层都是一个具有相同平均出度的有向随机网络，为了保证真实网络和人工网络之间结果的可比性，我们将节点的数量、人群的空间分布和平均出度保持一致，在此设置，每一层有 N 个节点，节点间的连边概率被设置为 0.126 0；另一个是异构多重网络（heterogeneous multiplex networks，HeMN），该网络每一层都是一个具有不同连边概率的有向随机网络。将第 1 层到第 6 层的连边概率分别设为 0.052 0、0.081 6、0.111 2、0.140 8、0.170 4、0.200 0，在这种设置下，6 层的平均连边概率等于 0.126 0。

对于两个不同人工网络的采用比例而言，HoMN 和 HeMN 的结果差异不大，尽管 HoMN 每层的连边概率相同，而 HeMN 每层的连边概率差异很大。这说明生态创新的采用比例和爆发并不取决于单个社会经济阶层的通勤移动模式，而是取决于整个系统的通勤模式。

在我们真实的多重网络中，人群分布是不均匀的。人口稀疏的地区与人口密

集的地区共存，同一地区不同类别的人数也不相同，为了检验人群分布对采用比例的影响，我们考虑了两种不同的情况：在第一种情况下，假设每类人群在每个区域是均匀的，即 $n_i^\alpha = \left(\sum_{i=1}^{N} n_i^\alpha \right) \Big/ N$；在第二种情况下，特定区域的每类人群分布被假定是均匀的，即 $n_i^\alpha = n_i / L$。

研究结果显示，第二种情况对生态创新的爆发和采用比例有利。这表明是不同社会经济阶层之间人口的均匀分布，而不是不同区域之间人口的均匀分布，促进了生态创新的扩散。如果我们进一步将人口稀疏的地区与人口密集的地区共存时的真实情况做对比，可以发现均匀的空间人口分布不利于生态创新的扩散。

为清楚初始条件对扩散结果的影响，我们将初始种子设置在 6 层中的某一层，将所选层的初始采用比例设置为 0.006，这与将每层采用比例设置为 0.001 从而得到整个系统的初始采用比例为 0.006 效果类似。不同网络初始层的作用如图 6.2 所示。我们观察到，无论初始层是哪一层，初始节点设置在不同的层得到的最终采用比例与总是设置在同一层的结果相同。因此，影响扩散结果的是整个系统的初始采用比例，而不是每层的初始采用比例。

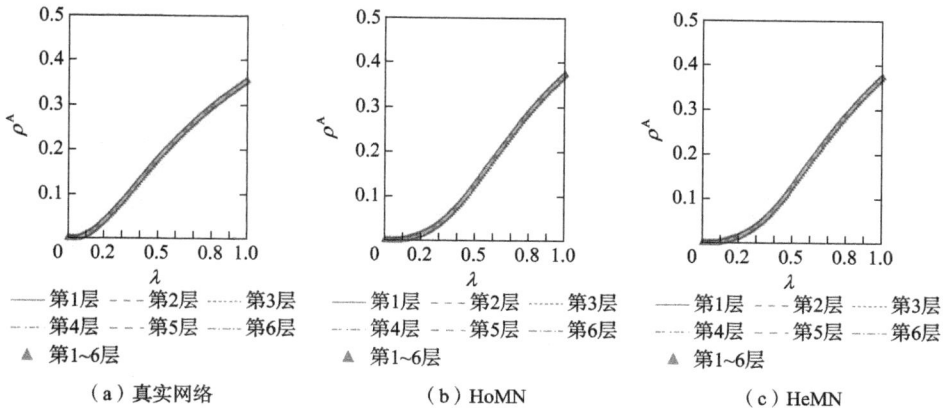

图 6.2　不同网络初始层下采用比例 ρ^A 的变化

恢复率设置为 0.2，移动概率设置为 0.4。第 1 层到第 6 层的初始采用比例分别设置为 0.001，第 1~6 层的初始采用
比例为 0.006，使用的模型是常数模型

6.4　本章小结

本章通过提出 F-非线性模型、线性模型和 S-非线性模型，将个体异质性引入

生态创新的扩散过程中。为了评估采用异质性对生态创新爆发的影响，我们将上述三个模型的结果与常数模型的结果进行比较。为了获得推进生态创新的政策建议，我们在一个真实的多重网络和两个人工网络上进行了模拟，结果表明采用异质性扩大了社会经济阶层之间的差距。互动主要发生在亲密的阶层之间。如果人们想促进生态创新产品或技术传播，就必须打破邻近阶层人群间的障碍，让他们以与同阶层人群交流的方式进行互动。与移动概率和模型无关，第 2 层总是具有最大的采用比例并最终促使多重网络中生态创新爆发。这一发现不同于文献[3]和文献[4]中提到的最富有的阶层愿意为具有绿色属性的产品付费这一结论，造成这种差异的部分原因是产品的扩散是一个由社会接触驱动的传播过程[5]，而上述研究忽视了个体间的互动，将个体视做孤立的，而不是将其置于存在相互影响的系统中。这一发现对生态创新的传播具有一定的价值，建议在早期推广阶段选择领先阶层作为目标受众。此外，我们发现前两个最富有阶层的人群受公众鼓动最小。

流动性加速了不同社会经济阶层个体之间的互动，并导致了人群混合。增加个体的移动促进了生态创新爆发，使不同阶层的阈值相近。移动概率的增加也扩大了类间采用比例的差距。从空间角度来看，我们发现流动性促进了不同区域人群间的互动，并平衡了区域扩散。爆发区域的数量随着流动性概率的增加而增加。此外，如果我们忽略了采用异质性，该区域的临界点将被低估，最终将降低整个系统的临界点。这一发现佐证了新产品增长的主要驱动因素是个体异质性的观点[6]，因此，有必要在扩散过程中考虑采用异质性。影响采用比例和生态创新爆发的是整个系统的通勤移动模式，而不是特定社会经济阶层的通勤移动模式。此外，最终采用比例的大小并不依赖于初始阶层，而是取决于整个系统的初始采用比例。在考察人口分布的影响时，我们发现均匀的社会经济人口分布，而不是均匀的空间人口分布，促进了生态创新的扩散。以上研究结果表明，为了促进生态创新爆发，可以选择社会经济人口分布更为均匀的区域作为原始扩散区域。

参 考 文 献

[1] Lotero L，Hurtado R G，Floría L M，et al. Rich do not rise early：spatio-temporal patterns in the mobility networks of different socio-economic classes. Royal Society Open Science，2016，3（10）：150654.

[2] Soriano-Paños D，Lotero L，Arenas A，et al. Spreading processes in multiplex metapopulations containing different mobility networks. Physical Review X，2018，8（3）：031039.

[3] He C，Yu S，Han Q，et al. How to attract customers to buy green housing? Their heterogeneous

willingness to pay for different attributes. Journal of Cleaner Production, 2019, 230: 709-719.

[4] Zhang L, Xue L, Zhou Y. How do low-carbon policies promote green diffusion among alliance-based firms in China? An evolutionary-game model of complex networks. Journal of Cleaner Production, 2019, 210: 518-529.

[5] Kiesling E, Günther M, Stummer C, et al. Agent-based simulation of innovation diffusion: a review. Central European Journal of Operations Research, 2012, 20 (2): 183-230.

[6] Peres R, Muller E, Mahajan V. Innovation diffusion and new product growth models: a critical review and research directions. International Journal of Research in Marketing, 2010, 27 (2): 91-106.

第7章 多重网络耦合相互作用下的知识扩散

　　知识创新作为一种绿色经济行为，在知识传播过程中能达到效益最大化。在以前的研究中，没有考虑在不同的作用机制关系下，现有知识对新知识传播的削弱或促进作用。本章基于传染病传播模型，研究了两种相关知识之间相互作用的复杂网络中的知识传播。我们通过将两种不同类型的知识之间的相互作用分为相依、竞争和解耦三种情况来填补这一理论空白，构建了两层的多重网络以对该动态过程进行建模。假设两种知识之一已经扩散到稳态，并关注稳态知识对扩散知识的影响。我们推导了理论的知识扩散阈值，并分别在均匀网络、异质网络和一个真实的引文网络中进行了知识扩散动态过程的数值模拟。理论结果表明，来自稳定层的相互作用项与另一层中的扩散阈值成反比。数值模拟表明，知识在异质网络中和度值较大的节点处更容易扩散。此外，与解耦情况相比，稳定知识的最终知晓者规模在相依时会积极影响该知识的扩散，而相互作用则会削弱知识扩散。根据研究结果，在传播创新知识之前，应充分考虑相关知识的传播状态和释放创新知识的个人的影响，以最大限度地减少对绿色行为传播的抑制[1]。

　　早在20世纪90年代，随着信息技术的蓬勃发展，知识经济社会已逐渐形成[2]。要构建可持续发展的社会，创新和知识传播已成为至关重要的部分，支持对知识的投资已达成全球共识[3]。为了最大化知识的价值，必须厘清知识的传播和转移机制[4]，更不用说知识传播会促进经济的"绿色化"[5]。创新被视为一种互动的学习过程，可以提高个人的能力并因此从知识中创造社会和经济价值[6]。因此，我们可以将相关知识之间的耦合相互作用视为一种知识创造的方式，它有利于社会经济和居民的长远利益。由于知识扩散过程通常被认为类似于传染病的传播过程[7~9]，我们基于经典的传染病传播模型来模拟知识在人群中的传播动态。在传染病的动态演化过程中，长期使用的主要数学模型的基本假设是整个系统是完全混合的，也就是说，每个个体有平等的机会在单位时间内接触人群中的其他任何个体。但是实际上，人口分布不一定是均匀的。文献[10]中介绍了复杂网络理论，并基于平均场方法发展了经典的传染病传播方程，以解决无标度网络中度异质性情况下的传播问题。先前的研究中已经提出了许多改进的知识传播模型，其中考虑了知识传播中的许多可能的条件或细节，这些研究提出了许多模型来模拟知识扩散并研究不同的关键点。但是，在先前的研究中，没有考虑过已经传播的知识对将要传播的知识的耦合影响。我们在本章中考虑了两种知识的耦合相互作用，并且这里的模型框架通常可以扩展到两种以上的知识相互作用。当对耦合对象[11]的扩散动态建模时，多层网络是一个有效的框架，如传染病和意识的相互作用动态过程[12~14]，绿色行为和绿色意识的耦合作用[15, 16]等。Rozewski 和 Jankowski[17]提出，多层知识扩散模型还可以衡量组织中的能力发展问题。Danziger 等[18]提出了一个强大的通用框架，该框架可以为现实生活中许多交互的复杂系统建模。整个系统由多层网络建模，其中每个层代表一个子系统，子系统之间的交互对应于层间连边。基于以上结果，在将知识传播作为创新的一种形式进行研究时，不可避免地要考虑多种相关知识的相互作用。多层耦合网络是模拟多种知识扩散的有效模型。此外，知识传播以多种方式相互作用：相依的[19, 20]、竞争的[21~23]或解耦的。为了找出具有耦合相互作用的知识扩散机制，基于传染病传播模型，我们提出了一个多重网络中的两层知识扩散模型。多重网络作为一种特殊的多层网络，不同层上的对应节点是同一节点在不同层的不同体现[11]。在本章中，对应节点在两层中表示一个人是否分别了解这两种知识。我们引入相互作用项 $F^{\mu\to\sigma}$ 来量化知识 μ 对知识 σ 的影响，理论阈值的推导表明 $F^{\mu\to\sigma}$ 与扩散阈值成反比。此外，在 ER 随机网络、BA 无标度网络和一个真实的引文网络上进行的数值仿真表明，知识在具有较大度值的节点处更容易扩散。在两种知识的相互作用过程中，一种知识的传播有来自另一种知识的作用，具有较大度值的节点更有可能成为新知识的传播者。此外，知识在 BA 无标度网络中会比在均匀网络中更有效地进行传播。当两种知识相依时，知识 μ 的最终规模会对知识 σ 产生积极影响。但是，与解耦情况相比，相互作用会削弱它们的扩散。本章中的模型等效于更高维度的框架，因此可以更广泛地应用。前人研究中的在单层网络中构造只有一种知识的扩散模型限制了条件，在某些实际问题中可能无法完全捕获细节。此外，本章的研究结果可为创新知识的传播提供理论依据和启示：提高传播率，重视度值较大的节点，弄清固有条件与现状之间的关系，从而形成创新性知识，使得绿色行为更广泛地传播，以促进绿色经济的发展。

7.1　耦合知识扩散模型

多层网络可以有效地对耦合的复杂系统之间的相互作用进行建模，特别是，如果每个子系统中的目标对象集合相同，则通常使用多重网络对其进行解释，以确保每一层中的层内连边可以清楚地标识每个子系统。另外，层间连边可以有效地表示子系统之间的相互作用。

在本章中，我们构建了一个两层的多重网络，来表示两种知识的动态扩散过程之间的耦合相互作用，参见图7.1。这里的节点代表传播知识或学习知识的个人，并且每一层的层内拓扑都对应于该层的人际关系网络。这里我们忽略单向相识关系，也不强调相识两人之间的关系亲密程度，因此我们假定多重网络的每层中的连边都是无权无向的。此外，我们假设每层中都有 N 个节点，并且层内连边都是相同的。每个节点有两种可能的状态，即知识不知晓者（susceptible，S）和知晓者（infected，I）。

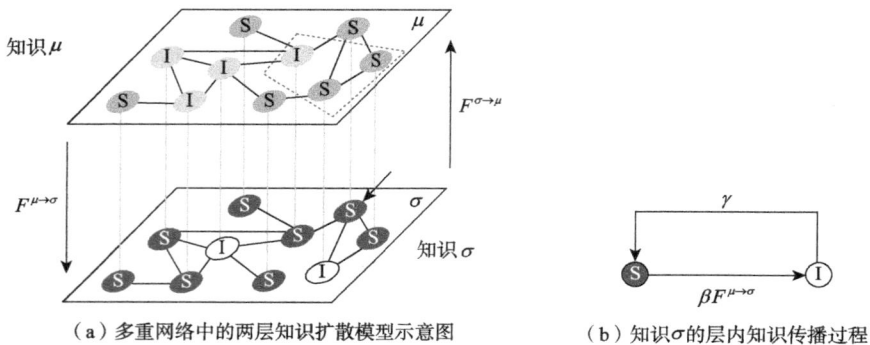

（a）多重网络中的两层知识扩散模型示意图　　　　（b）知识 σ 的层内知识传播过程

图 7.1　多重网络中的两层知识扩散模型示意图和知识 σ 的层内知识传播过程

在图 7.1（a）中，每个节点都有两种可能的状态，即知识不知晓者（S）和知晓者（I）。上层代表知识 μ，已扩散到稳态。下层对应于知识 σ 的扩散过程，在这一层中，节点集与上层相同。层与层之间的交互由相互作用项 $F^{\mu\to\sigma}$ 和 $F^{\sigma\to\mu}$ 来描述。在图 7.1（b）中，对于不知晓知识 σ 的个体，扩散概率是扩散率 β 与相互作用项 $F^{\mu\to\sigma}$ 之积；对于知晓知识 σ 的个体来说，遗忘率是 γ

如图 7.1（a）所示，有两种知识处于扩散系统中，其中上层知识 μ 已经扩散到稳态，并且它对另一种知识 σ 的扩散有影响。例如，在知识 σ 的扩散过程中，箭头指向的下层节点受其在另一层中的局部序参量的影响，该参数由其在知识 μ 层中用虚线框起来的邻居所确定。知识 σ 的扩散受知识 μ 的影响有三种模式，即相依的、竞争的和解耦的，并且对应于这三种模式，相互作用项 $F^{\mu\to\sigma}$ 是分段函数。在平均场理论下，将局部序参量替换为全局序参量，有

$$F^{\mu\to\sigma}=\begin{cases}\Theta_\mu, & \text{相依的}\\ 1-\Theta_\mu, & \text{竞争的}\\ 1, & \text{解耦的}\end{cases} \tag{7.1}$$

节点 i 的局部序参量 Θ_i^μ 表示节点 i 的邻居中知识知晓者（I）节点在知识 μ

层中的比例，可以记为

$$\Theta_i^{\mu} := \frac{1}{k_i} \sum_{j=1}^{N} A_{ij} x_j^{\mu} \tag{7.2}$$

其中，A_{ij} 为下层邻接矩阵中的元素，用来表示节点 i 和节点 j 之间是否存在连边。当节点 i 和节点 j 是相连的，则 $A_{ij}=1$，否则 $A_{ij}=0$。x_j^{μ} 表示节点 j 在知识 μ 扩散层的状态。当节点 j 是知识 μ 的知晓者时，$x_j^{\mu}=1$，否则 $x_j^{\mu}=0$。另外，知识 μ 的全局序参量 Θ_{μ} 由 Θ_i^{μ} 推导得到：

$$\Theta_{\mu} := \frac{\sum_i k_i \Theta_i^{\mu}}{\sum_i k_i} \tag{7.3}$$

其中，k_i 为节点 i 在两层中的度值。

层内知识传播过程基于经典的 SIS（susceptibel-infection-susceptible，易感–感染–易感）传染病传播过程，参见图 7.1（b）。区别在于，知识不知晓者的扩散概率是扩散率 β 与相互作用项 $F^{\mu \to \sigma}$ 的乘积，而知晓者的遗忘率是 γ。

7.2　知识扩散阈值的理论推导

在本章中，我们研究基于 SIS 传染病传播模型的平均场理论下的动态知识扩散过程。我们研究其他稳定知识对 ER 随机网络中及根据 BA 方法构建的无标度网络中的知识扩散的影响，这两个网络分别是均匀网络和异质网络。

7.2.1　均匀网络中相互作用的知识扩散

在均匀网络中，如 ER 随机网络中，度分布在平均度 $\langle k \rangle$ 处达到峰值并在两侧呈指数下降。因此，在理论推导中我们可以假设每个节点具有相同的度 $\langle k \rangle = \sum_k k P(k)$，度均为均匀 ER 随机网络的平均度。令 $S(t)$ 和 $I(t)$ 分别表示知识 σ 的知识不知晓者和知晓者在时刻 t 的密度，且有 $S(t)+I(t)=1$。因此，考虑来自知识 μ 的影响，知识 σ 扩散的平均场方程为

$$\frac{dI(t)}{dt} = \beta F^{\mu \to \sigma} S(t) \langle k \rangle I(t) - \gamma I(t) \tag{7.4}$$

不失一般性地，我们设遗忘率 $\gamma = 1$，因为 γ 的变化只影响扩散的时间尺度。于是，有效扩散率为 $\lambda = \beta / \gamma = \beta$。因为假设当时间 $t \to \infty$，系统达到稳态，所以令 $\dfrac{\mathrm{d}I(t)}{\mathrm{d}t} = 0$。记 $S(t)$ 和 $I(t)$ 的稳态为 S 和 I，代入 $S = 1 - I$，有

$$I = \lambda F^{\mu \to \sigma} \langle k \rangle I(1 - I) \tag{7.5}$$

可以发现当 $\lambda < \lambda_c$ 时，$I = 0$，而当 $\lambda \geqslant \lambda_c$ 时，$I = 1 - \dfrac{\lambda_c}{\lambda}$，于是扩散阈值为

$$\lambda_c = \frac{1}{\langle k \rangle F^{\mu \to \sigma}} \tag{7.6}$$

$F^{\mu \to \sigma}$ 由式（7.5）确定。

7.2.2　异质网络中相互作用的知识扩散

在异质网络中，如无标度网络中，度分布被认为是服从幂律分布的[24]。分别记 $S_k(t)$ 和 $I_k(t)$ 为 t 时刻度为 k 的知识 σ 的知识不知晓者和知晓者的密度。于是知识 σ 的平均场方程为

$$\frac{\mathrm{d}I_k(t)}{\mathrm{d}t} = \beta F^{\mu \to \sigma} k S_k(t) \Theta_\sigma(t) - \gamma I_k(t) \tag{7.7}$$

其中，$\Theta_\sigma(t)$ 表示 t 时刻随机选取的一个节点的邻居节点是知晓者的概率，$\Theta_\sigma(t)$ 也是 t 时刻知识 σ 的全局序参量。如前面所述，假设遗忘率 $\gamma = 1$，则有效扩散率 $\lambda = \beta / \gamma = \beta$。代入 $S_k(t) = 1 - I_k(t)$，并令 $t \to \infty$，即令 $\dfrac{\mathrm{d}I_k(t)}{\mathrm{d}t} = 0$，得到

$$I_k = \frac{\lambda F^{\mu \to \sigma} k \Theta_\sigma}{1 + \lambda F^{\mu \to \sigma} k \Theta_\sigma} \tag{7.8}$$

其中，I_k 为 $I_k(t)$ 在稳态下的值，即 $I_k := I_k(t)_{t \to \infty}$，并且 $\Theta_\sigma := \Theta_\sigma(t)_{t \to \infty}$。根据 Θ_σ 的含义，有

$$\Theta_\sigma = \sum_k \frac{k P(k)}{\langle k \rangle} I_k \tag{7.9}$$

其中，$P(k)$ 为节点在知识 σ 层的度分布函数；$\langle k \rangle$ 为 σ 层的平均度。将式（7.8）代入式（7.9），得到自洽方程：

$$\Theta_\sigma = \frac{\lambda \Theta_\sigma F^{\mu \to \sigma}}{k} \sum_k \frac{k^2 P(k)}{1 + \lambda F^{\mu \to \sigma} k \Theta_\sigma} \tag{7.10}$$

显然，式（7.10）有一个平凡解 $\Theta_\sigma = 0$。因为 Θ_σ 表示当时间 $t \to \infty$ 时的全局序参量，所以平凡解情况对应于知识 σ 消亡的情况。然而，我们关注的是知识 σ 成功

扩散的情况及式（7.10）的非平凡解。

为了研究式（7.10）的性质，我们定义函数

$$f(\Theta_\sigma) = \Theta_\sigma - \frac{\lambda \Theta_\sigma F^{\mu \to \sigma}}{\langle k \rangle} \sum_k \frac{k^2 P(k)}{1 + \lambda F^{\mu \to \sigma} k \Theta_\sigma} \tag{7.11}$$

得到式（7.11）的一阶和二阶导数：

$$\frac{\mathrm{d} f(\Theta_\sigma)}{\mathrm{d}\Theta_\sigma} = 1 - \frac{\lambda F^{\mu \to \sigma}}{\langle k \rangle} \sum_k \frac{k^2 P(k)}{\left(1 + \lambda F^{\mu \to \sigma} k \Theta_\sigma\right)^2} \tag{7.12}$$

$$\frac{\mathrm{d}^2 f(\Theta_\sigma)}{\mathrm{d}\Theta_\sigma^2} = \frac{2\lambda F^{\mu \to \sigma}}{\langle k \rangle} \sum_k \frac{k^3 P(k) \lambda F^{\mu \to \sigma}}{\left(1 + \lambda F^{\mu \to \sigma} k \Theta_\sigma\right)^3} \tag{7.13}$$

由图 7.2 可以发现 $\dfrac{\mathrm{d}^2 f(\Theta_\sigma)}{\mathrm{d}\Theta_\sigma^2} > 0$ 恒成立，于是 $f(\Theta_\sigma)$ 是一个关于 Θ_σ 的凸函数且满

足 $f(0) = 0$。另外，

$$f(1) = 1 - \frac{\lambda F^{\mu \to \sigma}}{\langle k \rangle} \sum_k \frac{k^2 P(k)}{1 + \lambda F^{\mu \to \sigma} k} > 0 \tag{7.14}$$

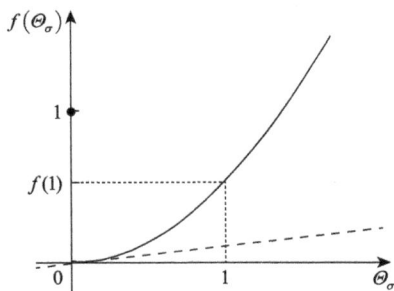

（a）$\dfrac{\mathrm{d}^2 f(\Theta_\sigma)}{\mathrm{d}\Theta_\sigma^2} > 0$ 且 $\dfrac{\mathrm{d} f(\Theta_\sigma)}{\mathrm{d}\Theta_\sigma}\Big|_{\Theta_\sigma = 0} > 0$　　（b）$\dfrac{\mathrm{d}^2 f(\Theta_\sigma)}{\mathrm{d}\Theta_\sigma^2} > 0$ 且 $\dfrac{\mathrm{d} f(\Theta_\sigma)}{\mathrm{d}\Theta_\sigma}\Big|_{\Theta_\sigma = 0} < 0$

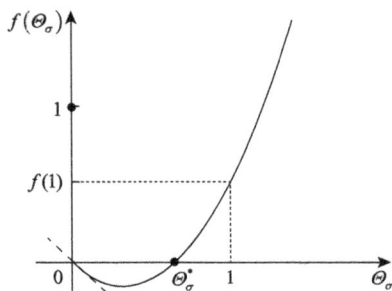

图 7.2　Θ_σ^* 的非平凡解存在性的示意图

因此，根据图 7.2，当且仅当 $\dfrac{\mathrm{d} f(\Theta_\sigma)}{\mathrm{d}\Theta_\sigma}\Big|_{\Theta_\sigma = 0} < 0$ 时，$f(\Theta_\sigma)$ 存在非平凡解

$\Theta_\sigma^* \in (0,1)$。因此必有

$$\frac{\mathrm{d} f(\Theta_\sigma)}{\mathrm{d}\Theta_\sigma}\Big|_{\Theta_\sigma = 0} = 1 - \frac{\lambda F^{\mu \to \sigma}}{\langle k \rangle} \sum_k k^2 P(k) = 1 - \frac{\langle k^2 \rangle \lambda F^{\mu \to \sigma}}{\langle k \rangle} < 0 \tag{7.15}$$

于是，

$$\lambda > \frac{\langle k \rangle}{\langle k^2 \rangle F^{\mu \to \sigma}} \tag{7.16}$$

必成立，因此扩散阈值为

$$\lambda_c = \frac{\langle k \rangle}{\langle k^2 \rangle F^{\mu \to \sigma}} \tag{7.17}$$

其中，度分布的二阶矩 $\langle k^2 \rangle = \sum_k k^2 P(k)$，$F^{\mu \to \sigma}$ 由式（7.1）确定。

7.3　数值模拟与结果

7.3.1　网络模型中的数值模拟

在本小节中，我们分别对 $N = 2\,000$ 的 BA 无标度网络和 $\langle k \rangle = 6$ 的相同规模的 ER 随机网络进行数值模拟，它们分别是异质网络和均匀网络的典型结构。初始时刻我们设置知识 μ 层 N 个节点中比例 ρ_μ^{I} 的节点为知晓者（I），其余为知识不知晓者（S）。同时，知识 σ 层中初始设置 5% 的节点为知晓者（I），其余设置为知识不知晓者（S）。整个系统在迭代 400 个时间步长后被假定达到了稳定状态。另外，为了减少模拟数据的波动，我们采用最后 10 个时间步长得到的平均值作为稳态值。

当模拟知识 σ 层中的扩散动态过程时，一个知识不知晓者（S）节点 i 是否转变到知晓者（I）状态是由扩散率 β、知识 μ 的局部序参量 Θ_i^μ 和节点 i 在知识 μ 层中的知晓者（I）邻居决定的。此外，在知识 σ 层中，一个知识不知晓者（S）状态的节点被其每个知晓者（I）邻居扩散到知识 σ 层的概率是独立的。最后，由于遗忘率 γ 只影响动态过程的时间尺度，我们在数值模拟中设置 $\gamma = 0.6$。

在图 7.3 中，我们展示了知识 σ 的最终知晓者规模 ρ^{I} 关于扩散率 β 和知识 μ 的最终知晓者规模 ρ_μ^{I} 的关系相图。可以发现，如果知识 σ 与知识 μ 是相依的，那么知识 μ 的扩散规模越大，在相同的扩散率 β 下知识 σ 的扩散规模也就越大。相反，如果两种知识具有竞争性，则结论相反。除此之外，当两种知识的传播是解耦的，图 7.3（c）和图 7.3（f）表明，在扩散率 β 固定的情况下，知识 σ 的最终知晓者规模 ρ^{I} 关于 ρ_μ^{I} 独立。因此，如果相互作用被解耦，那么已扩散知识 μ 的最终知晓者规模对知识 σ 的扩散没有影响，意味着这两种知识是相互独立的。将图 7.3（a）~图 7.3（c）与图 7.3（d）~图 7.3（f）进行比较，可以发现图 7.3（d）~图 7.3（f）的深色区域更大。因此，知识在异质网络中的扩散比在均匀网络中更容易，这与在单层知识扩散模型中的结论一致[25]。固定 ρ_μ^{I}，与 ER 随机网络相比，

BA 无标度网络中使得 ρ^{I} 从零到正值的最小扩散率 β 较小，表明知识在异质网络中比在均匀网络中的扩散阈值小，也就是说知识在异质网络中更容易扩散。另外，在图 7.3（d）~图 7.3（f）中深色部分的区域较小。因此，在 BA 无标度网络中，在 β 和 ρ_{μ}^{I} 达到知识 σ 可以扩散的临界值之后，最终知识知晓者规模 ρ^{I} 对扩散率 β 和知识 μ 的最终知晓者规模 ρ_{μ}^{I} 更敏感。

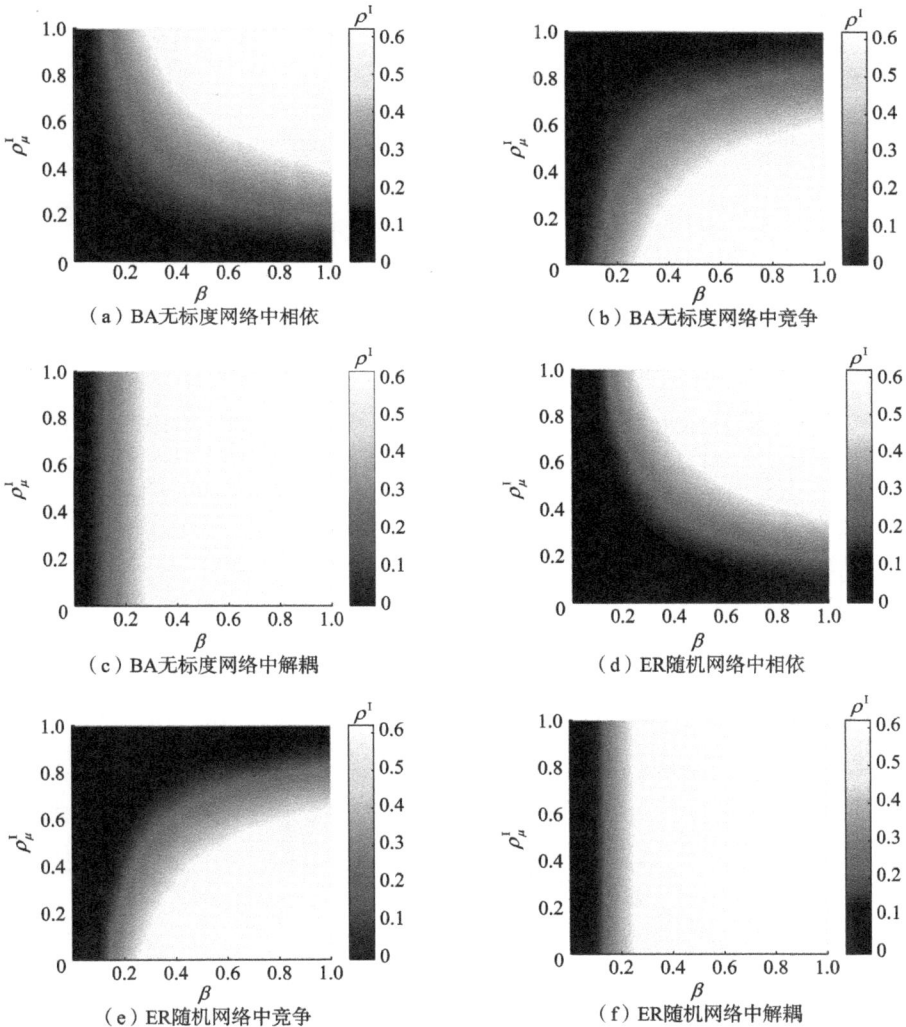

（a）BA无标度网络中相依　　　　　　（b）BA无标度网络中竞争

（c）BA无标度网络中解耦　　　　　　（d）ER随机网络中相依

（e）ER随机网络中竞争　　　　　　（f）ER随机网络中解耦

图 7.3　知识 σ 的最终知晓者的规模 ρ^{I} 关于扩散率 β 和知识 μ 的最终知晓者规模 ρ_{μ}^{I} 的关系相图（遗忘率 $\gamma = 0.6$）

从图 7.4 看到，相依线表示如果知识 μ 和知识 σ 是相互依赖的，则当 ρ_{μ}^{I} 增大时，扩散阈值减小。因此，如果两种知识是相依的，知识 μ 的知晓者规模越大，知识 σ 的扩散就越容易。相反，从竞争线来看，如果相互作用类型是竞争型的，则关系是相反的。此外，解耦线表示解耦情况，表示知识 σ 的扩散与知识 μ 是独立的。将图 7.4（a）~图 7.4（c）与图 7.4（d）~图 7.4（e）进行比较，在所有三种相互作用类型中，由于与 BA 无标度网络相对应的图 7.4（a）~图 7.4（c）中的扩散阈值明显较小，知识 σ 在异质网络中的扩散更加容易。例外地，如果 $\rho_\mu^I = 0.5$，则相依线和竞争线几乎重叠。它表明，如果知识 μ 的最终知晓者规模为 0.5，那么相依和竞争情况的动态扩散过程几乎相同。

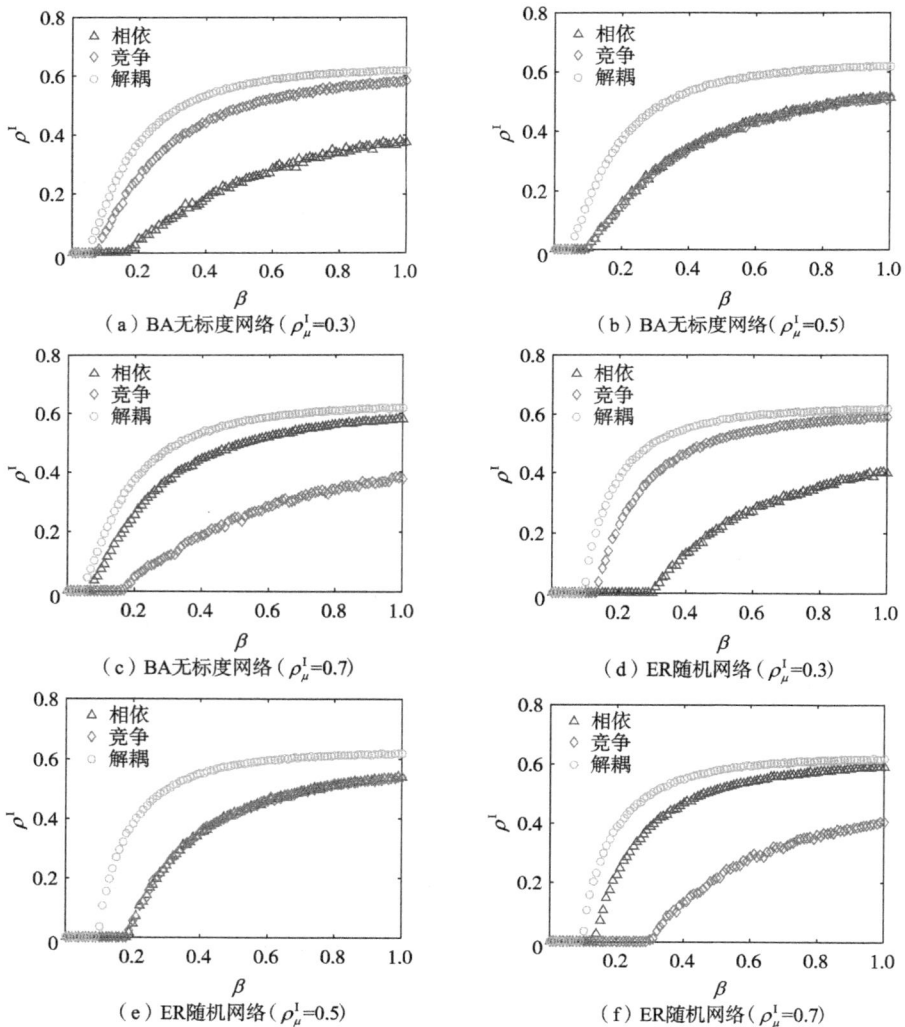

（a）BA无标度网络（$\rho_\mu^I = 0.3$）　（b）BA无标度网络（$\rho_\mu^I = 0.5$）

（c）BA无标度网络（$\rho_\mu^I = 0.7$）　（d）ER随机网络（$\rho_\mu^I = 0.3$）

（e）ER随机网络（$\rho_\mu^I = 0.5$）　（f）ER随机网络（$\rho_\mu^I = 0.7$）

图 7.4　知识 σ 的最终知晓者规模 ρ^I 关于扩散率 β 的关系图（$\gamma = 0.6$）

为了厘清知识 μ 和知识 σ 的最终知晓者规模之间的内在联系，我们在图 7.5 中展示了 ρ^I 作为 ρ^I_μ 的函数。这里我们设置扩散率 $\beta=1.0$ 和遗忘率 $\gamma=0.6$。受知识 μ 的影响，知识 σ 的最终知晓者规模受到限制。在扩散率 $\beta=1.0$ 的情况下，ρ^I 最多仅为 0.62。另外，当 ρ^I_μ 在 0 和 1.0 左右时，ρ^I 的变化更加敏感。因此，在异质网络中，知识 μ 对知识 σ 的影响更大。此外，在相依和竞争的条件下，知识 σ 的动态扩散过程与知识 μ 对称于 $\rho^I_\mu=0.5$。

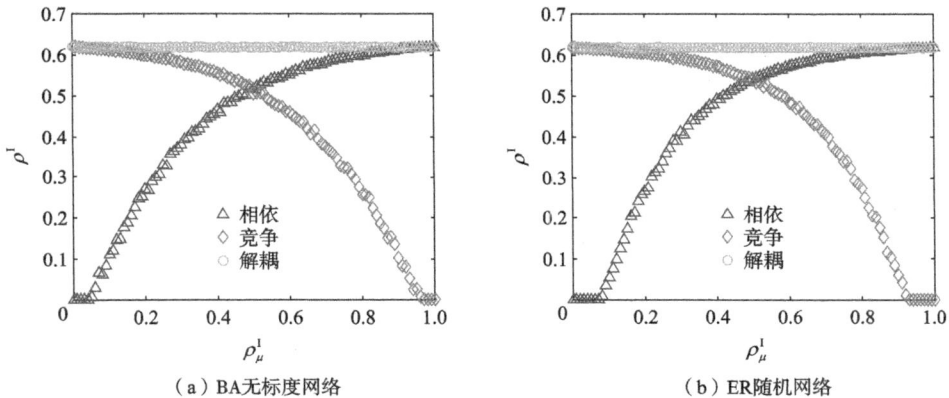

图 7.5　知识 σ 的最终知晓者规模 ρ^I 关于知识 μ 的最终知晓者规模 ρ^I_μ 的关系图（$\beta=1.0$，$\gamma=0.6$）

7.3.2　在引文网络中的应用

在本小节中，我们在一个实际的引文网络中进行数值模拟。初始将 30% 任意选择的节点设置为知识知晓者。由于遗忘率 γ 仅影响动态过程中的时间尺度，我们在此处设置 $\gamma=0.05$。该引文网络中节点和连边的总数分别为 $N=3\,084$ 和 $M=5\,208$。因此，我们可以得出平均度 $\langle k \rangle \approx 3.377$。有且仅有一个度值为 105 的节点，这是所有 3 084 个节点中度值最大的节点。但是，这个引文网络中有 1 303 个节点是孤立节点。引文网络显示出明显的幂律特征，图 7.6 中的直线是通过双对数坐标系中引文网络的度分布数据（星型点）的最小二乘拟合得到的，拟合优度为 $R^2=0.901$。

因为引文网络的度分布显示出明显的无标度特征，所以引文网络中节点的度值是异质的。因此，为了揭示具有不同度值的节点的扩散动力学，我们选择度值为 1、3、5、7、10、14 和 19 的节点，这些节点的数量分别为 453、219、119、64、37、21 和 14。在图 7.7 中，我们给出了不同度值节点的最终知晓者规模。

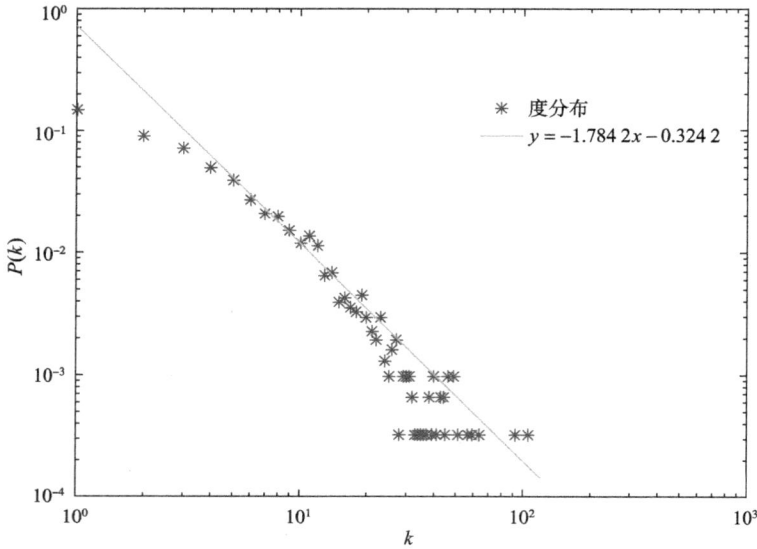

图 7.6　双对数坐标系下引文网络度分布的线性最小二乘拟合

ρ^{l_k} 是度值为 k 的节点的全局序参量。从图 7.7 来看,不同度值节点处的扩散阈值是很接近的,但是当度值增大时,最终知晓者规模也会增大。由于知识 μ 的作用,图 7.7(a)和图 7.7(e)中的最终知晓者规模低于其他子图,它们分别代表了相依和竞争情形 ρ^1_μ=0.3 和 ρ^1_μ=0.7。因此,如果大多数人对知识 μ 一无所知,而知识 σ 依赖于知识 μ,那么知识 σ 的扩散就相对困难。同样地,如果大多数个体了解知识 μ 并且知识 σ 与知识 μ 是相互竞争的,那么知识 σ 也很难扩散。然而,从图 7.7(b)、图 7.7(d)和图 7.7(c)、图 7.7(f)之间的比较来看,知识 μ 对知识 σ 的促进作用与解耦情况相比并不明显。这是因为如果两种知识相关联,则与解耦情况相比,它们之间的相互作用将削弱它们的扩散。

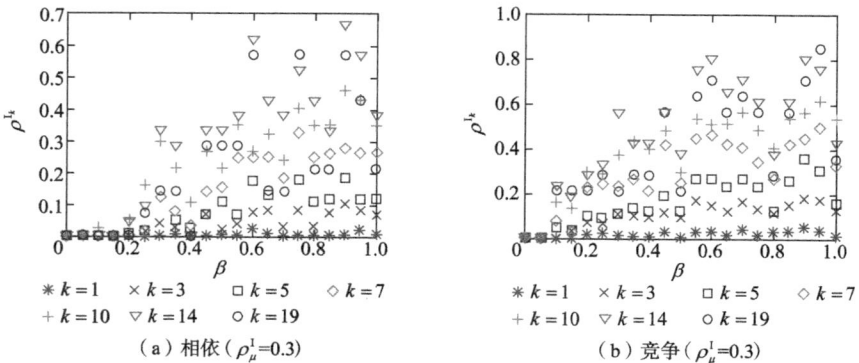

（a）相依（ρ^1_μ=0.3）　　　　　　　　（b）竞争（ρ^1_μ=0.3）

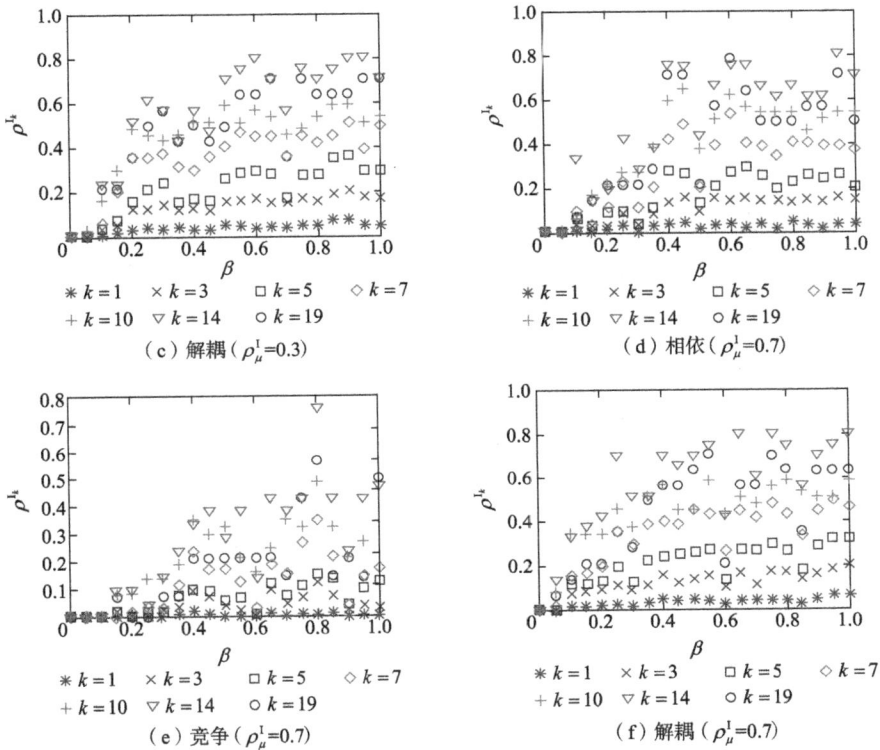

图 7.7　不同度值的节点关于知识 σ 的最终知晓者规模（一）

在图 7.8 中，我们计算了度值范围在 1~20 的节点比例。在该引文网络中，有 1 700 个度值在 1~20 的节点。除了 1 303 个孤立节点之外，这 1 700 个节点具有代表性。如我们所见，最初的知识知晓者也就是知识扩散者节点是随机选取的，但最终度值较高的节点受到更多感染。如果两种知识是相依的，知识 μ 将促进知识 σ 的扩散。相反，如果它们具有竞争性，那么知识 μ 的扩散将阻碍知识 σ 的扩散。但是，无论知识 σ 与知识 μ 有怎样的相关性，具有较高度值的节点在扩散过程中的效率都较高。

7.3.3　结果与政策启示

本章的结果可为创新知识的传播、新举措的实施和新政策的制定提供理论依据，从而使创新知识和绿色行为更广泛地扩散和传播，并促进绿色经济的发展。以下是基于本章结论得出的一些帮助政府或组织推广新型绿色实践或传播创新知识的建议。

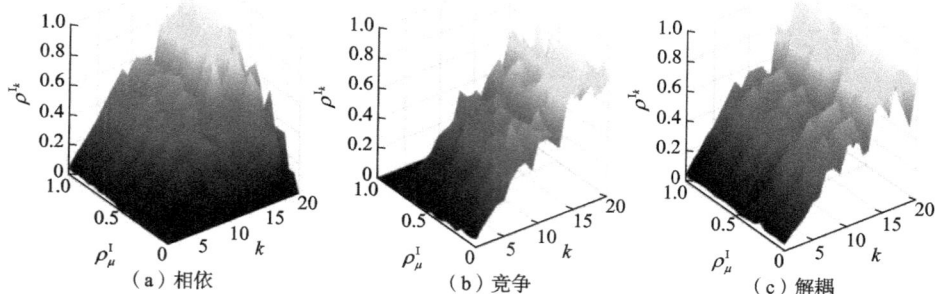

图 7.8　不同度值的节点关于知识 σ 的最终知晓者规模（二）

固定扩散率 $\beta = 1.0$ 和遗忘率 $\gamma = 0.05$。初始随机选取 22% 的节点设置为知识 σ 的知晓者

首先，提高扩散率。扩散率越大，被扩散对象成功转变状态的概率越大。即使受到实际条件的限制，也要确保扩散率高于扩散阈值。具体做法是提高宣传的吸引力，使目标人群更容易被吸引，以达到在人群中传播的目的。

其次，需要重视度值大的节点。由于度值较大，这些节点更可能接触到知识扩散者且更容易将知识扩散给其他人。这些节点可能是影响力很大的名人、团体和组织。最有效的方法是先从度值较大的节点开始扩散。

最后，找出固有条件与当前状态之间的关系。实际上，很难对两种类型的扩散对象之间的关系进行完全分类，因此在本章中，我们仅将其分为正相关（相依）、负相关（竞争）和不相关（解耦）三种类型。在不同的关系情况下，扩散情况不同。可以粗略估计当前对象在已扩散到稳态的对象的影响下对自身扩散的限制，从而确定投入成本的数量，以达到最佳效果。

7.4　本 章 小 结

作为知识创新的一种方式，本章考虑了耦合知识相互作用对知识扩散机制的影响。用一个两层的多重网络框架来模拟一种知识在另一种耦合知识作用下的扩散。存在三种关系模式，即相依、竞争和解耦。我们基于平均场理论进行了理论扩散阈值的推导，分别得到均匀网络和异质网络中的知识扩散阈值，发现相互作用项 $F^{\mu \to \sigma}$ 与扩散阈值成反比。另外，数值模拟基于 ER 随机网络、BA 无标度网络和一个真实的引文网络，以得到不同网络拓扑下的演化结果，为提供更准确的政策建议提供支撑。

　　结果表明，在异质网络中，扩散阈值较小，知识更易于扩散，最终知晓者规模 ρ^1 对耦合知识 μ 的扩散状态和扩散率 β 更敏感。然而，由于耦合知识的影响，人们的传播决策被削弱。即使扩散率是 1，遗忘率是 0.6，最终知晓者规模也不大于 0.62。引文网络的数值模拟表明，不同度值的节点的扩散阈值非常接近，但最终知晓者规模随度值的增大而增大。当两种知识相互依赖时，一种知识的规模越大，对另一种知识的扩散就越有利。以上结论与先前的研究并不矛盾。它可以为创新知识的传播提供更现实和更精确的管理含义，继而为绿色经济的发展做出贡献。在本章中，我们考虑两种相关知识之间的相互作用。在进一步的研究中，还可以研究几种知识之间具有相互作用的知识扩散模型，可以用相互作用项 $\Pi_\mu F^{\mu \to \sigma}$ 代替 $F^{\mu \to \sigma}$。此外，当几种知识同时传播时，可能有更丰富的研究结果，也可以考虑当多重网络中每一层的网络结构不同时的情形。

参 考 文 献

[1] Gao X，Tian L，Li W. Coupling interaction impairs knowledge and green behavior diffusion in complex networks. Journal of Cleaner Production，2020，249：119419.

[2] Mansell R，When U. Knowledge societies：information technology for sustainable development. Journal of Economic Issues，1998，33（3）：399-410.

[3] OECD. Supporting Investmentin Knowledge Capital，Growth and Innovation. 2013.

[4] Wehn U，Montalvo C. Knowledge transfer dynamics and innovation：behaviour，interactions and aggregated outcomes. Journal of Cleaner Production，2018，171：S56-S68.

[5] Bretschger L，Lechthaler F，Rausch S，et al. Knowledge diffusion，endogenous growth，and the costs of global climate policy. European Economic Review，2017，93（226）：47-72.

[6] Hamdoun M，Jabbour C J C，Othman H B. Knowledge transfer and organizational innovation：impacts of quality and environmental management. Journal of Cleaner Production，2018，193：759-770.

[7] Zhu H，Ma J. Knowledge diffusion in complex networks by considering time-varying information channels. Physica A：Statistical Mechanics and its Applications，2018，494：225-235.

[8] Wang H，Wang J，Small M. Knowledge transmission model with differing initial transmission and retransmission process. Physica A：Statistical Mechanics and its Applications，2018，507：478-488.

[9] Tsai C M. The knowledge diffusion model associated with innovative knowledge. Expert Systems with Applications，2009，36（8）：11323-11331.

[10] Pastor-Satorras R，Vespignani A. Epidemics and Immunization in Scale-Free Networks.

Hoboken: John Wiley and Sons, 2005: 111-130.

[11] Boccaletti S, Bianconi G, Criado R, et al. The structure and dynamics of multilayer networks. Physics Reports, 2014, 544 (1): 1-122.

[12] Granell C, Gómez S, Arenas A. Dynamical interplay between awareness and epidemic spreading in multiplex networks. Physical Review Letters, 2013, 111 (12): 128701.

[13] Granell C, Gómez S, Arenas A. Competing spreading processes on multiplex networks: awareness and epidemics. Physical Review E, 2014, 90 (1): 012808.

[14] Guo Q, Jiang X, Lei Y, et al. Two-stage effects of awareness cascade on epidemic spreading in multiplex networks. Physical Review E, 2015, 91 (1): 012822.

[15] Li W, Tian L, Batool H. Impact of negative information diffusion on green behavior adoption. Resources, Conservation and Recycling, 2018, 136: 337-344.

[16] Gao X, Tian L. Effects of awareness and policy on green behavior spreading in multiplex networks. Physica A: Statistical Mechanics and its Applications, 2019, 514: 226-234.

[17] Rozewski P, Jankowski J. Model of multilayer knowledge diffusion for competence development in an organization. Mathematical Problems in Engineering, 2015, 19: 529256.1-529526.20.

[18] Danziger M M, Bonamassa I, Boccaletti S, et al. Dynamic interdependence and competition in multilayer networks. Nature Physics, 2019, 15 (2): 178-185.

[19] Kenett D Y, Havlin S. Network science: a useful tool in economics and finance. Mind and Society, 2015, 14 (2): 155-167.

[20] Brummitt C D, Kobayashi T. Cascades in multiplex financial networks with debts of different seniority. Physical Review E, 2015, 91 (6): 062813.

[21] Hibbing M, Fuqua C, Parsek M, et al. Bacterial competition: surviving and thriving in the microbial jungle. Nature Reviews Microbiology, 2010, 8 (1): 15-25.

[22] Coyte K Z, Schluter J, Foster K R. The ecology of the microbiome: networks, competition, and stability. Science, 2015, 350 (6261): 663-666.

[23] Halu A, Zhao K, Baronchelli A, et al. Connect and win: the role of social networks in political elections. Europhysics Letters, 2013, 102 (1): 16002.

[24] Barabási A L, Albert R. Emergence of scaling in random networks. Science, 1999, 286 (5439): 509-512.

[25] Wang H, Wang J, Ding L, et al. Knowledge transmission model with consideration of self-learning mechanism in complex networks. Applied Mathematics and Computation, 2017, 304: 83-92.

第 8 章　考虑存在反对者的绿色共识演化与信息传播的相互作用

　　绿色、可持续的生产生活方式已成为当今文明社会发展的基调。例如，从 2019 年 7 月起，上海开始实施垃圾分类政策，这是我国深入贯彻可持续发展战略的典型实践。目前，除了上海以外，越来越多的城市也在逐步推行垃圾分类政策。对于这样一类新型的居民绿色行为，政府应当采取措施来更有效地推广它。显然，绿色行为的推广离不开相关绿色信息的传播[1]。在本章中，我们关注全局绿色共识的演化与形成，并考虑到反对者的存在。

　　根据文献[2]和文献[3]，为了模拟观点的形成机制，我们在这里使用 Kuramoto 振子对网络进行同步演化模拟。同步现象在现实生活中并不少见，初始状态，各单元在系统中随机分布，经过几个时间步长的相互作用后，整个系统可以在稳态下达到同步。此外，同步存在于工程、生物、物理和社会科学的许多方面[4~6]。Kuramoto 模型是其中最具代表性、应用最广泛的同步动力学模型[7]，Kuramoto 模型中每个振子都服从正弦运动。考虑到绿色行为异议者的存在，我们将反向振子视为反对者[8, 9]，它们在绿色共识演化动力学中通过负耦合强度发挥作用。另外，对于绿色信息传播过程，我们通过 SIS 模型进行建模，S 节点表示绿色信息无知者，I 节点表示绿色信息传播者[10]。绿色信息无知者在与作为绿色信息传播者的邻居接触后也成为绿色信息传播者的概率称为绿色信息传播率，此外，绿色信息传播者有可能遗忘绿色信息并再次成为绿色信息无知者，这种情况的概率称为遗忘率。

　　为了清楚地说明绿色共识演化与绿色信息传播之间的相互作用，根据文献[11]，针对这两个动态过程的相同节点集，本章引入了多层网络，具体来说是多重网络。在该网络模型中，个体被视为节点，节点之间的连接表示个体之间的联系或作用。在互联网时代，人们获取信息可以不受物理距离的限制。因此，在绿色共识演化和绿色信息传播过程节点集相同的情况下，我们假设在信息传播过程中，节点之间相对于其意见形成过程存在额外的连边。此外，这两个动态过程通过对每个过程的控制参数的相互作用函数达到相依，作用在一层上的相互作用函数由另一层中的动态性质决定，这也保证了两过程是耦合的[12~14]。Soriano-Panos 等[2]提出，在信息传播过程中，如果一个信息无知者节点的邻居节点中的信息传播者有更高的共识，那么这个无知者节点在接触传播者邻居后也变为传播者的概率会更高；同时，在共识演化过程中，一个节点的信息传播者邻居越多，对共识演化越有利。反对者在 Kuramoto 模型中表现为负耦合强度，并直接将 SIS 模型中的扩散率降低为零。如果一个反对者最初被设定为传播者，那么他将逐渐忘记绿色信息，并且永远不会传播它。

文献[15]中提出了一个在多重网络中意识和传染病传播之间动态相互作用的模型，研究结果表明，传染病传播阈值与意识的动态传播有关。Soriano-Panos 等[2]发现在相依的传播与共识动力学中存在类一阶的、不连续的且不可逆的爆炸性转变。然而，该模型存在局限性，没有考虑反对者的存在和初始信息传播者的选择。在本章中，将比例为 f 的反对者参与到绿色共识演化与绿色信息传播之间的动态相互作用中。此外，各节点在绿色共识演化过程中的相位是随机分布的，动态过程是从绿色信息传播开始的，这就导致了选取初始传播者的重要意义。对 BA 方法生成的虚拟无标度网络进行仿真，结果表明减少反对者和选择合适的初始绿色信息传播者对系统的正向演化很关键。参数 α 反映了社会的整体态度。通过对绿色共识演化与绿色信息传播的动态相互作用模型的数值模拟，我们得到了对政府促进绿色行为的一些重要启示。

8.1　绿色共识演化与绿色信息传播耦合模型

在本章中，我们构造了一个双层的多重网络来演示绿色共识演化与绿色信息传播过程之间的动态相互作用。在多重网络框架下，为了恰当地模拟居民之间的人际关系，我们将每个个体简化为一个节点，每个节点对之间的连边代表了两个个体之间存在的交流。对于政府的绿色行为倡议或与居民生活方式相关的政策，人们对其是否形成绿色共识主要取决于亲朋好友之间的互动关系。但是，从未见过面的人也可以在网上分享信息，我们会自然地认为，当人们传播信息时，他们之间的联系渠道会更多，因此我们假设在信息传播层添加有额外的连边。

在多重网络中，每层都有相同的节点集，节点数为 N，每个节点通过层间连边与它的对应节点相互连接。在多重网络的每一层，节点集应该是相同的，而每层中的网络结构可以是不同的。由于意见的形成通常伴随着相关信息的传播，与意见的形成过程相比，通过各种渠道的信息沟通交流，信息的传播几乎不受物理距离的限制。因此，在绿色共识演化层网络结构的基础上，我们根据实际情况在绿色信息传播层增加了一些额外的连边。如图 8.1 所示，上下两层分别表示绿色共识演化层和绿色信息传播层。两层的拓扑结构分别通过邻接矩阵 $A^{[1]} = \left\{ a_{ij}^{[1]} \right\}_{N \times N}$ 和 $A^{[2]} = \left\{ a_{ij}^{[2]} \right\}_{N \times N}$ 描述，其中 $a_{ij}^{[1]} = 1 \left(a_{ij}^{[2]} = 1 \right)$ 意味着节点 i 和节点 j 在绿色共识演化层（绿色信息传播层）内是有连边的，否则 $a_{ij}^{[1]} = 0 \left(a_{ij}^{[2]} = 0 \right)$。另外，节点 i 在绿色共识演化层和绿色信息传播层中的度分别记为 $k_i^{[1]} = \sum_{j=1}^{N} a_{ij}^{[1]}$ 和 $k_i^{[2]} = \sum_{j=1}^{N} a_{ij}^{[2]}$。

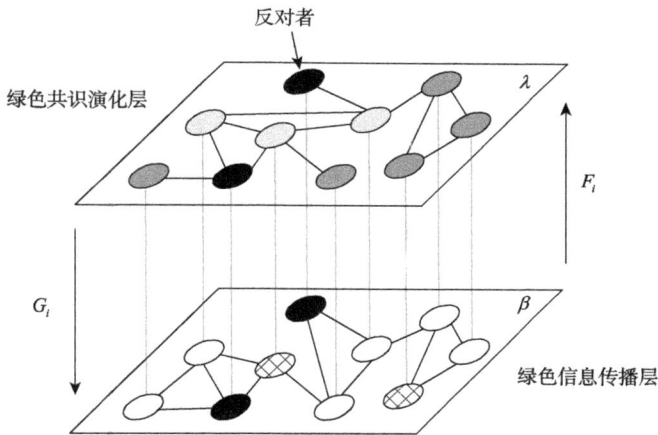

图 8.1　多重网络中存在反对者的绿色共识演化与绿色信息传播的相互作用模型

在这种双重系统中，两层共享相同的节点集，而在绿色信息传播层有额外的连边添加。黑色节点代表反对者，他们永远不会改变他们的消极状态。绿色信息传播层的节点表示绿色信息无知者节点和传播者节点。同样地，绿色共识演化层中的节点代表意见形成过程中节点的不同状态。这两个动态过程的控制参数分别是 λ 和 β。从根本上说，绿色共识演化和绿色信息传播过程是通过函数 F_i 和 G_i 相互依赖的，F_i 和 G_i 都是关于节点 i 在其中一层的邻居节点在另一层中性质的函数。

两个动态过程之间的相互作用由函数 F_i 和 G_i 耦合。如果绿色信息传播层中节点 i 的邻居达到了较高水平的绿色共识，那么将会促进绿色信息传播。同样地，全民绿色共识水平的提高也会伴随着绿色共识演化层中绿色信息传播者作为邻居的高比例而得到提升。因此，对于来自绿色共识演化层（绿色信息传播层）的普通节点 i，通过函数 F_i（G_i）与对应的绿色信息传播层（绿色共识演化层）中的节点进行耦合。如果普通节点 i 的绿色共识形成受到来自绿色共识演化层邻居的正向信息传播的促进，则耦合相互作用函数 F_i 趋近于 1，否则 $F_i \to 0$。同样地，如果普通节点 i 在绿色信息传播层的邻居达到了高水平的绿色共识，那么节点 i 相应具有更高的成为绿色信息传播者的概率，即耦合参数 G_i 趋近于 1，否则 $G_i \to 0$。然而，我们考虑了反对者节点的存在，在 Kuramoto 模型中它们充当逆振子，在传播过程中则以极低的概率传播绿色信息。对于反对者节点 i，在绿色共识演化层和绿色信息传播层中，耦合相互作用函数分别阻碍了共识的形成和信息的传播，这意味着在每一个时间步长中，反对者的演化在两层中总是反向或消极的。

如上所述，我们的动态相依模型是根据文献[13]中提出的一般形式构建的。为了建立一个合适的模型来模拟绿色共识演化与绿色信息传播之间的相互作用，在 Kuramoto 模型下模拟绿色共识演化过程，在 SIS 模型下模拟绿色信息传播过程，节点 i 在 t 时刻在两层的动态状态分别用 $x_i(t)$ 和 $y_i(t)$ 来描述。$x_i(t)$ 表示个体 i 在 t 时刻的绿色意见，它被度量为振子 i 的一个相位变量，即 $x_i(t)$ 在 $[-\pi,\pi]$ 范围内。另外，$y_i(t)$ 表示个体 i 在 t 时刻作为绿色信息传播者的概率，即 $y_i(t) \in [0,1]$。绿色共识演化动力学方程和绿色信息传播的演化方程表示为

$$\dot{x}_i(t) = \omega_i + \lambda F_i(t) \sum_{j=1}^{N} a_{ij}^{[1]} \sin[x_j(t) - x_i(t)] \tag{8.1}$$

和

$$\dot{y}_i(t) = -\mu y_i(t) + [1 - y_i(t)]\left\{1 - \prod_{j=1}^{N}\left[1 - a_{ij}^{[2]}\beta G_i(t) y_j(t)\right]\right\} \tag{8.2}$$

其中，ω_i 表示 Kuramoto 模型中振子 i 的固有频率，它服从 $[-1/2,1/2]$ 的均匀分布；μ 表示个体在传播绿色信息时的遗忘率，即传播者再次变得无知并在下一个时间步长停止传播的概率；λ 和 β 分别为这两个动力学过程的控制参数，λ 表示绿色共识演化层中振子（节点）之间的耦合强度，β 表示绿色信息在个体间的传播率，即绿色信息传播率。一般来说，λ 衡量个体间在形成意见时的联系强度，β 表示的是一个绿色信息无知者在 t 时刻与其绿色信息传播者邻居接触后，在 $t+1$ 时刻也成为绿色信息传播者的概率。

对于相互作用函数 $F_i(t)$ 和 $G_i(t)$，它们作为控制参数 λ 和 β 的调优函数起作用。在该相互作用系统中，Kuramoto 模型中的耦合强度 λ 被调优为 λF_i，由节点 i 在共识过程中的邻居节点中的局部传播者邻居的比例决定。同样地，在信息传播过程中传播率 β 则在与绿色共识协同演化的设定下被调整为 βG_i。具体地说，F_i 表示绿色信息传播对绿色共识演化的作用，它取决于节点 i 在绿色共识演化层的邻居节点在绿色信息传播层中的局部序参量，记为 ξ_i。考虑到存在作为逆振子的反对者，我们将 F_i 表达为

$$F_i(t) = \begin{cases} \xi_i(t), & \text{普通节点} i \\ -\xi_i(t), & \text{反对者节点} i \end{cases} \quad (8.3)$$

绿色信息传播层的节点 i 在 t 时刻的局部序参量 $\xi_i(t)$ 是指 t 时刻节点 i 在绿色共识演化层的邻居中作为绿色信息传播者所占的比例，可以描述为

$$\xi_i(t) = \frac{\sum_{j=1}^{N} a_{ij}^{[1]} y_j(t)}{k_i^{[1]}} \quad (8.4)$$

另一个相互作用项 $G_i(t)$ 表示在 t 时刻绿色共识演化对绿色信息传播过程的作用，由节点 i 在绿色信息传播层上的邻居节点的绿色共识演化水平确定，考虑到反对者节点，有

$$G_i(t) = \begin{cases} \eta_i(t), & \text{普通节点} i \\ 0, & \text{反对者节点} i \end{cases} \quad (8.5)$$

$$\eta_i(t) = \frac{1}{1 + \exp\{-\alpha[r_i(t) - 0.5]\}} \quad (8.6)$$

其中，$r_i(t)$ 表示在绿色共识演化过程中 t 时刻节点 i 在绿色信息传播层邻居间的局部序参量，如 Kuramoto 模型中的定义：

$$r_i(t)e^{i\varphi_i(t)} = \frac{1}{k_i^{[2]}} \sum_{j=1}^{N} a_{ij}^{[2]} e^{ix_j(t)} \quad (8.7)$$

其中，r_i 表示节点 i 在绿色信息传播层的邻居的局部绿色共识演化水平。如果节点 i 在绿色信息传播层的邻居在 t 时刻达到完全共识，则有 $r_i(t) = 1$，如果完全无共识，则 $r_i(t) = 0$。另外，φ_i 表示节点 i 在绿色信息传播层中邻居的平均相位。通过对式（8.7）两边取模运算，可以得到实数 $r_i(t)$。在式（8.6）中，我们利用 Fermi 函数提出 η_i 来衡量绿色共识演化对绿色信息传播的动态作用。在这里 $\alpha > 0$ 充当一个调参（社会态度参数）。当 i 的邻居达成高水平的绿色共识，即 $r_i(t)$ 接近 1 时，参数 α 的值足够大，$\eta_i(t)$ 趋近于 1。否则，如果 $r_i(t) \to 0$，则 $\eta_i(t) \to 0$。对于反对者 i，在绿色共识形成过程中，其邻居中绿色信息传播者越多，i 与邻居持有的相反意见就越多，体现在绿色共识演化中的负耦合强度为 $-\lambda\xi_i$。同理，在绿色信息传播过程中，反对者会停止传播信息并以遗忘率 μ 逐渐遗忘，且反对者的绿色信息传播率为 0。

为了评估平均绿色共识演化水平及绿色信息传播的结果，我们引入 t 时刻的全局共识水平 $r(t)$ 和信息传播者比例 $I(t)$：

$$r(t)e^{i\Phi(t)} = \frac{1}{N} \sum_{j=1}^{N} e^{ix_j(t)} \quad (8.8)$$

$$I(t) = \frac{1}{N} \sum_{j=1}^{N} y_j(t) \tag{8.9}$$

其中，$\Phi(t)$ 表示绿色共识演化层在 t 时刻的振子节点的平均相位；$r(t)$ 量化了 t 时刻所有个体的全局共识水平，$r(t)$ 在 $[0,1]$ 范围内对应于从完全不一致到完全共识；$I(t)$ 表示在 t 时刻绿色信息传播者所占的比例，对应信息消亡到全满传播者的范围为 0~1。

8.2　数值模拟与结果

为了研究绿色共识演化与绿色信息传播动力学之间的相互作用，我们根据演化方程（8.1）和方程（8.2）进行数值仿真。我们依据 BA 方法构造了一个有 $N = 500$ 个节点且平均度 $\langle k \rangle = 4$ 的服从幂律度分布的 BA 无标度网络。正如文献[16]中提出的那样，许多大型网络的一个共同特性是节点的连边遵循无标度的幂律分布，因此我们假设绿色观点形成的网络为此处构造的 BA 无标度网络，基于个体与熟悉人群的交流。此外，对于绿色信息传播，更多的人际联系渠道作为绿色共识演化网络上的附加连边出现。因此，我们在绿色共识演化网络上随机增加了 100 条连边，以获得具有相同节点集的绿色信息传播网络。

在这里，我们考虑了反对者的存在。N 个节点中反对者的比例表示为 f，我们假设反对者是随机分布的。在初始时刻，节点关于新型绿色行为相关信息的绿色观点都是随机的，即振子的相位最初是在 $(-\pi,\pi]$ 范围内随机分布的。在绿色信息传播层中，初始时刻先将 N 个节点中占比例 ρ 的节点设置为绿色信息传播者。这里的数值模拟结果是在 1 000 次迭代，每个时间步长 $\delta t = 0.01$ 的设定下得到的。我们通过解式（8.1）和式（8.2）得到这个相互作用系统的稳态解，求解数值解采用的是四阶龙格-库塔（Runge-Kutta）方法。

在图 8.2 中，我们展示了在不同初始绿色信息传播者设置策略下，以及存在和不存在反对者的情况下，稳态的全局绿色共识演化水平和绿色信息传播者比例与绿色信息传播率 β 的关系。图 8.2（a）和图 8.2（b）对应于没有反对者的系统，即 $f = 0$ 的情况，与 $f = 0.2$ 的图 8.2（c）和图 8.2（d）相比，在相同的 β 值下具有相对较高的绿色共识演化水平和较高比例的绿色信息传播者。此外，可以看出，虚线在所有子图中的值大多高于对应的实线，这意味着与在相同比例下初始尽量选取 hub 节点作为绿色信息传播者相比，初始随机分布绿色信息传播者的系统显然导致了全局较弱的演化。特别是，由图 8.2（c），在系统中反对者比例 f=0.2 的情况下，如果初始绿色信息传播者是随机选取的，那么整个系统的绿色共识演化水平最高不会超过 15%。但是，如果最初尽可能选择具有最大度值的一些节点作为绿色信息传播者，并且绿色信息传播率 β 足够高，那么系统将达到可预见的更高绿色共识演化水平。总之，反对者的存在和初始绿色信息传播者的选取都会影响绿色共识演化和绿色信息传播之间相互作用系统的稳态值。

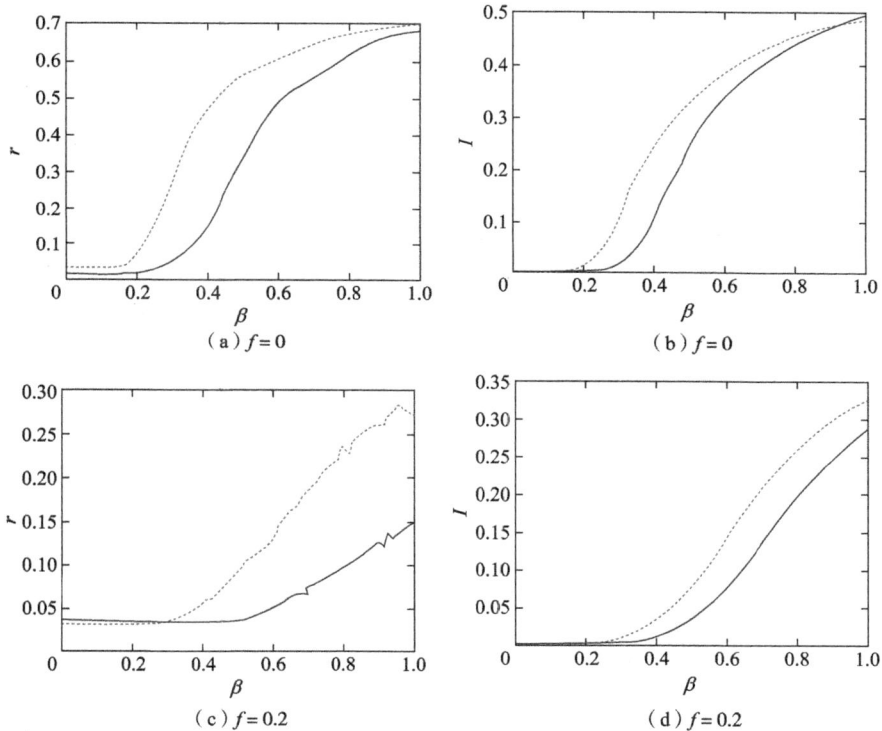

图 8.2　存在比例 f 的反对者的多重系统中，稳态下全局绿色共识演化水平 r 和绿色信息传播者比例 I 关于绿色信息传播率 β 的关系图

实线对应初始由随机选取的占比例 $\rho = 0.3$ 的绿色信息传播者演变而来的结果，而虚线对应特定选取的占比例 $\rho = 0.3$ 的绿色信息传播者节点的结果（初始在绿色信息传播层的 $N = 500$ 个节点中选取度最大的前 $\rho N = 150$ 个节点作为绿色信息传播者）。固定遗忘率 $\mu = 0.8$，耦合强度 $\lambda = 0.7$，社会态度参数 $\alpha = 10$

图 8.3 展示了相互作用系统的稳态关于控制参数 β 和 λ 的关系。在这里，绿色信息传播者的初始比例 $\rho = 0.3$ 表示初始将度值最大的 $\rho N = 150$ 个节点设置为绿色信息传播者。可以看出，只有在足够高的绿色信息传播率 β 下，系统演化才是有效的演化（$r > 0$ 和 $I > 0$）。随着绿色信息传播率 β 足够高，绿色信息传播者总是以小规模存在，而这与耦合强度 λ 无关。但是，只有在 β 和 λ 都足够大的情况下，系统才能达到一定程度的绿色共识演化水平。换句话说，绿色共识演化过程

更依赖于绿色信息传播动态。在稳定状态下绿色信息传播者比例相对较小时，绿色意见的形成系统仍可以达到较高的绿色共识演化水平。因此，绿色共识演化水平在很大程度上依赖于绿色信息传播率 β，即使只有相对较小比例的稳定的绿色信息传播者，对绿色共识演化水平的提高也有促进作用。在稳定状态下，绿色信息传播者所占的比例很小，系统却达到了相对较高的绿色共识演化水平，表明绿色共识演化与绿色信息传播系统可以达到稳定状态，这与绿色倡议的推广过程相一致，也就是说，经过足够长时间的发展，只有一小部分活跃者仍致力于传播绿色信息，而整个社会之间的全局绿色共识已经达到了很高的水平。

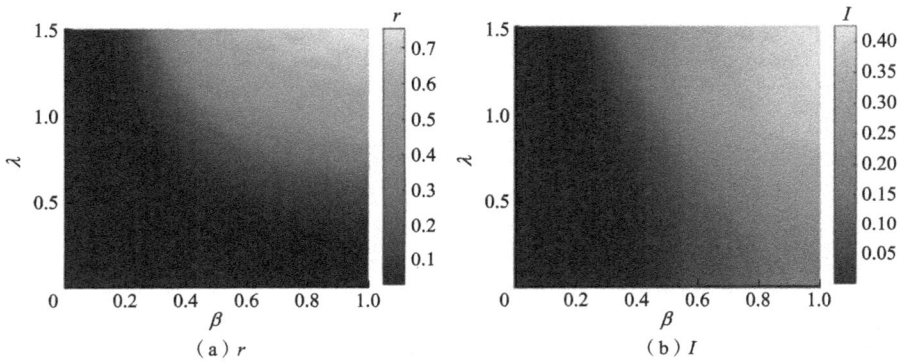

图 8.3 全局绿色共识演化水平 r 和绿色信息传播者比例 I，关于信息传播率 β
和耦合强度 λ 的关系的相图

反对者比例 $f=0.2$，遗忘率 $\mu=0.8$，固定绿色信息传播者初始比例 $\rho=0.3$ 和社会态度参数 $\alpha=10$

在图 8.4 中，我们研究了在不同初始传播强度下，稳态下的全局绿色共识演化水平 r 和绿色信息传播者比例 I 关于耦合强度 λ 的关系。如之前所预期的那样，随着绿色信息传播者初始比例的增加，全局绿色共识演化水平和绿色信息传播者比例都处于较高水平。但是令人惊讶的是，与绿色信息传播者的初始比例 $\rho=0.7$ 和 $\rho=0.3$ 的值相比，绿色共识形成和绿色信息传播的稳态之间的差异相对较小。由于在 BA 无标度网络中，hub 节点具有绝对的度中心性，度值越高，节点的度中心性越强。其结果是，在绿色信息传播层选取具有最大度值的 hub 节点作为初始绿色信息传播者时，选取具有尽可能大的绿色信息传播者初始比例 ρ 不是最优的策略。具体来说，对于 $\rho=0.3$ 和 $\rho=0.7$ 的情况，我们在 $\rho=0.7$ 的策略中将额外 40% 的节点设置为初始绿色信息传播者，但就将这额外 40%的节点设置为初始绿色信息传播者的成本而言，与选取 $\rho=0.3$ 的初始绿色信息传播者的演化结果相比，影响可以忽略不计。因此，在设置初始绿色信息传播者时，首先选择 hub 节点要比随机选取好得多，但绿色信息传播者初始比例 ρ 应该适当地设定。

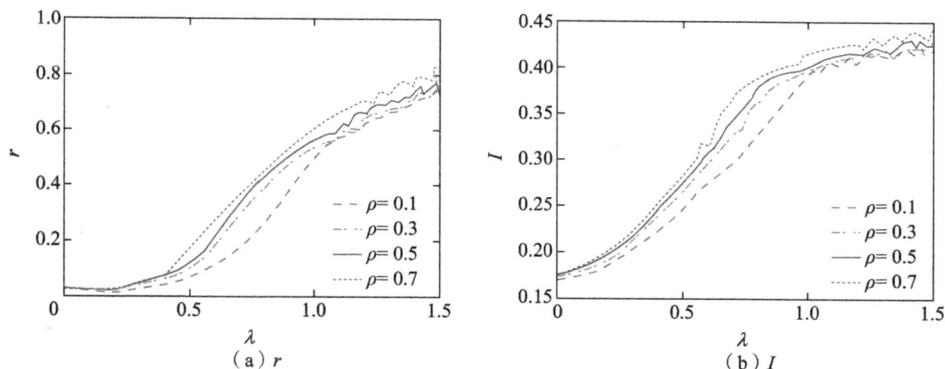

图 8.4　全局绿色共识演化水平 r 和绿色信息传播者比例 I，在绿色信息传播率 $\beta=1.0$ 下
关于耦合强度 λ 的关系图（一）

固定反对者比例 $f=0.2$，遗忘率 $\mu=0.8$ 和社会态度参数 $\alpha=10$。绿色信息传播层中的初始绿色信息传播者在度值尽可能大的节点中选取，初始比例 ρ 的值分别为 $\rho=0.1$、$\rho=0.3$、$\rho=0.5$ 和 $\rho=0.7$

为了研究社会态度参数 α 对系统演化和稳态情况的影响，我们绘制了图 8.5 的全局绿色共识演化水平 r 和绿色信息传播者比例 I 分别关于耦合强度 λ 在 $\alpha=5$、$\alpha=10$ 和 $\alpha=20$ 下的关系图。如图 8.5 所示，α 的值抑制了绿色共识形成和绿色信息传播。α 越大，对系统演化的抑制越强烈，特别是对于耦合强度 λ 较小时的绿色信息传播过程。因此，α 可以反映所有普通节点的态度，α（$\alpha>0$）的值越小，表示社会整体越积极合作。对于绿色共识演化动力学而言，全局绿色共识演化水平 r 取决于耦合强度 λ，当 $0.5<\lambda<1.0$ 时，社会的整体态度对 r 有不可忽视的影响。然而，除非耦合强度 $\lambda>1$，否则社会的整体态度对绿色信息传播层中最终的绿色信息传播者比例 I 有明显的影响。

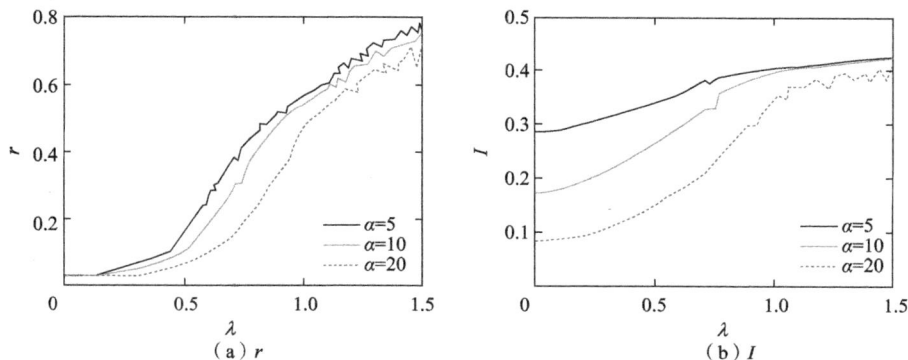

图 8.5　全局绿色共识演化水平 r 和绿色信息传播者比例 I，在绿色信息传播率 $\beta=1.0$ 下
关于耦合强度 λ 的关系图（二）

初始绿色信息传播者在度值尽可能大的节点中选取，初始比例 $\rho=0.3$，固定反对者比例 $f=0.2$ 和遗忘率 $\mu=0.8$。社会态度参数 α 的值分别为 $\alpha=5$、$\alpha=10$ 和 $\alpha=20$

图 8.2 和图 8.4 表明,反对者的存在和初始绿色信息传播者的选取都会影响系统的动态和稳态值。为了得到最终状态的总体属性,我们在图 8.6 中绘制了全局绿色共识演化水平 r 和绿色信息传播者比例 I 关于反对者比例 f 和绿色信息传播者初始比例 ρ 的关系相图。这里的初始绿色信息传播者都尽可能选取度值最大的节点。不出所料,反对者抑制了整个系统的动态演化。当反对者比例 f 超过 0.4 时,绿色观点就会消失,但绿色信息仍然在很小的范围内传播,当 f 超过 0.5 时,绿色信息几乎也会消失。对于绿色信息传播者初始比例 ρ,较高的 ρ 对应较高的绿色共识演化水平 r 和较高的最终绿色信息传播者比例 I。但当 ρ 达到某个特定值时,ρ 对 r 和 I 的提升作用太弱甚至难以察觉。因此,在成本和效用方面,ρ 并不是越大越好。如图 8.6 所示,为了有效地获得更多的绿色信息传播者和更高的全局绿色共识演化水平,绿色信息传播者初始比例 ρ(在度值尽可能大的节点中选取)的取值最好在 0.2~0.4。

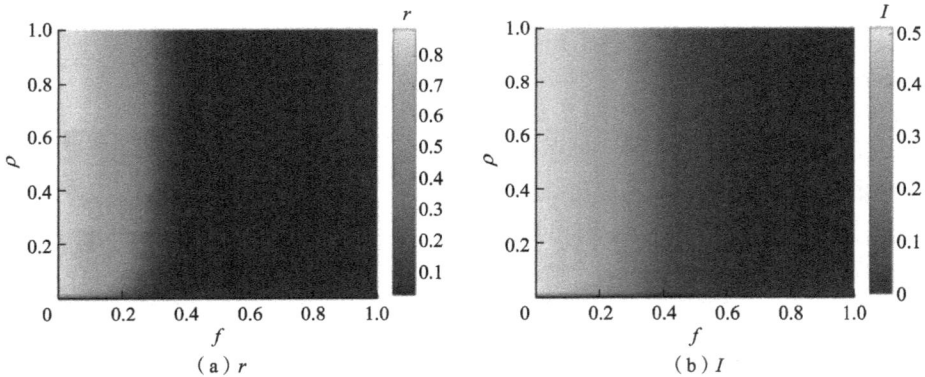

图 8.6　全局绿色共识演化水平 r 和绿色信息传播者比例 I,在控制参数 $\lambda = \beta = 1.0$ 下关于反对者比例 f 和绿色信息传播者(在度值尽可能大的节点中选取)初始比例 ρ 的关系相图
固定遗忘率 $\mu = 0.8$ 和社会态度参数 $\alpha = 10$

我们在图 8.7 中展示了在不同平均度的 BA 无标度网络下,全局绿色共识演化水平 r 和绿色信息传播者比例 I 的情况,不同平均度对应的网络都是依据 BA 方法构造得到的,网络规模相同,节点数均为 $N = 500$,这里我们研究了平均度 $\langle k \rangle$ = 2、4、6、8、10 和 12 的情形。结果表明,r 和 I 均与网络平均度 $\langle k \rangle$ 呈正相关关系,即 r 和 I 均关于平均度 $\langle k \rangle$ 的增大而增大,并且随着 $\langle k \rangle$ 值的增大,r 和 I 的增幅逐渐减小。另外,我们还考虑了不同反对者比例 f 下的结果。对于全局绿色共识演化水平 r,r 在 $f = 0$ 和 $f = 0.2$ 下的值的差值关于平均度 $\langle k \rangle$ 先增大后减小,而绿色信息传播者比例 I 在 $f = 0$ 和 $f = 0.2$ 下的值的差值关于平均度 $\langle k \rangle$ 是逐渐减小的。总的来说,反对者的存在必然抑制了绿色共识演化与绿色信息传播系统的正向演化。重要的是,在相同的网络规模下,平均度很大程度上反映了网络结

构的稠密程度，因此平均度越大，系统的正向演化程度越高。也就是说，个体间的联系途径越多，越易达成绿色共识，绿色信息也更易传播。

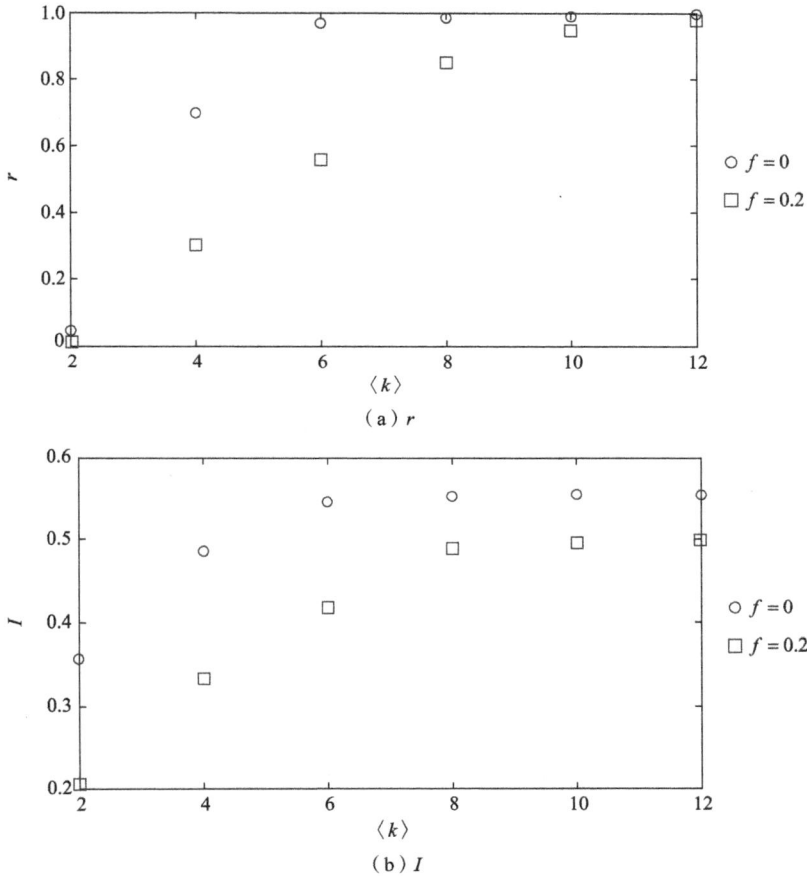

图 8.7　全局绿色共识演化水平 r 和绿色信息传播者比例 I，在控制参数 $\lambda = 0.7$ 和 $\beta = 1.0$ 下关于 BA 无标度网络的平均度 $\langle k \rangle$ 的关系图

固定遗忘率 $\mu = 0.8$，社会态度参数 $\alpha = 10$，绿色信息传播者（在度值尽可能大的节点中选取）初始比例 $\rho = 0.3$

8.3　本章小结

在本章中，我们提出了一个反对者存在下的绿色共识演化与绿色信息传播相互作用的系统。通过 Kuramoto 模型和 SIS 传染病传播模型的分析和数值模拟发现，

当两种动力学过程相互作用时，绿色共识的形成过程更加依赖于绿色信息传播过程。对于绿色共识演化过程，如果绿色信息传播率 β 不够高，无论耦合强度 λ 的值是多少，最终的全局绿色共识演化水平 r 保持为零，即绿色共识演化失败。但对于绿色信息传播过程，只要绿色信息传播率 β 足够高，稳态下就总会存在一定比例的绿色信息传播者。因此，绿色共识演化过程不仅依赖于其自身的控制参数 λ，还依赖于绿色信息传播过程的控制参数 β。此外，初始绿色信息传播者的选择也会影响绿色共识演化和绿色信息传播过程。不出所料，与随机选取初始绿色信息传播节点相比，在度值尽可能大的节点中选取初始绿色信息传播者显著促进了系统的相依动态。然而，虽然较高的绿色信息传播者初始比例 ρ 有利于全局绿色共识的形成和绿色信息的传播，但与提高初始比例 ρ 的成本相比，这种提升作用非常小。换句话说，绿色信息传播者初始比例 ρ 并不是越大越好。这里的社会态度参数 α 反映社会的整体态度，较高的 α（$\alpha > 0$）值反映了社会中的普通个体普遍较为消极的态度。此外，反对者的存在抑制了绿色共识的演化和绿色信息的传播过程。特别是对于反对者比例过高的情况，系统动力学（system dynamics，SD）失效，即无法达成绿色共识，绿色信息也无法传播。因此，对于新型绿色倡议的推广策略，我们在此提出建议，以帮助政府和相关组织促进达成全局绿色共识。

（1）初始绿色信息传播者的选取。为了提高绿色行为和倡议的推广效率，与随机传播相比，从 hub 节点开始传播绿色信息会使得演化过程更容易。尽管如此，绿色信息传播者初始比例 ρ 却并不是越大越好。当 ρ 达到某一值后，提高初始比例 ρ 的成本远远大于促进系统演化结果得到的收益。从我们的结果来看，绿色信息传播者初始比例 ρ 的值最好在 0.2~0.4。

（2）提高绿色信息传播率。绿色信息传播率 β 的值越高，不仅越有利于绿色信息的传播，也越有利于全局绿色共识的形成。提高 β 意味着增加个体在与绿色信息传播者邻居接触后也成为传播者的可能性。

（3）提升社会合作，减少反对者。社会积极的整体态度也有助于全局绿色共识的达成，但是反对者的存在阻碍了这一目标。特别是对于反对者比例很高的情况，绿色行为的推广甚至在全社会都失败了。对于建议的绿色信息传播者初始比例 $\rho \in [0.2, 0.4]$，当反对者比例 f 不超过 0.2 时，全局绿色共识演化水平 r 保持相对较高的水平（超过半数认可绿色行为）。

结果表明，本章提出的模型具有初值依赖性，反对者的存在阻碍了系统动力学的发展。另外，控制参数的地位是不变的，系统演化结果关于其他参数的关系都基于控制变量原则。系统的正向演化与网络的平均度有正相关关系，即网络的平均度值越高，系统演化结果越好。在未来的研究中，可以在不考虑现实意义的情况下，在不同结构特征的网络拓扑上进行模拟，如 ER 随机网络和 WS 小世界网络等，以考察系统动力学与网络拓扑特征的内在联系。

参 考 文 献

[1] Li W，Tian L，Gao X，et al. Impacts of information diffusion on green behavior spreading in multiplex networks. Journal of Cleaner Production，2019，222：488-498.

[2] Soriano-Panos D，Guo Q，Latora V，et al. Explosive transitions induced by interdependent contagion-consensus dynamics in multiplex networks. Physical Review E，2019，99：062311.

[3] Pluchino A，Boccaletti S，Latora V，et al. Opinion dynamics and synchronization in a network of scientific collaborations. Physica A：Statistical Mechanics and its Applications，2006，372（2）：316-325.

[4] Cao J，Lu J. Adaptive synchronization of neural networks with or without time-varying delay. Chaos，2006，16（1）：013133.

[5] Hsia C，Jung C，Kwon B，et al. Synchronization of kuramoto oscillators with time-delayed interactions and phase lag effect. Journal of Differential Equations，2020，268（12）：7897-7939.

[6] Eteme A S，Tabi C B，Mohamadou A. Synchronized nonlinear patterns in electrically coupled Hindmarsh–Rose neural networks with long-range diffusive interactions. Chaos，Solitons and Fractals，2017，104：813-826.

[7] Rodrigues F A，Peron T K D，Ji P，et al. The kuramoto model in complex networks. Physics Reports，2016，610：1-98.

[8] Hong H，Strogatz S H. Kuramoto model of coupled oscillators with positive and negative coupling parameters：an example of conformist and contrarian oscillators. Physical Review Letters，2011，106（5）：054102.

[9] Hong H，Strogatz S H. Conformists and contrarians in a kuramoto model with identical natural frequencies. Physical Review E，2011，84（4）：046202.

[10] Granell C，Gómez S，Arenas A. Competing spreading processes on multiplex networks：awareness and epidemics. Physical Review E，2014，90（1）：012808.

[11] Boccaletti S，Bianconi G，Criado R，et al. The structure and dynamics of multilayer networks. Physics Reports，2014，544（1）：1-122.

[12] Nicosia V，Skardal P S，Arenas A，et al. Collective phenomena emerging from the interactions between dynamical processes in multiplex networks. Physical Review Letters，2017，118（13）：138302.

[13] Danziger M M，Bonamassa I，Boccaletti S，et al. Dynamic interdependence and competition in multilayer networks. Nature Physics，2019，15（2）：178-185.

[14] Gao J，Barzel B，Barabási A L. Universal resilience patterns in complex networks. Nature，2016，530（7590）：307-312.

[15] Granell C, Gómez S, Arenas A. Dynamical interplay between awareness and epidemic spreading in multiplex networks. Physical Review Letters, 2013, 111（12）: 128701.

[16] Barabási A L, Albert R. Emergence of scaling in random networks. Science, 1999, 286（5439）: 509-512.

第9章 多层网络中伴随正面和负面绿色信息传播的绿色共识演化

通常来说，个体周围较高的绿色共识演化水平对应着较高的正面绿色信息传播率和较低的负面绿色信息传播率。换句话说，如果节点 i 在绿色信息传播过程中的邻居的局部绿色共识演化水平很高，那么将会对正面绿色信息传播率的提高起促进作用。此外，节点 i 的邻居节点中正面绿色信息的高传播率也将促进提升绿色共识演化水平，因为个人对绿色行为表现出积极性的高可能性显然会导致其中的绿色共识演化水平较高。对于绿色行为的负面信息，则相反。

为了量化上面的绿色信息传播和绿色共识演化之间的动力学规律，我们在这里引入 SIS 传染病传播模型和 Kuramoto 振子同步模型。对控制参数绿色信息传播率 β 和耦合强度 λ 乘以相互作用项函数，由于函数 F_i、G_i、H_i 和 $1-H_i$ 的耦合设置，我们实现了绿色共识演化、正面和负面绿色信息传播三个动态过程之间的交互。对于正面绿色信息传播过程中的节点 i，绿色信息传播率 β^P 被替换为 $\beta^P H_i$，H_i 与节点 i 在绿色信息传播过程中的邻居在绿色共识演化层的局部平均绿色共识演化水平呈正相关。相反地，负面绿色信息传播率 β^N 被替换为 $\beta^N(1-H_i)$，与节点 i 在绿色信息传播过程中的邻居在绿色共识演化层中的局部序参量呈负相关。此外，对于绿色共识演化动力学，正面和负面绿色信息传播过程对它均有影响，从而导致控制参数 λ 变为 $\lambda \times \dfrac{F_i+G_i}{2}$。此外，由于我们将相互作用项函数 F_i 和 G_i 设置为节点 i 在绿色共识演化层中的邻居在顶层和底层的局部序参量，当正（负）面绿色信息传播比负（正）面绿色信息强时，$\dfrac{F_i+G_i}{2}$ 为正（负）值。将负值乘以耦合强度 λ 是阻止同步的有效方法[1~3]，因此这样设置相互作用项是恰当的。重要的是，为了反映政府干预对绿色信息正向传播的促进，我们引入参数 $1/\gamma$ 来表示对正面绿色信息传播率 β^P 的促进程度，表示为 $\beta^N = \gamma\beta^P$，$0 < \gamma \leqslant 1$。

9.1　伴随正面和负面绿色信息传播的绿色共识演化模型

　　本章构建了一个三层的多层网络来展示绿色共识演化与正面和负面绿色信息传播过程之间的耦合相互作用动力学, 见图 9.1。我们将每个个体简化为一个节点, 并将每个节点对之间的连接简化为一条层内连边。在绿色信息传播层中, 节点对之间的层内连边表示节点在该层中彼此传播信息, 而层间连边表示一个层中的节点与另一层中的对应节点之间的对应关系。在绿色共识演化层中, 层内连边以耦合作用连边的形式将节点连接。如今, 随着信息传播渠道的多样化, 我们基于绿色共识演化层的无标度网络在绿色信息传播层中添加了额外的连边。此外, 假定两个绿色信息传播层的拓扑结构相同。通过邻接矩阵 $A^{[\sigma]} = \left\{ a_{ij}^{[\sigma]} \right\}_{N \times N}$, $\sigma = 1,2,3$ 分别表示三层的网络拓扑结构, 每层具有相同的 N 个节点组成的节点集。通常地, $a_{ij}^{[\sigma]} = 1$ 表示层 σ 中节点 i 和节点 j 之间存在层内连边, 否则 $a_{ij}^{[\sigma]} = 0$。层 σ 中节点 i 的度记为 $k_i^{[\sigma]} = \sum_{j=1}^{N} a_{ij}^{[\sigma]}$, $\sigma = 1,2,3$。另外, 由于两个绿色信息传播层网络结构的一致性, 我们有 $a_{ij}^{[1]} = a_{ij}^{[3]}$ 和 $k_i^{[1]} = k_i^{[3]}$。

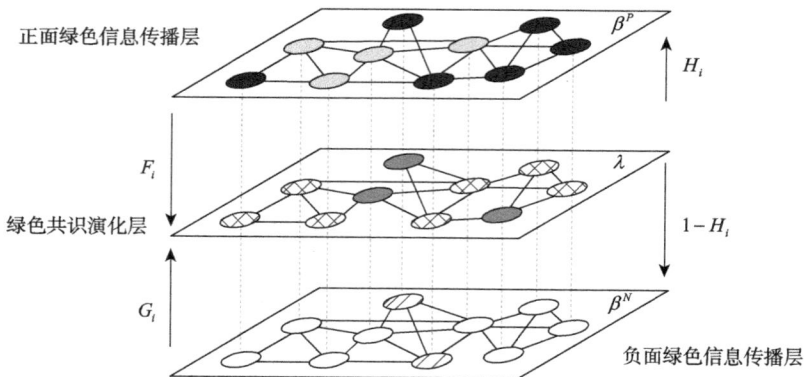

图 9.1　正面绿色信息传播、绿色共识演化和负面绿色信息传播动态过程之间的相互作用模型
顶层 (底层) 代表正 (负) 面绿色信息传播层, 中间层代表绿色共识演化层。这三个层共享相同的节点集, 但是两个信息传播层除了与绿色共识演化层有相同的连边以外, 还具有额外的连边。动态过程通过相互作用项函数 F_i、G_i、H_i 和 $1 - H_i$ 耦合。这三个动力学过程的控制参数分别为正面绿色信息传播率 β^P、耦合强度 λ 和负面绿色信息传播率 β^N

为了准确地模拟绿色共识演化和绿色信息传播过程，我们在这里应用网络同步动力学和网络传播动力学理论。特别是，在绿色共识演化过程中将 Kuramoto 振子假定为个体，并采用 SIS 传染病传播模型来模拟绿色信息传播过程。Kuramoto 模型的控制参数是耦合强度，在此处用 λ 表示，传播率是 SIS 传染病传播模型中的控制参数，在正面和负面绿色信息传播过程中，我们分别将其表示为 β^P 和 β^N。为了促进正面绿色信息的传播和绿色共识的形成，必须采取措施提高正面绿色信息传播率 β^P。为了反映 β^P 的提升程度，我们有 $\beta^N = \gamma\beta^P$，$0 < \gamma \le 1$。因此，$\gamma - 1$ 反映了正面绿色信息传播的促进率。此外，SIS 传染病传播模型中的传播率意味着未知个体与作为信息传播者的邻居接触后自身也变成传播者的概率。对于绿色信息传播者，遗忘率 μ 表示传播者遗忘该绿色信息且再次变得无知的概率。

在该多层网络结构中，每层中的节点集相同，并且每个节点在其他层中连接其自身的对应节点。层间连接代表绿色共识演化过程和绿色信息传播过程之间的耦合相互作用。从上到下，我们将这三个层分别记为层 1、层 2 和层 3。对于正面绿色信息传播过程，节点周围高的局部绿色共识演化水平会提升该节点的传播率。从绿色共识演化层到正面绿色信息传播层的相互作用项 H_i 由层 1 中节点 i 的邻居的局部绿色共识演化水平决定，H_i 作用在正面绿色信息传播率 β^P 上。相反地，对于负面绿色信息传播过程而言，由于相互作用项 $1-H_i$，高的局部绿色共识演化水平抑制了负面绿色信息传播率 β^N。至于绿色共识演化过程，在层 2 节点 i 的邻居中，高比例的正面绿色信息传播者通过 F_i 促进了绿色共识的形成，而负面绿色信息传播者则通过 G_i 阻碍了绿色共识的形成。相互作用项 H_i、$1-H_i$、F_i 和 G_i 都直接作用于相应的控制参数 β^P、β^N 和 λ 上。

基于文献[4]中提出的一般形式，我们构建了带有正面和负面绿色信息传播的绿色共识演化模型。正（负）面绿色信息传播层中节点 i 在 t 时刻的动力学状态由 $x_i(t)(y_i(t))$ 来描述，在绿色共识演化层中由 $\theta_i(t)$ 表示。$x_i(t)(y_i(t))$ 表示个体 i 在 t 时刻作为绿色信息传播者的概率，因此 $y_i(t) \in [0,1]$。此外，$\theta_i(t)$ 表示个体 i 在 t 时刻的绿色观点，并且通过振子 i 在 $[-\pi,\pi]$ 范围内的相位变量对其进行量化。多层网络中带有正面、负面绿色信息传播的绿色共识演化马尔可夫方程分别为

$$\dot{x}_i(t) = -\mu x_i(t) + \left[1 - x_i(t)\right] \times \left\{1 - \prod_{j=1}^{N}\left[1 - a_{ij}^{[1]}\beta^P H_i(t) x_j(t)\right]\right\} \quad (9.1)$$

$$\dot{y}_i(t) = -\mu y_i(t) + \left[1 - y_i(t)\right] \times \left\{1 - \prod_{j=1}^{N}\left[1 - a_{ij}^{[3]}\beta^N \left(1 - H_i(t)\right) y_j(t)\right]\right\} \quad (9.2)$$

$$\dot{\theta}_i(t) = \omega_i + \lambda \frac{F_i + G_i}{2}\sum_{j=1}^{N} a_{ij}^{[2]} \sin\left[\theta_j(t) - \theta_i(t)\right] \quad (9.3)$$

其中，ω_i 表示节点 i 在绿色共识演化动力学中的固有频率，ω_i 在 $[-1/2, 1/2]$ 范围内服从均匀分布；μ 为信息的遗忘率，为了简便起见，这里我们假设正面绿色信息和负面绿色信息的遗忘率相同。度量绿色共识演化层内振子间相互作用强度的参数 λ 称为耦合强度，层 1 和层 3 内的绿色信息传播率分别记为 β^P 和 β^N。相互作用项函数 F_i、G_i 和 H_i 分别定义为

$$F_i(t) = \frac{\sum_{j=1}^{N} a_{ij}^{[2]} x_j(t)}{k_i^{[2]}} \tag{9.4}$$

$$G_i(t) = -\frac{\sum_{j=1}^{N} a_{ij}^{[2]} y_j(t)}{k_i^{[2]}} \tag{9.5}$$

$$H_i(t) = \frac{1}{1 + \exp\left\{-\alpha\left[r_i(t) - \dot{r}^*\right]\right\}} \tag{9.6}$$

其中，

$$r_i(t) e^{i\psi_i(t)} = \frac{1}{k_i^{[1]}} \sum_{j=1}^{N} a_{ij}^{[1]} e^{i\theta_j(t)} \tag{9.7}$$

其中，r_i 为绿色信息传播层中节点 i 的邻居的局部平均绿色共识演化水平；ψ_i 为节点 i 的邻居的局部平均相位。由于邻接矩阵 $A^{[1]} = A^{[3]}$，式（9.7）适用于正面绿色信息传播和负面绿色信息传播过程。因此，这里我们应用 Fermi 函数式（9.6）来模拟层与层之间的耦合作用，$r_i(t)$ 由式（9.7）取模运算得到。为了表达绿色共识演化水平对正面和负面绿色信息传播的促进和抑制作用，用正面绿色信息传播率 β^P 乘以 H_i 来替代单层中的正面绿色信息传播率 β^P，用 $\beta^N(1-H_i)$ 来替代单层中的负面绿色信息传播率 β^N。在式（9.6）中，α 为反映社会整体绿色态度的参数。对于足够大的 α，当 $r_i(t)$ 足够小时，$H_i(t)$ 接近于零，反之，当 $r_i(t) \to 0$ 时，$H_i \to 1$。也就是说，高水平的局部绿色共识促进了正面绿色信息传播，阻碍了负面绿色信息传播。此外，相应地，从式（9.4）可以看出，节点 i 在绿色共识演化层的邻居中的正面绿色信息传播者的高比例也有利于绿色共识的形成，而式（9.5）中对应的负面绿色信息则相反。由于两种相反的绿色信息传播同时与绿色共识演化相互作用，单层绿色共识演化过程中的耦合强度 λ 被 $\lambda(F_i + G_i)/2$ 替代。当 F_i 的绝对值较大时，正面和负面绿色信息传播相互作用下的耦合强度为正，反之为负。负耦合强度阻碍了绿色观点同步的形成。因此，H_i 和 F_i 反映了正面绿色信息传播与绿色共识演化之间的相依关系，而 $1-H_i$ 和 G_i 则反映了负面绿色信息传播与绿色共识演化之间的竞争关系。

为了观察系统的演化情况，量化绿色共识演化水平和绿色信息传播的规模，

我们引入全局序参量：

$$R(t)\mathrm{e}^{i\Psi(t)} = \frac{1}{N}\sum_{j=1}^{N}\mathrm{e}^{i\theta_j(t)} \tag{9.8}$$

$$\mathrm{PI}(t) = \frac{1}{N}\sum_{j=1}^{N}x_j(t) \tag{9.9}$$

$$\mathrm{NI}(t) = \frac{1}{N}\sum_{j=1}^{N}y_j(t) \tag{9.10}$$

其中，$R(t)$ 为全局绿色共识演化水平；$\Psi(t)$ 为时刻 t 的全局平均相位。$R(t)$ 可由式（9.8）取模运算得到，反映了模型中稳态情况下的所有个体间的全局平均绿色共识演化水平。PI 和 NI 分别代表个体是正面或负面绿色信息传播者的平均概率，它们反映了正面或负面绿色信息传播者的总体比例。R、PI 和 NI 度量的均为 $t \to \infty$ 稳态下的系统演化结果。

9.2　数值模拟与结果

在动态演化方程式（9.1）~式（9.3）下，我们对伴随正面和负面绿色信息传播的绿色共识的形成过程进行数值模拟。首先，利用 BA 方法构造一个平均度 $\langle k \rangle$ = 4 且节点数 N = 500 的 BA 无标度网络，节点的度分布服从幂律分布，这里我们依然假设构造的 BA 无标度网络为共识演化过程的节点连边结构。此外，人们只在与其紧密相关的朋友或家人接触后产生共识，但他们获得信息的途径更加多样化。因此，我们在构建的 BA 无标度网络的基础上随机增加额外的 100 条连边，新的网络定义为层 1 和层 3，被认为是绿色信息传播网络。

本章考虑了正面和负面绿色信息传播与绿色共识演化的相互作用。初始时刻，个体的绿色意见状态随机分布，为了量化绿色意见的共识程度，令节点在绿色共识演化层中的相位值在（−π,π]范围内随机分布。另外，在绿色信息传播过程中，将初始比例为 ρ^P 和 ρ^N 的绿色信息传播者节点分别随机分布在正面绿色信息传播层和负面绿色信息传播层。本章的数值模拟结果在 1 000 次迭代下得到，时间步长 $\delta t = 0.01$。采用四阶龙格–库塔法求解式（9.1）~式（9.3），得到整个系统的稳态值。相比耦合强度 λ，正面绿色信息传播率 β（简便起见本章中记 $\beta^P = \beta$）在系统中起着更关键作用。如图 9.2 所示，只有当 β 的值足够高时，系统才会产生绿色共识演化水平 R 和正面绿色信息传播者比例 PI 的非零值。此外，耦合强度 λ 和正面绿色信息传播率 β 都对它们的相互作用层产生影响。对于这两个控制参数，

更高的 λ 和 β 会导致更高水平的绿色共识和更高的正面绿色信息传播者比例。

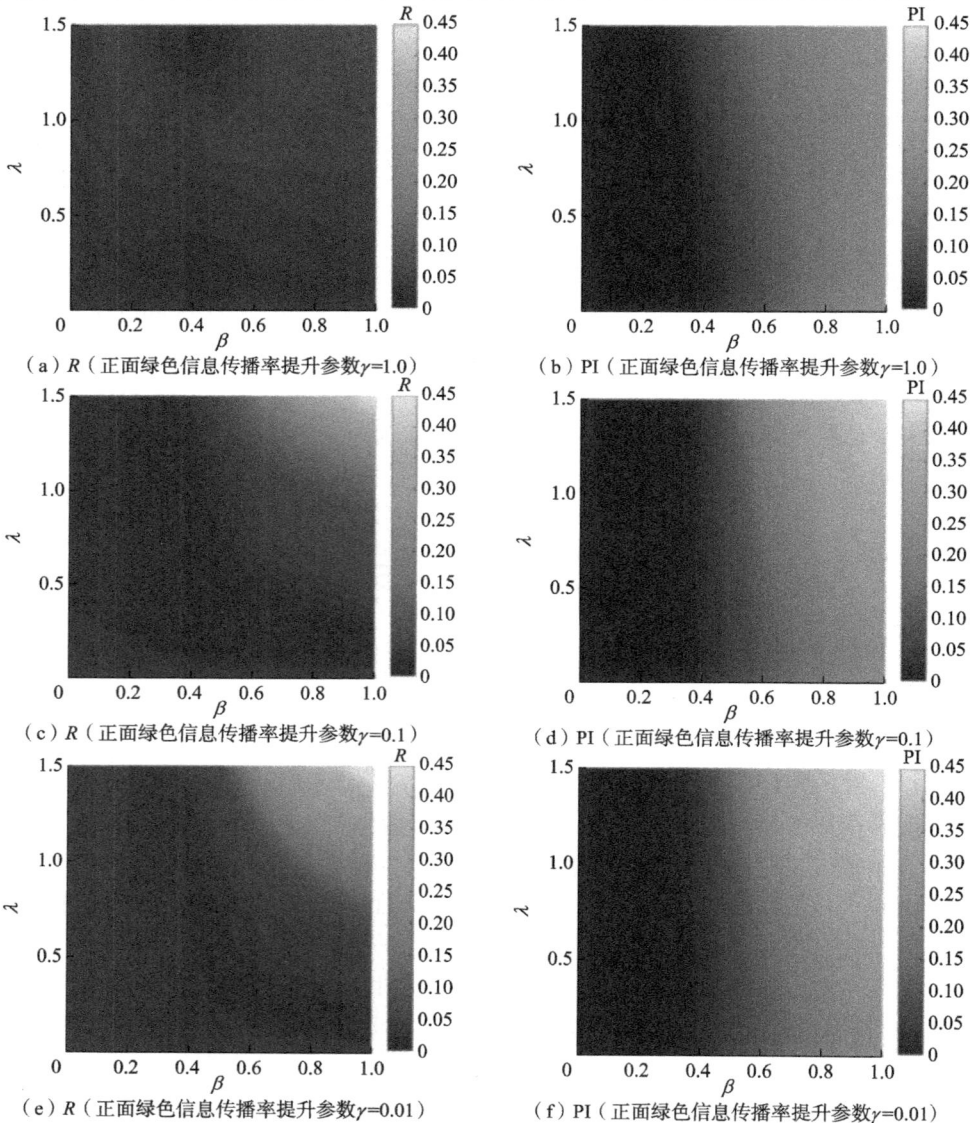

（a）R（正面绿色信息传播率提升参数γ=1.0）　　　（b）PI（正面绿色信息传播率提升参数γ=1.0）

（c）R（正面绿色信息传播率提升参数γ=0.1）　　　（d）PI（正面绿色信息传播率提升参数γ=0.1）

（e）R（正面绿色信息传播率提升参数γ=0.01）　　　（f）PI（正面绿色信息传播率提升参数γ=0.01）

图 9.2 绿色共识演化水平 R 和正面绿色信息传播者比例 PI 关于正面绿色信息传播率 β
和耦合强度 λ 的关系的相图

固定绿色信息传播者初始比例 $\rho^P = 0.3$ 和 $\rho^N = 0.2$，遗忘率 $\mu = 0.8$，社会态度参数 $\alpha = 10$

在耦合强度 λ 固定的情况下，图 9.3 展示了稳态下正面绿色信息传播者比例 PI 和负面绿色信息传播者比例 NI 关于正面绿色信息传播率 β 的关系。随着正面绿色信息传播的促进力度加大，PI 达到一个略高的稳定值，而 NI 变为 0（见三条重叠的水平线），这意味着通过促进正面绿色信息的传播，负面绿色信息消失了。因此可以说明，γ 通过抑制负面绿色信息传播起作用，即使是轻微促进也有明显的作用。从图 9.3 可以看出，γ =0.1 的情形在促进正面绿色信息传播和抑制负面绿色信息传播过程中表现出最有效且最高效的作用，负面绿色信息逐渐消失，正面绿色信息达到相对较高比例的状态。当 γ 值很小时，PI 的变化与降低 γ 的成本相比几乎没有差别。

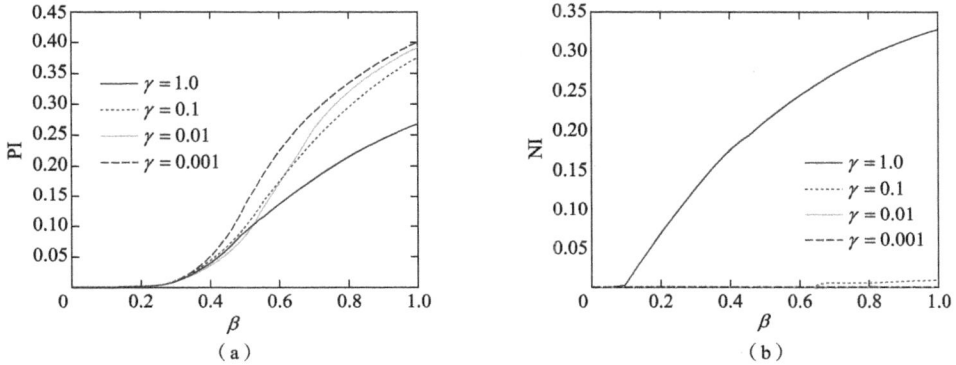

图 9.3　正面绿色信息传播者比例 PI 和负面绿色信息传播者比例 NI
关于正面绿色信息传播率 $\beta^P = \beta$ 的关系图
固定绿色信息传播者初始比例 $\rho^P = 0.3$ 和 $\rho^N = 0.2$，遗忘率 $\mu = 0.8$，社会态度参数 $\alpha = 10$，耦合强度 $\lambda = 1.0$

图 9.4 展示了绿色共识演化水平和正面绿色信息传播者比例关于绿色共识演化层耦合强度在社会态度参数 α 不同值下的关系图。很明显，较低的 α 值对应较高的 R 值和 PI 值。因此，α 可以反映社会的整体态度，较低的 α 值代表更环保的社会。

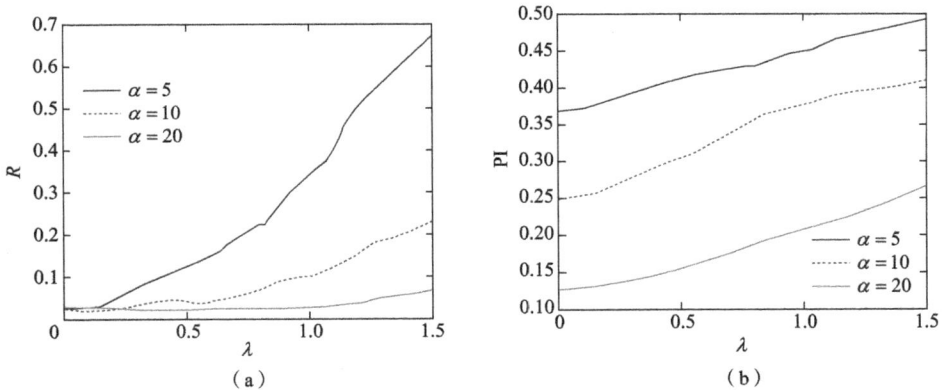

图 9.4　绿色共识演化水平 R 和正面绿色信息传播者比例 PI 关于绿色共识演化层耦合强度 λ
在社会态度参数 $\alpha = 5$、$\alpha = 10$ 和 $\alpha = 20$ 下的关系图
固定绿色信息传播者初始比例 $\rho^P = 0.3$ 和 $\rho^N = 0.2$，遗忘率 $\mu = 0.8$，正面绿色信息传播率 $\beta = 1.0$，
正面绿色信息传播率提升参数 $\gamma = 0.05$，即 $\beta^P = 20\beta^N$

　　图 9.5 给出了 R 和 PI 关于参数 α 和 γ 的关系的相图。当 α 值较小时，只要恰当设置正面绿色信息传播率提升参数 γ，就能使系统达到较高的演化质量，也就是说，在居民和政府整体更努力地促进正面绿色信息传播的社会态度下，绿色行为更易推广开来。因此，在一个环境更加友好的社会中，提高正面绿色信息传播率对于绿色共识的形成和正面绿色信息传播者的增加都是更有效的。然而，相对较高的 α 值，对应于图 9.5（a）和图 9.5（b）中的深色区域，用较低的 γ 值提升正面绿色信息传播率也不能促进系统演化，这启示我们，提升社会关于绿色行为的整体态度和意识比仅仅促进绿色信息的传播更加重要。

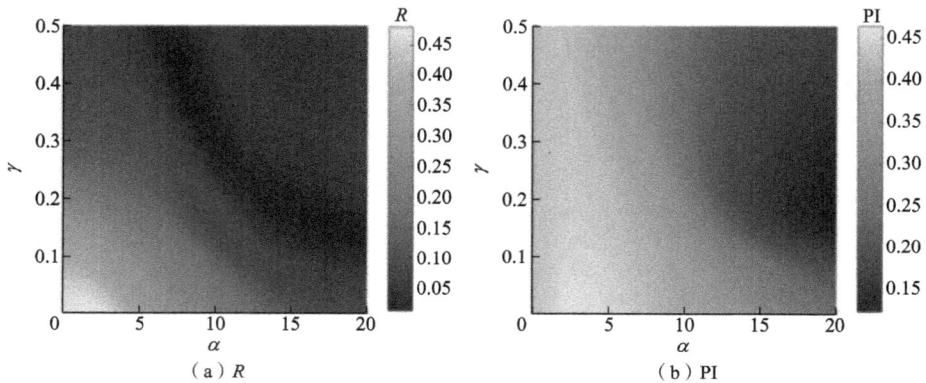

图 9.5　绿色共识演化水平 R 和正面绿色信息传播者比例 PI 关于社会态度参数 α
和正面绿色信息传播率提升参数 γ 的关系的相图

固定绿色信息传播者初始比例 $\rho^P = 0.3$ 和 $\rho^N = 0.2$，遗忘率 $\mu = 0.8$，正面绿色信息传播率 $\beta = 1.0$，耦合强度 $\lambda = 1.0$

9.3　本 章 小 结

　　本章提出了一个伴随正面和负面绿色信息传播的绿色共识演化模型，研究了正面绿色信息传播率的提升水平、社会的整体态度、耦合强度和绿色信息传播率，揭示了它们对系统演化的影响。毫无疑问，正面绿色信息传播率的提高有利于绿色共识的形成和正面绿色信息传播者的增加。但是，提升程度并不是越高越好，因为当 γ 达到一个相对较小的值后，提升程度与降低 γ 的成本相比并不显著。此外，社会态度参数 α 对系统演化结果有显著影响。对于一个整体态度相对负面的社会，提高正面绿色信息传播率对整个系统稳态下的结果影响不大，系统仍然是负面的。因此，为了促进绿色行为的推广，传播积极正面的绿色信息，我们给政府和居民提出以下建议。

（1）提升正面绿色信息传播率 β。提升 β 意味着提高绿色信息无知者节点在与其正面绿色信息传播者邻居接触后也成为正面绿色信息传播者的概率。较高的 β 值对应较高的正面绿色信息传播者比例，由于绿色信息传播和绿色共识形成之间的相互作用，较高的 β 值也提升了全局绿色共识演化水平。

（2）提高正面绿色信息传播率的提升程度 $1/\gamma$。由于 $\beta^P = \gamma^{-1}\beta^N$，相应地提升 $1/\gamma$ 意味着降低负面绿色信息传播率。然而，提升 $1/\gamma$ 的程度应该仔细衡量，以尽可能低的成本达到相对有效的系统提升结果。

（3）改善全社会的整体绿色态度。较低的社会态度参数 α 对应较高的绿色共识演化水平 R 和较高的正面绿色信息传播者比例 PI。此外，在关于绿色行为态度负面的社会中，提高正面绿色信息传播率的提升程度 $1/\gamma$ 对稳态的 R 值和 PI 值影响不大，因此全社会关于绿色行为的整体态度对绿色共识演化至关重要。

该模型揭示了绿色共识演化与绿色信息传播过程耦合的一般规律。为了反映绿色共识演化、正面和负面绿色信息传播这三个过程之间的相依和竞争的相互作用，本章构建了一个三层网络。为了揭示正面、负面绿色信息的双重影响，对耦合强度 λ 引入了相互作用项函数 F_i 和 G_i 的算术平均值来与其在一般单层网络中的动力学过程相区分。相应地，绿色共识演化过程也影响着绿色信息传播。H_i 和 $1-H_i$ 分别表示绿色共识演化对正面绿色信息传播和负面绿色信息传播过程的相依和竞争作用。在理论模型下，数值结果表明，为了达到高质量的系统演化状态，除了提升正面绿色信息传播率 β 外，提高正面绿色信息传播率的提升程度和提高社会的整体态度也是有效的。同时，提升 $1/\gamma$ 有助于消除负面绿色信息，促进绿色共识演化和正面绿色信息传播。更重要的是，提高正面绿色信息传播率的提升程度 $1/\gamma$ 对系统的作用主要是通过抑制负面绿色信息的传播而达成的。

参 考 文 献

[1] Hong H, Strogatz S H. Kuramoto model of coupled oscillators with positive and negative coupling parameters：an example of conformist and contrarian oscillators[J]. Physical Review Letters，2011，106（5）：054102.

[2] Hong H，Strogatz S H. Conformists and contrarians in a Kuramoto model with identical natural frequencies. Physical Review E，2011，84（4）：046202.

[3] Dörfler F, Bullo F. Synchronization in complex networks of phase oscillators: a survey. Automatica, 2014, 50 (6): 1539-1564.

[4] Danziger M M, Bonamassa I, Boccaletti S, et al. Dynamic interdependence and competition in multilayer networks. Nature Physics, 2019, 15 (2): 178-185.

第二篇
绿碳行为的选择分析

引　言

绿碳在"碳中和"中贡献潜力大，优化绿碳供给为实现"碳中和"赋能极具现实意义。绿色电力是绿碳的主要组成部分，绿色电力和绿证交易能够全面反映绿色电力价值，加快引导全社会减污降碳行动，有力促进风电、光伏发电等新能源发展，是助力实现"碳达峰、碳中和"目标，构建以新能源为主体的新型电力系统的重要举措。

近年来，随着电力需求的增长，峰值负荷的不断增加对电网的安全稳定产生了重大影响。为了满足消费者的高峰用电需求，传统的做法是通过增加尖峰负荷电厂来维持供需平衡。但这种方法不仅提高了发电成本，损害了消费者的利益，还造成了资源的浪费。因此，在中国推广需求响应计划，有效地引导各主体的用电选择，培养各主体的用电习惯，是非常重要的决策，同时也将为减少有害气体排放的目标做出重大贡献。目前，中国还没有推行实时电价政策，电价制度缺乏灵活性，同时智能电表也没有在电力市场上得到广泛推广，缺乏合理有效的激励机制来促进需求响应的实施和发展。为此，制定公平公正的，能够保护电力生产企业利益，并且能充分激发用户灵活性的激励机制势在必行。基于价格的需求响应被认为是转移消费者峰值负荷最有效的途径之一。合理的电价机制直接影响消费者参与需求响应的意愿和积极性，以及需求响应实施的效果。此外，在住宅领域，随着智能电网的发展，传统的电价机制已难以满足用户多样化的用电需求。因此，定制化的需求响应价格机制显得尤为重要。近年来，人们对动态定价的作用和实施效果进行了大量研究，研究表明，实时电价是有效降低或转移用户高峰期用电量的一种定价机制，但是实时电价也存在一定的弊端，即当大量用户将用电时段转移到非高峰期，可能会产生一个新的反弹高峰。

碳排放交易机制是减少大气中温室气体的一种经济有效的方法。随着中国"双碳"目标的提出，环境税是实现绿碳目标的政策之一，分析不同环境税下的主体选择行为十分必要。许多研究都集中在中国碳排放试点发展不平衡的问题上。研究人员证实了试点之间的巨大差异，因为每个试点根据中国政府制定的一般要求确定自己的规则。一些学者评估了某些方面的差异，如成熟度、流动性和有效性。

一些研究关注的是试点的相似之处，发现所有试点的复杂性都很低，表明市场效率低。自 2005 年欧盟排放交易体系（European Union Emission Trading Scheme，EUETS）建立以来，碳市场已经引入几个主要的发达经济体和发展中经济体，如瑞士、日本、韩国、哈萨克斯坦、新西兰和中国。特别是中国，2013~2014 年，中国在其主要的省（市）（深圳、北京、天津、上海、重庆、广东和湖北）启动了七个区域试点碳市场，于 2017 年底推出了国家碳排放交易体系。中国的区域试点与国家试点并行共存，直到 2020 年后全面运作。在快速发展的社会主义市场经济中实施碳排放交易体系给中国带来了许多挑战。许多国家已经采用了各种形式的税收政策。

　　本篇主要研究绿碳行为的选择分析，共分 5 章。第 10 章为"基于信用机制的中国实时电价实施研究"，该章提出了一种基于电力积分的虚拟实时电价模型。由于目前中国电力市场发展还不是很完善，电价机制比较僵硬，尚未存在明显的刺激信号。基于电力积分的虚拟实时电价机制的实施，可以实时引导用户将可转移负荷的电力需求调整到非峰时段，从而可以达到需求响应的目的。为了验证虚拟实时电价的合理性，该章进行成本和不确定性分析。仿真结果表明，在电力积分激励机制下，电力用户可以在用电成本和用电舒适度间进行权衡，选择适合自身的用电方式。第 11 章为"需求响应双向实时电价机制的研究"，通过考虑用户特征，针对单个用户进行独立的电价优化，从而解决实时电价的不公平性问题。这种电价机制的最大特点是能够更大程度地让用户参与到电价制定中，通过降低用电成本的激励方式，提高用户对需求响应的参与度和认同感。双向实时电价定价机制（interactive real-time pricing，IRTP）和家用电器调度优化是用户参与电价制定的直接体现。此外，IRTP 能够直观地反映用户用电负荷转移带来的经济效益，这在提高用户参与需求响应积极性的同时，也有助于他们养成良好的用电习惯。第 12 章为"基于信用函数的激励机制优化个体峰谷用电行为研究"，该章提出了一种带约束的非线性规划，通过使用积分函数，对在高峰期降低或减少用电负荷及在非高峰期增加用电负荷的终端用户进行奖励。这种削峰填谷效果的实现对于用户的可削减和可转移负荷来说尤为明显。同时，这也是该章的优化目标，即在用户满意度和用电成本之间寻求最佳的解决方案。这样做的目的不是单纯地让用户在高峰期减少用电负荷，而是通过将负荷需求转移到其他时期，从而避免高昂的用电成本。第 13 章为"环境税对绿色发展影响的研究"，该章的研究动机在于三个方面：第一，绿色实践的迅速发展促使作者从综合的角度研究环境税在绿色发展中的作用。绿色发展意味着在不减缓经济增长的情况下提高资源利用率和减少污染排放。因此，应该同时考虑环境税对经济、资源和环境的影响。第二，在实践和学术领域都需要量化环境税对绿色发展的影响。大多数研究仍基于定性方法，而定量研究则相对较少。为了衡量绿色发展，该章的研究将绿色发展分为三个定性指标，即经济增长、污染强度和资源强度。第三，研究中长期的绿色发展状况至关重要。绿色发展是一项长期的国家战略，环境税是实现绿色发展的一种经济手段。因此，无论短期、中期还是长期，都应该分析绿色发展的演变规律。第14章为"碳排放交易试点市场相关性研究"，该研究的动机来自三个方面：第一，关于试点是否相关存在矛盾。大多数现有的研究都关注试点之间的明显差异，而很少关注它们之间的联系。第二，缺乏对市场动态相关性的研究。由于碳市场是复杂系统，这些系统的相关性不能仅通过价格或回报序列的简单相关或时变相关来量化，而且应考虑熵这种对复杂性的自然测量。第三，需要揭示投资或政策管理方面的试点市场之间的相关程度。随着试点市场规模的扩大，更多的投资者纷纷参与这些新的金融市场寻求投机机会，相关分析可为其投资决策提供参考。

第10章 基于信用机制的中国实时电价实施研究

随着全球节能减排措施的不断深入及电网峰值负荷压力的不断增大,充分利用用户侧资源参与电网响应的重要性越来越突出[1]。智能电网的建设为需求响应提供了一个能够让用户参与到电网运行的双向、可靠的交互平台[2]。需求侧管理作为智能电网的重要组成部分,提出于20世纪80年代初期,旨在平衡电力系统发电与消费者对电力的时变需求[3]。需求侧管理,即对电力实施的管理,是指在国家政策与法规的支持下,通过电力生产企业和各类用户的参与,来改善并提高电网的供电效率,并且通过引导消费者转移峰时用电需求以优化消费模式,从而改善能源效率,提高电网系统输配电的可靠性和有效性[4~6]。

在需求侧管理提出并实施的几十年时间里,需求响应已经成为优化消费者用电模式、调整电力市场结构的重要方法[7]。需求响应可分为价格型需求响应和激励性需求响应两类。价格型需求响应一般包括分时电价、尖峰电价、实时电价、阶梯电价等。价格型需求响应主要是发挥市场自由分配资源的作用,而激励型需求响应则发挥监管的作用,两者相辅相成。

价格型需求响应指的是通过改变价格信号对用户的用电行为进行调整。从本质上讲,其是将资源按照市场机制进行分配,进而实现供需平衡。电价机制和电价的结构体系是电力市场的决定因素。

激励型需求响应是指在出现紧急情况时,电力系统管理部门通过向电力市场释放刺激信号,激励终端电力用户进行负荷调度的过程。在实施激励之前,电力系统的管理人员通常会与参与用户签订协议,详细说明所签署需求响应的内容。激励型需求响应一般包括直接负荷控制、可中断负荷控制、需求侧竞价、紧急需求响应等。

图10.1为两种需求响应的详细分类[8]。

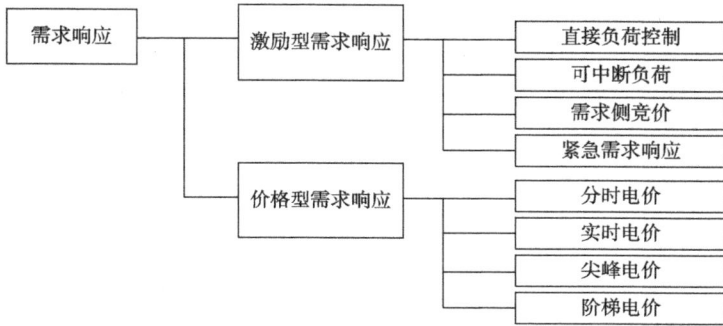

图 10.1 两种需求响应的分类

能源优化管理的主要矛盾在于电力供应与用电需求在时间上的巨大差异。电网作为连接供应侧与需求侧的中间环节和重要枢纽，需要保持电网的供需平衡，并维持电网安全稳定运行。如果发电企业严格按照市场需求发电，则需要在用电高峰期增加发电量，在用电低谷期关闭部分发电机组。尽管如此，这种方式也很难完全维持电力的供需平衡，并且还会造成资源浪费和电力生产效率低等问题[9, 10]。

供应商与消费者之间双向的通信技术及智能电表的广泛使用，为能源优化管理的实施提供了重要的技术前提[11]。用电优化管理的实施需要产配电企业和电力用户的充分参与[12~14]，其主要目的是降低电网的峰值负荷，减轻电网的峰时供电压力。用户调整自己的用电计划，只是将用电需求从峰时转移到非峰时段，用电总量并不会减少，因此可以尽量降低转移用电需求对用户造成的不便。

目前，我国电价制度缺乏灵活性，电力市场还没有引入平衡发电机制，缺乏长期、稳定和可靠的经济激励来源是阻碍用户侧需求响应潜力的主要因素。可以预见的是，国内需求响应存在较大发展空间，电价和激励机制是需求响应实施的两个关键因素，两者相辅相成，相互促进。但目前，在我国现有监管体制下，很难制定出灵活的电价政策。合理有效的激励机制能够有效地促进需求响应的实施和发展，为此，我国部分地区已经制定了统一的需求响应补偿标准。这些补偿虽然取得了一定程度的激励效果，但并没有考虑到用户的响应意愿。因此，制定公平公正的，能够保护电网公司利益，并且能充分激发用户灵活性的激励机制势在必行。

因此，本章提出一种以"电力积分"为核心理念的需求响应激励机制，研究发现这种各时段的电力积分能够鼓励用户参与需求响应方案。为了刻画用户响应实时电价的用电行为，本章提出基于电力积分的虚拟实时电价激励机制。此外，案例分析验证了该电力积分模型在现有电力系统下的可行性和有效性，这为我国未来大规模推广需求响应方案具有很强的参考意义，也能为今后实时电价的实施提供一些政策建议和参考价值。

随着经济和社会的不断发展，传统的电力管理方案已经难以满足现代用户日益严格的用电需求。电网公司迫切需要找到一种兼顾电网和用户利益的运行机制来应对峰值负荷对电网带来的威胁与挑战。目前，我国电价由政府控制，难以直接反映电力供需价格。一方面，电价相对稳定，电网公司的购电成本与峰时和谷时的相关性较小；另一方面，在紧急情况下，电网公司一般按照购电顺序向用电企业供电。因此，这在一定程度上降低了电网公司实施需求响应的意愿和积极性，甚至在某些情况下，实施需求响应会损害电网公司的利益。因此，在相关政策不明确、激励来源不确定的电力环境中，如何设计一种需求响应机制，以确保经济及电网的安全稳定发展，是目前迫切需要解决的问题。

考虑到我国电力市场的现状，我国电力市场并不存在实时电价机制，因此没有价格信号来规范用户的用电行为。目前，分时电价虽然得到了广泛的实施，但仍未达到实施需求响应的预期目的。因此，找到一种能够实时调整用户用电行为，帮助用户优化用电策略，且能保证电网安全可持续发展的电价方案迫在眉睫。因此，Chen 等[15]在 2013 年首次提出了以电力积分为核心概念的需求响应激励机制，他们在信用积分理论的基础上，通过考虑用户类型、外部环境、信用等级等影响因素，提出了综合消费与奖惩积分的电力信用模型，并详细阐述了电力积分激励机制的运行模式、奖惩机制和实施方法。Han 等[16]在 2014 年提出了一种基于电力信用机制的需求响应机制，在这种电力信用机制下，用户可以根据自己的需求来安排每天的负荷调度。Moghaddam 等[17]提出了一种新的交易模型，在该模型中，能源供应商与电力用户签订一种同时考虑激励和惩罚的合同，即用户会为违反合同付出代价，同时，当用户对需求响应做出响应时，会得到应有的奖励。Wang 等[18]的研究表明，电力积分机制的应用是根据不同程度的电力短缺和资金流动来对电网进行管理和控制的。Chen 等[19]通过综合考虑需求响应类型和响应时间，提出了基于电力积分理论的响应负荷分配模型，并从网络、终端用户和社会单方利益的角度设计了一种包括电力积分交易和交换的电力积分交易框架。

上述研究对智能电网环境下的需求响应方案进行了有效探索，但不足之处在于，终端用户作为智能电网的重要组成部分，其参与度一直很低。智能电网的电价模式强调与用户的互动，同时激励和引导用户改变传统的用电方式，希望越来越多的人参与到电网的运行和管理中。本章致力于让终端用户能够参与电价的制定，家庭负荷调度是能源优化管理在居民用电层次的体现。目前，家庭负荷调度作为智能配电网领域的一个重要问题受到了广泛关注[20]。家庭负荷调度是指通过安排家庭用电设备的运行时间和用电量，以达到转移用电需求及降低电力负荷峰均比的目的。本章将电力积分机制细化到各时段，并提出虚拟实时电价的概念，通过将各时段获得的电力积分与虚拟实时电价挂钩，建立基于电力积分的虚拟实时电价激励机制。Paterakis 等[21]对定价和 load-shaping 需求响应最优策略下的家电调度的研究表明，调度策略能够在满足家庭电能需求的情况下，最小化用电成本。同样，Mosheni 等[22]的研究表明，利用可移动负荷的灵活性，将家庭用户纳入需求响应方案中，可以在最小化能源成本的同时，减少高峰时期的峰值电力需求。Ma 等[23]的研究表明，优化调度策略可以在用户的用电成本和用电舒适度之间进行权衡，从而达到预期的效果。

本章研究的优化过程示意图如图 10.2 所示。

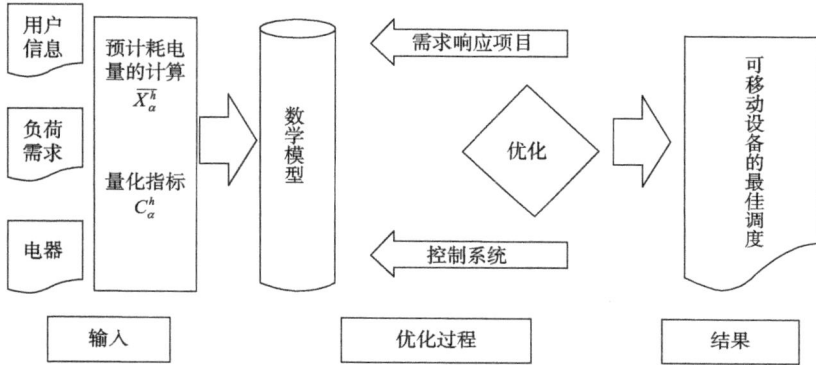

图 10.2　优化过程示意图

本章研究的主要贡献如下：第一，提出了电力积分模型；第二，建立了基于电力积分的虚拟实时电价激励机制，并对用户在各时段的用电计划进行了优化调度；第三，在电力积分模型中考虑了用户改变用电的意愿指数。

10.1　考虑实时性的电力积分模型

在本章的研究中，我们主要研究家庭用户负荷调度问题，提出一种考虑用户负荷调度舒适度的最小化终端用户电力成本的随机规划模型。

10.1.1　电力积分的概念

本小节根据终端用户以往的期望耗电量及用电习惯建立电力积分激励机制。用户 c 在 h 时段所获得的电力积分可以表示为

$$\text{credit}_c(h) = \phi \cdot (d_{oc}(h) - d_c(h)) \cdot \left(\sum_{c=1}^{N} d_c(h) - \overline{D} \right) \tag{10.1}$$

$$\overline{D} = \frac{1}{24} \cdot \sum_{c=1}^{N} \sum_{h=1}^{24} d_{oc}(h) \tag{10.2}$$

其中，参数 $\phi = 0$、1；$\text{credit}_c(h)$ 表示电力用户 c 在 h 时段所获得的电力积分；$d_{oc}(h)$ 和 $d_c(h)$ 则分别表示用户 c 在 h 时段的初始负荷及调度过程中的实际负荷，也就是优化后的耗电量；$\overline{D}$ 表示框架内全体用户的平均负荷。

电力积分的公式由三部分组成。第一部分，ϕ 是一个参数；第二部分是指用户 c 在指定的 h 时段相对于初始值的电力改变量；第三部分是指整体用户在指定时段内的实际耗电量与平均耗电量的差值。这就意味着用户 c 在 h 时段所获得的电力积分不仅与自身的负荷改变量有关，还与框架内全体用户的负荷改变情况有关。

在负荷高峰期，电力积分公式的第三部分，也就是由整体框架内用户决定的部分，通常情况下是正值。此时，单个用户要想获得正值电力积分就不得不减少用电负荷，相反，在负荷低谷期，第三部分通常是一个负值，因为谷时的用电负荷通常会低于平均负荷，这时单个用户只有通过增加自身的用电负荷来获取正值电力积分。在本章所建立的电力积分模型中，电力积分与获得的补贴相关联，正值电力积分将获得分摊后的补贴，而负值电力积分则表示对该用户进行反向惩罚。

图 10.3 显示了日负荷曲线理想的优化效果，从中可以清晰地看出理想的优化后的负荷曲线介于初始负荷曲线和平均负荷水平线之间，表明达到了理想的削峰填谷的目标。

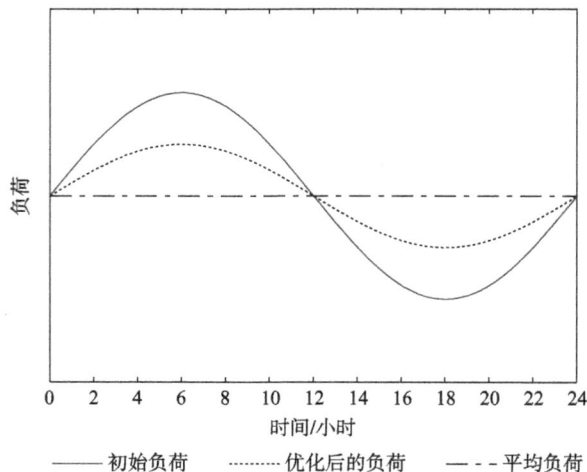

图 10.3　日负荷曲线理想的优化效果

　　但在实际调度过程中，很难出现类似于图 10.3 中理想的优化效果，最有可能出现的是如图 10.4 中的情况。在本章所建立的电力积分模型中，我们将高于平均负荷水平线的时段定义为峰时，反之，则定义为谷时。以峰时为例，如果出现了响应后的整体负荷低于平均负荷的情况，电力积分中第三部分将会变成一个负值，而单个用户此时若降低负荷需求反而会获得负值电力积分，也就是被以更高的电价来收取电费。因此，这种情况下我们将 ϕ 值设为 0。同样地，在谷时也会出现相似的情况，我们同样将这种临界情况下的 ϕ 值设为 0，其余情况都设为 1。

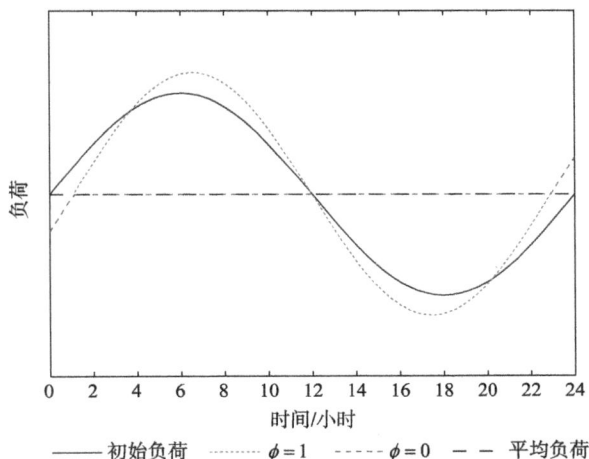

图 10.4　日负荷曲线实际的优化效果

　　本章所建立的电力积分模型除了可以激励用户做出有利于电力系统运行的响应之外，还可以对用户进行反向惩罚。以峰时为例，第一部分与第三部分的乘积只可能是 0 或者正值，因此，对于单个用户来说，自身能够获得电力积分的正负值便由第二部分的值来决定，也就是由用户自身的响应情况来决定。当用户的实际负荷低于初始负荷时，将会获得正值电力积分，反之，就会是负值电力积分。因此，本章所提出的电力积分模型兼具正向激励、反向惩罚的功能。在电力积分模型的基础上，我们考虑将电力积分与实时电价联系起来，结合目前我国实施的两部制分时电价，建立虚拟的实时电价模型。基于电力积分激励机制的优化后的虚拟实时电价可以表示为

$$\rho_c(h) = p_{\text{tou}}(h) - \Delta p_c(h) \tag{10.3}$$

其中，$\rho_c(h)$ 表示优化后的虚拟实时电价；$p_{\text{tou}}(h)$ 表示目前实行的两部制分时电价；$\Delta p_c(h)$ 表示用户 c 在 h 时段调整了自身的负荷需求而生成的改变电价，该电价由用户在 h 时段所获得的积分决定。用户 c 在 h 时段的改变电价可以定义为

$$
\Delta P_c(h) = \begin{cases}
\dfrac{\mathrm{credit}_c(h)}{\displaystyle\sum_{c=1}^{N}\left|\mathrm{credit}_c(h)\right|} \cdot \dfrac{\displaystyle\sum_{c=1}^{N}d_{\mathrm{oc}}(h)-\overline{D}}{\displaystyle\sum_{\tau_1}\left(\sum_{c=1}^{N}d_{\mathrm{oc}}(h)-\overline{D}\right)} \cdot \dfrac{\theta_1}{d_c(h)}, & \displaystyle\sum_{c=1}^{N}d_{\mathrm{oc}}(h)\geqslant \overline{D} \\[4ex]
\dfrac{\mathrm{credit}_c(h)}{\displaystyle\sum_{c=1}^{N}\left|\mathrm{credit}_c(h)\right|} \cdot \dfrac{\overline{D}-\displaystyle\sum_{c=1}^{N}d_{\mathrm{oc}}(h)}{\displaystyle\sum_{\tau_2}\left(\overline{D}-\sum_{c=1}^{N}d_{\mathrm{oc}}(h)\right)} \cdot \dfrac{\theta_2}{d_c(h)}, & \displaystyle\sum_{c=1}^{N}d_{\mathrm{oc}}(h)< \overline{D}
\end{cases}
\tag{10.4}
$$

其中，N 表示框架内参与电力积分激励机制的全体用户；θ_1 和 θ_2 分别表示在一天内峰时和谷时的补贴，当天的补贴将会按照改变电价模型被分配到各时段及各用户；τ_1 和 τ_2 分别表示处于峰时和谷时的时段集合。

改变电价 $\Delta P_c(h)$ 与当前时段单个用户所获得电力积分的占比有关，其取值可正可负，由自身所获得电力积分的正负决定。当用户 c 响应电力积分激励机制时，获得相应的正值电力积分，由此可以获得正向的改变电价，这种情况下，当前时段下该用户用电的虚拟实时电价将由两部制的分时电价减去一个正值改变电价，反之，将按照更高的电价来收取当前时段的电费。

10.1.2　全体用户的负荷调度

本小节主要研究家庭用户负荷调度问题，提出一种最小化终端用户电力成本的随机规划模型，同时也充分考虑用户在进行电力调度过程中的舒适性。

1. 目标函数

先从宏观角度来验证电力积分激励机制的可行性和有效性，即同时考虑参与到电力积分激励机制框架内的所有居民用户的用电成本和用电舒适度，并对这两个目标同时进行优化，寻求总体的最优情况。

本小节使用的目标函数有两部分，包括用电成本的成本函数和在特定时段内某一设备耗电情况满意程度的满意度函数。用电成本和满意度两个目标函数相互牵制，相互竞争。为了能够处理它们之间的冲突关系，这个问题的求解被构造成一个带约束的多目标随机规划模型。这两个目标函数在模型中同时被考虑的原因是，每个用户都希望在完成所有任务的前提下实现最低的用电成本，即降低用电成本也是最终用户负荷调度的主要目标。对于终端用户来说，在用电设备的调度中应考虑到电力成本及用户的用电舒适度。目标函数建立如下：

$$\min\left\{\alpha\frac{\sum\limits_{c=1}^{N}\sum\limits_{h=1}^{24}C_c(h)}{\sum\limits_{c=1}^{N}\sum\limits_{h=1}^{24}C_{oc}(h)}+(1-\alpha)\frac{\sum\limits_{c=1}^{N}\sum\limits_{h=1}^{24}S_c(h)}{\sum\limits_{c=1}^{N}\sum\limits_{h=1}^{24}S_{oc}(h)}\right\} \quad (10.5)$$

其中，α 为权重因子，取值范围为[0,1]；$C_c(h)$ 和 $S_c(h)$ 分别表示某一特定类型的居民用户在 h 时段的用电成本和用电舒适度；$C_{oc}(h)$ 表示用户在分时电价下的初始成本；$S_{oc}(h)$ 表示用户在期望用电量时的用电舒适度。

2. 用电成本

用户 c 在 h 时段的用电成本可以由 h 时段所有用电设备的总负荷与 h 时段虚拟实时电价的乘积得到，具体如下：

$$C_c(h) = d_c(h) \cdot \rho_c(h) \quad (10.6)$$

其中，$d_c(h)$ 表示用户 c 在 h 时段所有用电设备的实际耗电量总和；$\rho_c(h)$ 表示基于电力积分激励机制优化出的虚拟实时电价。

3. 用电舒适度

当需要考虑用户的用电舒适度时，这个求最优的问题无疑会变得更加复杂。因为用户的用电舒适度和用户习惯是密切相关的。如果规划的目标是将电力成本降到最低，那么用户势必会对实时的负荷调度感到不适应。因此，需要在电力成本和用电满意度之间找到一个合适的平衡点。在已有的关于用电满意度的文献中，文献[24]提出了一种基于电力成本与基于实时电价估算的满意度之间的平衡的分析框架，在此基础上，用户设备的等待时间被用来描述客户满意度，文献[25]的优化目标是将电力成本和总体不满降到最低。

对于每个终端用户来说，用电设备的使用需要充分考虑用电成本及用电舒适度。因此，有必要采取有效的措施来衡量用户的用电舒适度。假定每个框架内的电力用户在每个时段 h 都有一个期望的负荷需求，用电舒适度可以表示为

$$S_c(h) = \varepsilon_c(h) \cdot (d_c(h) - d_{oc}(h))^2 S \quad (10.7)$$

其中，$d_c(h)$ 表示用户 c 在 h 时段优化后的负荷；$d_{oc}(h)$ 表示用户初始平均负荷；$\varepsilon_c(h)$ 为一个偏离期望耗电量的意愿指数，用来刻画用户偏离期望耗电量的意愿程度。

4. 约束条件

从电力消耗和电价的角度出发，基于实际的电网运行情况，给出如下的约束条件。

1）负荷需求上下限

考虑到电力用户对电力积分激励机制响应的实际情况，模型考虑了每个时段的负荷需求限制。

$$d_{c,\min}^h \leqslant d_c(h) \leqslant d_{c,\max}^h \tag{10.8}$$

其中，$d_{c,\min}^h$ 表示每个用户在各个时段内的最小功耗，即用户在方案运行状态下所允许的最小功耗；$d_{c,\max}^h$ 表示在 h 时段中，用户可允许的最大功耗。

2）最低日耗电量

最低日耗电量表示某一用电设备在一天内消耗的最小电量，由每个用户的自身情况决定。该约束可以由以下等式表示：

$$\sum_{h=1}^{24} d_c(h) \geqslant E_a \tag{10.9}$$

其中，E_a 表示用户每天的最小功耗。

3）每小时需求约束

当用户响应电力积分激励机制时，需要保证用户在任意给定时段内的用电量小于等于发电或供应商所提供的电量。

$$\sum_{c=1}^{N} d_c(h) \leqslant \text{load}_{\max}^h \tag{10.10}$$

其中，$\text{load}_{\max}^h$ 指发电或供应商在 h 时段所能提供的最大电量。

10.2 住宅电器调度

对于用户的最优负荷 $d_c(h)$，我们试图找到最好的电器运行方案以满足用户的用电需求。因此，本章的目标是根据用户的最优负荷，为用户找到一种最佳的电器运行方案。

对于终端用户来说，在用电设备的调度中应考虑到用电成本及用电舒适度。目标函数建立如下：

$$\min \left\{ \alpha \frac{\sum_{a \in A} \sum_{h=1}^{24} C_a(h)}{\sum_{a \in A} \sum_{h=1}^{24} C_{\text{oa}}(h)} + (1-\alpha) \frac{\sum_{a \in A} \sum_{h=1}^{24} S_a(h)}{\sum_{a \in A} \sum_{h=1}^{24} S_{\text{oa}}(h)} \right\} \tag{10.11}$$

其中，α 为权重因子，取值范围为[0,1]；a 表示特定的用电设备；A 为用电设备的集合；$C_a(h)$ 和 $S_a(h)$ 分别表示用电设备 a 在 h 时段的用电成本和用电舒适度。用户 c 在 h 时段的用电成本可以由 h 时段所有用电设备的总负荷与 h 时段预估电价的乘积得到，具体如下：

$$C_a(h) = P_{oc}(h) \cdot d_c(h) \tag{10.12}$$

其中，$d_c(h)$ 表示该类型典型用户在当前时段所有用电设备 a 的实际耗电量；$P_{oc}(h)$ 表示用户依据电力积分模型的心理实时估价。在虚拟实时电价模型中，只要用户积极响应电力积分激励机制，积极调度用电负荷，所优化后的虚拟实时电价通常会低于原有的两部制分时电价的价位。该类型的典型用户在 h 时段的心理实时估价可以表示为

$$P_{oc}(h) = P_{tou}(h) \cdot \left[1 - f(k) \cdot \left(\frac{\left| \sum_{c=1}^{N} d_{oc}(h) - \overline{D} \right|}{\sum_{h=1}^{24} \left| \sum_{c=1}^{N} d_{oc}(h) - \overline{D} \right|} \right) \right] \tag{10.13}$$

其中，$f(k)$ 为一个关于常数 k 的函数，用来调节心理实时估价与原有分时电价的偏离程度。预估电价在分时电价基础上计算得到，$f(k)$ 用来调整预估电价与初始的分时电价的偏离程度。在电力积分模型中，若用户按照积分激励策略来调整自己的用电方式，那么实际的虚拟实时电价一定会低于原来的分时电价。本章中讨论的是怎样在尽可能降低用电舒适度的情况下，压缩用户的用电成本。因此，用户的预估电价是要略低于原来的分时电价的，$f(k)$ 则用来调整偏离分时电价的程度。不失一般性，并且由于本章研究的算例中变量较多，计算复杂，为了降低计算的复杂程度，可以将 $f(k)$ 设置成一个常数，本章的算例中是将 $f(k)$ 设为 0.2，只是对电价偏离程度有所改变，只要是选取可行范围内的数值，对结果就不会产生大的影响。

对于每个用电设备来说，用电设备的使用需要充分考虑消耗的电力成本及用电舒适度，并且不同的用电设备在不同的时段有着不同的转移意愿。因此，有必要采取有效的措施来衡量指定类型的用电设备的用电舒适度。假定每个框架内的电力用户在每一个时段 h 都有一个期望的负荷需求。用电舒适度函数可以表示为[23]

$$S_a(h) = \varepsilon_a(h) \cdot (X_a(h) - X_{oa}(h))^2 \tag{10.14}$$

其中，$X_a(h)$ 表示用电设备 a 在 h 时段的期望耗电量；$\varepsilon_a(h)$ 为一个偏离期望耗电量的意愿指数，用来刻画用户对于指定的用电设备在偏离期望耗电量时的满意程度；$X_{oa}(h)$ 表示用电设备 a 在 h 时段的实际用电量。当某用电设备的实际耗电量与期望耗电量相等时，代表用户对该用电设备在 h 时段的用电满意程度最高。由此可以得知，$S_a(h)$ 的值越小表示用户的满意程度越高，即用电舒适度越高。

对于未知的用电设备在任意时段的期望耗电量，本章的处理方式是，根据该用电设备在同一时段的负荷数据，计算出平均值作为其在某一时段的期望耗电量。在接下来的仿真部分中，研究将以用电设备过去的实际耗电量值为依据，在最后 n 天的同一时段中，根据实际设备负荷进行计算。例如，在第 101 天的 h 时段中，对应的用电设备的期望负荷可以计算如下：

$$X_{\text{oa},101}^{(h)} = \frac{1}{100} \cdot \sum_{i=1}^{100} X_{\text{oa},i}^{(h)} \qquad （10.15）$$

对于家庭家用电器，可分为三大类，分别是不可中断负荷、可中断负荷和可转移负荷电器。每类电器都要满足下列约束：

$$X_{a,\min}^{h} \leqslant X_a(h) \leqslant X_{a,\max}^{h} \qquad （10.16）$$

其中，$X_{a,\min}^{h}$ 表示电器在 h 时段未被使用；$X_{a,\max}^{h}$ 表示电器在 h 时段处于工作状态。

10.3　仿真和结果分析

10.3.1　负荷的优化调度

我们通过选择 2015 年江苏省某社区典型的日负荷数据，来验证虚拟实时电价模型的可行性。江苏省某社区各时段居民用户的典型日负荷需求如表 10.1 所示。

表10.1　江苏省某社区各时段居民用户的典型日负荷需求

时间	负荷/千瓦时	时间	负荷/千瓦时	时间	负荷/千瓦时
1	652.1	9	727.2	17	878.9
2	637.6	10	804.8	18	862.6
3	619.2	11	848.3	19	837.0
4	606.5	12	874.9	20	808.4
5	593.8	13	839.4	21	849.4
6	607.3	14	823.4	22	832.5
7	656.9	15	838.0	23	778.5
8	691.1	16	854.6	24	722.4

　　在仿真试验中，优化前用户的初始电价是江苏省当时实施的两部制分时电价的数据。定价方案将一日 24 小时分为两个时段，分别表示非高峰期和高峰期，电价分别为 0.358 3 元/千瓦时和 0.558 3 元/千瓦时，这与电力积分模型中的定义相对应，详情见表 10.2。

表10.2　各时段的分时电价

时段	电价/（元/千瓦时）
0：00~09：00	0.358 3
9：00~23：00	0.558 3
23：00~24：00	0.358 3

　　本章在优化负荷需求的同时考虑所有用户的用电成本和用电舒适度，优化后的负荷需求如图 10.5 所示。优化后的负荷 1、优化后的负荷 2 和优化后的负荷 3 分别对应的 α 值为 0.2、0.5 和 1，α 是衡量用电成本及用电舒适度两个目标指数的权重因子。设置 θ_1 和 θ_2 等于该方案中消费总费用的 2%。图 10.5 的结果表明，随着 α 的增加，优化后的负荷曲线将逐渐偏离初始负荷曲线，意味着电网削峰填谷的效果更好。

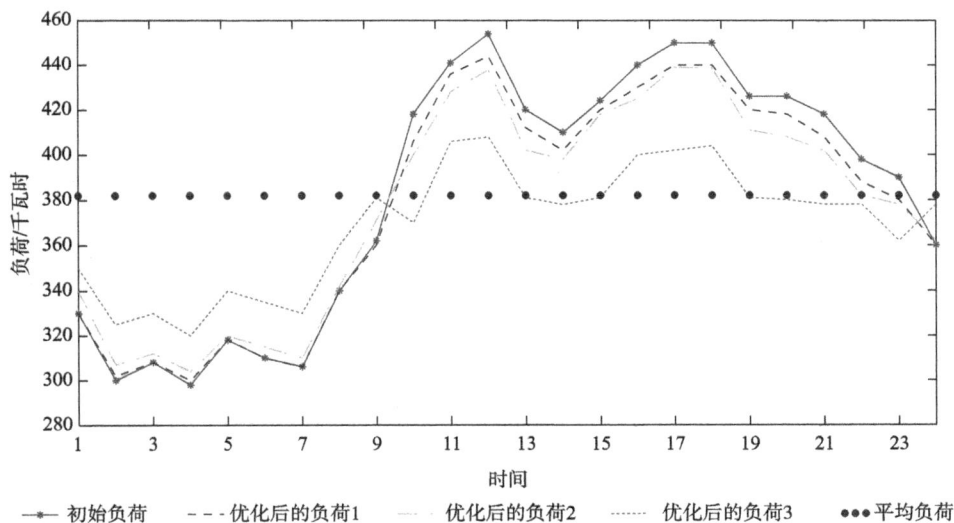

图 10.5　居民改变意愿参数对用电成本的影响

　　从图 10.5 可以看出，在考虑到用户用电舒适度的同时，本章所提出的基于电力积分的激励机制可以实现将高峰期电力需求转移到非高峰期的预定目标。对应 $\alpha=1$ 的优化后的负荷 3 曲线表明，在不考虑用电舒适度的情况下可以实现最佳负荷转移的效果，在此情况下，负荷调度最大化。但是，在这种情况下，用户的用电舒适度是最低的。优化后的负荷 2 曲线、优化后的负荷 3 曲线分别对应 α 取 0.5 和 1 的情况，可以看出，随着权重因子逐渐偏向用电满意度，优化后的负荷曲线逐渐向初始负荷曲线偏移。因此，在最大限度地降低用电成本时，需要考虑用电舒适度，并且可以通过同时优化这两个目标来建立它们之间的平衡。

　　由于用户可以获得的电力积分是与补贴相联系的，这也决定了优化后的电价偏离初始的两部制分时电价的幅度。优化后电价和初始电价的比较如图 10.6 所示。图 10.6 中的平均优化电价 1 和平均优化电价 2 分别对应需求响应补贴占消费者总能耗费用的 2% 和 5% 的情况。同时，θ_1 被认为等于 θ_2，且其他参数的值保持不变。图 10.6 的结果表明，随着日补贴的增加，优化后电价与初始电价之间的差异，即变化电价，逐渐变大。结合图 10.5 的结果可以看出，用户的响应行为取决于他们获得的补贴和最需要负荷转移的时段。例如，9~11 时和 13~18 时两个时段的初始负荷均远高于平均负荷，也是最需要改变原有用电方式的时段。

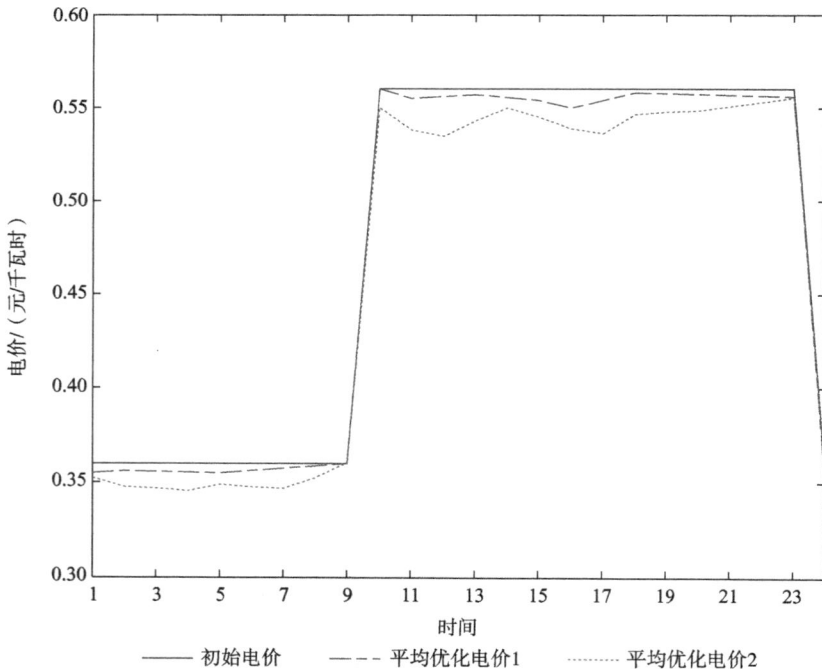

图 10.6　优化前后的电价对比

　　本章提出的虚拟实时电价模型基于电力积分激励的需求响应策略，因此，有必要分析优化后的虚拟实时电价与优化负荷曲线和所获得的电力积分三者之间的关系。为了直观地看到优化后的虚拟实时电价与初始电价之间的关系，图 10.7

显示了当参数 θ_1、θ_2 分别取值全体用户总用电成本的 2%和 5%时优化后的虚拟实时电价曲线，即峰时的补贴占比 5%，谷时的补贴占比 2%。可以看出，除了 1 时和 5 时之外，另外时段优化后的平均实时电价低于初始电价，这表明该用户能够积极响应电力积分激励的需求响应项目。同时，图 10.7 还显示了在每个时段获得的电力积分，从中我们可以看出该用户所获得电力积分与改变电价之间的对应关系。在 1 时和 5 时，电力积分的数值是负的，而对应的优化后电价也是高于初始电价的，充分反映了电力积分模型正向激励、反向惩罚的设计初衷。也就是说，一方面，这个方案的消费者在谷（峰）期增加（减少）负荷消耗时可以获得补贴。另一方面，他们将受到更高价格的惩罚。从图 10.7 中我们还可以发现电力积分绝对值的大小与改变电价的值存在正相关关系，也就是说，用户在正确的时间段响应越充分，获得的电力积分越多，负荷电价也会偏离初始电价越多。

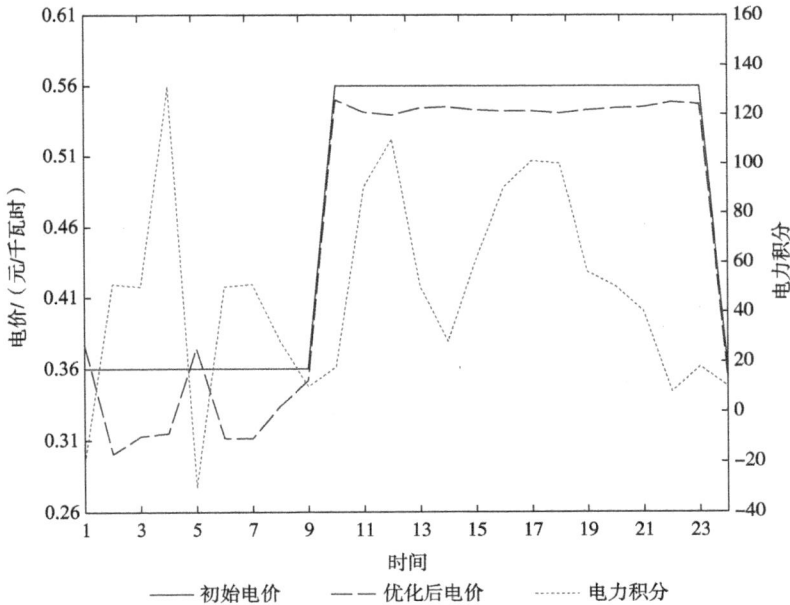

图 10.7　电力积分与电价变化的关系

　　从图 10.7 中可以看出，优化后电价与初始电价之间的差异与高峰期或低谷期的补贴密切相关。在本章建立的模型中，改变电价由产生的电力积分决定，而优化后电价是初始电价和改变电价之间的差值。因此，所产生的电力积分决定了电价优化程度。产生的电力积分越少，相应的优化后电价偏离初始电价（即改变电价）的水平越小。图 10.7 中的次坐标对应电力积分，显示了由于对电力积分激励机制的响应,单个电力用户的改变电价和所产生的电力信用之间的关系。如图 10.8 所示, 其结果显示了初始负荷曲线与所参与的所有电力用户产生的总电力积分之间的关系, 其中参数的值与图 10.7 相同。

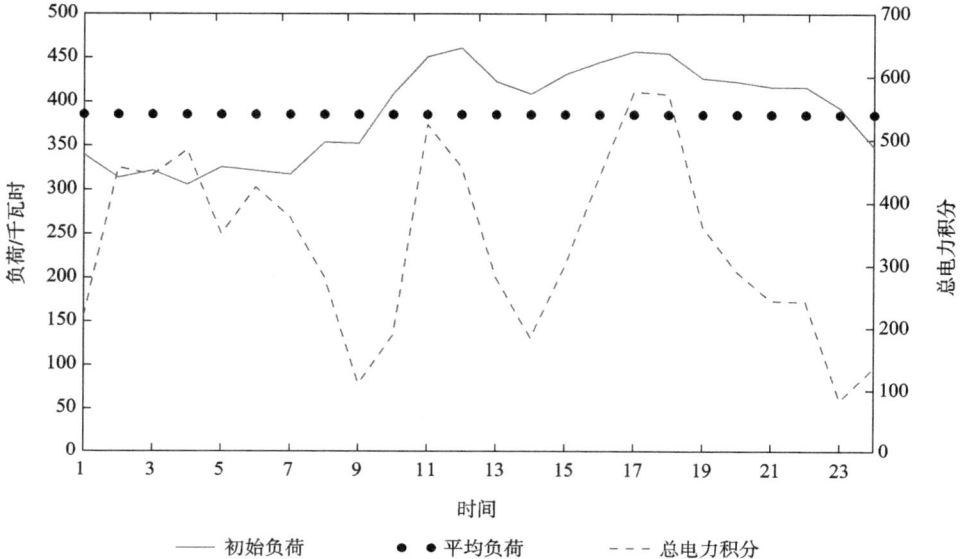

图 10.8　电力积分与对应的初始负荷曲线的关系

可以肯定的是, 能源供应商不希望发生大的峰谷差异。最好的情况是, 每个时期的负荷优化接近平均水平的电力。根据图 10.8, 电力用户在一些时段 (如 9 时、22 时和 24 时) 中优化的负荷消耗接近平均负荷将获得较少的电力积分, 相反, 用户在一些时段 (如 17 时、18 时和 19 时), 其中优化的负荷需求偏离平均负荷较大将获得更多的电力积分。这表明用户在更关键的时段对需求响应项目做出了响应, 因此他们将获得更多的电力积分, 这与虚拟实时电价模型的设计一致。

10.3.2　设备调度

为了更好地展示模拟结果, 本章的研究考虑了洗衣机、冰箱、电视机、插电式混合动力汽车、热水器、空调、照明电器和采暖炉 8 种用电设备。一般来说, 家用电器可以分为两类: 非调节电器 (如照明和电视机) 和可调电器 (如电动车和洗衣机)。根据初始的居民用户负荷总需求数据及式 (10.13), 我们可以很容易地得到每小时的预估价格, 结果如表 10.3 所示。为了简化计算, 这里我们将 $f(k)$

取一个常数值 0.2。

表10.3　每小时的预估价格

时间	电价/（元/千瓦时）	时间	电价/（元/千瓦时）	时间	电价/（元/千瓦时）
1	0.345	9	0.355	17	0.516
2	0.333	10	0.541	18	0.517
3	0.335	11	0.520	19	0.532
4	0.331	12	0.514	20	0.533
5	0.338	13	0.534	21	0.537
6	0.336	14	0.541	22	0.536
7	0.335	15	0.531	23	0.548
8	0.346	16	0.523	24	0.353

图 10.9 显示了每种用电设备在每小时的改变意愿指数值。从给定模型中可以看出，意愿指数值越大，用户的用电舒适度越低。意愿指数被分为 3 种不同的区间，以响应电力积分激励机制。用电舒适度指数值 1 000、50 和 0，分别代表极度不愿意响应、在自身可以承受范围之内响应及愿意响应。

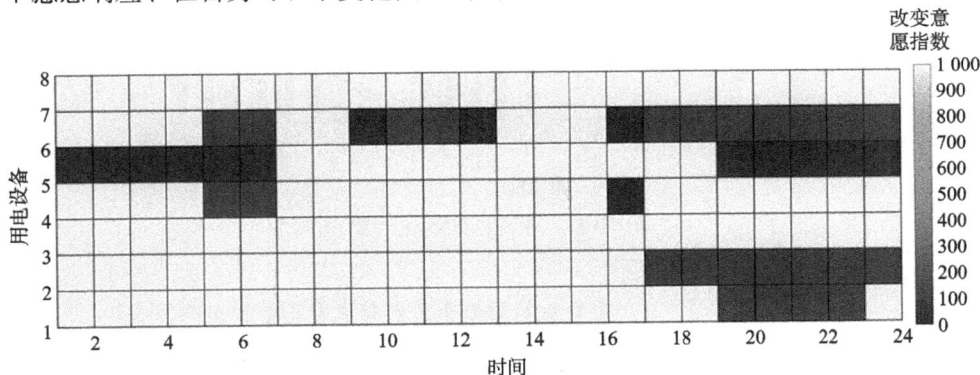

图 10.9　每种用电设备的改变意愿指数值

用电设备 1~8 分别表示洗衣机、电冰箱、电视机、插电式混合动力汽车、热水器、空调、照明设备、采暖炉

目标函数的第一项是线性函数，第二项所有的约束条件都是线性函数。如果变量为连续变量，则此优化问题为典型的凸优化问题。该凸优化问题可以用内点法求解。根据凸优化理论，该问题只有一个全局最优解。结果如图 10.10~图 10.17 所示。

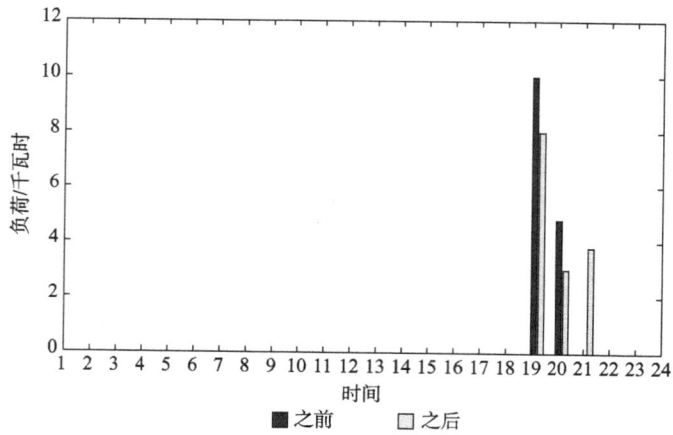

图 10.10　洗衣机的优化效果

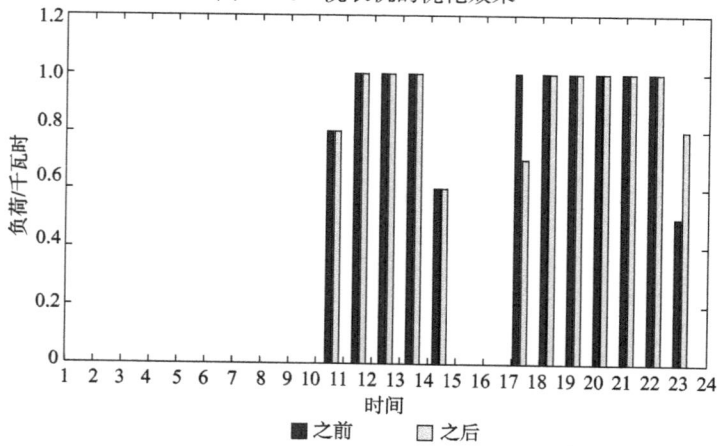

图 10.11　电视机的优化效果

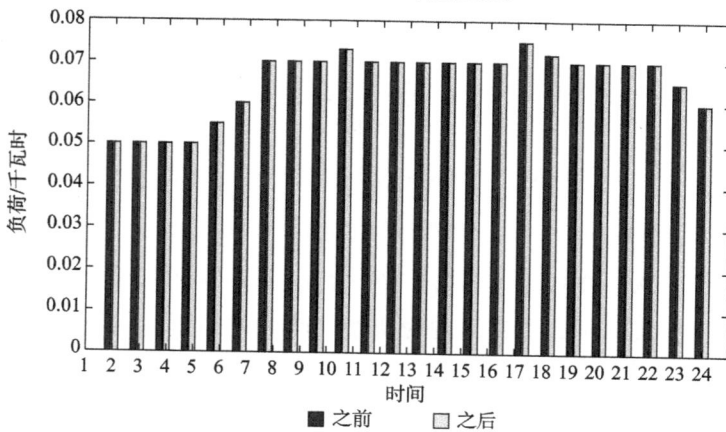

图 10.12　电冰箱的优化效果

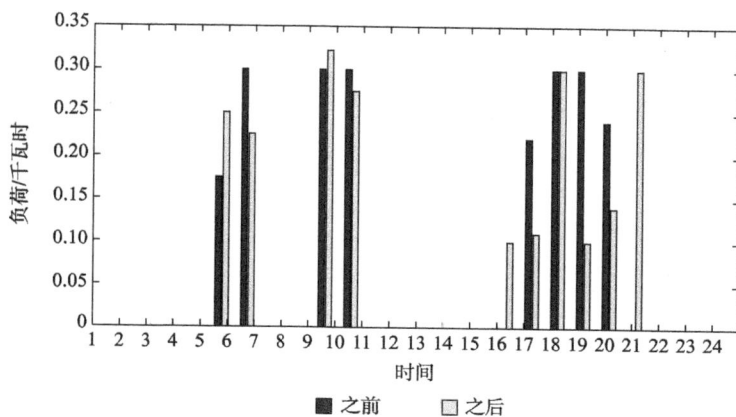

图 10.13　热水器的优化效果

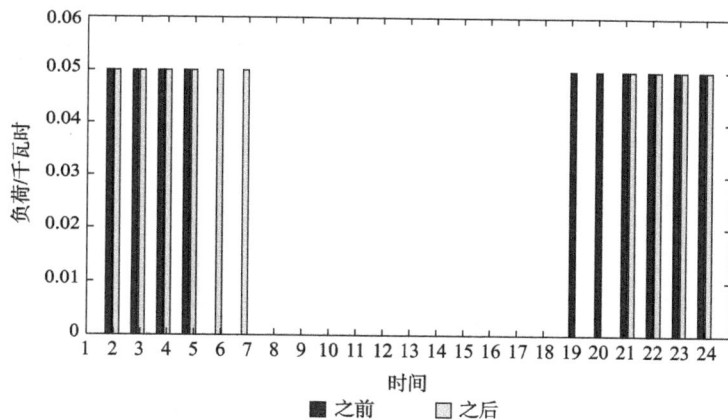

图 10.14　插电式混合动力汽车的优化效果

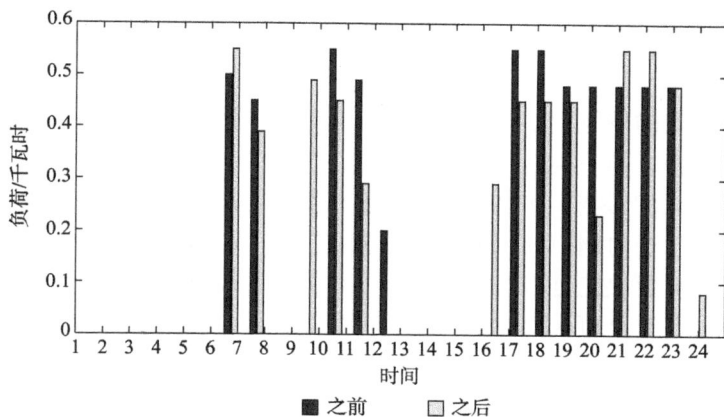

图 10.15　空调的优化效果

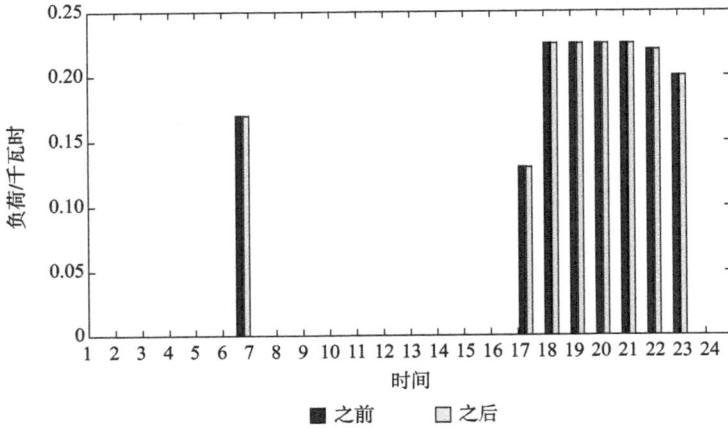

图 10.16　照明设备的优化效果

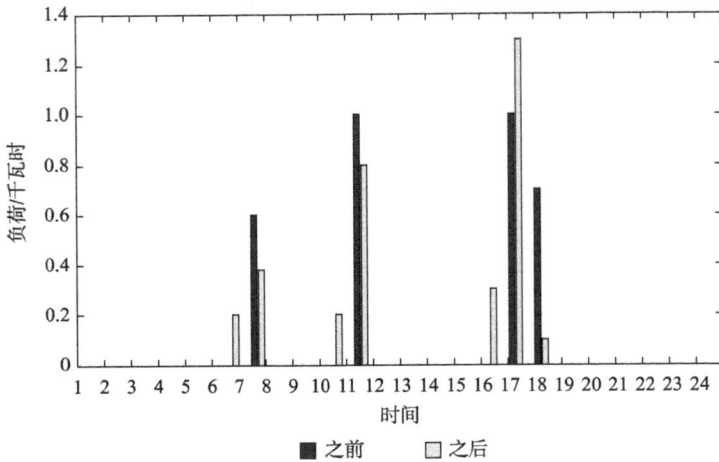

图 10.17　采暖炉的优化效果

本章将涉及的用电设备分为三类，分别是不可转移设备、可适当转移设备及完全可转移设备。第一类，不可转移设备，这类设备如果发生负荷转移，将对用户生活造成较大的影响，如电冰箱等；第二类，可适当转移设备，这类设备在发生负荷转移时，会对用户的用电舒适度造成一定的影响，用户会在权衡用电成本和用电舒适度后再决定是否对该设备进行负荷调度及调度的程度，如空调等用电设备；第三类，完全可转移设备，这类设备在进行负荷调度时几乎不会对用电舒适度造成影响，如插电式混合动力汽车等。

在本章的用户的用电舒适度函数中，除转移意愿因子外的数量级，其他均为100。很显然，在转移意愿因子取 0 时，表示用电设备可任意转移，不受转移意愿因子数值大小的影响。在转移意愿因子取 50 时,表示对第二类设备进行负荷调度。在转移意愿因子取 1 000 时表示对第一类用电设备进行调度,此时,可以很容易达到几乎不发生负荷转移的效果。本章算例中取值的确有较大的波动,但是可以保证达到不进行负荷转移的效果,但是取值并不唯一,实际上在取 100 以上的值时就可以达到几乎不发生负荷转移的效果,这样的取值只是为了效果更加明显。

为了进一步验证本章提出的虚拟实时电价方案的有效性,本章设计了两个案例加以分析。

1. 案例 1:成本分析

用电成本是决定居民用户是否参与需求响应的重要指标,因此有必要对方案实施前后响应电力设备的成本进行分析。本章的研究将涉及的用电设备分为不可转移设备、可适当转移设备及完全可转移设备三种类型。其中,前两种设备节约用电成本的能力相对有限,且效果不明显。因此,本章的研究选择完全可转移设备进行用电成本的分析。

图 10.18 和图 10.19 表示两种用电设备参与虚拟实时电价前后的成本对比。可以看出,经过对住宅用户负荷的优化调度,参与虚拟实时电价方案后的成本要低很多。由于这种用电设备的特殊性,对于大多数居民用户来说,负荷转移不会降低用户的改变意愿。因此,从成本的角度来看,虚拟实时电价可以在保证不降低用户改变意愿的前提下降低用户的用电成本。

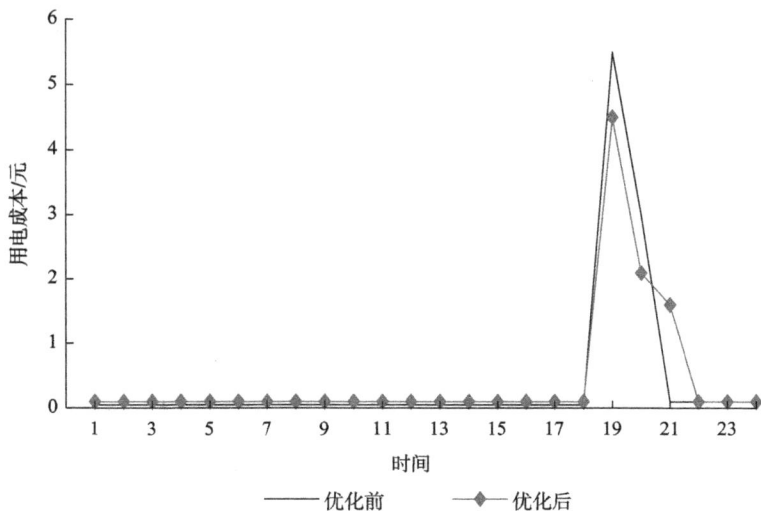

图 10.18　实施虚拟实时电价前后洗衣机的成本对比

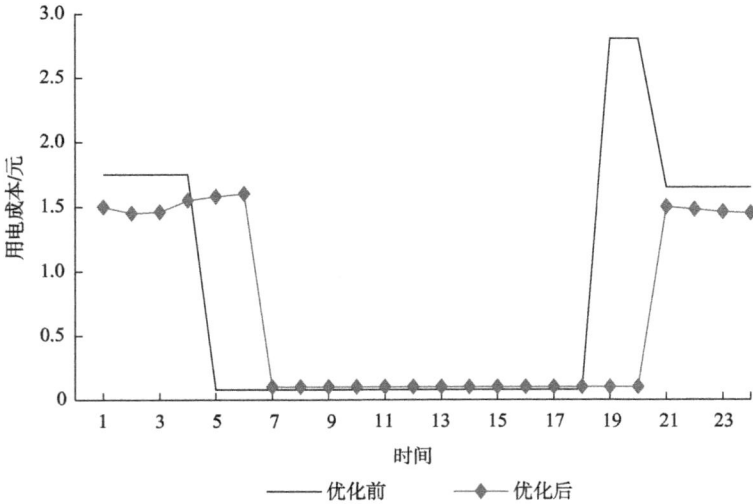

图 10.19　实施虚拟实时电价前后插电式混合动力汽车的成本对比

2. 案例 2：不确定性分析

为了验证改变意愿因子的可行性，本章对案例进行了不确定性分析。图 10.20 中，Ⅰ、Ⅱ 和 Ⅲ 分别表示不可转移设备、可适当转移设备及完全可转移设备。图 10.20 中的比率表示相对误差，计算为用电设备调度前后的功耗与初始功耗的比值。由图 10.20 的结果可以看出，随着改变意愿因子的增加，三种类型用电设备的比率逐渐降低。这说明，可以通过预先设置参数值来确定改变意愿因子。

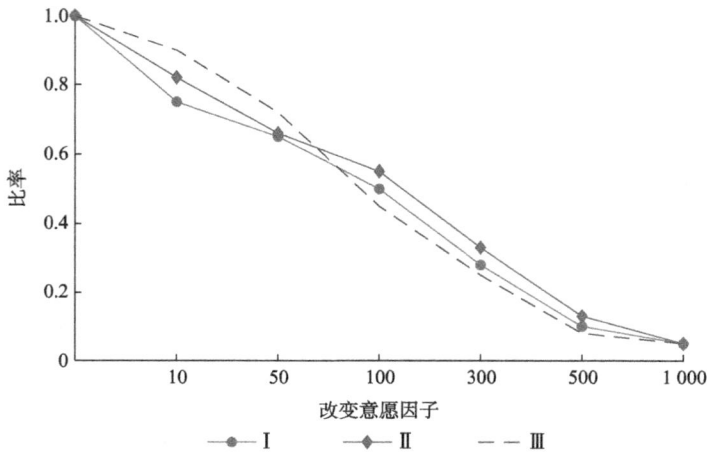

图 10.20　三种类型用电设备的不确定性分析

10.4　本 章 小 结

本章提出了一种基于电力积分的虚拟实时电价模型。目前，中国电力市场发展还不是很完善，电价机制比较僵硬，尚未存在明显的刺激信号。基于电力积分的虚拟实时电价激励机制的实施，可以实时地引导用户将可转移负荷的电力需求调整到非峰时段，从而可以达到需求响应的目的。为了验证虚拟实时电价的合理性，本章进行了成本和不确定性分析。仿真结果表明，在电力积分激励机制下，电力用户可以在用电成本和用电舒适程度间进行权衡，选择适合自身的用电方式。

作为未来智能电网的一部分，终端用户不再像传统电网那样被动地接受供应商给出的电价，而是积极地参与到虚拟实时电价需求响应中去。这些配备了可以实现能源管理和双向通信的智能电表的终端用户，最终决定了实时电价水平。

随着社会的不断发展，智能家电的逐步普及和太阳能、风能等新能源的规模不断扩大，这种以电力为基础的电价模式在未来将会得到更加广泛的应用。国内需求响应有很大的发展空间和潜力，但目前尚未制定出全面的需求响应补偿方案和政策，供电企业和政府缺乏足够的资金来承担全部的补偿机制。在现行电价制度不够开放的环境下，电力积分激励机制是供电企业考虑自身利益分配，应对和解决需求响应挑战的重要探索。此外，该激励机制可以作为对分时电价等传统机制的有效补充和/或替代方案。

此外，本章研究的下一步工作将从以下几方面展开：第一，对用户参与需求响应的行为和响应程度，可以通过划分更多的类型进行详细分析，从而为用户提供更实用的需求响应定价方案；第二，对求解的非线性多目标算法还需进一步改进；第三，本章中所提到的参数还需进一步优化。

参 考 文 献

[1] Derakhshan G，Shayanfar H A，Kazemi A. The optimization of demand response programs in smartgrid. Energy Policy，2016，94：295-306.

[2] Zhang Q，Wang X，Wang J. Smart grid from the perspective of demand response. Automat Electric Power Systems，2009，33（17）：49-55.

[3] Palensky P, Dietrich D. Demand side management: demand response, intelligent energy systems, and smart loads. IEEE Transactions on Industrial Informatics, 2011, 7 (3): 381-388.

[4] Maharjan S, Zhu Q, Zhang Y, et al. Dependable demand response management in the smart grid: a stackelberg game approach. IEEE Transactions on Smart Grid, 2013, 4 (1): 120-132.

[5] Chen Z, Wu L, Fu Y, et al. Real-time price-based demand response management for residential appliances via stochastic optimization and robust optimization. IEEE Transactions on Smart Grid, 2012, 3 (4): 1822-1831.

[6] Jiang B, Fei Y. Dynamic residential demand response and distributed generation management in smart microgrid with hierarchical agents. Energy Procedia, 2011: 76-90.

[7] Poudineh R, Jamasb T. Distributed generation storage, demand response, and energy efficiency as alternatives to grid capacity enhancement. Energy Policy, 2014, 67: 222-231.

[8] Li C, Xu Z, Ma Z. Optimal time-of-use electricity price model considering customer demand response. Proceedings of the CSU-EPSA, 2015, 27 (3): 11-16.

[9] Lujanorojas J M, Monteiro C, Dufolopez R, et al. Optimum residential load management strategy for real time pricing (RTP) demand response programs. Energy Policy, 2012: 671-679.

[10] Chan S, Tsui K M, Wu H C, et al. Load/price forecasting and managing demand response for smart grids: methodologies and challenges. IEEE Signal Processing Magazine, 2012, 29 (5): 68-85.

[11] Derakhshan G, Shayanfar H A, Kazemi A, et al. The optimization of demand response programs in smart grids. Energy Policy, 2016, 94: 295-306.

[12] Tsui K M, Chan S. Demand response optimization for smart residential scheduling under real-time pricing. IEEE Transactions on Smart Grid, 2012, 3 (4): 1812-1821.

[13] Zakeri G, Craigie D, Philpott A B, et al. Optimization of demand response through peak shaving. Operations Research Letters, 2014, 42 (1): 97-101.

[14] Jia L, Tong L. Optimal pricing for residential demand response: a stochastic optimization approach. Allerton Conference on Communication, Control, and Computing, Monticello, 2012.

[15] Chen L, Yang Y, Yao J, et al. Incentive mechanism design for demand response based on power score. Automation of Electr Power Systems, 2013, 37 (18): 82-87.

[16] Han Y, Shen B, Hu H, et al. Optimizing the performance of ice-storage systems in electricity load management through a credit mechanism: an analytical work in Jiangsu, China. Energy Procedia, 2014, 61: 2876-2879.

[17] Moghaddam M P, Abdollahi A, Rashidinejad M. Flexible demand response programs modeling in competitive electricity markets. Applied Energy, 2011, 88 (9): 3257-3269.

[18] Wang B, Sun Y, Li Y. Application of uncertain demand response modeling in power score incentive strategic decision. Automation of Electr Power Systems, 2015, 39 (10): 93-99.

[19] Chen L, Yang Y, Yao J, et al. Design of power score transaction mode based on response load quota. Automation of Electr Power Systems, 2016, 2: 59-64.

[20] Mohsenian-Rad A, Leon-Garcia A. Optimal residential load control with price prediction in real-time electricity pricing environment. IEEE Transactions on Smart Grid, 2010, 1 (2):

120-133.

[21] Paterakis N G, Erdinc O, Bakirtzis A G, et al. Optimal household appliances scheduling under day-head pricing and load-shaping demand response strategies. IEEE Transactions on Industrial Informatics, 2015, 11（6）: 1509-1519.

[22] Mosheni A, Mortazavi S S, Ghasemi A, et al. The application of household appliances' flexibility by set of sequential uninterruptible energy phases model in the day-ahead planning of a residential microgrid. Energy, 2017, 139: 315-328.

[23] Ma K, Yao T, Yang J, et al. Residential power scheduling for demand response in smart grid. International Journal of Electrical Power & Energy Systems, 2016, 78: 320-325.

[24] Mohsenian-Rad A, Wong V W, Jatskevich J, et al. Autonomous demand-side management based on game-theoretic energy consumption scheduling for the future smart grid. IEEE Transactions on Smart Grid, 2010, 1（3）: 320-331.

[25] Pan D. Wang D, Cao J, et al. Minimizing building electricity costs in a dynamic power market: algorithms and impact on energy conservation. 2013 IEEE 34th Real-Time Systems Symposium, Vancouver, 2013.

第 11 章　需求响应双向实时电价机制的研究

　　近年来，随着电力需求的增长，峰值负荷的不断增加对电网的安全稳定产生了重大影响[1]。为了满足消费者的高峰用电需求，传统的做法是通过增加尖峰负荷电厂来维持供需平衡。但这种方法不仅提高了发电成本，损害了消费者利益，也造成了资源浪费。基于价格的需求响应被认为是转移消费者峰值负荷最有效的途径之一[2]。合理的电价机制直接影响消费者参与需求响应的意愿和积极性，以及需求响应实施的效果。此外，在住宅领域，随着智能电网的发展，传统的电价机制已难以满足用户多样化的用电需求。因此，定制化的需求响应价格机制显得尤为重要。

　　近年来，人们对动态定价的作用和实施效果进行了大量研究。Schlereth 等[3]的研究结果表明，与动态定价相比，消费者更偏爱静态定价；动态定价的不可预测性是影响消费者接受意愿的最主要原因。在一项针对加利福尼亚州小型电力用户的实证研究中，Levin[4]的研究表明，动态的定价方案能够使峰值负荷降低 20%以上。Zhou 等[5]研究了电价对用户在峰时和谷时电力消费的影响，并指出适当的需求响应方案不仅可以减少峰时的用电量，还能减少消费者的电力使用成本。Wang 等[6]通过模拟消费者 24 小时的用电需求，分析了实时电价对家庭用电量的影响因素，研究结果表明实时电价方案具有将居民用电负荷从峰时转移至谷时的潜力，并且能降低总体的用电量。Campillo 等[7]分析了需求响应对瑞典的经济影响，并对在不采用需求响应的情况下，消费者是否会接受实时电价的问题进行探究，结果表明，即使没有需求响应和需求侧管理，消费者的用电成本在实时电价机制下依然会显著降低。Li 等[1]提出了一种新的 PTPP 需求响应定价机制，并结合消费者心理，研究了空调温度设定值与实时电价之间的关系。

　　上述的文献研究表明，实时电价可以有效地降低或将峰值负荷转移到非峰值时段。但是，实时电价在实施中会显露一个弊端，就是当用户普遍将峰值负荷转移到非峰值时段的时候，有可能会在非峰值时段重新产生一个反弹高峰。Anees

和 Chen[8]将实时电价和倾斜块率（inclined block rate，IBR）相结合，通过对用户的负荷设置一个阈值，有效地解决了这一问题。研究结果表明，实时电价和倾斜块率相结合的电价机制不仅能降低消费者的用电成本，还能降低电力负荷的峰均比（peak-to-average ratio，PAR）。

此外，众多专家学者对实时电价的定价机制和实施方案提出了自己的解决方案。Jiang 等[9]提出了基于需求响应的最优实时电价定价模型，并利用电价弹性矩阵刻画了电价与电力消费之间的关系。Yaghmaee 等[10]通过考虑电网的实时消费数据和单个消费者的消费水平，提出了一种新的定价方案。在该方案下，每个用户的电价水平会根据用电行为的改变而发生动态变化，同时也反映了该用户的用电习惯。针对我国电力市场实时电价实施较为困难及分时电价仍然存在诸多缺陷，Sun 等[11]提出了基于电力积分的虚拟实时电价激励机制，使得终端用户可以根据电力市场的刺激信号实时地调整自己的用电方式。Monfared 等[12]将实时电价和分时电价相结合，提出了一种基于混合电价的需求响应策略。

公平对于实施需求响应来说至关重要。公平的定价机制可以提高用户参与需求响应的积极性，从而提高需求响应的实施效果[13]。在目前提出的需求响应能源定价方案中，存在诸多不公平的问题，很大程度上降低了用户参与需求响应的积极性，不能有效地激发消费者改变用电习惯的意愿，从而减少了需求响应的灵活性。基于这一问题，Steriotis 等[14]提出了一种新的实时电价定价机制——行为实时电价（behavioral RTP，BRTP），该方案通过对消费者用电行为的变化进行公平的奖励，为消费者提供了一种灵活的激励机制。Mamounakis 等[15]认为，当前的能源定价方案没有做到对所有用户一视同仁，也没有对努力参与需求响应的消费者进行应有的补偿，从而降低了用户参与需求响应的积极性。因此，他们提出了一种社区实时电价方案（community RTP，CRTP）。该方案利用社区形成算法（community formation algorithm），根据用户的灵活性和社会关系等特点，将相似的用户划分到同一个社区，再根据整个社区的电力负荷计算每个人的收益，从而尽可能地使每个消费者都能享受公平的对待。Wang 等[16]提出了一种基于公平性的分布式实时电价激励框架（fairness-based distributed RTP reward framework）模型，以降低用户参与需求响应的能源成本，并体现需求响应的公平性。他们开发了一种基于行为的公平激励策略，将节约的能源成本根据用户在需求响应中增加或减少的负荷量，对用户进行公平的奖励。Tsousoglou 等[17]提出了一种新的个性化实时定价机制设计框架（personalized-real time pricing mechanism design framework），该机制可以在不牺牲消费者福利的前提下，将降低的能源成本公平地分配给参与需求响应的消费者，从而降低了消费者的能源成本。Javed 等[18]提出了一种公平的动态定价方法，该方法利用 k-means 聚类算法，根据负荷数据对消费者进行分组，并利用所提出的定价函数为每一组消费者生成不同的价格。

　　上述文献在需求响应的价格机制、实施方案和实时电价的公平性等方面做了大量的研究，并给出了各自的解决方案。然而，真正从用户侧出发，为用户制定切实可行并能够反映用户用电特征和用户特性的定价机制却鲜有研究。此外，实时电价机制的公平性还有待解决和完善。需求响应的成功实施依赖于终端用户的广泛参与。电价机制是实现需求响应的重要手段，其制定的合理性直接影响消费者参与需求响应的积极性和实施效果。因此，通过考虑用户特征和电力消费数据，本章提出一种新的 IRTP。与之前的研究相比，本章的研究通过考虑用户特征，针对单个用户进行独立的电价优化，从而解决实时电价不公平性问题。这种电价定价机制的最大特点是能够最大限度地让用户参与到电价的制定中，通过降低用电成本的激励方式，提高用户对需求响应的参与度和认同感。IRTP 和家用电器调度优化是用户参与电价制定的直接体现。此外，IRTP 能够直观地反映用户负荷转移所带来的经济效益，这种特点在提高用户参与需求响应积极性的同时，也有助于他们养成良好的用电习惯。

11.1　基于评价模型的 IRTP

　　电价定价机制作为实施需求响应的重要手段，特别是在住宅需求响应的家庭能源管理系统中，合理的定价机制能够激发居民参与需求响应的积极性，更有效地平衡电力供需。在以往对住宅需求响应的研究中，对于同一个地区或用户群，往往制定相同的电价水平，这种电价机制虽然一定程度上改变了住宅用户的用电行为，但不能有效地引导住宅用户养成长期良好的用电习惯。住宅用户的用电行为受到实时电价的影响，但其通过改变自身的用电行为并不能有效地影响实时电价水平，这种单向的电价定价机制在一定程度上降低了住宅用户参与需求响应的积极性。由此，本章提出一种考虑住宅用户用电行为的 IRTP，即住宅用户的用电行为受实时电价定价机制影响的同时，也会影响其自身的实时电价水平。通过 IRTP，住宅用户的用电行为一经改变，其相应的电价水平也会随之改变，这种"可视化（可感知）"的实时电价定价机制能够实时反映用电行为变化的价值，更能激发住宅用户参与需求响应的积极性，从而促使住宅用户养成长期、稳定的用电习惯。

　　IRTP 的核心思想和研究框架如图 11.1 所示。本章假设住宅用户安装了可以记录各家用电器每小时运行数据的智能电表，并已知家庭所安装电器的种类和数量等用户信息。评价模型首先对以上用户信息进行处理和评价，其次结合当前实时电价信息，计算出当前时刻该用户的购电价格。在用户端，家庭能源管理系统根据当前用户的负荷需求及电价等信息，对家用电器进行最优的运行调度，在满足用电舒适度要求的同时，将用户的用电成本降到最低。最后，智能电表将更新后的用户信息重新导入评价模型中，由此构成一个闭环控制系统。"双向"的概念也就产生于此。

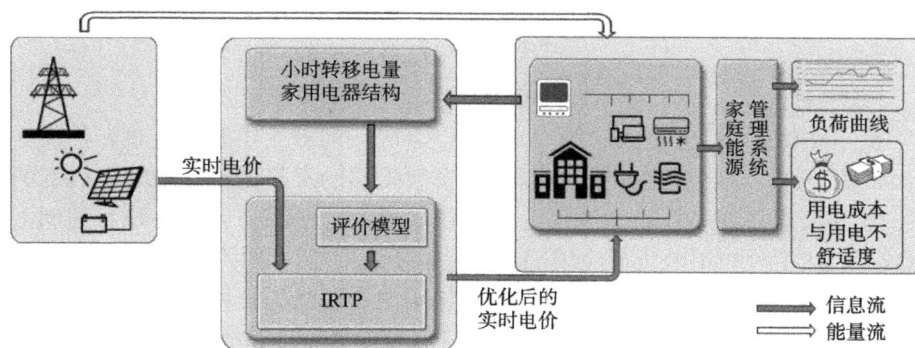

图 11.1　IRTP 的核心思想和研究框架

本章的主要工作包括用户评价指标的选取与处理，评价模型和 IRTP 的构建，以及家庭能源管理系统中对各家用电器运行的调度和优化等。

11.1.1　住宅用户评价指标

为了研究住宅用户对需求响应的反应程度，本小节采用评分卡模型对住宅用户的用电行为进行评价。60 多年来，信用评分一直是金融学科中一个流行的解决方案，它是一种基于评分卡模型的建模方法[19]。为了反映住宅用户对需求响应的响应程度和响应能力，本小节选取小时转移电量和家用电器结构作为评价指标，分别用 XT 和 XS 表示。

1. 小时转移电量 XT

小时转移电量表示用户优化后（实际）的小时用电量与初始用电量的差值。在得到小时转移电量之前，需要对小时平均负荷 $\overline{D}$、峰时 τ_1 和谷时 τ_2 的概念进行定义[11]。小时平均负荷 $\overline{D}$ 表示 N 个用户 M 天的每小时平均用电量，表示为方程（11.1）。

$$\overline{D} = \frac{1}{24 \cdot MN} \sum_{m=1}^{M} \sum_{n=1}^{N} \sum_{t=1}^{24} d_{onm(t)}, \quad \forall t \in T \tag{11.1}$$

其中，$d_{onm(t)}$ 表示用户 n 第 m 天的原始小时用电量。根据住宅用户负荷曲线，将高于小时平均负荷的时段定义为峰时，反之定义为谷时，并分别用 τ_1 和 τ_2 表示。假设本小节所考虑的住宅用户均具有正常的用电行为（即生活起居符合社会正常生活节奏），对于类似于昼伏夜出类住宅用户则不在考虑范围内。因此，用户 n 在第 m 天 t 时刻的小时转移电量则定义为式（11.2）。

$$\mathrm{XT}_{nm}(t) = \begin{cases} d_{onm}(t) - d_{nm}(t), & t \in \tau_1 \\ d_{nm}(t) - d_{onm}(t), & t \in \tau_2 \end{cases} \tag{11.2}$$

其中，$d_{onm}(t)$ 和 $d_{nm}(t)$ 分别表示用户 n 第 m 天 t 时刻的原始小时用电量和优化后的实际小时用电量。按照模型的设想，在本书所提出的实时电价需求响应机制的作用下，用户 n 应将峰时 $(t \in \tau_1)$ 的用电需求转移到谷时 $(t \in \tau_2)$，即在峰时的用电负荷应减少，在谷时的用电负荷应增加。但在实际的生活场景中，考虑到计划外（特殊情况）用电或电器功率波动等原因，即使用户有较强的转移用电意识，仍然会出现某一阶段峰时用电量增加、谷时用电量减少的情况，故得到的 $\mathrm{XT}_{nm}(t)$ 会是有正值和负值的一组数据。

对于用户 n，采用 M 天的用电数据，将得到的 $M \times 24$ 个 $\mathrm{XT}_n(t)$ 的一组离散值，按照从小到大的顺序排列，并根据最优分割方法分为下列区间，如表 11.1 所示。

表11.1　XT和XS的最优分割结果

小时转移电量/千瓦时			家用电器结构/%		
分组	$\mathrm{XT}_n(t)$	得分	分组	XS	得分
1	$[\mathrm{XT}_{n0}, \mathrm{XT}_{n1}]$	$Q\beta_1\omega\,(\mathrm{XT}_1)$	1	$[\mathrm{XS}_0, \mathrm{XS}_1]$	$Q\beta_2\omega\,(\mathrm{XS}_1)$
2	$[\mathrm{XT}_{n1}, \mathrm{XT}_{n2}]$	$Q\beta_1\omega\,(\mathrm{XT}_2)$	2	$[\mathrm{XS}_1, \mathrm{XS}_2]$	$Q\beta_2\omega\,(\mathrm{XS}_2)$
$\vdots$	$\vdots$	$\vdots$	$\vdots$	$\vdots$	$\vdots$
$r-1$	$\left[\mathrm{XT}_{n(r-2)}, \mathrm{XT}_{n(r-1)}\right]$	$Q\beta_1\omega\,(\mathrm{XT}_{r-1})$	$l-1$	$\left[\mathrm{XS}_{(l-2)}, \mathrm{XS}_{(l-1)}\right]$	$Q\beta_2\omega\,(\mathrm{XS}_{l-1})$
r	$\left[\mathrm{XT}_{n(r-1)}, \mathrm{XT}_{nr}\right]$	$Q\beta_1\omega\,(\mathrm{XT}_r)$	l	$\left[\mathrm{XS}_{(l-1)}, \mathrm{XS}_{(l)}\right]$	$Q\beta_2\omega\,(\mathrm{XS}_l)$

2. 家用电器结构 XS

在诸多家用电器中，可将其分为弹性电器（指功率可调或使用时间可转移的电器，如洗衣机、洗碗机、空调、热水器等）、非弹性电器（功率和使用时间相对固定，如照明电器灯），以及带有储能的电器（如电动汽车、储能电池等）。在用户 n 的家用电器中，诸如空调、洗衣机、洗碗机、储能电池和电动汽车等这类弹性和带有储能的家用电器越多的话，就认为该用户的家用电器结构越好。在家用电器中，各电器按功率来衡量。家用电器结构，即研究弹性电器和带有储能的电器的功率占家庭总功率的比例，比例越高，认为家用电器结构越好。本章中，家用电器结构用 XS 表示，XS_n 表示用户 n 的家用电器结构，将得到的 N 个用户的家用电器结构按照最优分割方法划分区间，如表 11.1 所示。

11.1.2　评分卡模型

本小节引入基于证据权重（weight of evidence，WOE）转换的评分卡模型[20]，对用户在需求响应中的响应程度和响应能力进行评价，从而得到每个用户的评分，并最终转化为实时电价的折扣并反映在电价上。

设 Y 表示所选取指标是否会对用户的用电行为产生影响的二进制变量（$Y=1$ 表示会产生影响）。用逻辑回归模型描述 $p\{Y=1|X_k\}$ 和 $X_k=\{XT,XS\}$ 的关系，如式（11.3）所示[21]。

$$p(Y=1)=\frac{1}{1+e^{-(\beta_0+\beta_1 XT+\beta_2 XS)}}\tag{11.3}$$

其中，e 为自然对数；β_0、β_1、β_2 为模型参数。$p(Y=1)$ 表示在评价指标 $X_k=\{XT,XS\}$ 的影响下用户的用电行为发生改变的相关概率，即用户的用电行为发生改变在多大概率上与所选取的评价指标有关。对式（11.3）进行简单的转换，可以得到式（11.4）。

$$\ln\left(\frac{p}{1-p}\right)=\beta_0+\beta_1 XT+\beta_2 XS\tag{11.4}$$

为了提高模型的预测效果，并使不同类型的指标规范化，本章采用一种常用的评价指标处理方法——WOE 转换[22]。WOE 转换用于衡量同一属性变量的各个取值对分类结果的贡献，它可以将分类属性变量转化为数值型变量，以降低建模过程的复杂性，如式（11.5）所示[23]。

$$\omega(x_{ij})=\ln\frac{p(y=1|X_i=x_{ij})}{p(y\neq 1|X_i=x_{ij})}\tag{11.5}$$

其中，$p(y=1|X_i=x_{ij})$ 和 $p(y\neq 1|X_i=x_{ij})$ 表示属性变量 $X_i=x_{ij}$ 时，样本类别分别为 $y=1$ 和 $y\neq 1$ 的概率。可以看出，WOE 越大，$y=1$ 的概率越大，权重就越大。根据所选取评价指标 $X_k=\{XT,XS\}$ 的最优分割结果，对 X_k 进行 WOE 转换，可得式（11.6）。

$$\begin{aligned}WOE(X_i)=&\delta_1\omega(XT_1)+\delta_2\omega(XT_2)+\cdots+\delta_r\omega(XT_r)+\mu_1\omega(XS_1)+\mu_2\omega(XS_2)\\&+\cdots+\mu_l\omega(XS_l)\end{aligned}\tag{11.6}$$

其中，δ_r 和 μ_l 为二元虚拟变量，如果 X_i 的取值为第 r 或第 l 类，则 $\delta_r=1$ 或 $\mu_l=1$，否则为 0。故经过 WOE 转换后的式（11.4）可以表示为式（11.7）。

$$\ln\left(\frac{p}{1-p}\right) = \beta_0 + \beta_1\delta_1\omega(\mathrm{XT}_1) + \beta_1\delta_2\omega(\mathrm{XT}_2) + \cdots + \beta_1\delta_r\omega(\mathrm{XT}_r) + \beta_2\mu_1\omega(\mathrm{XS}_1)$$
$$+ \beta_2\mu_2\omega(\mathrm{XS}_2) + \cdots + \beta_2\mu_l\omega(\mathrm{XS}_l) \tag{11.7}$$

经过 WOE 转换，分类属性变量被转化为数值型变量，为了使上述逻辑回归模型更直观地展示用户在需求响应中的表现，本章将转化后得到的数值型变量表示为比率对数的线性表达式，具体形式见式（11.8）。

$$S(t) = S_{\mathrm{base}} + Q\ln\left(\frac{p}{1-p}\right) \tag{11.8}$$

其中，S_{base}、Q 为常数，可以通过将两个已知或假设的分值代入公式计算得到。通常假设：①在某个特定比率设置特定的预期分值；②制定比率翻番的分数。

为了使本章所提出的评分卡模型更具有可操作和适用性，我们将最优分割得到的参数区间 $[X_{r-1}, -X_r]$ 内所有评分的平均分作为该参数区间的最终评分。这样，我们便可以根据评价指标数值所落入的具体区间确定相应的评分。

11.1.3　IRTP

本章所建立的评价模型在需求响应过程中可以根据住宅用户的用电行为对用户做出正向激励和反向惩罚。在评价模型的基础上，我们将评价模型与实时电价联系起来，建立用户个人的实时电价模型。对于模型中所选取的小时转移电量，当住宅用户在峰时减少用电，在谷时增加用电时，就会得到正的小时转移电量 XT，XT 越大，根据评价模型得到的分数就越大，相应地，用户得到的电价折扣 $\Delta\rho_n(t)$ 就越多。因此，用户所享受到的实际电价就越低，进而由电力消费所带来的成本就越少。反之，若是该住宅用户在峰时增加用电，在谷时减少用电，用户得到的最终电价就会升高，用电成本便会增加。本章所建立的评价模型在起到激励居民削峰填谷作用的同时，又能对"逆行"的用户起到反向惩罚的作用。同样地，对于住宅用户的家用电器结构 XS 而言，XS 越大，住宅用户得到的实际电价就越低，由此可以激励住宅用户积极改善自己的家用电器结构，这样，用户在获得更低电价的同时，增强了自身对需求响应的响应能力和响应程度。

基于 IRTP 的评价模型表示为式（11.9）。

$$\rho_n(t) = \rho_{\mathrm{RTP}}(t) - \Delta\rho_n(t), \quad \rho_{\mathrm{RTP}}^{\min} \leqslant \rho_n(t) \leqslant \rho_{\mathrm{RTP}}^{\max} \tag{11.9}$$

其中，$\rho_n(t)$ 表示优化后的实际电价；$\rho_{\mathrm{RTP}}(t)$ 表示正在实施的实时电价；$\rho_{\mathrm{RTP}}^{\max}$ 和 $\rho_{\mathrm{RTP}}^{\min}$ 分别表示 $\rho_n(t)$ 的最大值和最小值；$\Delta\rho_n(t)$ 表示用户 n 在 t 时段根据评价模型得到的电价折扣。

用户 n 在 t 时段的电价折扣可以表示为式（11.10）。

$$\Delta\rho_n(t) = \eta\Delta\rho_{n,\mathrm{XT}}(t) + (1-\eta)\Delta\rho_{n,\mathrm{XS}}(t) \qquad (11.10)$$

进一步，可表示为式（11.11）。

$$\Delta\rho_n(t) = \eta\theta_{n,\mathrm{XT}}(t)S_{n,\mathrm{XT}}(t) + (1-\eta)\theta_{n,\mathrm{XS}}(t)\left[S_{n,\mathrm{XS}}(t) - S_{n,0}\right] \qquad (11.11)$$

其中，$S_{n,\mathrm{XT}}(t)$ 和 $S_{n,\mathrm{XS}}(t)$ 分别表示用户 n 在 t 时刻关于评价指标 XT 和 XS 的评分；$\theta_{n,\mathrm{XT}}(t)$ 和 $\theta_{n,\mathrm{XS}}(t)$ 表示用户 n 在 t 时刻相对应的电价折扣系数；η 表示评价指标电价折扣权重；$S_{n,0}$ 为 XS 指标的基础分，指用户 n 原始的 XS 所得评分。

对于小时转移电量 XT，本章设计了具有正向激励和反向惩罚的响应机制。通过判断当前时刻用户 n 的小时转移电量 $\mathrm{XT}_n(t)$ 的正负值来确定对用户是施行惩罚还是激励，如式（11.12）所示。

$$\Delta\rho_{n,\mathrm{XT}}(t) = \begin{cases} \dfrac{\rho_{\mathrm{RTP}}(t) - \rho_{\mathrm{RTP}}^{\max}(t)}{\overleftarrow{S_{n,\mathrm{XT}}^{\max}}} S_{n,\mathrm{XT}}(t), & \mathrm{XT}_n(t) < 0 \\[4mm] \dfrac{\rho_{\mathrm{RTP}}(t) - \rho_{\mathrm{RTP}}^{\max}(t)}{\overrightarrow{S_{n,\mathrm{XT}}^{\max}}} S_{n,\mathrm{XT}}(t), & \mathrm{XT}_n(t) > 0 \end{cases} \qquad (11.12)$$

其中，$\overleftarrow{S_{n,\mathrm{XT}}^{\max}}$ 和 $\overrightarrow{S_{n,\mathrm{XT}}^{\max}}$ 分别表示 $\mathrm{XT}_n(t)$ 为负值或正值时，负方向或正方向的最大评分值。当 $\mathrm{XT}_n(t) < 0$ 时，得到的 $\Delta\rho_{n,\mathrm{XT}}(t)$ 为负值，相应地优化后的实时电价 $\rho_n(t)$ 会增加；反之，当 $\mathrm{XT}_n(t) > 0$ 时，得到的 $\Delta\rho_{n,\mathrm{XT}}(t)$ 为正值，相应地 $\rho_n(t)$ 会减少。具体如图 11.2 所示。

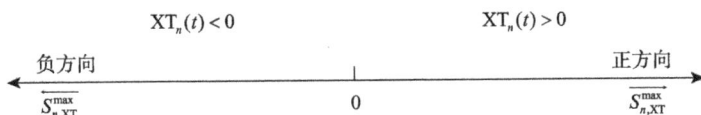

图 11.2　正负方向最大评分图示

同样地，家用电器结构 XS 所带来的价格折扣可表示为式（11.13）。

$$\Delta\rho_{n,\mathrm{XS}}(t) = \frac{\rho_{\mathrm{RTP}}(t) - \rho_{\mathrm{RTP}}^{\min}}{S_{n,\mathrm{XS}}^{\max} - S_{n,0}}\left[S_{n,\mathrm{XS}}(t) - S_{n,0}\right] \qquad (11.13)$$

其中，$S_{n,\mathrm{XS}}^{\max}$ 表示家用电器结构最大评分。

11.1.4　家用电器用电量和用电不舒适度的描述

本章构造了一个典型的住宅用户用电场景，其家庭成员遵循正常的社会生活节奏，正常三餐、上下班，并且置备了电动汽车。关于家用电器的分类，不同的文献采用了不同的电器分类方法，根据文献[24]，我们将引入的家用电器分为两类，即可移动负荷家用电器和可调负荷家用电器。可移动负荷家用电器指的是运行周期、各时段功率确定，运行时间可调的一类电器，如洗衣机、洗碗机、电烤箱、电动汽车等；关于可调负荷家用电器，我们主要考虑了空调和热水器两种电器，不同的室内温度和热水供应温度设置，会产生不同的运行状态和工作功率。对于可移动负荷家用电器，一个完整的运行周期包括几个确定的工作时段，每个时段对应于确定的运行功率。此外，为了更加细致地对家用电器运行时间及功率进行优化，我们将一天 24 小时分为 96 个时段，用 k 表示，$k=1,2,3,\cdots,96$，即每个时段为 15 分钟，每小时包括 4 个时段。可移动负荷家用电器的工作时段数量由 j_a 表示。

11.2　可移动负荷家用电器的用电量

可移动负荷家用电器一天的用电量可表示为式（11.14）。

$$\text{Con}_{n,\text{sh}} = \sum_{t=1}^{24} d_{n,\text{sh}}(t) = \sum_{k=1}^{96} \left(\sum_{a=1}^{A} P_a^k X_{n,a}^k \right), \quad \forall t \in T \quad (11.14)$$

其中，$\text{Con}_{n,\text{sh}}$ 表示用户 n 家中可移动负荷家用电器一天的用电量；$d_{n,\text{sh}}(t)$ 表示可移动负荷家用电器第 t 小时的用电量；a 表示可移动负荷家用电器，$a=1,2,3,\cdots,A$；P_a^k 表示电器 a 在 k 时段的功率；$X_{n,a}^k \in \{0,1\}$，$X_{n,a}^k = 1$ 表示家用电器 a 在 k 时段时为工作状态，反之，家用电器则处于空闲状态。由于每个时段为 15 分钟，每个小时 t 的用电量 $d_{n,\text{sh}}(t)$ 表示为第 t 小时 4 个时段内所有家用电器运行功率之和乘以 0.25，故可移动负荷家用电器第 t 小时的总用电量可表示为式（11.15）。

$$d_{n,\text{sh}}(t) = \frac{\sum_{\epsilon=1}^{4} \sum_{a=1}^{A} P_a^{4(t-1)+\epsilon} X_{n,a}^{4(t-1)+\epsilon}}{4}, \quad \forall t \in T \quad (11.15)$$

其中，ϵ 表示每个小时中的第 ϵ 个时段。

11.3　可调负荷家用电器的用电量

对于可调负荷家用电器我们主要考虑空调和热水器两种。

1. 空调

假设空调在额定功率状态下工作，在单位时间间隔 ΔT 内，室外温度保持不变，则室内温度和空调之间的关系 $\text{Temp}_{\text{ac,in}}^{k+1}$ 如式（11.16）所示[25]。

$$\text{Temp}_{\text{ac,in}}^{k+1} = \text{Temp}_{\text{ac,in}}^{k} + \frac{(\text{Temp}_{\text{ac,out}}^{k} - \text{Temp}_{\text{ac,in}}^{k}) \cdot \Delta T}{1\,000 \cdot M_{\text{air}} \cdot C_{\text{air}} \cdot R_{\text{eq}}} - \frac{X_{n,\text{ac}}^{k} \cdot P_{\text{ac}} \cdot \Delta T}{0.278 \cdot M_{\text{air}} \cdot C_{\text{air}}}, \quad \forall k > 0 \quad (11.16)$$

其中，$\text{Temp}_{\text{ac,in}}^{k}$ 和 $\text{Temp}_{\text{ac,out}}^{k}$ 分别表示 k 时段的室内外温度；$X_{n,\text{ac}}^{k}$ 表示空调在 k 时段的运行状态，$X_{n,\text{ac}}^{k} = 1$ 表示空调处于运行状态，$X_{n,\text{ac}}^{k} = 0$ 表示空调停止运行；R_{eq} 表示房屋的等效热阻；M_{air} 表示室内空气的质量；C_{air} 表示空气的比热容；P_{ac} 表示空调的功率。

此外，空调的运行状态 $X_{n,\text{ac}}^{k}$ 受当前时刻室内温度与室内温度设置上下限的影响，如式（11.17）所示。

$$X_{n,\text{ac}}^{k} = \begin{cases} X_{n,\text{ac}}^{k-1}, & \text{Temp}_{\text{ac,inset}}^{\min} \leqslant \text{Temp}_{\text{ac,in}}^{k} \leqslant \text{Temp}_{\text{ac,inset}}^{\max} \\ 1, & \text{Temp}_{\text{ac,in}}^{k} > \text{Temp}_{\text{ac,inset}}^{\max} \\ 0, & \text{Temp}_{\text{ac,in}}^{k} < \text{Temp}_{\text{ac,inset}}^{\min} \end{cases} \quad (11.17)$$

其中，$\text{Temp}_{\text{ac,inset}}^{\max}$ 和 $\text{Temp}_{\text{ac,inset}}^{\min}$ 分别表示室内温度设置上下限。当室内温度介于室内温度设置上下限范围之间时，空调的运行状态和前一时段保持一致；当室内温度高于室内温度设置上限时，空调此刻处于工作状态，反之，空调则停止工作。

2. 热水器

如果将冷水水温看成能量为零的基准参考点，那么根据能量守恒定律，当用户使用热水后，热水器内会被重新注入冷水，其内部的温度将会随之改变。

使用热水后 k 时段水箱内的温度满足式（11.18）[26]。

$$\widehat{\text{Temp}}_{\text{ewh}}^{k} = \frac{V_{\text{tan}k} - V_{\text{usage}}^{k}}{V_{\text{tan}k}}(\text{Temp}_{\text{ewh,in}}^{k} - \text{Temp}_{\text{inlet}}) + \text{Temp}_{\text{inlet}}, \quad \forall k > 0 \quad (11.18)$$

其中，$\widehat{\text{Temp}}_{\text{ewh,in}}^{k}$ 表示使用热水后 k 时段水箱内的温度；$\text{Temp}_{\text{ewh,in}}^{k}$ 表示热水使用前 k 时段水箱内的温度；$V_{\text{tan}k}$ 和 V_{usage}^{k} 分别表示水箱体积和 k 时段的热水消耗量。本章假设进水水温 $\text{Temp}_{\text{inlet}}$ 恒定不变。

当热水器在额定功率下运行时，可以得到加热后的 $k+1$ 时段水箱内的温度 $\text{Temp}_{\text{ewh,in}}^{k+1}$ 满足式（11.19）。

$$\text{Temp}_{\text{ewh,in}}^{k+1} = \widehat{\text{Temp}}_{\text{ewh}}^{k} + \frac{X_{n,\text{ewh}}^{k} P_{\text{ewh}} \Delta T 3\,600}{C_{\text{water}} M_{\text{water}}}, \quad \forall k > 0 \quad (11.19)$$

其中，P_{ewh} 表示热水器的运行功率；$X_{n,\text{ewh}}^{k}$ 表示热水器在 k 时段的工作状态，

$X_{n,\text{ewh}}^k = 1$ 表示热水器处于工作状态, $X_{n,\text{ewh}}^k = 0$ 表示热水器停止工作; M_{water} 表示热水器装满水时水的质量; C_{water} 表示水的比热容; 3 600 为小时和秒的转化系数。

热水器的运行状态 $X_{n,\text{ewh}}^k$ 受当前时刻水温与热水器温度设置上下限的影响, 如式 (11.20) 所示。

$$X_{n,\text{ewh}}^k = \begin{cases} X_{n,\text{ewh}}^{k-1}, & \text{Temp}_{\text{ewh,inset}}^{\min} \leqslant \widehat{\text{Temp}}_{\text{ewh,in}}^k \leqslant \text{Temp}_{\text{ewh,inset}}^{\max} \\ 1, & \widehat{\text{Temp}}_{\text{ewh,in}}^k \leqslant \text{Temp}_{\text{ewh,inset}}^{\min}, \\ 0, & \widehat{\text{Temp}}_{\text{ewh,in}}^k \leqslant \text{Temp}_{\text{ewh,inset}}^{\max} \end{cases} \quad \forall k > 0 \quad (11.20)$$

其中, $\text{Temp}_{\text{ewh,inset}}^{\max}$、$\text{Temp}_{\text{ewh,inset}}^{\min}$ 分别表示热水器温度设置的上下限。与空调类似, 水温介于热水器温度设置上下限范围之间时, 热水器的运行状态和前一时段保持一致; 当水温低于温度设置下限时, 热水器此刻处于工作状态, 反之, 则停止工作。

故可调负荷家用电器一天的用电量 $\text{Con}_{n,\text{ad}}$ 可以表示为式 (11.21)。

$$\text{Con}_{n,\text{ad}} = \sum_{k=1}^{96} (X_{n,\text{ac}}^k \cdot P_{\text{ac}} + X_{n,\text{ewh}}^k \cdot P_{\text{ewh}}), \quad \forall k > 0 \quad (11.21)$$

其中, 可调负荷家用电器在 t 时刻的用电量 $d_{n,\text{ad}}(t)$ 可以表示为式 (11.22)。

$$d_{n,\text{ad}}(t) = \frac{\sum_{\epsilon=1}^4 (X_{n,\text{ac}}^{4(t-1)+\epsilon} \cdot P_{\text{ac}} + X_{n,\text{ewh}}^{4(t-1)+\epsilon} \cdot P_{\text{ewh}})}{4}, \quad \forall t \in T \quad (11.22)$$

经过以上对两种类型家用电器的建模与分析, 住宅用户家庭中所考虑家用电器的总用电量成本 Cost_n 可以表示为式 (11.23)。

$$\text{Cost}_n = \sum_{t=1}^{24} \rho_n(t) \left[d_{n,\text{sh}}(t) + d_{n,\text{ad}}(t) \right], \quad \forall t \in T \quad (11.23)$$

11.4　用电不舒适度

对于住宅用户而言, 用电设备的负荷调度除了要考虑用电成本, 还要考虑用户的用电舒适度, 因此, 在家庭能源管理系统中对家用电器进行优化调度时, 用户的用电舒适度不容忽视。

1. 可移动负荷家用电器的用电不舒适度

对于可移动负荷家用电器，结合文献[11]，通过对不同家用电器运行时间的改变给居民生活带来的影响进行分析与研究，本章建立新的可移动负荷家用电器用电不舒适度函数 $u_{n,\text{sh}}$，如式（11.24）所示。

$$u_{n,\text{sh}} = \sum_{a=1}^{A}\left[\omega_{n,a}\frac{\left|\tilde{k}_{n,a} - k_{n,a}\right|}{k_{n,a}^{\text{ub}} - k_{n,a}^{\text{lb}}}\right], \quad \forall k > 0 \qquad （11.24）$$

其中，$k_{n,a}^{\text{ub}}$、$k_{n,a}^{\text{lb}}$ 分别为家用电器 a 可调时间范围的上下界；$\tilde{k}_{n,a}$ 表示家用电器 a 原始的开始工作时段；$k_{n,a}$ 表示家用电器 a 优化后的开始工作时段；$\omega_{n,a}$ 表示家用电器 a 的使用时间所产生不舒适度的权重，$\omega_{n,a}$ 越大，表示该家用电器在转移使用时间时产生的用电不舒适度越大。

2. 可调负荷家用电器的用电不舒适度

可调负荷（温控型负荷）家用电器的运行功率同温度设定值密切相关，温度设定值同居民满意性指标密切相关。文献[27]提出用电舒适度与当前温度距离设定的最佳温度的差值成指数关系，结合 PMV-PPD①热舒适方程曲线[28]，可以建立舒适度和偏离设定值百分比呈幂函数变化的满意性模型。由此，可调负荷（温控型负荷）家用电器用电不舒适度可以表示为式（11.25）。

$$u_{n,\text{ad}} = \sum_{k=1}^{96}\frac{e^{h^k} - 1}{e - 1}, \quad \forall k > 0 \qquad （11.25）$$

其中，h^k 表示温度偏离设定值的百分比，其计算方法如式（11.26）所示。

$$h^k = \frac{2 \times \left|\text{Temp}^k - \text{Temp}_{\text{set}}^k\right|}{\text{Temp}_{\text{set}}^{\max} - \text{Temp}_{\text{set}}^{\min}}, \quad \forall k > 0 \qquad （11.26）$$

其中，Temp^k 表示 k 时段的实际温度；$\text{Temp}_{\text{set}}^k$ 表示 k 时段所设定的最佳温度；$\text{Temp}_{\text{set}}^{\max}$ 和 $\text{Temp}_{\text{set}}^{\min}$ 分别表示可允许的室内温度上下限。因为用电不舒适度与室内温度和最佳温度的差值呈正相关关系，所以应尽量使室内温度接近最佳温度，但这往往要以增加用电成本为代价。因此，需要通过优化算法，找到用电成本和用电舒适度之间的平衡。

本节将空调和热水器的用电不舒适度分别表示为 $u_{n,\text{ac}}$ 和 $u_{n,\text{ewh}}$。经过以上对家用电器用电舒适度的建模与分析，住宅用户在参与需求响应时，由家用电器负荷调度所带来的总体用电不舒适度 U_n，如式（11.27）所示。

---

① PMV：predicted mean vote，预测平均投票数；PPD：predicted percentage of dissatisfied，预测不满意者的百分数。

$$U_n = \left[(1 - \omega_{ac} - \omega_{ewh})\right]u_{n,sh} + \frac{1}{2K}(\omega_{ac}u_{n,ac} + \omega_{ewh}u_{n,ewh}) \qquad （11.27）$$

其中，ω_{ac} 和 ω_{ewh} 分别表示空调和热水器功率变化时所产生用电不舒适度的权重。

11.5　负荷调度的优化模型

为了验证 IRTP 的有效性，本章构建了一个住宅用户负荷调度的优化模型，以期找到最优的结果，从而在降低电网峰谷差的同时能够有效地兼顾用户的用电舒适度。本章的目标函数有两部分：用电成本函数和各类型家用电器在负荷调度过程中的用户用电不舒适度函数。用电成本和用电不舒适度两个目标函数相互牵制、相互竞争。为了能够处理它们之间的冲突关系，这个问题的求解被构造成一个带约束的多目标混合整数规划模型。在目标函数的求解过程中，每个住宅用户都希望在以最低的用电成本满足每日正常电力需求的同时，还能够保证一定的生活舒适性和生活质量。由此，模型的目标函数可以记为式（11.28）。

$$\min F_n = \left[\alpha \frac{\mathrm{Cos}t_n}{\mathrm{Cos}t_{on}} + (1 - \alpha)U_n \right] \qquad （11.28）$$

其中，$\mathrm{Cos}t_n$ 和 U_n 分别表示用电成本函数和用户用电不舒适度函数；α 为权重因子，取值为 0~1 的小数；$\mathrm{Cos}t_{on}$ 表示住宅用户 n 的初始用电成本，如式（11.29）所示。

$$\mathrm{Cos}t_{on} = \sum_{t=1}^{24} \rho_{RTP}(t)d_{on}(t) \qquad （11.29）$$

其中，$\rho_{RTP}(t)$ 为 t 时刻原始的实时电价；$d_{on}(t)$ 为用户 n 在 t 时刻的初始用电量。

为了使各家用电器安全运行，并使各参数处于合理的范围内，根据家用电器在需求响应过程中的运行调度情况，本章给出如下约束条件。

1. 可移动负荷家用电器的运行时间约束

在可移动负荷家用电器的运行优化过程中，一旦确定家用电器 a 在 k 时段开始运行，该电器将会不间断地工作，直到本次运行周期的第 j_a 阶段结束，家用电器 a 才得以停止，如式（11.30）所示。

$$\prod_{j=1}^{j_a} X_{n,a}^{k+j-1} = 1 \forall \{n, a, j, k\}, \quad \forall k > 0 \qquad （11.30）$$

其中，$a = 1, 2, \cdots, A$；k 表示家用电器工作的起始时段；j_a 表示电器 a 整个运行周期所包含的阶段。

2. t 时刻的总功率 $p_{\text{ow}}(t)$

考虑到用户参与需求响应的实际情况，模型对用户家庭每小时的负荷需求进行限制，如式（11.31）所示。

$$P_n^{\min}(t) \leqslant \sum_{a=1}^{A}\left[\frac{1}{4}\sum_{q=1}^{4}\left(P_{n,a}^{4t+q}\cdot X_{n,a}^{4t+q}\right)\right] \leqslant P_n^{\max}(t) \qquad （11.31）$$

其中，$X_{n,a}^{4t+q}\in\{0,1\}$，$X_{n,a}^{4t+q}=1$ 表示家用电器 a 在 k 时段、第 j 阶段处于工作状态；总功率 $P_n^{\max}(t)$ 限制在 10 千瓦。

3. 电价约束

本章所提出的负荷调度的优化模型基于现实的实时电价，因此为保证优化后电价处于一个合理的电价范围内，模型对其进行了约束，即优化后电价应介于实时电价最低 $\rho_{\text{RTP}}^{\min}$ 和最高 $\rho_{\text{RTP}}^{\max}$ 之间，如式（11.32）所示。

$$\rho_{\text{RTP}}^{\min} \leqslant \rho_n(t) \leqslant \rho_{\text{RTP}}^{\max} \qquad （11.32）$$

4. 用电成本约束

本书所建立的目标函数希望在保证住宅用户用电舒适度的同时，降低用电成本，故对优化后的用电成本进行限制，如式（11.33）所示。

$$\text{Cost}_n \leqslant \text{Cost}_{\text{on}} \qquad （11.33）$$

其中，Cost_{on} 表示住宅用户 n 的初始用电成本；Cost_n 表示优化后用电成本。

5. 室内温度约束

$$\text{Temp}_{\text{ac,inset}}^{\min} \leqslant \text{Temp}_{\text{ac,in}}^{k} \leqslant \text{Temp}_{\text{ac,inset}}^{\max}, \quad \forall k>0 \qquad （11.34）$$

其中，$\text{Temp}_{\text{ac,inset}}^{\max}$ 和 $\text{Temp}_{\text{ac,inset}}^{\min}$ 分别表示可允许室内温度的上下限。

6. 热水器温度约束

$$\text{Temp}_{\text{ewh,inset}}^{\min} \leqslant \widehat{\text{Temp}}_{\text{ewh,in}}^{k} \leqslant \text{Temp}_{\text{ewh,inset}}^{\max} \qquad （11.35）$$

其中，$\text{Temp}_{\text{ewh,inset}}^{\max}$、$\text{Temp}_{\text{ewh,inset}}^{\min}$ 分别表示可允许热水器温度的上下限。

11.6　模型数据和参数

为了验证本章所提出的 IRTP 的可行性，我们模拟了一个普通家庭用户的 7

种家用电器，共 10 种使用情形，分别为：可移动负荷，包括洗碗机（早）、洗碗机（中）、洗碗机（晚）、洗衣机、电动汽车、烤箱（早）、烤箱（晚）、冰箱；可调负荷家用电器，包括空调和热水器。其中，早、中、晚分别指家用电器运行的时间为早上、中午和晚上。家用电器运行数据参考文献[24]。

　　对于可移动负荷家用电器，不同的家用电器具有各自确定的运行周期、运行时间，以及确定的功率曲线。我们将一天 24 小时分为 96 个时段，用 k 表示，$k=1,2,3,\cdots,96$，每个时段为 15 分钟。需要强调的是，为了使模型仿真计算方便，本章将一天的早上 6：00 作为一天的开始，此时的 k 值为 1，与之对应，将早上的 5：45 作为一天的结束，此时的 k 值为 96。本章中考虑的家用电器 a 数量为 A，$a=1,2,3,\cdots,A$。每个电器有特定的运行周期，以洗衣机为例，洗衣机工作主要可分为清洗、漂洗和干燥三个阶段，整个运行周期大约需要 120 分钟，计 8 个时段，持续的工作时段用 j_a 表示。

　　文献[6]的调查数据表明，中国家庭在 0：00 之后几乎处于睡眠状态，而在 6：00 之后开始恢复日常活动。烹饪活动分为三个时间段：6：30~8：30，11：00~13：00，17：00~19：00。因此，本章根据普通家庭的日常生活起居习惯，定义各家用电器的运行时间范围，如表 11.2 所示。

表11.2　各家用电器的运行时间范围

家用电器		家用电器的工作时段
可移动负荷	洗碗机（早）	11~16
	洗碗机（中）	33~40
	洗碗机（晚）	59~90
	洗衣机	1~89
	电动汽车	47~87
	烤箱（早）	1~7
	烤箱（晚）	47~62
	冰箱	1~96
可调负荷	空调	1~96
	热水器	1~96

　　为了降低优化模型计算的工作量，本章在选取评价指标时，只选取住宅用户的小时转移电量作为评价数据。根据得到的住宅用户的小时转移电量，通过最优分割方法，将小时转移电量分成 6 组，在优化过程中，根据小时转移电量落入的区间，得到相应的分数，然后通过转化得到相应的折扣电价，进而得到具体用户

的实时电价。这里为了简化计算过程，当小时转移电量小于零时，本章统一分配给该用户在此时刻以固定的惩罚电价，本书选取的惩罚电价为-0.2 元/千瓦时。表 11.3 为通过评价模型得到的小时转移电量的评分区间和经过评价之后的得分。

表11.3　小时转移电量的评分区间和经过评价之后的得分

分组	小时转移电量 XT /千瓦时	得分
1	(0,0.287 5]	39.00
2	(0.287 5,0.737 5]	71.25
3	(0.737 5,2.060 0]	80.00
4	(2.060 0,2.570 0]	85.50
5	(2.570 0,3.797 5]	88.60
6	(3.797 5,10.000 0]	93.70

需要强调的是，本章通过使用参考文献[6]中关于"Households demand response probability of different activities" 的问卷调查数据，经过转化，解决了式（11.3）中，在 XT 和 XS 的影响下 $\rho(y=1)$ 的问题。可调负荷家用电器包括空调和热水器。对于空调的优化，我们假设空调需要对尺寸为 30 米 × 10 米 × 4 米的房间进行制冷，房间墙壁的厚度为 0.15 米，由此可以计算出墙壁的等效热阻[29]，根据房间体积和空气密度，并假设房间中有 40%的空间被家具等生活用品占据，我们得出室内空气质量为 882 千克，C_{air} 为空气的比热容，R_{eq} 为房间的等效热阻，P_{ac} 为空调功率，此处我们选取空调正常运行时的平均功率，并假设空调开启时以平均功率运行，具体参数见表 11.4。此外，根据人体的生物特征，本章我们将 24 摄氏度作为人体最适宜的室内温度。

表11.4　房屋及空调的具体参数

房屋尺寸/米			墙体厚度/米	导热系数 /（瓦/米·摄氏度）	M_{air} /千克	C_{air} /（焦耳/千克·摄氏度）	R_{eq} /（摄氏度/瓦）	P_{ac} /瓦
长	宽	高	0.15	136.8	882	1 010	$3.426\ 5 \times 10^{-6}$	1 300
30	10	4						

根据文献[25]，我们选取了某城市夏季一天典型的温度作为本章实验所需的室外温度，其中最低温度为 22.3 摄氏度，最高温度为 38.5 摄氏度，一天中共有 16 个小时的温度超过了 24 摄氏度，如图 11.3 所示。此外，对于热水器，我们选取了文献[30]中的数据作为普通家庭一天中实际的热水需求数据，如图 11.4 所示。

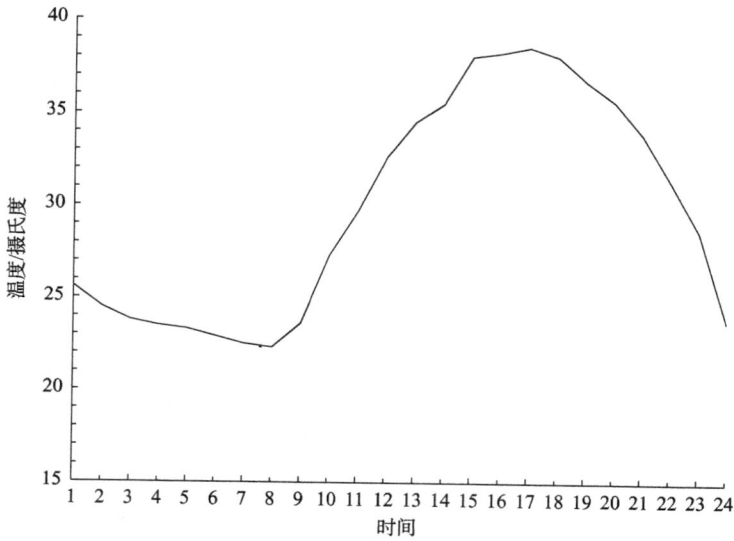

图 11.3　一天中的室外温度

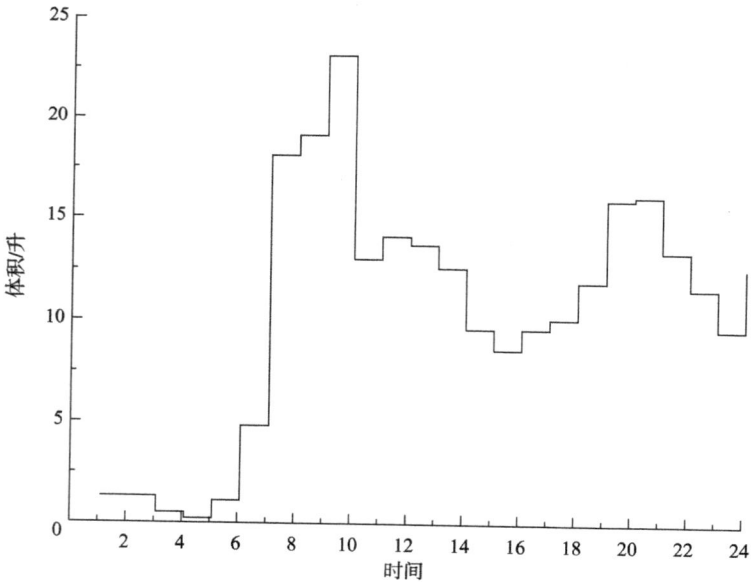

图 11.4　用户每小时的热水消耗

　　热水器的其他参数如下：V_{tank} 表示热水器的容积，最大容量为 80 升；C_{water} 表示水的比热容，取值为 4 180 焦耳/千克·摄氏度；我们选取热水器的工作平均功率作为运行功率，P_{ewh} 取值为 2 100 瓦。此外，考虑到居民使用热水的众多场景，本章将 70 摄氏度作为热水器水温的最佳温度。

根据所构建的家庭用户的用电场景，可以得出该家庭用户一天中每小时的用电情况，如图 11.5 所示。根据文献[31]，我们得到了某地区一天中实时电价的平均数据，如图 11.6 所示。

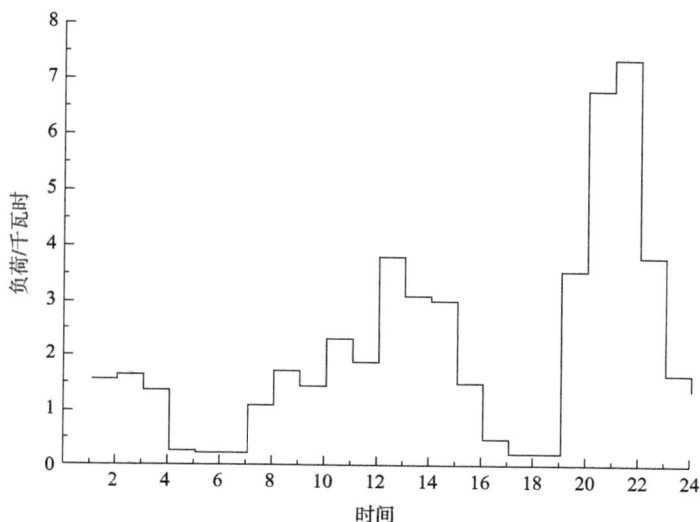

图 11.5 用户的负荷曲线

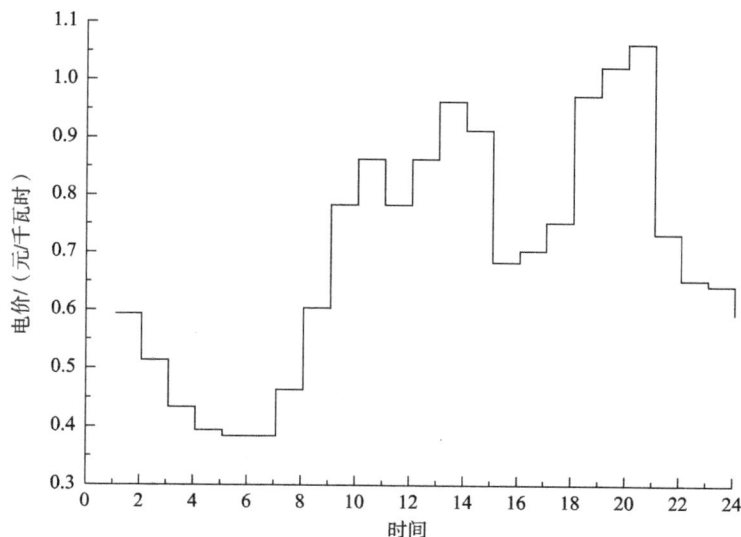

图 11.6 一天中的电价曲线

此外，需要强调的是，由于本章选取的家用电器数量较少，无法精准地模拟家庭用电的真实情况，为了防止在优化仿真过程中出现某一时刻家庭总用电功率为零的情况，本章在选取数据时加入了冰箱的 24 小时用电数据。冰箱用电数据的加入，旨在使模拟的家庭用电场景更加真实，实际优化计算中，冰箱并不参与。

本章模型中涉及的其他参数如下：ω_a 表示家用电器 a 的使用时间所产生的用电不舒适度权重系数，ω_a 的取值为 $[0.16, 0.16, 0.16, 0.16, 0.04, 0.16, 0.16]$；空调和热水器的用电不舒适度权重系数 ω_{ac}、ω_{ewh} 分别取值为 0.33 和 0.33；此外，本章分别考虑了权重因子 $\alpha = [1, 0.9, 0.7, 0.5, 0.3]$ 的情况。

11.7　数值模拟和案例分析

11.7.1　居民电器优化调度结果

我们根据假设的普通住宅用户用电数据，通过模拟仿真，得出家用电器最佳的运行调度计划。如图 11.7 所示，其下半部分为各家用电器在一天之中的运行时间及持续时间，与之相对应，图 11.7 的上半部分表示各家用电器运行在不同时间的功率值。图 11.7 中各家用电器运行时间与其同时间的功率值相对应。由图 11.7 可以看出，电动汽车充电时间为 4：00~6：00，其对应图的上半部分的功率分别为 3 千瓦、3 千瓦和 1.5 千瓦。

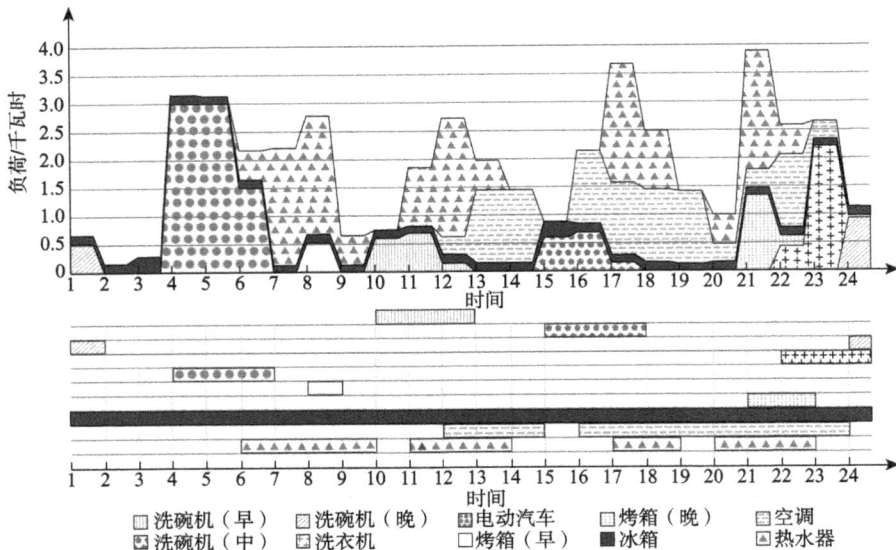

图 11.7　各家用电器的运行调度及负荷曲线

各家用电器优化前后具体的运行时间及对应的功率大小如图 11.8 所示，其横轴表示时间，纵轴表示每个家用电器在对应运行时间的功率。图 11.8（a）~图 11.8（c）为洗碗机的运行调度优化结果，可以看到，洗碗机优化后的运行时间变动较小，这是由其电器使用属性决定的，因为对于洗碗机而言，其工作时间必然是在上一餐结束后才开始运行的，但在下一餐开始准备之前需要结束；图 11.8（d）为洗衣机的运行调度优化结果，其优化后的运行时间则由 11：00 电网负荷压力较大的时段转移到 22：00 以后；同样地，电动汽车的运行时间则由 20：00 转移到 4：00 电网负荷较低的时候；烤箱的运行调度与洗碗机类似。图 11.8（i）和图 11.8（j）表示空调和热水器的运行调度优化结果，与优化前的运行数据相比，优化后的运行调度综合考虑了用电成本和用电舒适度两个指标，优化后的结果是以损失用电舒适度为前提的，从而达到较少用电成本的目的。

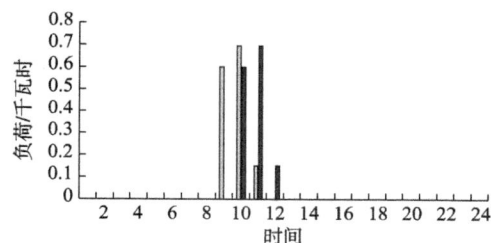

（a）洗碗机（早）

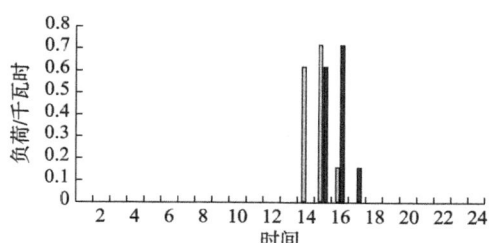

（b）洗碗机（中）

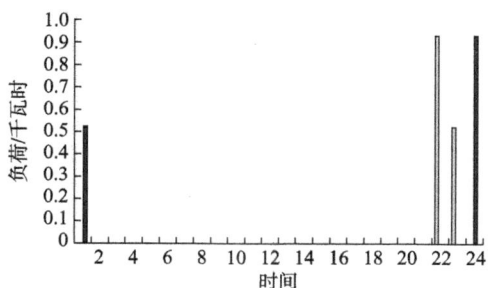

（c）洗碗机（晚）

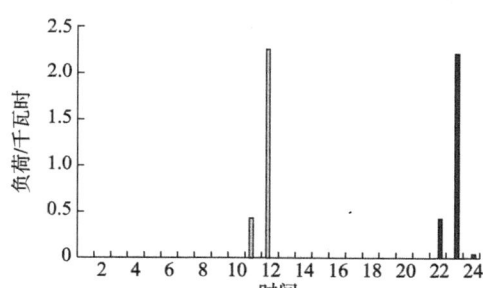

（d）洗衣机

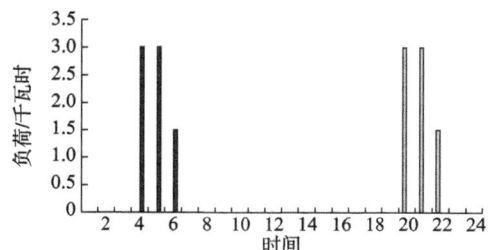

（e）电动汽车

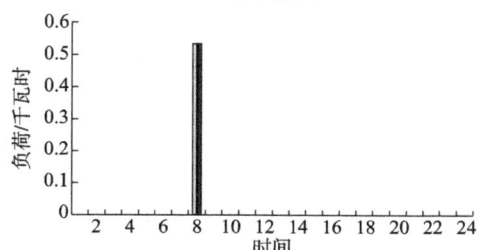

（f）烤箱（早）

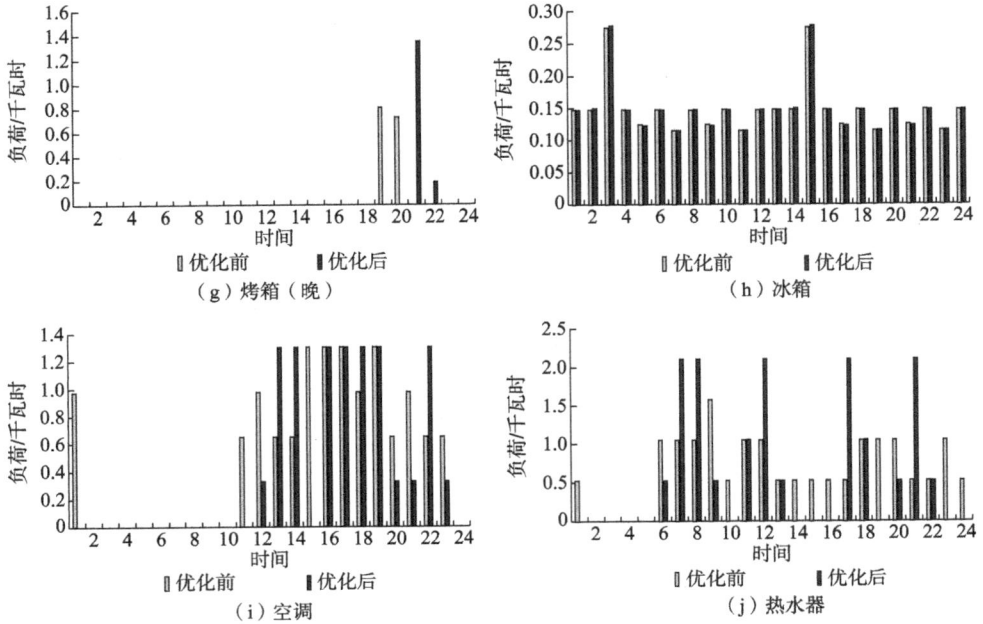

（g）烤箱（晚）　　　　　　　（h）冰箱

（i）空调　　　　　　　　　　（j）热水器

图 11.8　家用电器的优化结果

　　图 11.9 为室外温度、室内温度和人体最适宜温度的对比，可以看出，一天中室外温度变动较大，但室内温度始终围绕人体最适宜温度波动。图 11.10 为热水器的水温和小时热水使用量的关系，可以看出，热水器的水温依然围绕设定的最佳温度上下波动，除此之外值得注意的是，热水器的水温随着热水使用量的变化会发生相应的波动，由于假设忽略了热水使用、热水器进水及加热的时间，随着热水使用量的增加，在曲线中热水器的水温会随之增加，这是热水使用量及进水量的增加使得水温下降从而使得热水器工作的结果。

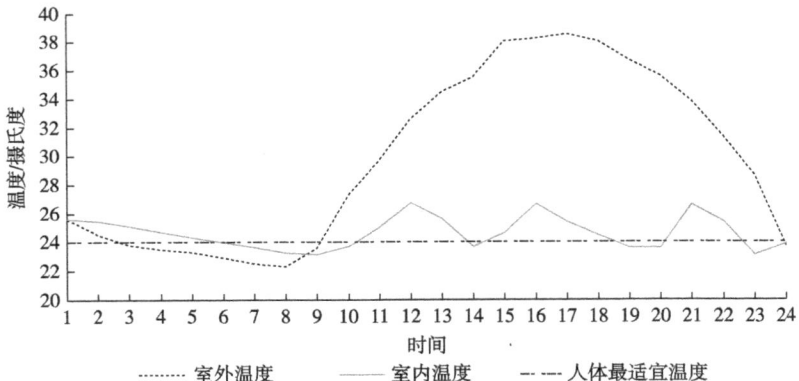

图 11.9　小时室内外温度曲线

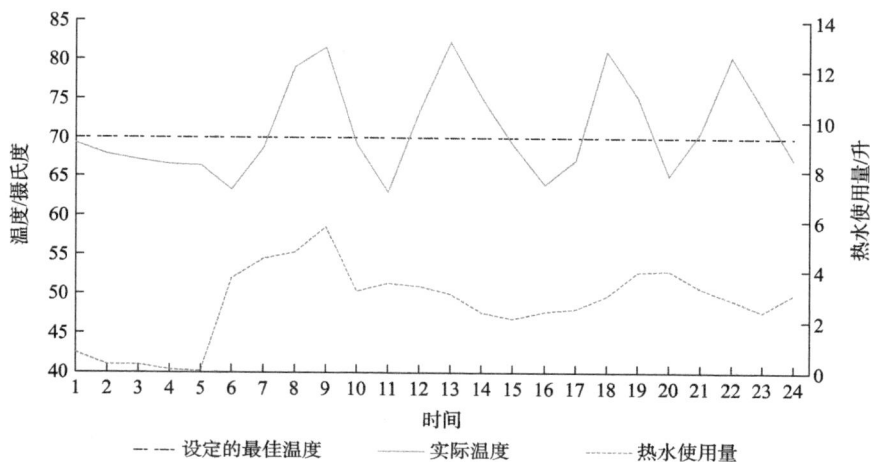

图 11.10 小时热水使用量及水温

为了更好地体现用户用电成本和用电不舒适度之间的关系，图 11.11 和图 11.12 分别展示了在不同 α 值下，用户的用电成本和用电不舒适度之间的关系。可以看出，根据式（11.28），随着 α 值的减小，用户的用电成本有明显的上升趋势，相反，用户的用电不舒适度却逐渐减小。由此可以得出，当家庭用户想要节省用电成本时，要以更高的用电不舒适度为代价，相反，如果用户更注重用电舒适度时，就要付出更多的用电成本。因此，通过调节 α 值的大小，可以针对不同的家庭用户制订相应的调度计划，以满足个性化的用电需求。

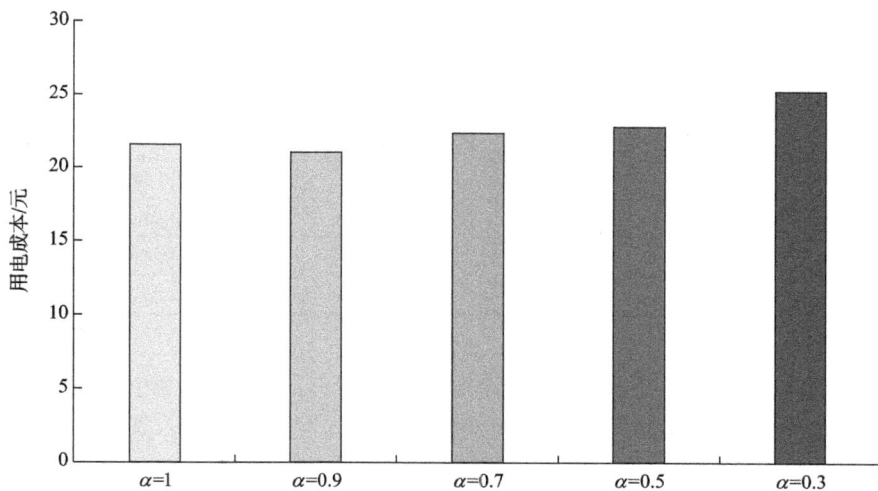

图 11.11 不同 α 值下的用电成本

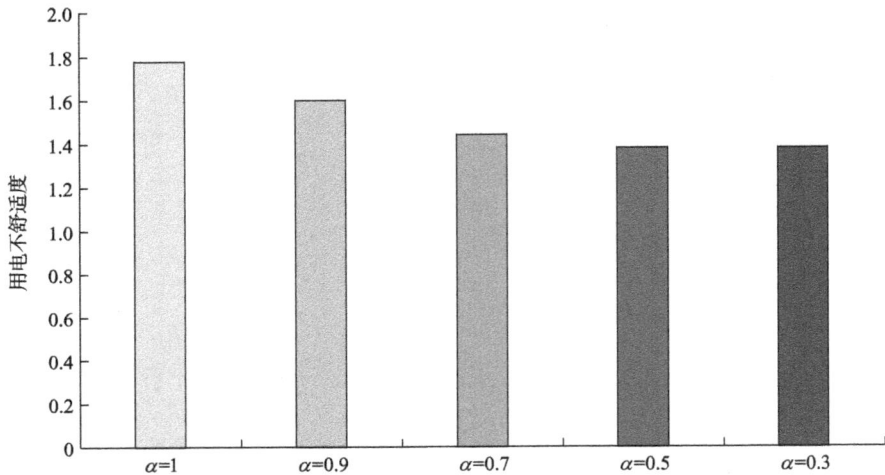

图 11.12　不同 α 值下的用电不舒适度

11.7.2　案例分析

为了更进一步验证本章所提出的 IRTP 的有效性，本章设计了 3 个对比案例来加以验证，如表 11.5 所示。首先，案例 1 为用户的初始用电状态；案例 2 在不使用评价模型进行评价的情况下，仅根据当日实时电价的价格波动对家用电器的运行调度进行优化；案例 3 则使用本章所提出的评价模型对用户的用电情况进行评价，并根据各时刻的小时转移电量通过电价的形式对用户做出正向激励或反向惩罚，进而得到最终的家用电器最优调度。

表11.5　评价模型的3个案例分析

案例	评价模型	功率优化	说明
案例 1	×	×	初始用电量及电价
案例 2	×	√	在没有评价模型的情况下进行优化
案例 3	√	√	在有评价模型的情况下进行优化

注：√表示有，×表示无

图 11.13 为案例 1~案例 3 在 24 小时内的用电负荷曲线,本章引入用电负荷波动率指标，定义为用电负荷标准差与均值之比。与案例 1 相比，案例 3 的用电负荷曲线相对比较平缓，用电负荷波动率从 91.93%下降到 56.01%。更详细地，在11：00~14：00 和 19：00~23：00 两个用电高峰期，案例 3 的用电负荷曲线没有较大的波动，并且案例 3 将部分用电转移至晚间用电低谷期，起到了削峰填谷、平稳用电负荷曲线的作用。图 11.14 体现了案例 3 的电价与小时转移电量的关系，

可以看出，当小时转移电量的值小于零时，对应用户的电价相对比较高，当小时转移电量大于零时，用户能够享受到相对较低的电价，最终的电价如图 11.15 所示。在用电高峰期，通过调整用电策略，将用电需求转移到用电低谷期，由此产生正的小时转移电量，进而得到较低的电价。此外该结果也验证了 IRTP 的有效性。图 11.16 为案例 1~案例 3 的用电成本曲线，相较于案例 1 和案例 2，案例 3 得益于新的电价机制和系统对家用电器运行的最优调度，其用电成本明显减少，并且主要集中在用电高峰期。图 11.17 为案例 1~案例 3 的总用电成本对比，相较于案例 1，案例 2 的成本降低了 20.42%，案例 3 的成本减少最为显著，降低了 43.06%。

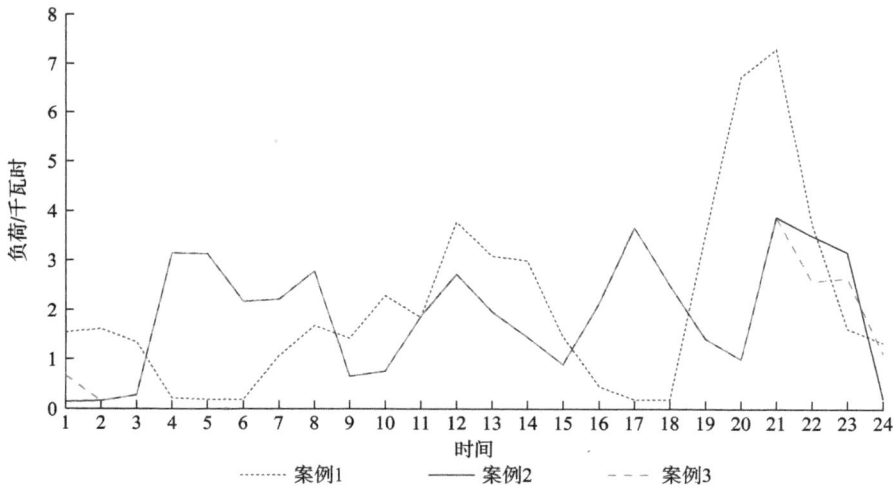

图 11.13 案例 1~案例 3 24 小时的用电负荷曲线

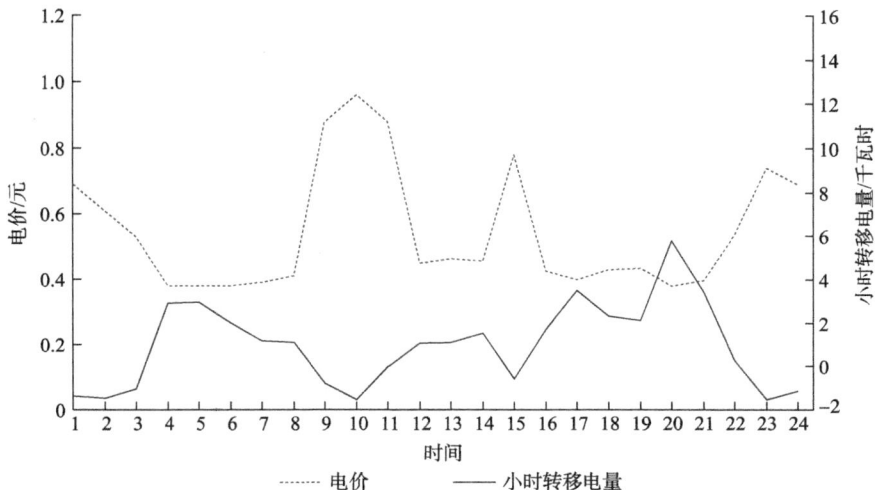

图 11.14 案例 3 的电价与小时转移电量

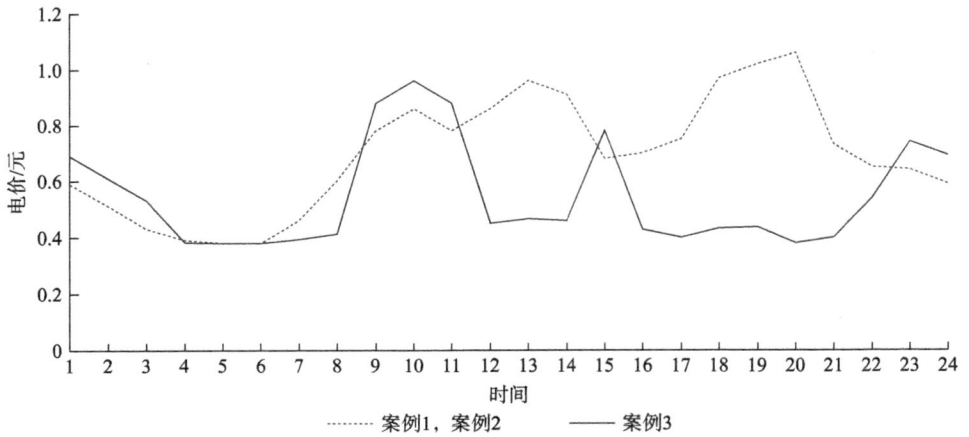

图 11.15　案例 1~案例 3 的电价曲线

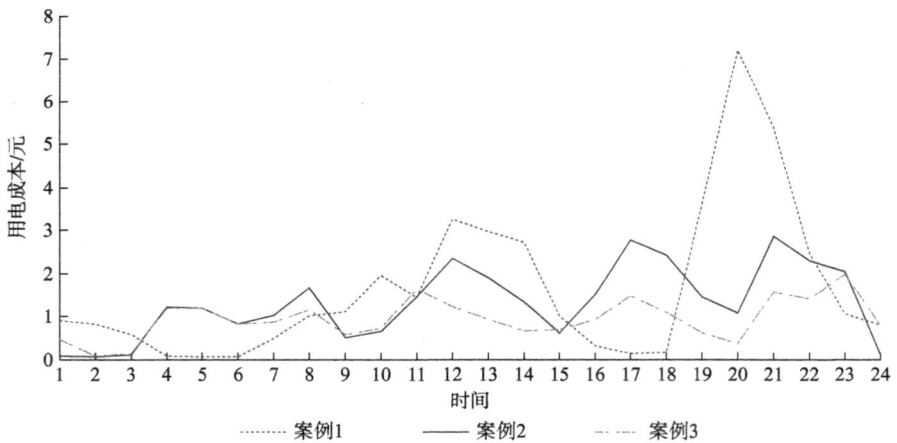

图 11.16　案例 1~案例 3 的用电成本曲线

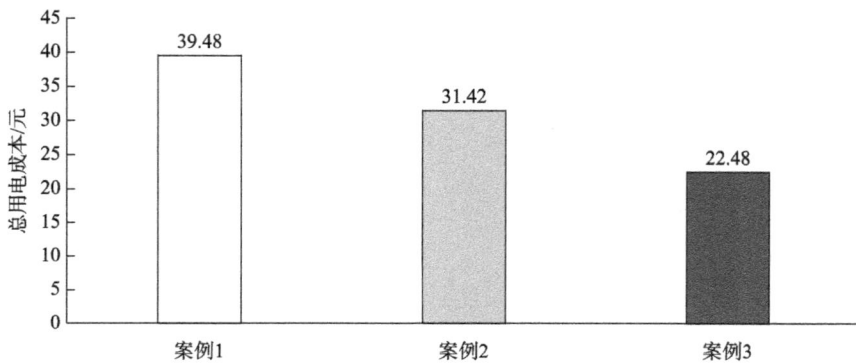

图 11.17　案例 1~案例 3 的总用电成本

由此可见，本章提出的 IRTP 和优化模型，可以根据用户用电数据动态调整电价，在降低用户用电成本的同时，也能显著地减少用电负荷的波动。这种电价定价机制和优化模型，对于单个用户而言，可以在兼顾用电舒适度的同时，最大限度地降低用电成本。对于一个群体、社区或者地区而言，用户用电需求的多样性，能够更加显著地改善负荷波动对电网造成的冲击。由此看来，IRTP 的实施，不仅能够提高用户参与需求响应的积极性，而且对电网而言可以起到很好的削峰填谷的作用。

11.8 本 章 小 结

本章从住宅用户的角度出发，通过考虑用户特征和用电数据，提出一种新的基于评价模型的住宅需求响应 IRTP。通过考虑用户的用电成本和用电不舒适度，本章构建了一个住宅用户负荷调度的优化模型，并使用混合整数规划的优化方法，求解出最佳的住宅用户负荷调度。为了验证 IRTP 的合理性，本章进行了用电成本和用电不舒适度分析。仿真结果表明，该 IRTP 可以兼顾用电成本和用电不舒适度，通过调整权重的大小，达到两者之间的平衡。同时，针对不同住宅用户需求的特点，通过制订相应的调度计划，满足个性化的用电需求。

智能电网作为未来电网发展的必然方向，相较于传统电价，其新的电价定价机制需要具有更多的灵活性及更好的适应性，以满足多种终端用户的用电需求。终端用户可能不再像传统模式下被动地接受一个给定的电价，而是通过主动参与及自身的用电行为，改变当前自身的电价水平。为提高终端用户参与需求响应的程度和积极性，本章所提出的 IRTP 或许可以为公共事业企业或零售服务商提供一种新的基于价格的需求响应的方向和可能性。除此之外，对于一些尚未实施实时电价或实施机制不完善的地区，IRTP 也可以作为一种有效的补充或替代方案。本章所提出的电价定价机制对于实施实时电价提供了一种新的思路，对于其他类型的电价定价机制，如分时电价等，也同样适用。但是，本章提出的电价机制只是从用户侧出发，对于电力供应和服务商而言，这种电价定价机制是否对其有利，换言之，采用这种电价机制是否能够满足其盈利需求，目前尚未讨论。

此外，本章的研究工作还需要进一步深入和完善。第一，可以增加用户特性量化指标，以对用户参与需求响应的响应能力和响应程度等方面进行更加准确的刻画。第二，为了使模拟仿真结果更加接近于真实并且更有说服力，可以针对不同的住宅用户，模拟更多的用电需求。第三，本章所用到的参数还需进行进一步的分析和优化。

参 考 文 献

[1] Li Y, Shen Y, Zhou L, et al. Progressive time-differentiated peak pricing（PTPP）for aggregated air-conditioning load in demand response programs. International Transactions on Electrical Energy Systems, 2018, 29（1）: 1-16.

[2] Vishnupriyan J, Manoharan P. Prospects of hybrid photovoltaic-diesel standalone system for six different climate locations in Indian state of Tamil Nadu. Journal of Cleaner Production, 2018, 185: 309-321.

[3] Schlereth C, Skiera B, Schulz F. Why do consumers prefer static instead of dynamic pricing plans? An empirical study for a better understanding of the low preferences for time-variant pricing plans. European Journal of Operational Research, 2018, 269（3）: 1165-1179.

[4] Levin R. Time-variant pricing for California's small electric consumers. Division of Ratepayer Advocates, 2011.

[5] Zhou X, Ai Q, Wang H. A distributed dispatch method for microgrid cluster considering demand response. International Transactions on Electrical Energy Systems, 2018, 28（4）: e2634.

[6] Wang H, Fang H, Yu X, et al. How real time pricing modifies Chinese households' electricity consumption. Journal of Cleaner Production, 2018, 178: 776-790.

[7] Campillo J, Dahlquist E, Wallin F, et al. Is real-time electricity pricing suitable for residential users without demand-side management? Energy, 2016, 109: 310-325.

[8] Anees A, Chen Y P P. True real time pricing and combined power scheduling of electric appliances in residential energy management system. Applied Energy, 2016, 165: 592-600.

[9] Jiang J, Kou Y, Bie Z, et al. Optimal real-time pricing of electricity based on demand response. Energy Procedia, 2019, 159: 304-308.

[10] Yaghmaee M H, Kouhi M S, Garcia A L. Personalized pricing: a new approach for dynamic pricing in the smart grid. 2016 IEEE Smart Energy Grid Engineering, Oshawa, 2016.

[11] Sun M, Ji J, Ampimah B C. How to implement real-time pricing in China? A solution based on power credit mechanism. Applied Energy, 2018, 231: 1007-1018.

[12] Monfared H J, Ghasemi A, Loni A, et al. A hybrid price-based demand response program for the residential micro-grid. Energy, 2019, 185: 274-285.

[13] Cornélussea B, Savelli I, Paoletti S, et al. A community microgrid architecture with an internal local market. Applied Energy, 2019, 242: 547-560.

[14] Steriotis K, Tsaousoglou G, Efthymiopoulos N, et al. A novel behavioral real time pricing

scheme for the active energy consumers' participation in emerging flexibility markets. Sustain Energy Grids, 2018, 16: 14-27.

[15] Mamounakis I, Efthymiopoulos N, Makris P, et al. A novel pricing scheme for managing virtual energy communities and promoting behavioral change towards energy efficiency. Electric Power Systems Research, 2019, 167: 130-137.

[16] Wang L, Chen J, Peng K, et al. Reward fairness-based optimal distributed real-time pricing to enable supply-demand matching. Neurocomputing, 2021, 427: 1-12.

[17] Tsousoglou G, Efthymiopoulos N, Makris P, et al. Personalized real time pricing for efficient and fair demand response in energy cooperatives and highly competitive flexibility markets. Journal of Modern Power Systems and Clean Energy, 2018, 7: 151-162.

[18] Javed H T, Beg M O, Mujtaba H, et al. Fairness in real-time energy pricing for smart grid using unsupervised learning. The Computer Journal, 2019, 62 (3): 414-429.

[19] Lee K, Lee H, Yoon Y, et al. Assuring explainability on demand response targeting via credit scoring. Energy, 2018, 161: 670-679.

[20] Zhang Y. Research on credit risk assessment of P2P network platform: based on the logistic regression model of evidence weight. Journal of Research in Business, Economics and Management, 2018, 10 (2): 1874-1881.

[21] Zhang X, Zhu S, He J, et al. Credit rating based real-time energy trading in microgrids. Applied Energy, 2019, 236: 985-996.

[22] Good I J. Weight of evidence: a brief survey. Bayesian Statistics, 1983, 2: 249-269.

[23] Geng J, Zhang X, Yuan S, et al. Research and implementation of users' outage sensitivity score card based on logistic regression model. Power Demand Side Management, 2018, 20 (3): 46-50.

[24] Qayyum F A, Naeem M, Khwaja A S, et al. Appliance scheduling optimization in smart home networks. IEEE Access, 2015, 3: 2176-2190.

[25] Paterakis N G, Medeiros M F, Catalão J P S, et al. Optimal daily operation of a smart-household under dynamic pricing considering thermostatically and non-thermostatically controllable appliances. 2015 IEEE 5th International Conference on Power Engineering, Energy and Electrical Drives, Riga, 2015.

[26] Shaad M, Momeni A, Diduch C P, et al. Parameter identification of thermal models for domestic electric water heaters in a direct load control program. 2012 25th IEEE Canadian Conference on Electrical and Computer Engineering, Montreal, 2012.

[27] Sun C, Wang Z, Jiang X, et al. Coordinated optimization strategy for grid-connected microgrid considering demand response. Proceedings of the CSU-EPSA, 2018, 30 (1): 30-37.

[28] Homod R Z, Sahari K S M, Almurib H A F. Gradient auto-tuned Takagi-Sugeno fuzzy forward control of a HVAC system. Energ and Buildings, 2012, 49: 254-267.

[29] Wang H, Meng K, Luo F, et al. Demand response through smart home energy management using thermal inertia. 2013 Australasian Universities Power Engineering Conference, Hobart, 2013.

[30] Liu M, Hu X, Meng D. Residential microgrid load scheduling strategy based on time-of-use

（TOU）pricing. Industrial Control Computer，2016，29（12）：6-8.

[31] Yao L，Damiran Z，Lim W H. Energy Management optimization scheme for smart home considering different types of appliances. 2017 IEEE International Conference on Environment and Electrical Engineering and 2017 IEEE Industrial and Commercial Power Systems Europe，Milan，2017.

第12章　基于信用函数的激励机制优化个体峰谷用电行为研究

近年来，电力生产成本一直是电力生产企业和电力行业广泛关注的问题。因此，许多研究尝试通过设计有效的方案，来帮助电力生产企业生产电力并管理电力在工业、商业及住宅领域的使用[1, 2]。其中，最新的研究工作主要集中在发电、配电及电力使用的成本上，因为电力生产企业和用户是电力市场中的主要利益相关者，所以其研究目标是最小化电力生产成本和最大化利润，同时最小化用户效用成本和最大化用户满意度。为了应对气候变化带来的挑战，大多数研究人员致力于以环境友好的方式，在现有的装机容量下，寻求电力生产和电力消费之间的平衡。

智能电网为利益相关者带来了极大好处，并解决了电力管理方面的许多问题，但还需要对其进一步完善来确保电力生产者的利益及保证用户从电力市场中获得更好的服务[3~5]。一方面，用户可以通过在电价过高或用电高峰期减少用电负荷，降低用电成本，另一方面，这也有利于电力生产企业减少用电高峰期的发电成本，从而减少环境污染。此外，智能电网为电力运营商提供可靠的数据和信息，指导它们在运营、网络设置和配电方面做出决策。在这个数字信息化的时代，智能电网配电网系统有效地确保电力的可靠供应，同时迅速满足终端用户的电力需求[6]。发电和配电企业可以通过智能电网随时了解用户的用电负荷，在采用统一费率的情况下，智能电表可以确保只有在高峰期使用更多电力的用户才需要为其使用付费，而其他用户无须付费[7, 8]。

根据美国能源部的定义，需求响应是指当电力市场批发价格升高或系统可靠性受到威胁时，电力用户接收到供电方发出的诱导性减少负荷的直接补偿通知或者电力价格上升信号后，改变其固有用电模式的短期行为。需求响应包括基于激励的需求响应计划和基于价格的需求响应计划（分时电价、尖峰电价、动态定价）[9~13]。通过智能电网，用户可以获得实时更新的数据和电价信息[14]。智能电网计量系统与通信网络系统相结合，显著改善了不同需求响应项目，从而帮助用户节约了用电成本,并间接改善了环境质量[6]。在智能电网中,电力生产企业的责任是整合分布式可再生能源、提供节能服务、促进局部供需平衡、构建智能能源系统和收集大量信息。配电企业则通过制订最优需求响应计划为用户提供高水平、可靠和优质的服务[6, 15]。

智能电网和放松管制的电力系统不同,智能电网的数据和信息传输是双向的,并且智能电网能够及时准确地做出决策来满足当前的电力需求,同时,根据合约规定,配电网系统可以通过智能电网发送和接收数据及信息来管理用户的电力分配。在没有智能电网的情况下,放松管制的电力系统可以根据不同的时间对电力进行定价,但不能对发电企业和用户进行协调和管理[16, 17]。

提高电网可靠性和电力市场效率已经成为许多研究工作的重点,同时也是需求响应计划的主要研究内容之一。因此,需求响应计划受到该领域大多数研究者的关注[18]。基于激励的需求响应计划是对参与需求响应计划的用户提供补偿。基于价格的需求响应计划是通过价格变化反映实时电力市场和电网运行的现状,其中包括实时电价、分时电价和尖峰电价[19]。目前,电力生产企业可分为供电企业、发电企业和设计施工修造企业。配电网系统有以下几种主要的收费方式:①基础的网络连接费用;②系统使用费;③合理的电网费用,即考虑分布式能源时,根据用户类别、使用时间和用户移动性来收取网络费用。当用户连接自己的能源资源时,基础的网络连接费用就会增加,因为终端用户必须承担对电网造成的外部性责任[6]。

需求响应计划提高了电力供应的连续性及电力市场的灵活性,从而保证了及时和高效的电力供应[20]。需求响应计划能够引导终端用户积极参与到电力市场中,一方面,智能电网可以获得最佳负荷利用率,另一方面,可以根据提前约定好的价格对用户使用公共电力进行奖励。虽然需求响应计划还没有被证明可以从电力市场价值链中获得潜在开支节省,但需求响应计划具有灵活的供应特性,这一特点是利益相关者非常重视的[8, 21]。近年来,许多学者在需求响应领域做了广泛的研究,研究主体涵盖了发电厂、分销商、零售商和用户,目的是发掘电力市场中日益增多的利益相关者。Aghaei 和 Alizadeh[22]使用改进的ϵ约束多目标优化方法,研究了在成本排放的机组组合问题中考虑带负荷控制的尖峰定价(critical peak pricing with load control,CPPLC)的需求响应问题。他们的研究表明,当考虑包含发电厂运行的多个目标函数时,需求响应计划可以同时实现多个预期结果。

Aghaei 等[9]通过研究发电机组发生故障时应急需求响应方案对提高电力可靠性的影响,探讨了需求响应方案对电力系统可靠性的贡献。其目的是通过验证需求响应方案整合安全约束机组组合问题(security constraint unit commitment,SCUC)的有效性,提高社会效益和电力可靠性指标。他们的研究结果表明,在电力批发市场中,用户作为需求方通过减少用电负荷来获得相应的利益作为回报,这有利于提高用户的社会福利。因此，这与本章的研究方向是一致的，本章的研究重点是用户的负荷，即可削减负荷和可转移负荷，同时引入一个积分函数，来奖励用户在高峰期减少负荷和转移负荷，以及在非高峰期增加负荷的短期行为。Aghaei 等[9]的研究表明，通过减少高峰期非常昂贵的非自愿性的负荷，可以提高电力的可靠性。此外，研究还发现，需求与价格参数会对减少负荷的决策产生较大影响。

根据 Erdinc 等[23]的研究，通过使用可控恒温装置，需求响应计划可以应用在很多方面，其中包括调峰负荷、频率调节等。他们的研究目的是，在需求响应计划实施期间最大限度地减少签约住宅终端用户家庭温度值的均值偏差，同时满足负荷服务实体（load serving entity，LSE）降低负荷的目标。研究结果表明，他们的策略在满足负荷服务实体减少负荷的同时，也可以适当降低对终端用户的用电舒适度的影响。此外，他们认为这项研究可以扩展到其他许多领域。尽管他们的研究针对的是住宅终端用户，特别是采暖、通风及空调（heating，ventilation and air-conditioning，HVAC）装置，但由于参与了需求响应计划，他们提出的方案可涵盖多种类型的设备。因此，他们提倡进一步研究每种终端用户类型，更具体地说，是研究每种终端用户设备所提供的需求响应能力的多样性，其目的是使需求响应调度更加多样化，从而实现设备调度。

Paterakis 等[24]开发了一种详细的家庭能源管理系统，该系统确定了智能住宅在每小时电价和基于峰值功率限制（硬件和软件功率限制）的需求响应策略下的最佳日前家电调度。其优化问题的目的是使总成本最小化，以满足动态定价环境下家庭的电力需求，并且他们的模型结果计算效率很高。Paterakis 等[25]分析了智能家庭小区在每户配备电动汽车、可控电器、储能设备、分布式发电机组等至少一项资产的情况下，以最大限度降低总能源采购成本为目标的优化运行情况。从他们的研究中可以明显看出，除了分布式发电机组外，可以通过电动汽车向家庭传输电力来满足自用需求或者通过电动汽车将多余的电力传输到电网。此外，他们的研究对家庭可能消耗的总功率进行了限制，以防出现可能会危害变压器的峰值功率。同时，他们还提出了一种简单的策略来促进配电变压器容量的合理使用，从而解决了潜在的竞争行为，尤其是在相对较低的价格时期。该策略的使用激励了用户改变电力消耗量，从而降低电费。

Paterakis 等[26]评估了基于价格的需求响应对智能家庭负荷模式变化的影响，该项研究是电力系统规划和运营阶段都需要考虑的一个关键问题。他们利用人工神经网络和小波变换来预测住宅负荷对不同价格信号的响应情况，研究结果显示了需求响应对负荷模式预测的影响，因此，基于价格的需求响应计划有利于基于池的市场结构中的聚合者及负荷服务实体来研究需求响应计划中潜在变化的需求及发现新的需求。此外，他们还建议在未来研究中，可以寻找合适的方法来解决和应对终端用户行为不确定性的问题。因此，在需求响应计划和需求侧管理的应用方面，终端用户的行为问题还没有得到完全解决。

根据以往研究中前人提出的建议，我们对需求响应计划及需求侧能源管理策略开展进一步的研究，提出了一种考虑住宅终端用户消费模式的方案，该方案限制了可转移负荷和可削减负荷的范围。同时，本章建立了带约束的非线性规划（constrained non-linear programming，CNLP）模型并在模型中引入积分制，目的是使终端用户通过削减和转移负荷来降低峰值负荷或者在非高峰期增加负荷来获得积分激励，并且这些积分将通过不同电价体现出来。其结果是使终端用户很乐意支付他们的账单，并且不给电力零售商和发电厂增加用电高峰期的供电压力。此外，在非高峰期，政府鼓励终端用户增加负荷，来保证电力零售商和发电厂可以获得良好的投资回报，维持它们的日常运营。综上所述，本章所提出的模型可以实现用电高峰期和非高峰期的电力供需平衡，可以确保最大化的终端用户满意度，并为电力零售商和发电厂带来良好的收益。此外，需求响应计划不仅保证了电网的稳定性，还有利于电力运营商减少用电高峰期的发电成本，从而减少环境污染。

中国的电力市场还没有推行实时电价政策，同时智能电表也没有在电力市场上得到广泛推广。因此，只有部分城市安装了智能电表，但是还没有引入实时定价机制。从以往的文献中可以看出，大约有40%的电力是由住宅终端用户消耗的，因此，考虑到中国人口众多，在中国推广需求响应计划是非常重要的决策，同时这也将为减少有害气体排放的目标做出重大贡献。因此，本章的研究着眼于在中国背景下需求响应计划实施的可行性，并尝试将本章的研究结果推广到其他与中国相类似的经济体中。

12.1　优　化　方　法

优化通常是指最小化或最大化一个函数。本章的优化目标是最大化用户在支付电费后的舒适度和幸福感。同时，本章的研究采用带约束的非线性规划研究框架，通过考虑用户的消费形式，将用户的负荷划分为不可削减、可削减和可转移负荷。用户的不可削减负荷是相似的，因此本章研究的效用函数重点考虑了住宅用户的可削减负荷和可转移负荷。此外，我们引入了一个基于积分制的需求响应模型，通过该模型对用户在用电高峰期减少用电负荷及在非高峰期增加用电负荷的短期行为进行奖励[27]。

每个用户获得的积分激励是一个关于用电量的函数，用来确定用户的价格变化，即新的价格。因此，通过引入积分制，我们在需求响应模型中建立了价格和需求之间的关系。根据用户的价格变化，通过将得到的最新价格加入目标函数中，我们优化了用户负荷的最佳调度方案，以实现最大化用户满意度的目的。

12.1.1　目标函数

$$\text{Max} \sum_{c=1}^{n} \sum_{t=1}^{24} [U(d_c(t)) - \lambda p_c(t) d_c(t)] \qquad (12.1)$$

其中，$d_c(t)$ 表示优化后的负荷。为了达到最优的负荷水平，用户应该在高峰期减少负荷，并在非高峰期增加负荷。$U(d_c(t))$ 表示用户 c 关于用电负荷 $d_c(t)$ 的效用成本。$p_c(t)$ 表示用户 c 参与需求响应计划获得的新的电价。λ 为权重，用来改变需求响应计划的参与水平及评估本章提出的需求响应模型的效果。本章的优化目标是最大化用户满意度。它分为两个部分：减号左边是效用部分，减号右边是实际支付的电费。效用是用户通过消耗电力而获得的效益，不会根据电力价格的变化而改变。

这两个组成部分的差值表明用户从负荷减少中获得的总体收益。当差值很大时，表示用户通过参与需求响应计划获得了更大的收益，同时，满意度也更高。因此，用户无须为了积分激励而大幅度降低用电负荷，从而降低用电舒适度，他们只需将负荷转移到电费更低或非高峰期。本章的优化目标是帮助用户找到最优的负荷调度方案，在减少用户电力成本的同时，能够保证其用电舒适度。

12.1.2　约束条件

变量的约束条件如下：

$$\text{Lb}_c^{P2}(t) \leqslant d_c^{P2}(t) \leqslant \text{Ub}_c^{P2}(t) \qquad (12.2)$$

其中，$\text{Lb}_c^{P2}(t)$ 和 $\text{Ub}_c^{P2}(t)$ 分别为用户 c 在 t 时刻可削减负荷的上限值和下限值。即 t 时刻内用户的可削减负荷应该在该时刻所设定的需要消耗的范围之内。这是为了确保即使在最小的消耗情况下，发电厂也能达到收支平衡。同样，为可削减负荷设置上限值，能够避免峰值负荷过高而对电网造成威胁。

$$\text{Lb}_c^{P3}(t) \leqslant d_c^{P3}(t) \leqslant \text{Ub}_c^{P3}(t) \qquad (12.3)$$

其中，$\text{Lb}_c^{P3}(t)$ 和 $\text{Ub}_c^{P3}(t)$ 分别为用户 c 在 t 时刻可转移负荷的上限值和下限值。同样，根据发电和配电企业的要求，它们期望用户在 t 时刻内，将其可转移负荷维持在可接受的范围内。这也有助于它们在保证电网高效运营的同时，确保电力持续、稳定地供应。

$$8\,500 \leqslant \sum_{t=1}^{24} d_c^{P3}(t) \leqslant 9\,500 , \quad c = 1,2,\cdots,n \qquad (12.4)$$

其中，9 500 和 8 500 分别表示用户在可转移负荷下每日电力消耗的上限值和下限值，即用户的可转移负荷的日总耗电量需要在指定的范围内。

用户日总耗电量包括可削减负荷和可转移负荷，其总量应该保持在一定范围内，如式（12.5）所示。

$$E_c^- \leqslant \sum_{t=1}^{24} d_c(t) \leqslant E_c^+ , \quad c = 1,2,\cdots,n \qquad (12.5)$$

其中，E_c^- 和 E_c^+ 分别表示用户一天可以消耗电量的最小值和最大值。

$$\sum_{c=1}^{n} d_c(t) \leqslant (\mathrm{Maxload}(t) \times \mathrm{rand}(1,1)) , \quad t = 1,2,\cdots,24 \qquad (12.6)$$

其中，$\mathrm{Maxload}(t)$ 表示 t 时刻所有用户的总初始负荷，并且 $\mathrm{rand}(1,1)$ 运算符使我们可以在程序运行时随时对其进行随机化，以确保适应不确定性因素。总初始负荷在 t 时刻应该大于总最优负荷，即对于每一个时刻 t，发电和配电企业需要提供比总需求多的电力供应，以确保在电力供应时不会出现电力短缺或中断的情况。

$$\sum_{t=1}^{24} d_c(t) p_c(t) \leqslant K \sum_{t=1}^{24} d_{\mathrm{oc}}(t) p_{\mathrm{oc}}(t) , \quad c = 1,2\cdots,n \qquad (12.7)$$

其中，$d_{\mathrm{oc}}(t)$ 和 $p_{\mathrm{oc}}(t)$ 分别表示用户 c 在 t 时刻的初始负荷和初始电价。K 为一个小于 1 的成本系数。我们希望优化后的用电成本小于初始成本，故可以给 K 赋予一个百分比，如 0.94，由此保护用户参与需求响应计划能够获得较低的效用成本。因此，当用户资源在高峰期减少负荷并在非高峰期增加负荷以获得积分奖励时，其一天的最优总成本应该总是小于初始成本，即没有参与需求响应计划时的成本。

$$\sum_{T=1}^{24} (d_c^{P1}(t) + d_c^{P2}(t) + d_c^{P3}(t)) < \mathrm{deliveredpower} \qquad (12.8)$$

其中，$d_c^{P1}(t)$ 表示用户 c 在 t 时刻的不可削减负荷；$d_c^{P2}(t)$ 表示可削减负荷；$d_c^{P3}(t)$ 表示可转移负荷。不可削减负荷是固定的，是每个家庭生活所需的最低基本负荷。可削减负荷与不可削减负荷不同，用户可以根据实际的负荷需求决定是否使用可削减负荷，因此，可削减负荷关系到用户的用电舒适度。可转移负荷是必要的，但使用时间可以进行推迟。电网公司为用户提供的日电力供应总量应该大于其一天的电力总需求，以确保用户的电力需求不受影响[19, 28]。

12.1.3　效用函数

本章研究中使用的效用函数如式（12.9）所示[29]：

$$U(d_c(t)) = \begin{cases} \alpha(d_c(t))^\beta, & d_c(t) > 0, \quad \alpha > 0, \quad 0 < \beta < 1 \\ \alpha^{(1-\beta)}, & d_c(t) = \dfrac{1}{\alpha}, \quad \alpha > 0, \quad 0 < \beta < 1 \end{cases}$$ （12.9）

其中，α 表示效用幅值。效用幅值越大，用户享有的效用就越大，用户满意度也就越高。β 表示为达到用户效用满意水平而增加的比率，它介于 0 到 1 之间。β 的值应接近 0，这样用户就需要花足够多的时间才能达到满意水平，如果 β 的值过高，用户则会很快达到满意水平。$\beta = 1$ 时，式（12.9）则变成线性函数，因此，为了获得更多的满足感，就需要消耗更多的电力，这是符合实际意义的。此外，我们的目标是使用户的效用最大化的同时，降低用户的用电成本。

$$U(d_c(t)) = \begin{cases} \alpha(d_c^{P2}(t) + d_c^{P3}(t))^\beta, & d_c^{P2}(t) + d_c^{P3}(t) > 0, \quad \text{atleast } d_c^{P2}(t) > 0 \text{ or } d_c^{P3}(t) > 0 \\ \alpha^{(1-\beta)}, & d_c^{P2}(t) + d_c^{P3}(t) = \dfrac{1}{\alpha}, \quad \alpha > 0, \quad \text{atleast } d_c^{P2}(t) > 0 \text{ or } d_c^{P3}(t) > 0 \end{cases}$$ （12.10）

其中，$d_c^{P2}(t)$ 和 $d_c^{P3}(t)$ 分别表示用户 c 在任意时刻 t 的可削减负荷和可转移负荷。本章将用户的电力消耗称为负荷，对于使用的效用函数，我们将负荷分为两个，即可削减的负荷 $P2$ 和可转移的负荷 $P3$。

初始负荷和优化负荷分别为

$$d_{oc}(t) = d_{oc}^{P2}(t) + d_{oc}^{P3}(t)$$ （12.11）

和

$$d_c(t) = d_c^{P2}(t) + d_c^{P3}(t)$$ （12.12）

本章将用户的初始负荷 $d_{oc}(t)$ 作为可削减和可转移负荷的总和。rand(1,1)运算符也应用于初始负荷，以随机化输入数据。这样做是为了确保适应不确定性因素。用户优化负荷 $d_c(t)$ 是将可削减和可转移的用电量相加计算得出的。

12.1.4　积分函数

本章研究中使用的积分激励函数如下：

$$\text{Credit}_c(t) = \phi[d_{oc}(t) - d_c(t)]\left[\sum_{c=1}^{n} d_c(t) - \frac{1}{24}\sum_{c=1}^{n}\sum_{t=1}^{24} d_{oc}(t)\right]$$ （12.13）

其中，ϕ 是确定用户是否有资格获得积分的指标，其值为 0 和 1。在用电高峰期，当用户的负荷削减或转移后仍高于日平均负荷时，ϕ 值为 1；当用户的负荷削减或转移后低于日平均负荷时，ϕ 值为 0。类似地，对于非高峰期，当用户的负荷增加且不超过日平均负荷时，ϕ 值为 1；当用户的负荷增加之后高于日平均负荷时，ϕ 值为 0。$\overline{D} = \dfrac{1}{24}\sum\limits_{c=1}^{n}\sum\limits_{t=1}^{24} d_{oc}(t)$，表示所有用户的日平均负荷。这是用户负荷预期波动的阈值，它不会像初始的高峰期需求那样过高，也不会像初始的非高峰期需求那样过低。

$$\Delta p_c(t) = \begin{cases} \dfrac{\left|\mathrm{Credit}_c(t)\right|}{\sum\limits_{c=1}^{n}\mathrm{Credit}_c(t)} \cdot A_1 \cdot \dfrac{\sum\limits_{c=1}^{n} d_{oc}(t) - \overline{D}}{\sum\limits_{\tau_1}^{24}\left(\sum\limits_{c=1}^{n} d_{oc}(t) - \overline{D}\right) \cdot d_c(t)}, & \sum\limits_{c=1}^{n} d_{oc}(t) \geqslant \overline{D} \\[6mm] \dfrac{\left|\mathrm{Credit}_c(t)\right|}{\sum\limits_{c=1}^{n}\mathrm{Credit}_c(t)} \cdot A_2 \cdot \dfrac{\overline{D} - \sum\limits_{c=1}^{n} d_{oc}(t)}{\sum\limits_{\tau_2}^{24}\left(\overline{D} - \sum\limits_{c=1}^{n} d_{oc}(t)\right) \cdot d_c(t)}, & \overline{D} > \sum\limits_{c=1}^{n} d_{oc}(t) \end{cases} \quad (12.14)$$

$$A = A_1 + A_2, \quad \tau_1, \tau_2 \in \{1, 2, 3, \cdots, 24\} \quad (12.15)$$

其中，A 为政策实施者给予用户的折扣，并且是预先确定的。A_1 为峰时的折扣，A_2 为非峰时的折扣。每个用户在高峰期和非高峰期的折扣部分都与用户获得的积分成正比。当用户在高峰期减少或转移负荷，并在非高峰期增加负荷时，将给予用户积分。此处建立的积分函数考虑了高峰期用户的可削减负荷和可转移负荷的削减，以及非高峰期用户的可削减负荷和可转移负荷的增加。τ_1 表示高峰期，τ_2 表示非高峰期。每个用户通过可削减负荷和可转移负荷在用电高峰期减少用电负荷，可以得到一些积分激励。同样，每个用户通过可削减负荷和可转移负荷在非高峰期增加用电负荷，可以得到一些积分激励。在这两个时期内，可以在每个时刻 t 确定每个用户的积分激励，并且可以相应地计算出用户在每个时刻 t 所获得的相应价格变化[27]。$\Delta p_c(t)$ 表示用户 c 通过在高峰期和非高峰期调整自己的用电计划获得的积分而得到的电价减少量。式（12.14）的上部分表示，如果用户在高峰期的负荷低于日平均负荷 $\overline{D}$，那么用户获得了零积分，因此价格没有发生变化。同样，对于非高峰期，也鼓励用户增加负荷来获得积分。式（12.14）的下部分表示非高峰期用户的价格变化。

　　电价减少量与用户在高峰期减少负荷而得到的积分有关，该价格能够使自愿参与需求响应计划的用户获得满足感和认同感。其最终得到的新的电价如式（12.16）所示。

$$p_c(t) = p_{oc}(t) - \Delta p_c(t) \qquad (12.16)$$

其中，$p_{oc}(t)$ 为初始电价，如临界峰值价格；$p_c(t)$ 为用户从积分激励中获得的新价格；$\Delta p_c(t)$ 为用户 c 在时刻 t 的价格变化的值。

12.1.5　优化和仿真结果

电力消耗或电力负荷被分为三部分，即不可削减负荷、可削减负荷和可转移负荷[15]。这意味着对于每个用户的用电需求，一部分是不可削减的，一部分是可削减的，还有一部分是可转移的。因此，我们认为不可削减负荷对所有用户而言都是固定消耗，无须调整，因为是生活必需的基本负荷。我们的优化重点是可削减负荷和可转移负荷，这些负荷可以由用户自己进行调整，来帮助他们支付更少的电费。

12.2　需求的分类

12.2.1　不可削减负荷

不可削减负荷是用户的基本负荷，用户在一天中不断消耗它们，除非发生紧急情况或紧急状态，否则它们不会改变。不可削减负荷，包括诸如冰箱、手机、电视机、面包机、微波炉、抽油烟机及各种照明设备等。在我们的研究中，不可削减的住宅负荷的功耗如表 12.1[15]所示。

表12.1　不可削减的住宅负荷的功耗

时间	功耗/瓦	时间	功耗/瓦
1	1 725	9	1 885
2	1 725	10	1 885
3	1 725	11	4 460
4	1 725	12	2 110
5	1 725	13	1 885
6	1 725	14	1 885
7	5 585	15	1 885
8	1 885	16	4 185

续表

时间	功耗/瓦	时间	功耗/瓦
17	1 985	21	2 300
18	3 710	22	2 385
19	3 860	23	3 385
20	3 310	24	2 385

12.2.2　可削减负荷

可削减负荷是指用户在一天中的几个小时内可以减少或放弃使用的负荷。这些负荷调整可以由用户甚至配电企业发起，并且不会影响用户的生活质量和家庭安全。可削减负荷用电计划的改变不会对家庭正常生活造成很大的影响，且对用户和电力生产企业都有很高的收益。可削减的住宅负荷及功耗如表 12.2[15] 所示。

表12.2　可削减的住宅负荷及功耗

时间	可削减的住宅负荷	功耗/瓦
1	电器设备 200 瓦	200
2	电器设备 200 瓦	200
3	电器设备 200 瓦	200
4	电器设备 200 瓦	200
5	电器设备 200 瓦	200
6	电器设备 200 瓦	200
7	1 000 瓦的风扇、空调等电器设备	1 300
8	1 000 瓦的风扇、空调、电脑等电器设备	1 550
9	1 000 瓦的风扇、空调、电脑等电器设备	1 550
10	1 000 瓦的风扇、空调、电脑等电器设备	1 550
11	1 000 瓦的风扇、空调、电脑等电器设备	1 550
12	1 000 瓦的风扇、空调、电脑等电器设备	1 550
13	1 000 瓦的风扇、空调、电脑等电器设备	1 550
14	1 000 瓦的风扇、空调、电脑、吹风机、冷却器、抽油烟机和其他电器设备	1 550
15	1 000 瓦的风扇、空调、电脑等电器设备	1 550
16	1 000 瓦的风扇、空调、电脑等电器设备	1 550
17	1 000 瓦的风扇、空调、电脑等电器设备	1 550
18	1 000 瓦的风扇、空调、电脑等电器设备	1 550

续表

时间	可削减的住宅负荷	功耗/瓦
19	1 000 瓦的风扇、空调、电脑等电器设备	1 550
20	1 000 瓦的风扇、空调、电脑等电器设备	1 550
21	1 000 瓦的风扇、空调、电脑等电器设备	1 550
22	1 000 瓦的风扇、空调、电脑等电器设备	1 550
23	1 000 瓦的风扇、空调、电脑等电器设备	1 300
24	1 000 瓦的风扇、空调、电脑等电器设备	1 300

12.2.3　可转移负荷

可转移负荷是用户一天 24 小时内均可使用的负荷消耗，可转移的住宅负荷及功耗如表 12.3[15]所示。

表12.3　可转移的住宅负荷及功耗

可转移的住宅负荷	功耗/瓦
真空吸尘器	1 200
洗衣机	2 500
烘干机	1 800
洗碗机	2 000
绞肉机	1 000
熨斗	1 000
总计	8 500~9 500

12.3　结　果　讨　论

我们使用 Matlab 中提供的 fmincon 函数来进行仿真，并根据序列二次规划（sequential quadratic programming，SQP）对带约束的非线性规划模型进行编码。我们设定了 3 个方案，给每个方案分配了不同的权重（λ），以表明参与需求响应计划的最终用户数量。权重的值分别为 0.4、0.8、1.0，分别对应案例 1、案例 2 和案例 3。从我们的仿真中，得到如图 12.1 所示的结果。

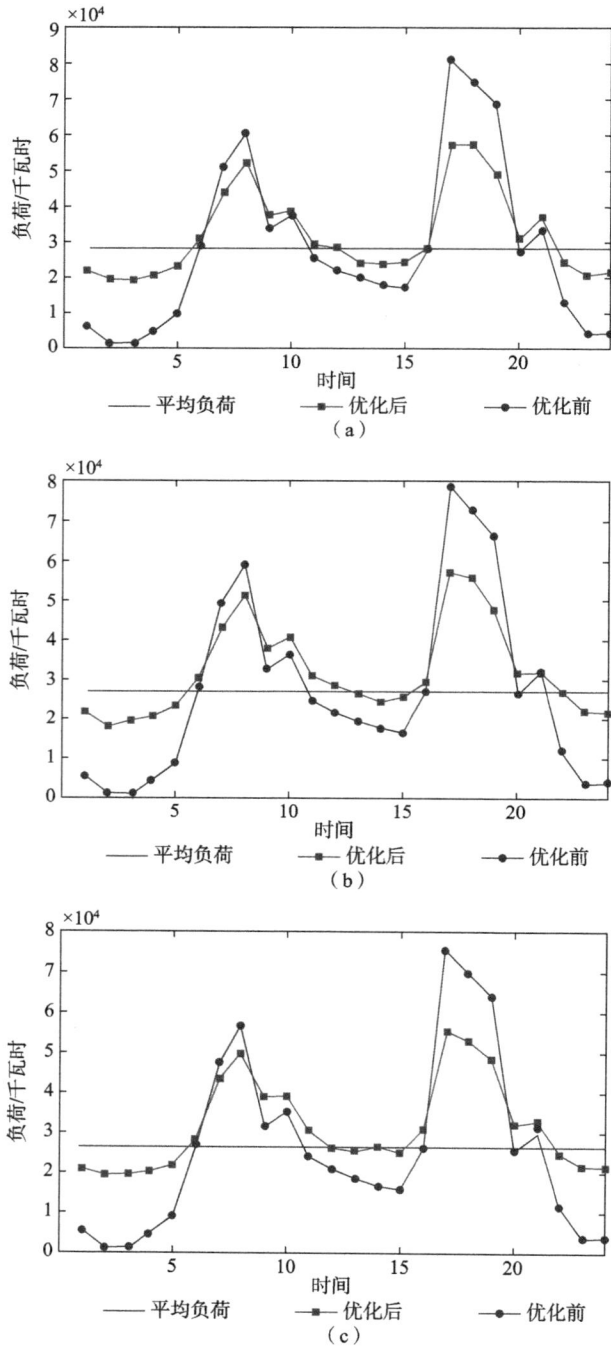

图 12.1 案例 1~案例 3 优化后的消耗负荷曲线和初始消耗负荷曲线 (α =10，β = 0.2)

为了方便起见，我们将效用函数的幅值即 α 值设置为 10，因为我们希望用户接近满意水平的速度是一个渐进式的，所以 β 值被设置为 0.2。目标函数优化的结果表明，可以通过优化可削减负荷和可转移负荷，使用户在用电高峰期减少负荷，在非高峰期增加负荷，从而得到相应的积分激励。同时，从图 12.1 中可以看出，可削减负荷和可转移负荷的调节期一般在一天的 6~21 时，用户还可以在一天中的 6 时前和 21 时后，增加电力需求负荷来获得积分，而不会影响到电网的稳定性。

此外，研究结果表明，在所有的案例中，通过调节终端用户的可削减负荷和可转移负荷，可以降低用户的电力需求，因此，对于恒温或非恒温的家用电器，应该在对其进行运行调度时，将工作时间调整到非高峰期。对于用户来说，为了得到更好的积分及更低的用电成本，在选择家用电器时应考虑选用不需人为干预的夜间使用的可移动负荷家用电器，从而用户在夜间休息时，这些电器也能自动运行并在使用完毕后自动关闭，进而通过增加非高峰期的负荷来获取更多的积分。当电网的高峰期负荷转移后，发电厂将不再用高昂的发电成本来满足峰时的电力需求，这不仅降低了供应侧的发电、配电及分销成本，保证了电网电力供应的安全、持续与稳定性，还能减少资源浪费和环境污染。此外，有研究表明，住宅用户还可以在高峰期通过使用新能源发电（如风能、太阳能）及储能技术（如电动汽车），来增加高峰期的电力供应及非高峰期的负荷需求。

表 12.4 和图 12.2 给出了所有案例下的可削减负荷在初始和优化后的分布情况。案例 1 在高峰期负荷下降最多，而案例 2 的负荷在非高峰期有较大的增长。

表12.4　总的可削减负荷　　　　　　　　单位：千瓦时

时间	初始	案例 1	案例 2	案例 3
1	140	6 385.52	6 528.88	5 310.31
2	175	6 825.07	4 583.96	6 094.96
3	185	4 096.36	6 027.46	5 761.29
4	218	4 956.16	7 284.18	6 744.20
5	280	4 966.02	7 866.90	6 412.75
6	340	5 424.50	6 991.48	4 794.89
7	4 180	6 804.18	8 708.07	9 160.86
8	5 425	8 755.86	12 377.20	10 813.87
9	6 264	7 131.93	10 343.96	11 600.71
10	6 660	9 790.20	13 785.35	12 096.71
11	7 328	11 052.10	9 938.76	9 663.81
12	14 008	8 386.03	12 714.31	10 117.57
13	13 910	12 136.33	11 719.98	10 575.70
14	12 935	10 283.12	10 301.10	12 103.38

续表

时间	初始	案例 1	案例 2	案例 3
15	12 976	8 497.75	12 027.86	10 872.25
16	12 994	11 214.18	11 120.93	12 475.62
17	14 251	9 460.69	12 560.06	10 911.19
18	14 399	11 160.25	14 256.93	11 381.39
19	14 677	10 107.07	11 497.03	12 643.37
20	14 442	10 056.32	13 642.14	14 189.28
21	14 357	12 995.90	10 918.15	12 183.82
22	3 394	7 559.75	10 469.63	7 964.85
23	2 252	7 912.30	8 015.74	7 623.81
24	1 629	6 603.49	7 179.90	6 757.57

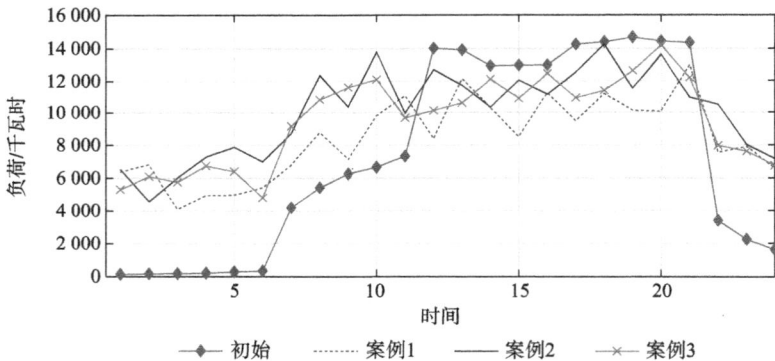

图 12.2　3 个案例下优化后的可削减负荷与初始负荷的对比

　　3 个案例的可转移负荷的最优结果如表 12.5 和图 12.3 所示。从表 12.5 可以看出，在高峰期，3 个案例的可转移负荷几乎相同，相反，它们在非高峰期都显示出相同的负荷增加。因此，如果终端用户希望避开较高的电价，需要将可转移负荷的使用时间安排在 6 时之前、10~16 时及 20 时以后。

表12.5　总的可转移负荷　　　　　　单位：千瓦时

时间	初始	案例 1	案例 2	案例 3
1	5 578	15 285.86	15 662.46	15 656.65
2	1 220	13 594.76	13 710.22	13 692.26
3	1 421	13 691.33	13 907.07	13 896.53
4	4 495	13 859.75	13 741.75	13 727.93
5	8 767	15 494.03	15 623.20	15 617.26
6	25 970	23 428.50	23 672.27	23 656.16

续表

时间	初始	案例 1	案例 2	案例 3
7	41 781	34 300.03	34 490.39	34 474.08
8	49 427	39 261.31	39 130.22	39 111.80
9	24 296	26 523.02	27 483.67	27 471.26
10	27 234	27 420.71	27 289.51	27 271.50
11	15 738	20 841.65	20 960.31	20 943.95
12	6 158	16 053.58	16 236.29	16 219.98
13	4 254	14 975.32	14 844.64	14 826.56
14	3 451	14 358.58	14 227.95	14 267.84
15	2 658	13 749.67	13 632.65	13 643.71
16	12 427	18 650.43	18 519.72	18 501.50
17	58 720	45 097.47	44 966.16	44 948.14
18	54 412	41 788.97	41 657.82	41 639.49
19	47 071	36 150.97	36 019.98	36 001.68
20	10 246	18 276.49	18 145.54	18 127.43
21	15 861	20 936.33	21 055.94	21 039.63
22	8 360	16 023.89	16 602.67	16 590.00
23	1 525	13 741.23	14 015.31	14 005.58
24	2 555	14 235.75	14 659.13	14 647.29

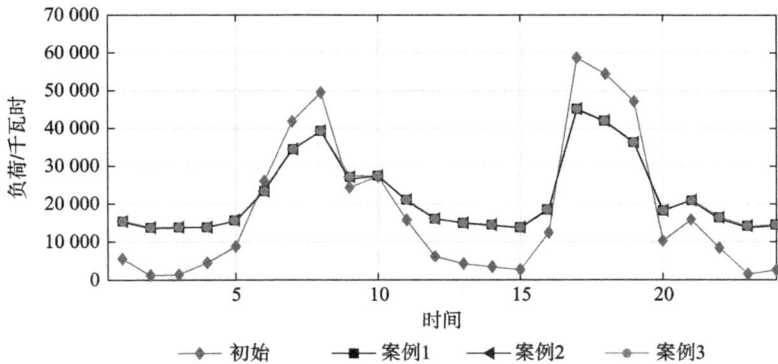

图 12.3　3 个案例优化后的可转移负荷与初始负荷的对比

　　表 12.6 给出了 3 个案例每小时优化后的总收益。如图 12.4~图 12.6 所示，案例 1 在降低成本和增加终端用户负荷方面效果最好。电力供应商通过收取用电费用来获得出售电力带来的收入。从仿真结果可以看出，案例 1 的收益略有减少，而案例 2 的收益略有增加，案例 3 的边际收益的增加量几乎与初始收益持平。

此外，从图 12.6 中可以看出，相比负荷的增加，收益情况与初始收益的差异并不明显。

表12.6　每小时总收益　　　　　　　　　　　　　　　　　　　　单位：元

时间	初始	案例1	案例2	案例3
1	2 048.76	5 942.44	6 144.71	5 750.16
2	499.83	5 144.13	4 524.08	4 993.42
3	575.43	4 496.92	5 058.16	4 971.07
4	1 688.67	5 070.39	5 679.34	5 501.90
5	3 241.54	6 064.55	6 875.73	6 396.35
6	9 426.87	10 276.55	10 895.91	10 106.53
7	16 467.83	12 050.10	12 815.60	12 955.65
8	30 623.87	20 698.23	22 950.15	22 199.37
9	17 061.65	18 300.66	20 310.21	20 986.87
10	18 923.02	22 460.73	21 516.36	20 604.50
11	12 877.75	17 520.74	16 918.39	16 757.73
12	11 258.68	13 087.73	15 457.08	14 037.59
13	10 140.96	14 004.60	13 907.55	13 282.74
14	9 148.30	12 601.73	12 598.61	13 579.52
15	8 728.46	11 381.51	13 107.85	12 500.84
16	14 192.54	16 670.59	16 543.08	17 289.07
17	40 739.71	20 612.09	21 917.21	21 211.96
18	38 417.18	20 557.16	22 109.41	20 850.76
19	34 473.91	19 060.02	19 772.07	20 285.36
20	13 783.31	15 728.56	17 637.85	17 932.05
21	16 870.71	18 271.69	17 175.69	17 856.29
22	4 211.46	7 259.64	8 323.68	7 484.70
23	1 353.30	5 779.15	5 916.02	5 788.01
24	1 499.13	5 629.15	5 891.81	5 753.11

注：该收益为电网公司的收益，即用户的用电成本

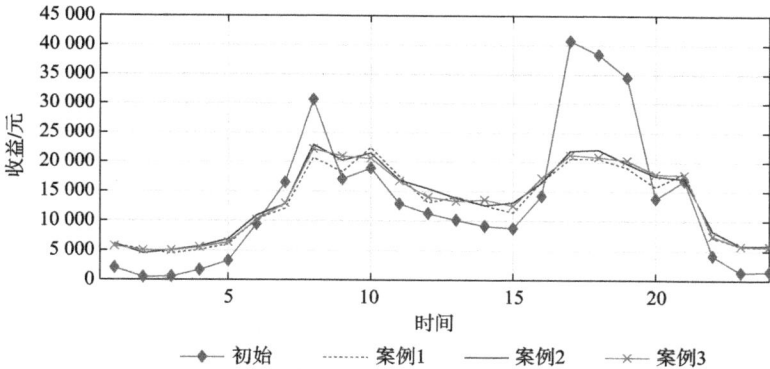

图 12.4 优化前后用户用电成本的案例对比

该收益为电网公司的收益,即用户的用电成本

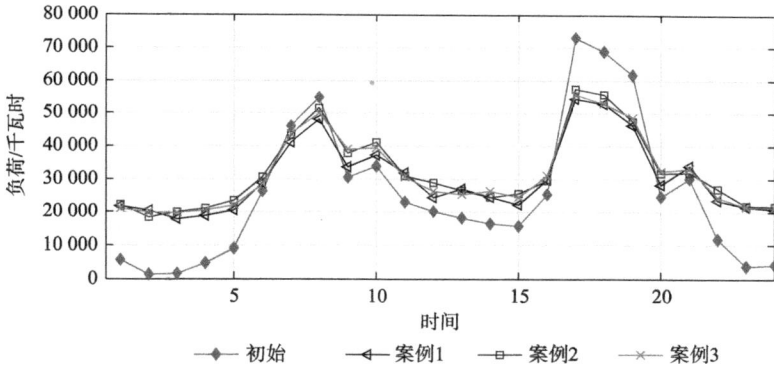

图 12.5 3 个案例最优负荷与初始负荷的对比

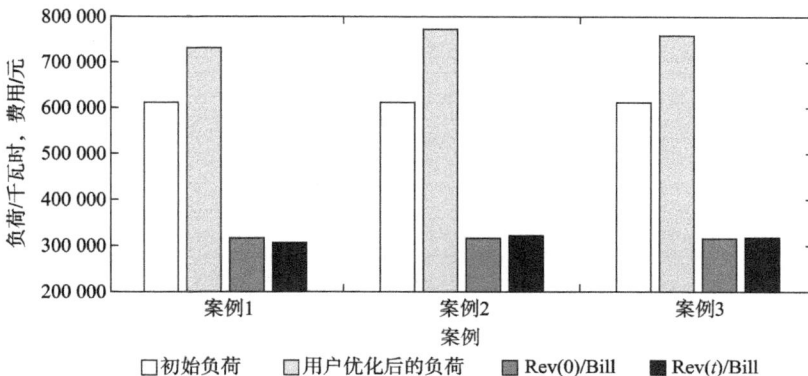

图 12.6 3 个案例最优负荷与用户账单

Rev(0)/Bill、Rev(t)/Bill 代表电网公司的收入和消费者的用电成本。原因是,本书想帮助电网公司增加收入,以及帮助消费者降低用电成本。当我们这么做的时候,试图鼓励或激励消费者将用电负荷转移到非高峰期,那样用电成本会降低,也不会对电网公司造成负面影响。因此,消费者可以享受更多的电力,并为其支付更少的费用,而电网公司则从非高峰期取得更多的收入;用户账单是指客户或消费者的用电成本

与图 12.5 和图 12.6 相比，从表 12.7 中可以看出，案例 2 的负荷增长最多，案例 3 次之，案例 1 最少。此外，3 个案例的负荷都有所增长，这也验证了本章的研究目标，即在不影响电网系统安全稳定运行的情况下，帮助用户找到最优的负荷调度方案，以实现在增加负荷的同时降低用电成本的目的。

表12.7　每小时总负荷　　　　　　　　　单位：千瓦时

时间	初始	案例 1	案例 2	案例 3
1	5 718	21 671.39	22 191.35	20 966.96
2	1 395	20 419.83	18 294.18	19 787.23
3	1 606	17 787.69	19 934.52	19 657.82
4	4 713	18 815.91	21 025.92	20 472.13
5	9 047	20 460.05	23 490.10	22 030.01
6	26 310	28 853.00	30 663.75	28 451.05
7	45 961	41 104.21	43 198.46	43 634.93
8	54 852	48 017.18	51 507.41	49 925.67
9	30 560	33 654.96	37 827.63	39 071.97
10	33 894	37 210.92	41 074.85	39 368.21
11	23 066	31 893.76	30 899.06	30 607.75
12	20 166	24 439.61	28 950.60	26 337.56
13	18 164	27 111.65	26 564.62	25 402.27
14	16 386	24 641.70	24 529.05	26 371.22
15	15 634	22 247.42	25 660.52	24 515.96
16	25 421	29 864.61	29 640.65	30 977.11
17	72 971	54 558.16	57 526.21	55 859.33
18	68 811	52 949.22	55 914.75	53 020.87
19	61 748	46 258.04	47 517.01	48 645.05
20	24 688	28 332.80	31 787.68	32 316.71
21	30 218	33 932.23	31 974.08	33 223.45
22	11 754	23 583.65	27 072.30	24 554.86
23	3 777	21 653.53	22 031.06	21 629.38
24	4 184	20 839.24	21 839.03	21 404.86

表 12.8 的结果表明，3 个案例的结果都很重要，在上述分析中，案例 1 是最佳选择，因为其鼓励终端用户在用电高峰期减少负荷或转移负荷，并在非高峰期增加负荷，从而降低用电成本，这也是本章研究的优化目标。因此，在需求响应计划的实施中，鼓励政府给予电力供应商以足够的激励政策，来帮助其推出并实施基于激励的需求响应计划尤为重要。因为，相比新建传统发电厂的成本及环境污染的治理成本，用于需求响应计划的激励成本要低得多。

表12.8　优化前后的用户总负荷和用户账单

权重	案例	初始负荷/千瓦时	用户优化后的负荷/千瓦时	Rev(0)/Bill/元	Rev(t)/Bill/元
0.4	案例 1	611 044.00	730 300.73	318 252.87	308 669.08
0.8	案例 2	611 044.00	771 114.81	318 252.87	324 046.56
1.0	案例 3	611 044.00	758 232.36	318 252.87	319 075.59

案例 2 和案例 3 的结果同样很好，可以在考虑电力供应商利益，确保终端用户能够承受负荷调整带来的成本增加的情况下使用。从电力零售商的角度来看，案例 2 优于案例 3，因为从图 12.6 可以看出，电力零售商的边际收益有所提高。因此，在对待和处理问题时不能固执己见，要结合当下目标和现实条件，来做出最优的选择和判断。

12.4　本章小结

本章提出了一种带约束的非线性规划，通过使用积分函数，对在高峰期降低或减少负荷及在非高峰期增加负荷的终端用户进行奖励。这种削峰填谷效果的实现对于用户的可削减和可转移负荷来说尤为明显。同时，这也是本章的优化目标，即在用户满意度和用电成本之间寻求最佳的解决方案。这样做的目的不是单纯地让用户在高峰期减少用电负荷，而是通过将负荷需求转移到其他时期，从而避免高昂的用电成本。从本质上讲，对用户负荷的优化是将负荷从高峰期转移到非高峰期，总的用电量并没有减少，因此，对于发电厂和分销商而言，并没有减少它们的总电力供给量。相反，这增加了它们应对高峰期负荷的能力，同时也有助于输配电网的安全性和稳定性。因此，本章所提出的方法具有包容性，无论是对于政策制定者、项目实施者还是电力用户，这种方法同样适用。对于电器设备的制造企业，为了应对负荷调峰所带来的挑战，它们提出了现代化家电自动化的概念。这些现代化家电几乎可以在没有人为干预的情况下独立运行，能够以更加方便快捷的方式帮助用户减少和转移高峰期负荷。为了满足高峰期电力需求，以环境污染为代价的传统供电方式终将被取代，如果需求响应计划能够被政策制定者接纳并广泛实施，就有可能在全球范围内实现清洁能源发电目标。本章未来的研究工作将从以下几方面入手：首先，使用多目标非线性优化算法来对电力供应商和零售商的收益进一步研究；其次，效用函数和目标函数中的重点参数还需要进行深入优化；最后，可以使用其他已知算法，如遗传算法（genetic algorithm，GA）等对模型进行优化，并与本章的研究结果进行比较，以期找到更好的优化结果。

参 考 文 献

[1] Strbac G. Demand side management: benefits and challenges. Energy Policy，2008，36（12）：4419-4426.

[2] Federal Energy Regulatory Commission. 2016 Assessment of demand response &advanced metering. 2016.

[3] Joung M，Kim J. Assessing demand response and smart metering impacts on long-term electricity market prices and system reliability. Applied Energy，2013，101：441-448.

[4] Siano P. Demand response and smart grids—a survey. Renewable & Sustainable Energy Reviews，2014，30：461-478.

[5] Wang L，Wang Z，Yang R. Intelligent multiagent control system for energy and comfort management in smart and sustainable buildings. IEEE Transactions on Smart Grid, 2012, 3（2）：605-617.

[6] Koliou E，Bartusch C，Picciariello A，et al. Quantifying distribution-system operators' economic incentives to promote residential demand response. Utilities Policy，2015，35：28-40.

[7] Spees K，Lave L B. Demand response and electricity market efficiency. The Electricity Journal，2007，20（3）：69-85.

[8] Albadi M H，El-Saadany E. A summary of demand response in electricity markets. Electric Power Systems Research，2008，78（11）：1989-1996.

[9] Aghaei J，Alizadeh M，Siano P，et al.Contribution of emergency demand response programs in power system reliability. Energy，2016，103：688-696.

[10] Staff F. E. R. C. An assessment of analytical capabilities, services, and tools for demand response. Federal Energy Regulatory Commission，2013.

[11] Borlease S. Smart Grids：Infrastructure，Technology and Solutions. Boca Raton：CRC Press，2013.

[12] Palensky P, Dietrich D. Demand side management: demand response, intelligent energy systems, and smart loads. IEEE Transactions on Industrial Informatics, 2011, 7 (3): 381-388.

[13] Venkatesan N, Solanki J, Solanki S K. Residential demand response model and impact on voltage profile and losses of an electric distribution grid. Applied Energy, 2012, 96: 84-91.

[14] Bartusch C, Wallin F, Odlare M, et al. Introducing a demand-based electricity distribution tariff in the residential sector: demand response and customer perception. Energy Policy, 2011, 39 (9): 5008-5025.

[15] Derakhsham G, Shayanfar H A, Kazemi A. The optimization of demand response programs in smart grids. Energy Policy, 2016, 94: 295-306.

[16] Sen S, Sengupta S, Chakrabarti A. Electricity Pricing: Regulated, Deregulated and Smart Grid Systems. Boca Raton: CRC Press, 2014.

[17] Kii M, Sakamoto K, Hangai Y, et al. The effects of critical peak pricing for demand management on home-based trip generation. IATSS Research, 2014, 37: 89-91.

[18] de Joode J, Jansen J C, van der Welle A J, et al. Increasing penetration of renewable and distributed electricity generation and the need for different network regulation. Energy Policy, 2009, 37 (8): 2907-2915.

[19] Bartusch C, Alvehag K. Further exploring the potential of residential demand response programs in electricity distribution. Applied Energy, 2014, 125: 39-59.

[20] Torriti J, Hassan M G, Leach M. Demand response experience in Europe policies, programmes and implementation. Energy, 2010, 35 (4): 1575-1583.

[21] Moghaddam M P, Abdollahi A, Rashidinejad M. Flexible demand response programs modeling in competitive electricity markets. Applied Energy, 2011, 88: 3257-3269.

[22] Aghaei J, Alizadeh M. Critical peak pricing with load control demand response program in unit commitment problem. IET Generation, Transmission & Distribution, 2013, 7 (7): 681-690.

[23] Erdinc O, Tasckaraoglu A, Paterakis N G, et al. End-user comfort oriented day-ahead planning for responsive residential HVAC demand aggregation considering weather forecasts. IEEE Transactions on Smart Grid, 2017, 8 (1): 362-372.

[24] Paterakis N G, Erdinc O, Bakirtzis A G, et al. Optimal household appliances scheduling under day-ahead pricing and load-shaping demand response strategies. IEEE Transactions on Industrial Informatics, 2015, 11 (6): 1509-1519.

[25] Paterakis N G, Erdinc O, Pappi I N, et al. Coordinated operation of a neighborhood of smart households comprising electric vehicles, energy storage and distributed generation. IEEE Transactions on Smart Grid, 2016, 7 (6): 2736-2747.

[26] Paterakis N G, Tasckaraoglu A, Erdinc O, et al. Assessment of demand-response-driven load pattern elasticity using a combined approach for smart households. IEEE Transactions on Industrial Informatics, 2016, 12 (4): 1529-1539.

[27] Han Y, Shen B, Hu H, et al. Optimizing the performance of ice-storage systems in electricity load management through a credit mechanism: an analytical work for Jiangsu, China. Energy Procedia, 2014, 61: 2876-2879.

[28] Doostizadeh M, Ghasemi H. A day-ahead electricity pricing model based on smart metering and demand-side management. Energy, 2012, 46: 221-230.

[29] Norstad J. An introduction to utility theory. https://jahandideh.iut.ac.ir/sites/jahandideh.iut.ac.ir/files/files_course/look_in_utility-theory.pdf, 1999.

第 13 章　环境税对绿色发展
影响的研究

　　"里约+20"峰会之后，绿色发展已经成为可持续发展的新内容[1]。经济合作与发展组织将绿色发展定义为促进经济发展的同时防止环境退化、生物多样性丧失和自然资源浪费的一种解决方案[2]。联合国环境规划署将绿色发展视为改善人类福祉，同时大幅降低环境风险和缓解生态稀缺的过程[3]。世界银行强调绿色发展是一种环保和社会包容的经济增长方式，旨在有效利用自然资源、减少污染排放及减少对环境的影响[4]。这些被普遍接受的定义表明，绿色发展的核心是在不减缓经济增长的情况下提高资源利用率和减少污染排放[5]。国际社会提出了许多促进绿色发展的计划。联合国环境规划署提出了"全球绿色新政"，其重点是投资可再生资源，建设环境友好型社会及提高能源效率。许多国家，如美国和英国，已经制定了以新能源开发或低碳经济增长为中心的绿色政策[6, 7]。中国在 2015 年将绿色发展作为国家战略[8]，以应对资源和环境问题的挑战。中国政府在"十四五"规划中采取了许多措施来实现经济的可持续增长。这些措施包括促进技术创新、市场化改革、产业结构调整和区域平衡发展。中国的努力以资源、环境和经济双赢发展的形式带来了绿色效应[9]。

　　环境税是实现绿色发展目标的环境政策之一。许多国家已经采用了各种形式的税收。法国于 1969 年首次征收森林税，这是一种对原材料（石油和天然气除外）的开采征收的资源税[10]。美国在第二年采用了二氧化硫税[11]。其他国家的税基从二氧化硫扩展到其他空气排放物（二氧化碳除外）和水，如一氧化碳、氮氧化物、应税水污染物和应税固体污染物[12, 13]。1972 年征收的日本航空燃油税[14]是能源税的一个例子，其中包括运输和固定使用的能源产品税。出于统计原因，该税组中还包含二氧化碳税[15]。欧盟在 20 世纪 90 年代引入了环境税制改革（environmental tax reform，ETR），以将税收负担从生产要素转移到自然资源和污染的使用者身上[16]。

　　本章的研究动机在于三个方面。第一，绿色实践的迅速发展促使我们从综合角度研究环境税在绿色发展中的作用。绿色发展意味着在不减缓经济增长的情况下提高资源利用率和减少污染排放。因此，应该同时考虑环境税对经济、资源和环境的影响。第二，在实践和学术领域都需要量化环境税对绿色发展的影响。大多数研究仍基于定性方法，而定量研究则相对较少。为了衡量绿色发展，本章的研究将绿色发展分为经济增长、污染强度和资源强度三个定性指标。第三，研究中长期的绿色发展状况至关重要。绿色发展是一项长期的国家战略，环境税是实现绿色发展的一种经济手段。因此，无论短期、中期还是长期，都应该分析绿色发展的演变规律。这项研究旨在分析环境税对绿色发展的影响。我们关注不同环境税参数下经济增长、污染强度和资源强度的演变。对于情景分析，基于基础数据，我们通过遗传算法获取了实际的绿色发展系统，并通过对演化规律的一系列比较分析获得数学结果。

现有文献证明，绿色发展受许多因素的影响，如工业技术、碳强度、宏观经济不确定性和环境法规。在雾霾的约束下，区域绿色发展表现出强烈的空间依赖性和空间异质性[17]。矿产资源型城市的绿色发展水平呈现出两极分化的趋势，这主要归因于长期的经济和结构矛盾[18]。Jin 等[19]表明，与发达和沿海城市相比，欠发达城市的宏观经济不确定性对城市绿色发展绩效的负面影响更大。以上海为例，Shao 等[20]发现，上海工业绿色发展的绩效主要取决于技术效率的变化。但是，由于工业技术变化仍不稳定，需要进一步完善产业绿色发展模式。在短暂上升之后，中国工业绿色发展绩效呈现出迂回下降趋势。Yang 等[21]的研究表明，碳强度限制政策对工业绿色生产绩效具有负面影响。Fu 和 Geng[22]认为，改善企业法规合规性可以促进绿色发展。同时，公众参与在实现绿色发展中起着至关重要的作用。

一些学者证实，征收环境税会从经济、环境和资源方面对绿色发展产生一系列影响。研究表明，环境税会对经济增长产生不同的影响，绿色税制改革可以促进经济增长[23]。经济增长的这种改善来自环境生产的外部性和税收向利润的转移[24]。此外，如果劳动力投入是可移动的，并且稀缺因素和能源之间的制造业替代弹性小于1[25]，那么更高的能源税将导致更高的经济增长。但是，采用可计算一般均衡模型[11]全面考虑环境税对社会经济和环境的影响时，环境税会对经济增长产生负面影响。同时，许多研究发现，征收环境税在抑制污染和减少碳排放方面对环境有益。Cai 等[26]的研究表明，环境税不仅可以促进污染控制的效果，而且可以减少生态环境的损失。Piciu 和 Trică[27]证明了环境税可以归还给污染者，也就是说，环境税可以在一定条件下减少污染并保护环境。Tamura 等[28]认为，只有开发出低成本的高排放技术，环境税才能有效控制二氧化碳的总排放量。Niu 等[29]发现环境税收冲击可以推动减少碳排放。Wang 等[30]的研究表明，中国更高的环境税和碳税水平将大量削减二氧化碳和空气污染物排放。从资源方面来说，征收环境税也可以节约资源、避免资源浪费。Söderholm[31]指出，环境税是影响资源回收的一个因素，环境税较高的国家资源回收率较高。Piciu 和 Trica[32]认为，环境税可以鼓励自然资源的循环利用，它在欧洲的环境政策中占有重要地位。Amundsen 和 Schöb[33]发现，对资源枯竭的国家征收环境税是有利的。

上面关于绿色发展的环境税分析主要来自经济、污染和资源单个方面。此外，一些研究开始从两个方面分析环境税对绿色发展的影响。Bovenberg 和 Mooij[24]基于内生增长模型，宣称 ETR 一方面可以改善环境质量，另一方面可以改善经济福利。Ekins 等[34]采用计量经济学模型来研究 ETR 在欧洲的影响。结果表明，ETR不仅可以促进经济长期发展，而且可以促进环境效益。Bosquet[35]证明，通过一定数量的建模模拟，环境税可以在一定条件下显著减少碳排放并改善经济环境的质量。现有的研究空白是当前文献未能从动态和多重相互作用的角度反映环境税对绿色发展的影响。实际上，上述研究揭示了环境税仅对绿色发展的一两个方面的影响。在以前的模型中，通常将环境税与其他自变量一起用作解释变量，以解释其对经济增长、污染强度或资源强度的影响，如内生增长模型[23]、能源-环境-经济动态随机一般均衡模型[29]、确定性优化模型[30]和随机系数 logit 模型[36]。但是，这些方法无法分析所有变量和影响因素之间的复杂相互作用，尚未从经济、环境和资源的综合角度研究环境税对绿色发展的作用。

为了填补这一空白，本章的研究将经济增长、污染排放、资源消耗和环境税作为状态变量，采用非线性动力系统方法定量分析环境税对绿色发展各个方面的影响。非线性动力系统以一组微分方程或离散映射的形式描述状态变量随时间的演变。通过组合多个变量，可以同时分析变量之间的相互作用。非线性动力系统有许多应用，如计算流体动力学[37]、节能减排模型[38]和资源-经济-污染（resource-economy-pollution，REP）系统[39]。与现有文献相比，本章的贡献主要体现在三个方面：①在绿色发展动力系统（green development dynamical system，GDDS）中，环境税被视为等效状态，不再像现有文献中那样成为控制变量。因为环境税对绿色发展的各个方面都有影响，似乎很自然地可以将环境税作为控制变量。但考虑到环境税也受不同水平的经济、环境和资源的影响，将环境税作为状态变量有实践基础。②使用非线性动力系统方法从经济、环境和资源方面综合分析绿色发展。这项研究介绍了连续时间变量，以探索每个变量随时间演变的特征，以便可以一起考虑这些变量。③GDDS 是绿色发展的定量模型，可以提供更多可能的结果。具体而言，本章使用经济增长、污染强度和资源强度分别代表经济、污染和资源指标。因此，本章的研究可以基于三个指标的演变来定量分析环境税对绿色发展的影响。

13.1　绿色发展动力系统

　　基于资源消耗、经济增长、污染排放和环境税之间的相互作用，本章建立了绿色发展的非线性动力系统（GDDS）。因为环境税是作为状态变量添加的，所以它是资源-经济-污染系统的扩展。GDDS 是一个复杂的系统，包括许多因素，如政府控制、技术水平、消费者意识、污染投资、ETR 和环境自净。这些因素是紧密联系和相互影响的。图 13.1 定性地显示了相互作用的方向，其中方框结点代表绿色发展系统的变量，无框结点表示影响因素，标有 $k_i(i=1,2,\cdots,22)$ 的曲线箭头表示变量和因子之间的传导关系，正号"+"表示促进作用，负号"−"表示不同变量和因子之间的抑制作用。

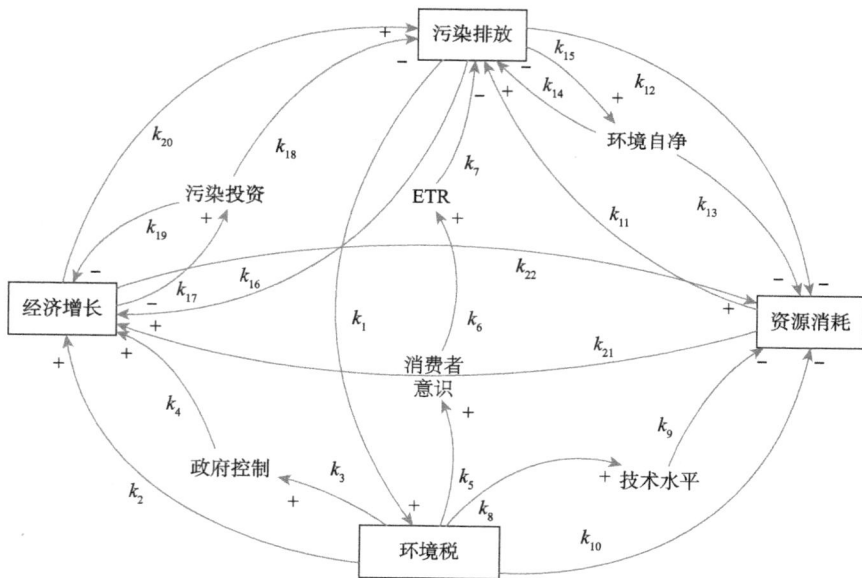

图 13.1　GDDS 变量间的相互作用关系

　　我们将根据资源消耗、经济增长、污染排放和环境税之间复杂的相互作用关系来建立 GDDS。假设消耗的资源是水资源及化石燃料，如煤炭和石油，而暂时忽略低碳能源[40]。污染排放应该是污水、废气和固体废物排放的总和。预计经济在一定时期内将保持稳定增长[41]。令 $x(t)$、$y(t)$、$z(t)$ 和 $w(t)$ 分别代表消耗的总资源、经济增长、污染量和环境税额。在一段时间内的经济体系中，这些变量的导数无疑是变量本身的某些函数。我们将以显式形式描述这些函数。

首先，我们分析 $\dfrac{\mathrm{d}w}{\mathrm{d}t} = F(x, y, z, w)$ 的形式。实施环境税的主要目标是减少污染排放和环境保护。因此，$F(x, y, z, w)$ 只包含两个变量，即污染变量 z 和环境税变量 w，而与 x、y 无关。基本假设是环境税呈指数增长，也就是 $\dfrac{\mathrm{d}w}{\mathrm{d}t} = dw$。当污染严重时将更加频繁地加强环境税，以提高纳税人的环保意识，否则，当污染得到控制时将实行宽松的环境税收计划[11]。从数学上来说，当 $z > N$ 时，$\dfrac{\mathrm{d}w}{\mathrm{d}t}$ 为正值，但当 $z < N$ 时，$\dfrac{\mathrm{d}w}{\mathrm{d}t}$ 为负值。正如图 13.1 中的封闭路径 k_1、k_5、k_6 和 k_7 所示，这些影响对于 $\dfrac{\mathrm{d}w}{\mathrm{d}t}$ 来说表现为乘积的形式。我们有

$$\frac{\mathrm{d}w}{\mathrm{d}t} = dw(z - N) \tag{13.1}$$

其中，N 为污染排放对环境税的阈值[42]，系数 d 是 k_1、k_5、k_6 和 k_7 的正值函数。

其次，我们考虑 $\dfrac{\mathrm{d}x}{\mathrm{d}t} = G(x, y, z, w)$。容易知道总资源消耗的增加等于资源消耗率的增加，因此资源消耗和自身的比例成正比，即 $\dfrac{\partial G}{\partial x} > 0$，其中偏导数 $\dfrac{\partial G}{\partial x}$ 代表资源消耗率的消耗系数。从图 13.1 中我们可以发现 $\dfrac{\partial G}{\partial y}$ 对于一个加速发展的经济来说是正值[19]。由于部分污染可以被回收并且一些排放物也能够转化为资源（k_{14} 和 k_{15}），在污染转化与经济增长的共同作用下，资源消耗率将会减缓（k_{12}、k_{13} 和 k_{20}）。于是 $\dfrac{\mathrm{d}x}{\mathrm{d}t}$ 得到了第三项 $-a_3yz$。征收环境税可以通过技术水平的提高减少资源消耗[43]（k_8、k_9 和 k_{10}），即 $\dfrac{\partial G}{\partial w} > 0$。在复杂的现实世界中，线性关系是最简单而重要的近似现象。因此，GDDS 中的某些变量和因子之间的关系可以用线性项表示[44]。结合以上分析我们得到

$$\frac{\mathrm{d}x}{\mathrm{d}t} = a_1x + a_2y - a_3yz - a_4w \tag{13.2}$$

再次，我们考虑 $\dfrac{\mathrm{d}y}{\mathrm{d}t} = H(x, y, z, w)$。直观地，与资源消耗有关的比率呈现 Logistic 增长，这是因为该比率与同时消耗的资源 $x(t)$ 和资源的潜在份额 $(1 - x/M)$ 相关联。当资源消耗水平较低时，即 $x < M$ 时，比例 $\dfrac{\mathrm{d}y}{\mathrm{d}t}$ 为正值；但是，

当资源消耗较高时，即 $x < M$ 时，$\dfrac{\mathrm{d}y}{\mathrm{d}t}$ 为负值。在资源短缺和环境恶化的时候，鼓励对资源勘探和环境技术的投资来缓解这种情况，这可能在一定程度上阻碍经济的发展[8]（k_{17} 和 k_{19}），即 $\dfrac{\partial H}{\partial y} < 0$。污染越严重，经济发展就越慢，因此污染变量与 GDP 比率成反比（k_{16}），即 $\dfrac{\partial H}{\partial z} < 0$。当政府通过增加环境税的额度加强对污染企业的政策法规时，税率就会提高（k_2、k_3 和 k_4）。因此，环境税变量与税率成正比，即 $\dfrac{\partial H}{\partial w} > 0$。总之，我们有

$$\frac{\mathrm{d}y}{\mathrm{d}t} = b_1 x (1 - x/M) - b_2 y - b_3 z + b_4 w \tag{13.3}$$

其中，M 为资源消耗对经济增长的拐点。

最后，我们考虑 $\dfrac{\mathrm{d}z}{\mathrm{d}t} = I(x, y, z, w)$。优化环境问题的经济影响是环境与经济发展综合决策过程中的重要环节[45]。污染会随着经济增长（k_{20}）和资源的大量消耗（k_{11}）而增加，因此我们得到 $c_1 xy$。由于环境自净功能，如污染过滤、废物沉淀和废物分解，污染可以减慢（k_{13}、k_{14} 和 k_{15}），即 $\dfrac{\partial I}{\partial z} < 0$。在征收环境税后，由于消费者对环境税有了积极的认识，很可能会采用减少污染的工具和技术（k_5、k_6 和 k_7），即 $\dfrac{\partial I}{\partial w} < 0$ [15]。然后我们得到

$$\frac{\mathrm{d}z}{\mathrm{d}t} = c_1 xy - c_2 z - c_3 w \tag{13.4}$$

综上所述，联立方程（13.1）~方程（13.4），得到 GDDS 如下：

$$\begin{cases} \dfrac{\mathrm{d}x}{\mathrm{d}t} = a_1 x + a_2 y - a_3 yz - a_4 w \\[2mm] \dfrac{\mathrm{d}y}{\mathrm{d}t} = b_1 x (1 - x/M) - b_2 y - b_3 z + b_4 w \\[2mm] \dfrac{\mathrm{d}z}{\mathrm{d}t} = c_1 xy - c_2 z - c_3 w \\[2mm] \dfrac{\mathrm{d}w}{\mathrm{d}t} = dw(z - N) \end{cases} \tag{13.5}$$

其中，系数 a_i、b_i、$c_j (i = 1, 2, 3, 4; \ j = 1, 2, 3)$ 和 M、N 为正数。

绿色发展的指标可以由 GDDS 的变量得出。因此，本章选择经济增长、污染强度和资源强度作为绿色发展的指标。

污染强度专门用于衡量环境绩效的水平，是给定时期内污染总量与经济产出之比[46]。一个国家的污染强度通常被描述为单位 GDP 的污染物排放量，即

$$污染强度 = \frac{一定时期内的污染排放}{一定时期内的GDP}$$

污染强度越小，绿色发展的表现越好。根据动力系统（13.5），我们可以推断出在给定时间内的污染排放为 $y(t) = \phi_1(x, k_1y, z, w, t)$，且 GDP 为 $z(t) = \phi_2(x, k_1y, z, w, t)$。因此，在给定时期内随时间变化的污染强度可描述为

$$P(t) = \phi_1(x, k_1y, z, w, t) / \phi_2(x, k_1y, z, w, t) \tag{13.6}$$

其中，k_1 为污染排放系数。

资源强度用于衡量资源利用率，是在给定时期内在时间 t 处资源消耗与经济产出的比率[47, 48]。一个国家的资源强度通常被描述为每 GDP 消耗的资源，即

$$资源强度 = \frac{一定时期内的资源消耗}{一定时期内的GDP}$$

资源强度越高，环境成本越高。设给定时期内在时间 t 处消耗的资源为 $x(t) = \varphi_1(k_2x, y, z, w, t)$，且 GDP 为 $z(t) = \varphi_2(k_2x, y, z, w, t)$。因此，给定时期内的资源强度可以描述为

$$R(t) = \varphi_1(k_2x, y, z, w, t) / \varphi_2(k_2x, y, z, w, t) \tag{13.7}$$

其中，k_2 为资源消耗系数。

13.2 绿色发展动力系统的动力学分析

本部分分析式（13.5）确定的 GDDS 的动力学行为，包括平衡点分析和系统的复杂行为。

13.2.1 平衡点分析

常微分方程动力系统的平衡点是不会随时间变化的解。换句话说，平衡点是所有方程的右端为零时的解。系统（13.5）的平衡点是通过求解以下非线性代数方程得到的：

$$\begin{cases} a_1x + a_2y - a_3yz - a_4w = 0 \\ b_1x(1 - x/M) - b_2y - b_3z + b_4w = 0 \\ c_1xy - c_2z - c_3w = 0 \\ dw(z - N) = 0 \end{cases} \qquad (13.8)$$

平衡点的数量取决于参数的值。但是原点 $E(0,0,0,0)$ 始终是一个平衡点。本章选择了一组可能的参数 P_0，以使 GDDS 出现混沌。该选择基于雅可比矩阵特征值的符号和系统的散度。

式（13.5）在点 $E(x, y, z, w)$ 的雅克比矩阵为

$$J = \begin{pmatrix} a_1 & a_2 - a_3z & -a_3y & -a_4 \\ b_1 - 2b_1x/M & -b_2 & -b_3 & b_4 \\ c_1y & c_1x & -c_2 & -c_3 \\ 0 & 0 & dw & d(z - N) \end{pmatrix} \qquad (13.9)$$

特征方程为

$$f(\lambda) = |J - I\lambda| = \lambda(\lambda^3 + p_1\lambda^2 + p_2\lambda^2 + p_3) \qquad (13.10)$$

其中，I 为四阶单位阵。

$$p_1 = -a_1 + b_2 + c_2$$
$$p_2 = b_2c_2 - a_1c_2 - a_1b_2 - a_2b_1 + b_3c_1x + a_3b_1z + a_3c_1y^2 + 2(a_1b_1 - a_3b_1xz)/M$$
$$p_3 = -a_1b_2c_2 - a_2b_1c_2 + a_3b_1c_2 - a_1b_3c_1x + a_3b_1c_1xy + a_2b_3c_1y$$
$$\quad - a_3b_3c_1yz + a_3b_2c_1y^2 + 2(a_2b_1c_2x - a_3b_1c_2xz - a_3b_1c_1x^2y)/M$$

本章的研究发现，如果每个 $p_i(i = 1, 2, 3)$ 都符合 Routh-Hurwitz 准则，则平衡点是稳定的。对于某些参数，式（13.10）具有不稳定的鞍焦点。

GDDS 的散度为

$$\nabla V = \frac{\partial \dot{x}}{\partial x} + \frac{\partial \dot{y}}{\partial y} + \frac{\partial \dot{z}}{\partial z} + \frac{\partial \dot{w}}{\partial w} = a_1 - b_2 - c_2 + d(z - N) \qquad (13.11)$$

当散度为负值时，可能出现混沌现象。

进一步考虑稳定条件，本章的研究找到了可能导致混乱的参数集 P_0，如式（13.12）所示。系统在这些参数下的平衡点及其对应的特征值如表 13.1 所示。与二维和三维系统中的情况类似，本章的研究发现 $E_2 \sim E_6$ 是不稳定的鞍焦点，这可能会导致混沌。

$$\begin{aligned} &a_1 = 0.065, \ a_2 = 0.035, \ a_3 = 0.065, \ a_4 = 0.026 \\ &b_1 = 0.6, \ b_2 = 0.088, \ b_3 = 0.07, \ b_4 = 0.066 \\ &c_1 = 0.468, \ c_2 = 0.065, \ c_3 = 0.816, \ d = 0.035 \\ &M = 6.6, \ N = 0.45 \end{aligned} \qquad (13.12)$$

表13.1 平衡点及特征值

平衡点	λ_1	λ_2	λ_3	λ_4
$E_1(0,0,0,0)$	0.152 4	−0.175 4	−0.060 0	−0.231 0
$E_2(0.010\,4,-0.274\,0,0.450\,0,-0.034\,7)$	0.072 5	−0.221 0	−0.074 9 + 0.007 0i	−0.074 9 − 0.007 0i
$E_3(0.960\,6,7.382\,4,0.450\,0,4.034\,2)$	0.155 3	−0.213 0	−0.120 3 + 1.354 3i	−0.120 3 − 1.354 3i
$E_4(8.192\,6,4.581\,7,0.450\,0,21.494\,8)$	2.710 9	−0.273 3	−1.367 9 + 2.682 4i	−1.367 9 − 2.682 4i
$E_5(0.215\,7,0.552\,2,0.929\,2,0)$	0.021 4	−0.198 5	−0.052 2 + 0.110 2i	−0.052 2 − 0.110 2i
$E_6(4.236\,7,0.366\,3,12.104\,8,0)$	2.832 7	−2.788 4	−0.127 3	0.192 7
$E_7(8.834\,5,-0.354\,2,-24.405\,7,0)$	−0.116 8	−1.085 2	0.016 9 + 6.125 1i	0.016 9 − 6.125 1i
$E_8(-0.087\,0,-0.931\,4,0.631\,8,0)$	−0.143 1	−0.208 9	0.030 1 + 0.178 8i	0.030 1 − 0.178 8i

13.2.2 系统的复杂行为

混沌是现实世界中一种看似不规则且复杂的现象。因此，混沌的出现是验证模型是否与现实相符的重要条件[49]。李雅普诺夫指数谱和分岔图可以证明混沌的存在。环境税的主要目标是减少污染，因此我们将分岔参数选择为与污染直接相关的 c_2。所有结果均基于初始值 $[0.196, 0.36, 0.88, 0.29]$ 和集合 P_0 中的参数，而 c_2 在区间 $[0.050, 13]$ 中变化。

首先，通过李雅普诺夫指数谱证明了混沌的存在。李雅普诺夫指数谱如图 13.2 所示。系统在某些参数上可能是混沌的，其中最大李雅普诺夫指数为正值，而所有李雅普诺夫指数的总和为负值。

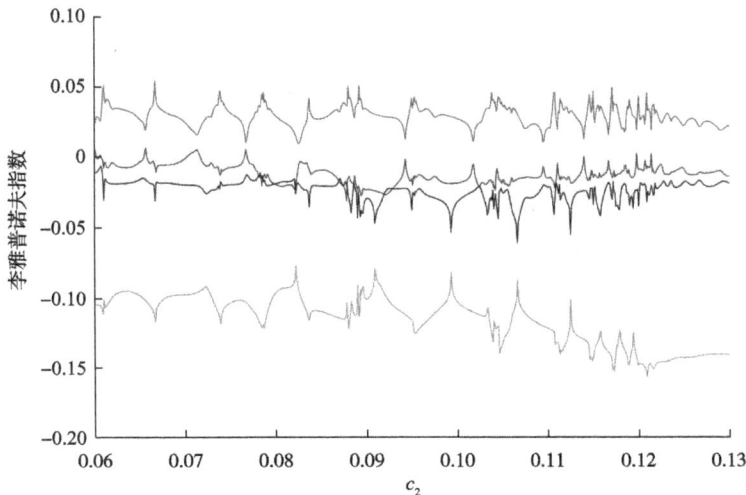

图 13.2 李雅普诺夫指数谱

其次，混沌的存在也可以进一步用分岔图来验证。系统在参数 c_2 下 z 的分岔图如图 13.3 所示。我们发现系统在 $c_2 = 0.122$ 处发生突变分岔，也就是说，$c_2 = 0.122$ 是 GDDS 稳定和不稳定之间的临界值。当参数小于临界值时，混沌出现。

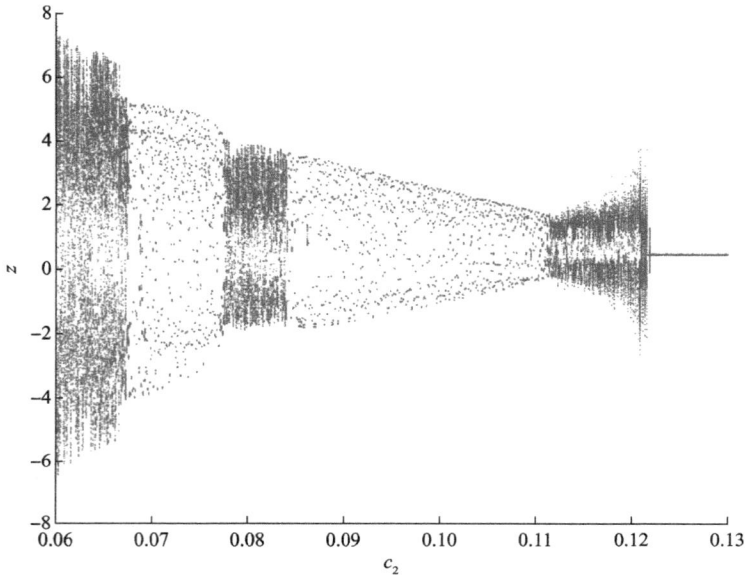

图 13.3　系统在参数 c_2 下 z 的分岔图

在 x、y、z 和 w 四个状态变量中，污染变量 z 与环境税有着更密切的关系，因为环境税的基础是对环境产生已证明的、特定的和负面影响的物理单位。因此，我们仅选择污染变量 z 的分岔图。此外，z 不是孤立的。实际上，GDDS 中的四个状态变量 x、y、z 和 w 是相互关联的。一旦从 z 的分岔图推断出混沌，便可以从其他变量的分岔图得出相同的推论。

最后，当 $c_2 = 0.065$ 时出现一个混沌吸引子（图 13.4）。GDDS 混沌吸引子与洛伦兹吸引子、Chen 吸引子和 Lü 吸引子等以前的混沌吸引子相比是一种新的吸引子。基于以上分析，它具有不同的混沌行为、不同的平衡点及不同的平衡点类型。

一般来说，当参数更改时会有不同的混沌吸引子。对系统（13.5）来说，除了图 13.4 所示的混沌吸引子外，当 c_2 变化到 0.071 时，我们将会得到另一个新的混沌吸引子（图 13.5）。

（a）　　　　　　　　　　　　　（b）

（c）　　　　　　　　　　　　　（d）

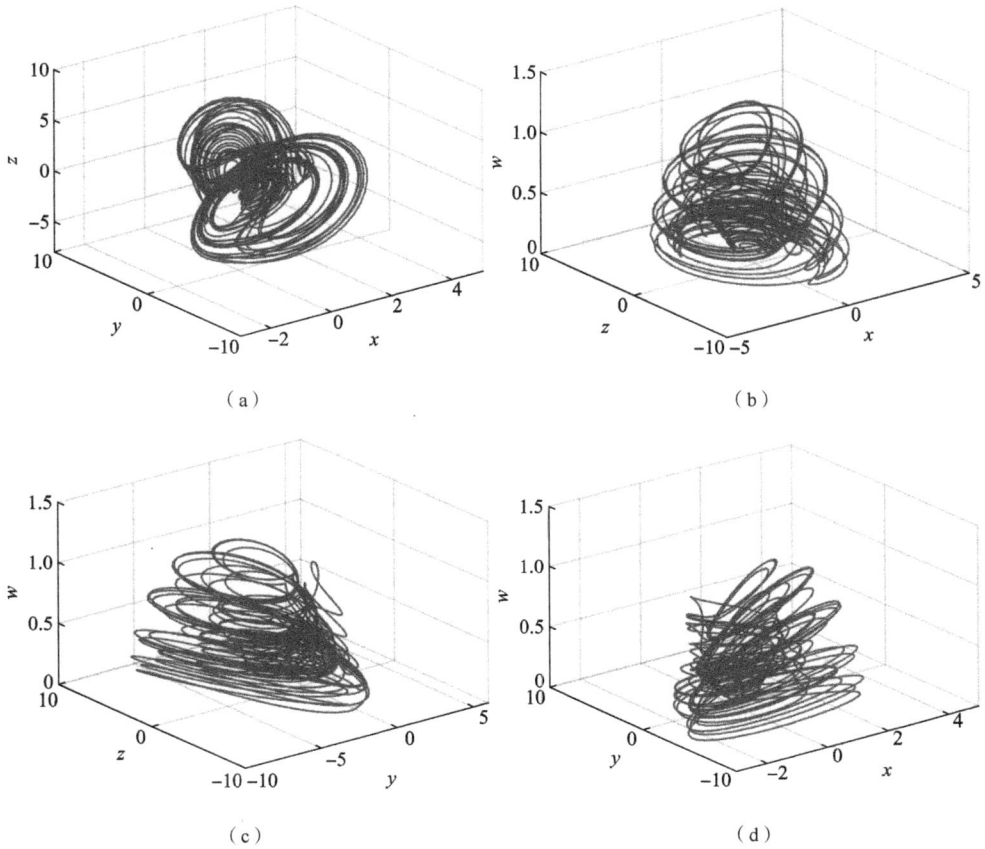

图 13.4　GDDS 混沌吸引子的三维视图 $(c_2 = 0.065)$

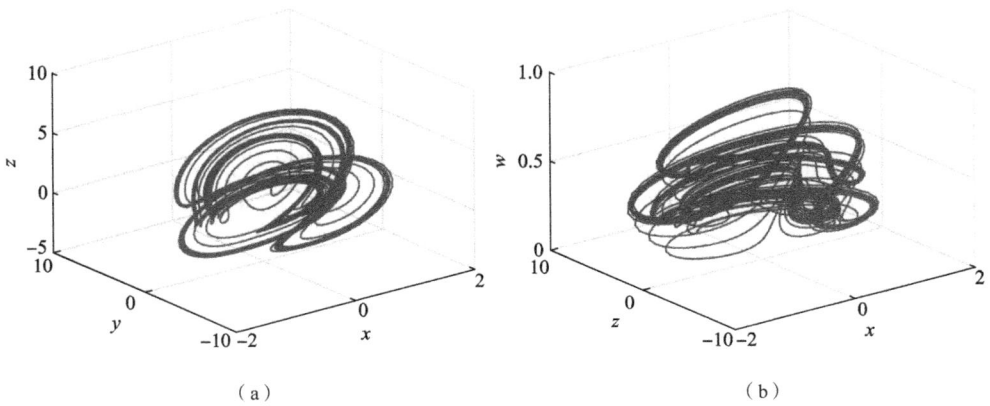

（a）　　　　　　　　　　　　　（b）

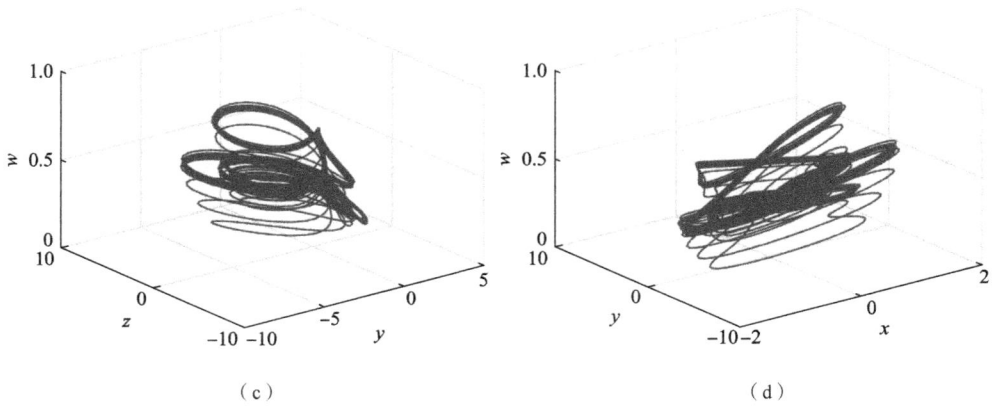

（c） （d）

图 13.5 GDDS 混沌吸引子的三维视图（$c_2 = 0.071$）

当最大李雅普诺夫指数为零时，可以获得 GDDS 的极限环。图 13.6（a）表示 GDDS 的极限环。我们可以看到，当 $c_2 = 0.122$ 时，GDDS 的轨迹呈现周期性现象。

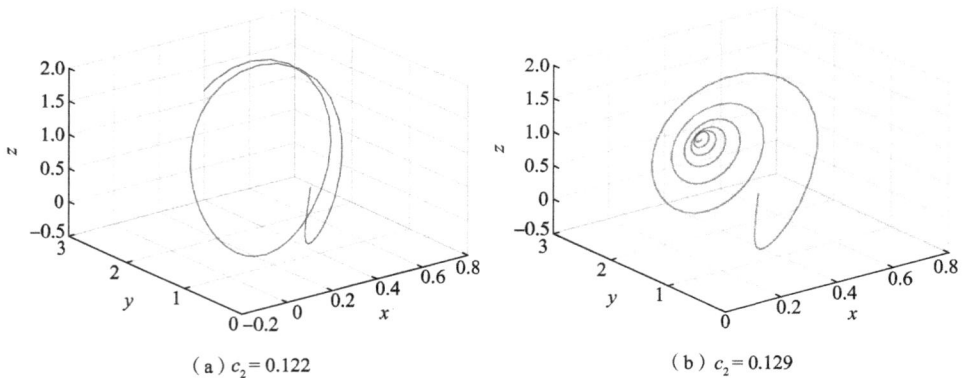

（a）$c_2 = 0.122$ （b）$c_2 = 0.129$

图 13.6 GDDS 的稳定状态

当最大李雅普诺夫指数为负值时，我们可以获得稳定的平衡点。当 $c_2 = 0.129$ 时，图 13.6（b）表示 GDDS 一个稳定的平衡点。这表明 GDDS 的轨迹在此时收敛到平衡点。

上面的分析表明，GDDS 在不同的参数下具有不同的行为（极限环、平衡点或混沌）。对于实际系统，其演化已经由其系统参数和初始条件确定。但是，一旦对参数有一些干扰，其相图可能会改变。就像理论模型一样，实际系统可能会在不同参数下从上述行为变为另一行为[42]。混沌不利于国家经济和社会的发展。不同的稳定状态对应于不同的社会经济发展现实。因此，我们希望找到一种经验方法来调整参数，以获得理想的演化结果。

13.3 中国案例研究

本节给出 GDDS 的一个稳定案例。首先，从《中国统计年鉴》中获取所需数据，并通过层次分析法对数据进行处理；其次，利用遗传算法根据实际数据得到一组实际参数 P_1；最后，获得实际系统的相图。

13.3.1 数据和预处理

在实践中，资源消耗、经济、污染和环境税变量是几个要素的组合。本章的研究将 $x(t)$ 作为煤炭、石油、天然气和水资源消耗的总和。污染变量是 $z = 0.578\,8z_1 + 0.805\,9z_2 + 0.124\,7z_3$，其中 z_1、z_2 和 z_3 分别表示工业废水、工业废气、工业固体废物产生的排放量[39]。环境税 $w = 1.4z_1 + 1.14z_2 + 5z_3$ 的系数依次为每污染当量化学需氧量、每污染当量二氧化硫和每吨煤废物支付的费用[①]。

本章研究的基础数据来自《中国统计年鉴》（2007~2016 年），并由 z-标准化处理。然后获取 GDDS 的变量值并在表 13.2 中列出。

表13.2 $x(t)$、$y(t)$、$z(t)$ 和 $w(t)$ 的实验值

年份	$x(t)$	$y(t)$	$z(t)$	$w(t)$	年份	$x(t)$	$y(t)$	$z(t)$	$w(t)$
2007	−0.270 1	−0.216 6	0.682 8	0.435 4	2012	0.774 0	0.606 6	0.951 4	1.018 8
2008	−0.167 7	−0.066 4	0.477 2	0.308 0	2013	0.901 5	0.773 8	0.768 2	0.870 4
2009	−0.027 9	0.023 7	0.357 0	0.216 6	2014	0.935 9	0.922 3	0.669 7	0.790 0
2010	0.313 2	0.218 5	0.284 1	0.172 1	2015	0.954 4	1.059 7	0.564 1	0.695 1
2011	0.578 3	0.451 0	1.004 7	1.072 7	2016	1.008 6	1.227 5	−0.759 2	−0.579 1

13.3.2 遗传算法和参数辨识

本章的研究使用遗传算法识别实际参数。遗传算法是一种优化程序，用于模

---

① 《中华人民共和国环境保护税法》（2018 年修正）。

拟生物进化中的自然选择。在遗传算法中，针对优化问题的候选解组成的总体向着更优的解发展。每个候选解都有一组可以突变和改变的基因型。遗传算法会先初始化一组解，然后通过重复应用变异、交叉、求反和选择运算来对其进行改进。遗传算法已成功应用于识别实际非线性动力学系统的参数[50]。

为了使用遗传算法，我们将 GDDS 重写为向量形式：

$$\dot{X}(t) = f(X(t), \alpha) \tag{13.13}$$

其中，X 为系统的状态；α 为系统参数。我们将它离散化，得

$$X(k+1) = X(k) + f(X(k)) = F(X(k), \alpha) \tag{13.14}$$

因此，GDDS 的参数辨识等同于下面的非线性最优化问题：

$$\min \frac{1}{2} \sum_{k=1}^{T} (k+1) - F(X(k), \alpha)^2, \quad \text{s. t. } \alpha_i > 0 \tag{13.15}$$

参数辨识过程是在个人电脑上使用 Matlab 软件进行的。总体数量设置为 200，交叉率为 0.4，突变率为 0.1，容错度为 10^{-6}。本节获得已识别的参数集 P_1，如式（13.16）所示。此集合与集合 P_0 不同，因此可能会发生其他不同的混沌现象。

$$
\begin{aligned}
&a_1 = 0.1342,\ a_2 = 0.5525,\ a_3 = 0.7955,\ a_4 = 0.0408 \\
&b_1 = 0.0094,\ b_2 = 0.5517,\ b_3 = 0.0396,\ b_4 = 0.2488 \\
&c_1 = 0.6705,\ c_2 = 0.5828,\ c_3 = 0.1037,\ d = 0.4092 \\
&M = 0.1951,\ N = 0.6873
\end{aligned}
\tag{13.16}
$$

本节获得了实际系统的稳定状态。图 13.7 是实际系统在参数集 P_1 和初值 $[0.14, -0.25, 0.17, 0.25]$ 下的二维相图，表明系统发展到了稳定点。进一步，采用 Matlab 软件计算得到这个点为 $[0.850\,9, 1.242\,4, 0.687\,2, 2.972\,0]$。

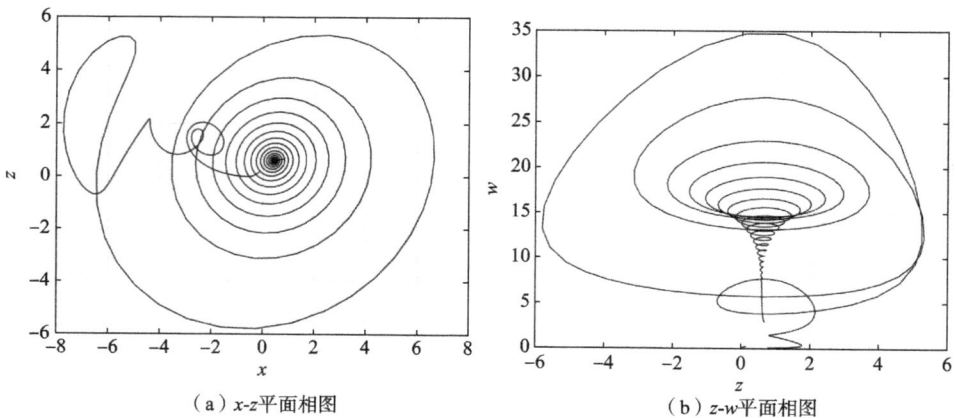

（a）x-z 平面相图　　　　　　　　（b）z-w 平面相图

图 13.7　实际系统的二维相图

13.4 情 景 分 析

本节讨论环境税对经济增长、污染强度和资源强度的影响。13.3 节中确定的实际 GDDS 用作基准情景。本章针对参数 a_4、b_4 和 c_3（分别代表技术水平、政府控制和消费者意识）的不同值分析三个指标的演化。

本节提出三种采用环境税的情景。基准情景对应于使用集合 P_1 中的参数，中度情景对应更大的参数，增强情景对应的参数最大，没有环境税的情况称为空置情景。

13.4.1 对经济增长的影响

本小节分析政府控制和消费者意识对经济增长的影响。

图 13.8 显示了不同政府控制水平下经济增长的演化。首先，与零税率相比，三种环境税税率曲线的波动性更大，这表明征收环境税对经济增长有明显影响。

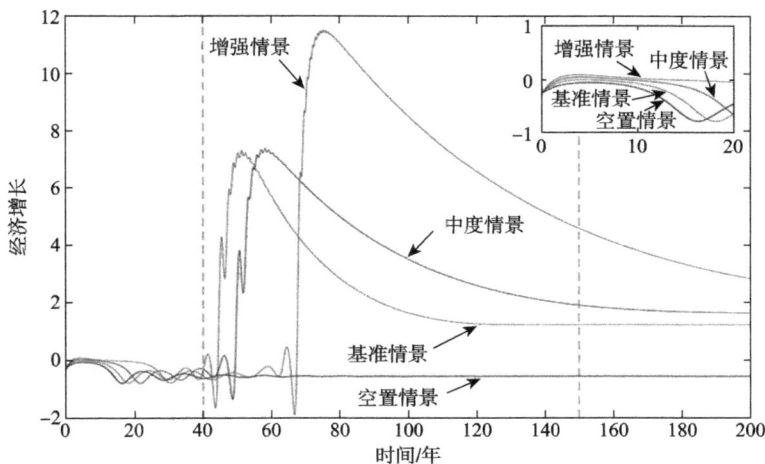

图 13.8 不同政府控制参数 b_4 下经济增长的演化

基准情景：$b_4 = 0.2488$；中度情景：$b_4 = 0.4488$；增强情景：$b_4 = 0.6488$。垂直虚线将演化周期分为三个阶段。右上角的子图是局部放大图

其次，演化周期可分为三个阶段，即初始阶段、波动阶段和稳定阶段。四条曲线在初始阶段没有显著差异。在波动阶段，增强情景峰值最大但达峰时间较其余情景有延迟，表明政府控制水平越强，经济高峰就越大。在稳定阶段，经济增长单调下降然后趋于平稳，且稳定值水平对应参数的大小，这表明从长远来看，加强政府控制可以促进经济增长。

图 13.9 显示了不同消费者意识水平下经济增长的演化。空置情景下的曲线比三种环境税情况下的曲线平缓，并且几乎总是低于这些曲线，这表明征收环境税可以促进经济增长。在初始阶段，这四条曲线大致重合。在波动阶段，消费者意识越强，峰值就越高。在稳定阶段，所有曲线趋于相同的稳定值，但对于增强情景来说则需要花费更多的时间，这表明从长远来看，提高消费者意识也可以改善经济，但是效果比政府控制要弱。

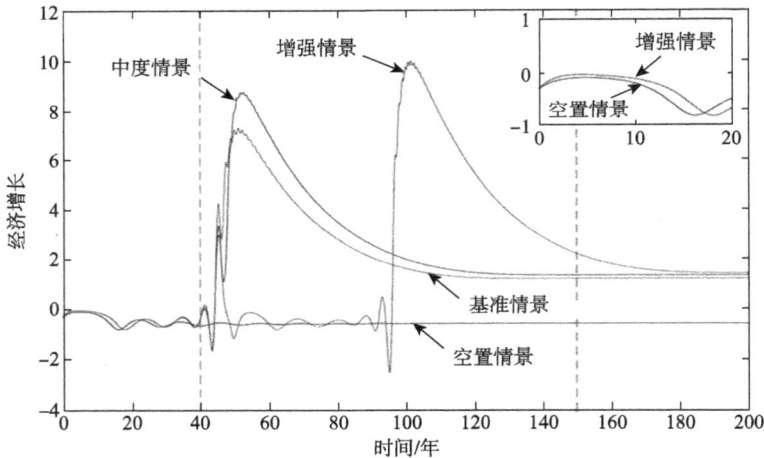

图 13.9　不同消费者意识参数 c_3 下经济增长的演化

基准情景：$c_3 = 0.103\,7$；中度情景：$c_3 = 0.143\,7$；增强情景：$c_3 = 0.163\,7$。垂直虚线将演化周期分为三个阶段。右上角的子图是局部放大图

13.4.2　对污染强度的影响

本小节讨论政府控制对污染强度的影响。图 13.10 代表不同政府控制程度下污染强度的演化。带有环境税的三种情景的曲线低于空置情景的曲线。由此可见，征收环境税在减少污染方面起着重要作用。在初始阶段，相应的曲线没有确定的

变化模式，但增强情景曲线位于其他三条曲线之下。在波动阶段，基准情景和中度情景的曲线波动很大，其他曲线几乎稳定，表明政府控制存在上限。在稳定时期，曲线都趋于平稳且位于空置情景与增强情景的稳定线之间，表明加强政府控制对减少污染具有重大影响。

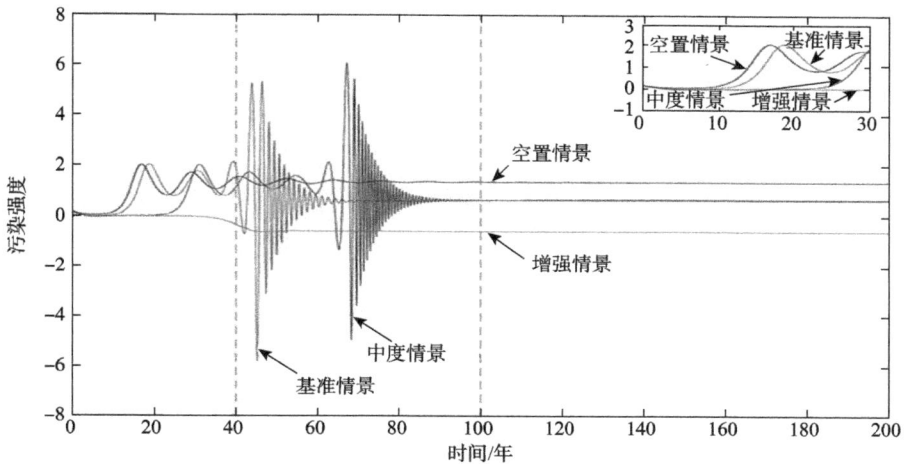

图 13.10　不同政府控制参数 b_4 下污染强度的演化

基准情景：$b_4 = 0.2488$；中度情景：$b_4 = 0.6488$；增强情景：$b_4 = 0.7488$。垂直虚线将演化周期分为三个阶段。右上角的子图是局部放大图

13.4.3　对资源强度的影响

本章的研究着重于政府控制和技术水平对资源强度的影响。图 13.11 显示了不同政府控制水平下资源强度的演化。注意到空置情景曲线低于三条带有环境税情景的曲线，这表明增加资源消耗使经济负增长，因此在没有环境税的情况下资源强度为负值，也就是说，征收环境税可以帮助节约资源。在初始阶段，所有曲线上的纵坐标值均为负值，增强情景曲线位于最高位置。在波动阶段，三种环境税情景的曲线波动更为频繁，而空置情景曲线几乎是稳定的，政府控制水平越强，波动发生的时间就越晚；但是，随着政府控制水平的增加，高峰期并没有太大变化。在稳定时期，这四条曲线趋于稳定，并且随着政府控制水平的增加，稳定值越来越小，表明强有力的政府控制可以有效地管理资源。

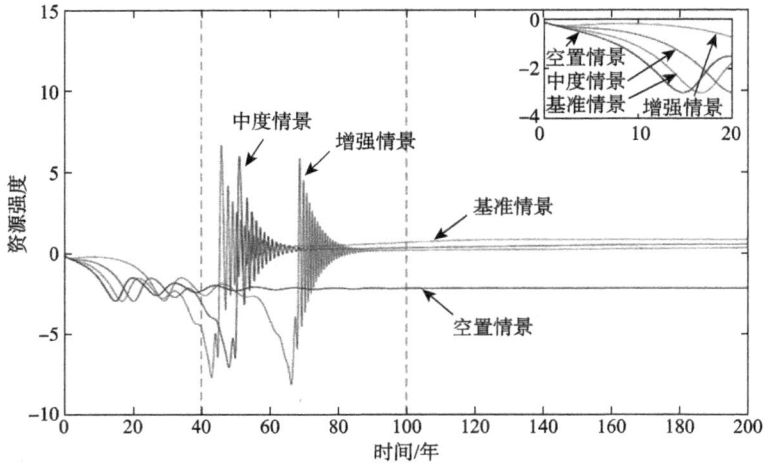

图 13.11　不同政府控制参数 b_4 下资源强度的演化

基准情景：$b_4 = 0.2488$；中度情景：$b_4 = 0.4488$；增强情景：$b_4 = 0.6488$。垂直虚线将演化周期分为三个阶段。右上角的子图是局部放大图

图 13.12 展示了不同技术水平下资源强度的演化。该演化模式与图 13.12 的演化模式相似，因而提高技术水平可以节省资源、避免资源浪费。

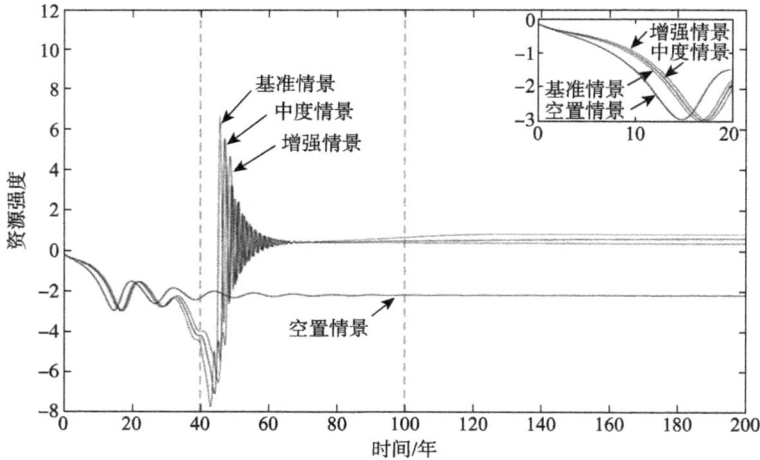

图 13.12　不同技术水平参数 a_4 下资源强度的演化

基准情景：$a_4 = 0.0008$；中度情景：$a_4 = 0.0208$；增强情景：$a_4 = 0.0408$。垂直虚线将演化周期分为三个阶段。右上角的子图是局部放大图

13.5　本　章　小　结

国际社会已将环境税视为促进绿色发展的实际政策工具。本章从动力系统的角度展示了在征收环境税的情况下，经济增长、污染强度和资源强度的演化。本章的研究构建了一个四维动力系统模型，以对资源消耗、经济、污染和环境税变量之间的复杂相互作用进行建模；通过耗散分析和 Routh-Hurwitz 准则研究了 GDDS 的稳定性，并通过李雅普诺夫指数谱和分岔图证明了该系统是混沌的。本章使用遗传算法确定了中国案例的实际系统参数，说明了不同情景下三个指标的演化路径，以显示环境税在绿色发展中的作用。

本章从数学上证实了以下观点：征收环境税在绿色发展中起着积极作用。这项研究反映了环境税在绿色发展中的作用并比较不同情景下绿色发展指标的演化情况。一方面，当征收环境税时，三个指标都偏离了没有环境税的空置情景。指标曲线的相对位置表明，环境税可以促进经济增长、节省资源和减少污染。从长远来看，影响会变得更大。另一方面，在选定的环境税收参数下，演化路径的差异结果表明了促进绿色发展的可能途径。可采用的方式包括加强政府控制、提高消费者意识及提高技术水平，其中政府控制的影响超过了其他方式。这表明有必要加强政府职能，如进一步完善中国政府监管制度、建立和完善各种环境税制、制定严格的排放标准、不断补充多种标准等。由于中国拥有强大的政府体系，这种增强措施对中国而言是切实可行的。但对于其他以市场为导向的经济体来说，尽管仍然可以使用动力系统方法，但首选的考虑因素是先进的技术水平和更高的消费者意识，而不是政府控制。

这项研究中仍然存在一些局限性。第一，这项研究的结果可能是脆弱的。由于本章的研究仅使用了中国的少量现实数据，如果研究区域发生变化或得到了更丰富的数据，可能得出不同的研究结果。第二，理论动力学模型中的线性项是绿色发展变量之间关系的简单假设，更复杂的假设和术语有可能导致更多结果。第三，本章的研究侧重于一个国家或地区的绿色发展，没有涉及行业或部门的绿色发展。这项研究还为将来的研究提供了一些可能的方向：一个方向可以是 GDDS 在其他国家和地区的应用；另一个方向可以是 GDDS 模型的修改。可以将线性假设转变为更复杂的形式，如二次方程式，以建立新的绿色发展模式。未来的研究还可以集中于 GDDS 在行业中的理论建模或经验应用。

参 考 文 献

[1] Brand U. Green economy-the next oxymoron? No lessons learned from failures of implementing sustainable development. GAIA-Ecological Perspectives for Science and Society,2012,21(21): 28-32.

[2] Organization for Economic Cooperation and Development (OECD). Towards green growth: monitoring progress: OECD indicators. 2011.

[3] United Nation Environment Programme (UNEP). Green economy: developing countries success stories. 2010.

[4] World Bank. Inclusive green growth: the pathway to sustainable development. 2012.

[5] Feng C, Wang M, Liu G C, et al. Green development performance and its influencing factors: a global perspective. Journal of Cleaner Production, 2017, 144: 323-333.

[6] Barbier E. How is the global green new deal going? Nature, 2010, 464 (7290): 832-833.

[7] Sun C Z, Tong Y L, Zou W. The evolution and a temporal-spatial difference analysis of green development in China. Sustainable Cities and Society, 2018, 41: 52-61.

[8] Li X X. Scientific development and a new green deal. China Finance and Economic Review, 2014, 2 (1): 1-8.

[9] Feng C, Wang M. The heterogeneity of China's pathways to economic growth, energy conservation and climate mitigation. Journal of Cleaner Production, 2019, 228: 594-605.

[10] Hodžić S, Bratić V. Comparative analysis of environmental taxes in EU and Croatia. Ekonomska Misao I Praksa, 2015, 24 (2): 555-578.

[11] Li G, Masui T. Assessing the impacts of China's environmental tax using a dynamic computable general equilibrium model. Journal of Cleaner Production, 2019, 208: 316-324.

[12] Ciaschini M, Pretaroli R, Severini F, et al. Regional double dividend from environmental tax reform: an application for the Italian economy. Research in Economics, 2012, 66(3): 273-283.

[13] Hu X H, Liu Y, Yang L Y, et al. SO_2 emission reduction decomposition of environmental tax based on different consumption tax refunds. Journal of Cleaner Production, 2018, 186: 997-1010.

[14] González R, Hosoda E B. Environmental impact of aircraft emissions and aviation fuel tax in Japan. Journal of Air Transport Management, 2016, 57: 234-240.

[15] Yu M, Cruz J M. The sustainable supply chain network competition with environmental tax policies. International Journal of Production Economics, 2019, 217: 218-231.

[16] Ekins P, Pollitt H, Summerton P, et al. Increasing carbon and material productivity through environmental tax reform. Energy Policy, 2012, 42: 365-376.

[17] Chen L L, Zhang X D, He F, et al. Regional green development level and its spatial relationship under the constraints of haze in China. Journal of Cleaner Production, 2019, 210: 376-387.

[18] Yang Y Y, Guo H X, Chen L F, et al. Regional analysis of the green development level differences in Chinese mineral resource-based cities. Resources Policy, 2019, 61: 261-272.

[19] Jin P Z, Peng C, Song M L. Macroeconomic uncertainty, high-level innovation, and urban green development performance in China. China Economic Review, 2019, 55: 1-18.

[20] Shao S, Luan R R, Yang Z B, et al. Does directed technological change get greener: empirical evidence from Shanghai's industrial green development transformation. Ecological Indicators, 2016, 69: 758-770.

[21] Yang Z B, Fan M T, Shao S, et al. Does carbon intensity constraint policy improve industrial green production performance in China? A quasi-DID analysis. Energy Economics, 2017, 68: 271-282.

[22] Fu J Y, Geng Y Y. Public participation, regulatory compliance and green development in China based on provincial panel data. Journal of Cleaner Production, 2019, 230: 1344-1353.

[23] Oueslati W. Environmental tax reform: short-term versus long-term macroeconomic effects. Journal of Macroeconomics, 2014, 40: 190-201.

[24] Bovenberg A L, De Mooij R A. Environmental tax reform and endogenous growth. Journal of Public Economics, 1997, 63 (2): 207-237.

[25] Karydas C, Zhang L. Green tax reform, endogenous innovation and the growth dividend. Journal of Environmental Economics and Management, 2019, 97: 158-181.

[26] Cai W, Liu C H, Zhang C X, et al. Developing the ecological compensation criterion of industrial solid waste based on emergy for sustainable development. Energy, 2018, 157: 940-948.

[27] Piciu G C, Trică C L. Assessing the impact and effectiveness of environmental taxes. Procedia Economics and Finance, 2012, 3: 728-733.

[28] Tamura H, Nakanishi R, Hatono I, et al. Is environmental tax effective for total emission control of carbon dioxide? Systems analysis of an environmental-economic model. IFAC Proceedings Volumes, 1996, 29 (1): 5435-5440.

[29] Niu T, Yao X L, Shao S, et al. Environmental tax shocks and carbon emissions: an estimated DSGE model. Structural Change and Economic Dynamics, 2018, 47: 9-17.

[30] Wang B, Liu L, Huang G H, et al. Effects of carbon and environmental tax on power mix planning-a case study of Hebei Province, China. Energy, 2018, 143: 645-657.

[31] Söderholm P. Taxing virgin natural resources: lessons from aggregates taxation in Europe. Resources, Conservation and Recycling, 2011, 55 (11): 911-922.

[32] Piciu G C, Trică C L. Trends in the evolution of environmental taxes. Procedia Economics and Finance, 2012, 3: 716-721.

[33] Amundsen E S, Schöb R. Environmental taxes on exhaustible resources. European Journal of Political Economy, 1999, 15 (2): 311-329.

[34] Ekins P, Pollitt H, Barton J, et al. The implications for households of environmental tax reform

（ETR）in Europe. Ecological Economics, 2011, 70（12）: 2472-2485.

[35] Bosquet B. Environmental tax reform: does it work? A survey of the empirical evidence. Ecological Economics, 2000, 34: 19-32.

[36] Bonnet C, Bouamra-Mechemache Z, Corre T. An environmental tax towards more sustainable food: Empirical evidence of the consumption of animal products in France. Ecological Economics, 2018, 147: 48-61.

[37] Griffiths W D, Boysan F. Computational fluid dynamics（CFD）and empirical modelling of the performance of a number of cyclone samplers. Journal of Aerosol Science, 1996, 27（2）: 281-304.

[38] Fang G C, Tian L X, Sun M, et al. Analysis and application of a novel three-dimensional energy-saving and emission-reduction dynamic evolution system. Energy, 2012, 40（1）: 291-299.

[39] Fan X H, Xu H H, Yin J L, et al. Chaotic behavior in a resource-economy-pollution dynamic system. Journal of Multidisciplinary Engineering Science and Technology, 2017, 4（1）: 6508-6512.

[40] Fan X H, Zhang Y, Yin J L. Evolutionary analysis of a three-dimensional carbon price dynamic system. Sustainability, 2019, 11（1）: 116.

[41] Gao C X, Sun M, Shen B, et al. Optimization of China's energy structure based on portfolio theory. Energy, 2014, 77: 890-897.

[42] Wang M G, Tian L X. Regulating effect of the energy market-theoretical and empirical analysis based on a novel energy prices-energy supply-economic growth dynamic system. Applied Energy, 2015, 155: 526-546.

[43] Pilpola S, Arabzadeh V, Mikkola J, et al. Analyzing national and local pathways to carbon-neutrality from technology, emissions, and resilience perspectives—case of Finland. Energies, 2019, 12（5）: 1-22.

[44] Voss H U, Timmer J, Kurths J. Nonlinear dynamical system identification from uncertain and indirect measurements. International Journal of Bifurcation and Chaos, 2004, 14（6）: 1905-1933.

[45] Gao Y, Liu G Y, Casazza M, et al. Economy-pollution nexus model of cities at river basin scale based on multi-agent simulation: a conceptual framework. Ecological Modelling, 2018, 379: 22-38.

[46] Bithas K, Kalimeris P. Unmasking decoupling: redefining the resource intensity of the economy. Science of the Total Environment, 2018, 619: 338-351.

[47] Zhang L X, Hao Y, Chang Y, et al. Emergy based resource intensities of industry sectors in China. Journal of Cleaner Production, 2017, 142: 829-836.

[48] Shao S, Yang Z B, Yang L L, et al. Can China's energy intensity constraint policy promote total factor energy efficiency? Evidence from the industrial sector. The Energy Journal, 2019, 40（4）: 101-127.

[49] Alves P R L. Chaos in historical prices and volatilities with five-dimensional Euclidean spaces.

Chaos, Solitons & Fractals: X, 2019, 1: 100002.

[50] Priya K, Babu T S, Balasubramanian K, et al. A novel approach for fuel cell parameter estimation using simple genetic algorithm. Sustainable Energy Technologies and Assessments, 2015, 12: 46-52.

第14章 碳排放交易试点市场相关性研究

碳排放交易机制是减少大气中温室气体的一种经济有效的方法。自2005年欧盟排放交易体系建立以来，主要的发达经济体和发展中经济体，如瑞士、日本、韩国、哈萨克斯坦、新西兰和中国都建立了碳市场[1]。中国2013~2014年在深圳、北京、天津、上海、重庆、广东和湖北启动了7个区域试点碳市场[2]，然后在2017年底推出了全国碳排放交易体系[1]。中国的区域试点与全国市场并行共存，直到2020年后全面运作[3]。在快速发展的社会主义市场经济中实施碳排放交易体系给中国带来了许多挑战[4]。

虽然试点市场具有各自的特征，但碳市场的政策属性[3]及中国政府的主导作用，政府发布的一些国家政策无疑会影响所有试点市场的价格，因此试点市场的价格存在一定程度的联动。综合评估七个试点的相关性，对碳市场的投资活动、市场设计的实施及中国的全国碳排放交易体系建设具有重要意义。

本书的研究旨在量化碳市场之间的相关性，然后确定与其他市场有最重要联系的碳市场。本书的研究有三个方面的动机：第一，关于试点是否相关存在矛盾。大多数现有的研究都关注试点之间的明显差异，而很少关注它们之间的联系。第二，缺乏对市场动态相关性的研究。由于碳市场是复杂系统，这些系统的相关性不能仅通过价格或收益序列的简单相关或时变相关来量化，而应考虑熵这种对复杂性的自然测量。第三，需要揭示投资或政策管理方面的试点之间的相关程度。随着试点规模的扩大，更多的投资者纷纷参与这些新的金融市场寻求投机机会。相关分析可为其投资决策提供参考。从管理层来看，政策制定者通常关注高碳行业对国家政策碳价格的影响。现有的学术文献通常比较碳排放交易机制的系统设计、市场机制和环境（经济）有效性。通过比较电力市场清算价格，Kockar等[5]分析了欧盟排放交易体系和区域温室气体交易机制之间的异同。Wang 等[6]在监测、报告和验证，Tanaka[7]在评估二氧化碳减排的方法中对欧盟和日本的碳排放交易机制进行了比较。Zhang 等[8]综合比较了欧盟和中国排放交易体系的 8 个方面，对中国 7 个碳排放交易试点市场的比较也有研究。Xiong 等[9]比较了欧盟、加利福尼亚和中国市场的配额分配。Dong 等[10]探讨了欧盟排放交易体系、美国区域温室气体减排行动、新西兰碳排放交易计划的履约实体、分配方法、交易参与者和交易方法。Narassimhan 等[11]评估了超国家、国家和次国家层面不同地区现有的碳排放交易体系的实施情况。虽然应用了不同的评估标准，但这些研究均显示从已有系统，特别是欧盟排放交易体系中获取了重要的系统性经验。

中国是世界上第二大碳排放国，因此在与次区域碳市场的评估和比较相关的研究中引起了越来越多的关注。许多研究都集中在中国碳排放区域试点发展不平衡的问题上。因为每个试点根据中国政府制定的通用要求确定自己的规则，研究人员证实了试点之间的巨大差异，一些学者评估了某些方面的差异，如成熟度[12]、流动性[13]和有效性[14]。Chang 等[15]通过比较市场规则的巨大区域差异，发现湖北、广东和深圳区域试点的市场份额和流动性明显较大。碳价格在上海和北京试点受重大事件、在广东、湖北和深圳试点受长期趋势的影响[16]。Deng 等[17]指出，监测、报告和验证规则和规则的执行不完整归因于法规缺乏强制力和政策意识的缺乏。Zhou 等[18]提供了 7 个区域试点的系统概述，包括碳交易机制设计和对市场表现的深入评估、内部和外部绩效的详细比较。一些研究关注的是试点市场间的相似之处，Yin 等[19]发现所有试点市场的复杂性都很低，进而表明市场效率低。此外，Fan 等[20]研究了区域价格体系的相似性和异质性，并建议应根据价格动态建立子市场。总的来说，比较这些区域试点市场的表现为全国碳市场建设提供了有价值的建议。

用于识别试点市场地位的方法可大致分为两大类，即综合评估模型和基于经济理论的单一模型。大多数综合评估研究使用定性方法[2, 12, 21]，而定量评估模型[2, 21]的评估指标通常由专家经验决定，因而是主观的。基于经济理论的单一模型通常是定量的，但它们只衡量碳市场的一个方面。例如，Fan 等[14]根据广义 Hurst 指数量化市场效率，然后通过多重分形去趋势分析对中国 7 个碳试点进行排名。因此，虽然有文献给出了碳市场在某些方面的排名，试点的相对地位或重要性可以从排名中得出。但是，已有文献无法获得碳市场的联系。鉴于熵可以衡量和表征市场动态的潜在波动，我们选择基于熵的模型。实际上，样本熵已被用于分析欧洲碳价格明显波动与外生社会政治事件的一致性[22]，并研究中国碳试点市场的复杂性[19]。考虑到熵的尺度依赖性和样本数据较少，我们选择多尺度模糊熵作为基本模型。

现有研究存在不足之处。第一，关于碳市场相互关系的数值结果很少。大多数研究关注碳市场之间的差异而非相似性或联系，仅仅提出了序数结果，如综合方面的排名。第二，尚未从复杂性的角度来量化碳市场的联系。Li 等[23]利用价格回报序列的相关性研究区域市场的联系。然而，它无法量化不同碳市场之间相互作用所产生的市场动态。第三，尚未在地区层面上确定核心碳市场。虽然欧盟排放交易体系被视为一个成功的模式，但碳试点在中国区域碳市场中的相对重要性从未给出。

本章的贡献有以下几点。首先，我们将多尺度模糊熵分析的应用范围扩展到新兴的碳市场。李雅普诺夫指数[24]和样本熵已被用于研究欧盟碳交易机制[22]和中国碳市场[19]的复杂性。本章采用多尺度模糊熵进一步证实了中国区域碳市场的复杂性，为短期数据采用模糊熵提供了另一种选择。其次，我们从复杂性的角度引入一种新的定量方法来研究碳市场之间的内在关系。我们使用基于熵的相关性(碳价格熵的相关性)，以便可以揭示市场的整体动态。相关性确定的是碳价格之间的线性关系，而基于熵的相关性[25]揭示了两个复杂系统动态之间的内在关系。使用基于熵的相关性，可以得到常规价格相关性无法给出的各种有价值的信息[26]。最后，我们研究了单一司法管辖区内碳市场的相关性。部分文献比较了不同司法管辖区的碳市场，部分文献列出了使用特定绩效指标的中国碳排放试点的排名。我们在相关矩阵中引入向量的范数来衡量市场的重要性，并基于熵的相关性，将北京试点确定为整个市场的核心。

14.1　方法和数据

14.1.1　多尺度模糊熵

模糊熵代表不确定性所传递的信息。模糊熵的详细计算过程如下。对于给定的时间序列 $\{u(i): 1 \leqslant i \leqslant N\}$，我们在 m 维空间中重建系统。相空间中的点构建为

$$X_i^m = \{u(i), u(i+1), \cdots, u(i+m-1)\} - u0(i), \quad i = 1, 2, \cdots, N-m+1 \quad (14.1)$$

其中，$u0(i) = \dfrac{1}{m} \sum_{i=0}^{m-1} u(i+j)$ 为基本点。我们记两点 X_i^m 和 X_j^m 之间的距离为 d_{ij}^m。满足非负、自反、三角不等式的任何函数都可以用作距离。两点 X_j^m 到 X_i^m 的相似度 D_{ij}^m 被定义为

$$D_{ij}^{m}(n,r) = \exp\left(-\frac{\left(d_{ij}^{m}\right)^{n}}{r}\right) \tag{14.2}$$

其中，n 和 r 为容差参数。定义 m 维空间中的平均相似度

$$\phi^{m}(n,r) = \frac{1}{N-m}\sum_{i=1}^{N-m}\left(\frac{1}{N-m-1}\sum_{j=1,j\neq i}^{N-m}D_{ij}^{m}\right) \tag{14.3}$$

序列的参数模糊熵定义为具有连续维度的两个空间中相似度偏差的负对数：

$$\text{Fuzzy En}(m,n,r) = \ln\phi^{m}(n,r) - \ln\phi^{m+1}(n,r) \tag{14.4}$$

当我们处理不同时间尺度的数据集时，就得到了多尺度模糊熵。

14.1.2　基于熵的相关系数

给定两个熵序列 U 和 V，定义基于熵的相关系数为

$$\rho_{UV} = \frac{\langle UV\rangle - \langle U\rangle\langle V\rangle}{\sigma_U \sigma_V} \tag{14.5}$$

其中，$\langle\cdot\rangle$ 和 σ 分别代表整个熵值序列的均值和标准差。可以使用相关矩阵的系数来更好地理解市场动态及其潜在的相互作用。

14.1.3　广义相关的大小

范数通常用于测量矩阵或向量空间中向量的长度或大小。设 $p\geqslant 1$ 为实数。向量 $x = (x_1, x_2, \cdots, x_n)$ 的 p-范数[27]（也称为 L_p-范数）定义为

$$\| x \|_p = \left(\sum_{i=1}^{n} | x_i |^p\right)^{1/p} \tag{14.6}$$

当 $p = 2$ 时，我们得到欧几里得范数，这相当于以排序方式计算距离。我们将广义相关的大小定义为基于熵相关的 2-范数。

14.1.4　数据

基础数据是从"碳 K 线"碳行情分析平台（http://k.tanjiaoyi.com/）获得的每日交易价格，碳价格的单位是元/吨。本章选择 7 个碳试点市场作为样本区域。取深圳市场不同年份的平均碳价格作为深圳试点的代表性碳价格。样本区间为

2016 年 6 月 19 日至 2018 年 6 月 19 日。这一考虑有两方面因素：第一，为基于熵的相关矩阵的研究提供相同的长度；第二，业内认为试点市场在运作的前两年存在系统问题[9]。

小波去噪是一种非常有效的预处理数据以降低噪声的算法[28]。小波去噪的过程如下：通过小波变换在稀疏频域中再现真实世界信号。在对系数进行阈值处理之后，我们可以使用逆小波变换重建数据。在实验中，经常使用的小波基函数包括 dbN 小波、symN 小波、coifN 小波等[29]。在选择阈值时，常用的处理方法是 Rigrsure、Sqtwolog、Heursure 和 Minimaxi[28]。已经证明软阈值方法可以最小化估计信号的最大均方误差，即去噪后的估计信号是原始信号的近似最佳估计。本章选择 sym2 小波和 Minimaxi 阈值估计准则，将多分辨率分解到第二层。我们使用对数收益序列 $x_t = \log(p_t) - \log(p_{t-1})$，其中 p_t 为 t 日的交易价格，然后对所有收益序列进行去噪。

14.2　结果和讨论

14.2.1　试点的熵演化

我们先计算尺度为 60 的多尺度模糊熵。为了反映碳市场的局部动态，应用滚动窗口技术来分析熵值的时间变化。我们固定窗口宽度为一年，即 $Nw = 250$。窗口的步长设置为 1。具体而言，第一个窗口覆盖了从第 1 个数据点到第 250 个数据点的序列。然后，窗口向前滑动，通过删除第 1 个数据点并添加第 251 个点数据得到下一个窗口。

图 14.1 描绘了北京试点的模糊熵随时间和时间尺度 τ 的变化，显示熵值随时间尺度增大而减小，但随时间变化不显著。图 14.1 上大部分区域的熵值较小（<0.5），熵值较大（>0.5）的区域对应时间尺度较小（$\tau < 5$）。除天津试点外其余 5 个试点的表现与图 14.1 所示相似。天津试点几乎所有时间和时间尺度的熵值都很小。计算熵值的过程表明，碳试点的熵值明显低于白噪声序列，表明中国碳市场的复杂性很低。

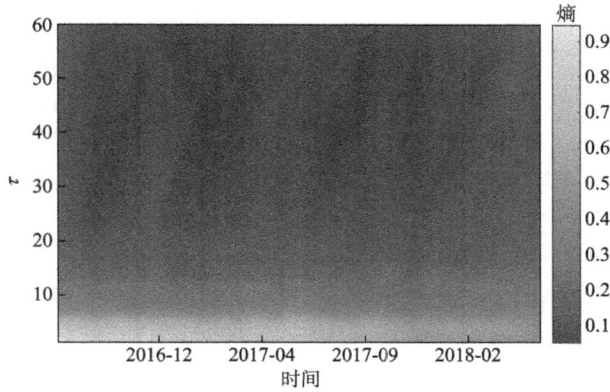

图 14.1　北京试点的模糊熵随时间和时间尺度的变化

14.2.2　基于熵的相关性

我们计算不同时间尺度下试点之间基于熵的相关系数。图 14.2 绘制了特定时间尺度下的相关矩阵热图,其中每个相关系数按照从深色到浅色的升序颜色排列。我们只关注非对角线区域。

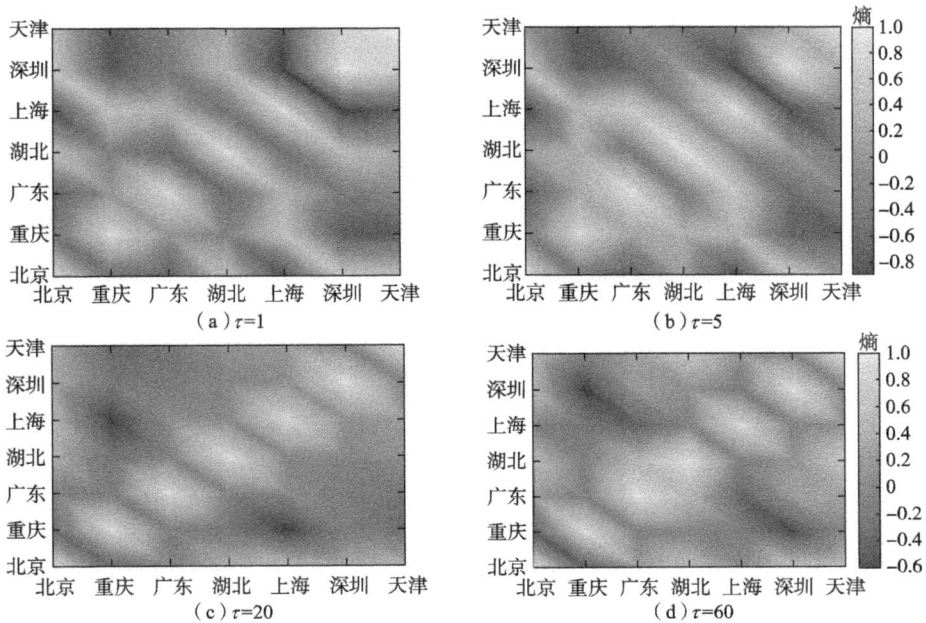

图 14.2　模糊熵在尺度为一天（ $\tau = 1$ ）、一周（ $\tau = 5$ ）、一月（ $\tau = 20$ ）、一季度（ $\tau = 60$ ）的相关矩阵

北京试点和其他试点的基于熵的相关性在小时间尺度（ $t<5$ ）和大时间尺度（ $t>20$ ）之间存在显著差异。例如，广东和北京试点在短期内呈正相关，然后从月度负相关变为季度不相关。上海和北京试点在短期内呈负相关，然后从月度正相关变为季度不相关。重庆和北京试点一直保持弱（相关系数绝对值小于0.5）的负相关。湖北、深圳和北京试点在各个时间尺度都呈正相关。其他试点之间的许多相互作用也值得关注。例如，湖北和深圳试点各个时间尺度都呈正相关，而重庆和深圳试点各个时间尺度都呈负相关。随着规模的增加，熵的下限从0.8缩小到0.6。另外，浅色区域的亮度变淡。这些表明相关系数的绝对值在较大的时间尺度上较大。

14.2.3　基于熵的相关系数的统计性质

我们研究相关系数的统计性质。图14.3显示分布与尺度的关系。从图14.3中可以看出，该分布是不对称的，并且对于大多数时间尺度呈右偏（对于第一小时间尺度 $\tau=1$ 是左偏的），说明正相关比负相关更常见。分布从单峰转变为双峰，表明为非正态分布。在初始阶段（ $\tau<5$ ）分布更矮胖，而在后期（ $\tau>5$ ）阶段，则是更高瘦。大多数时间尺度的分布在左侧有一个长尾。

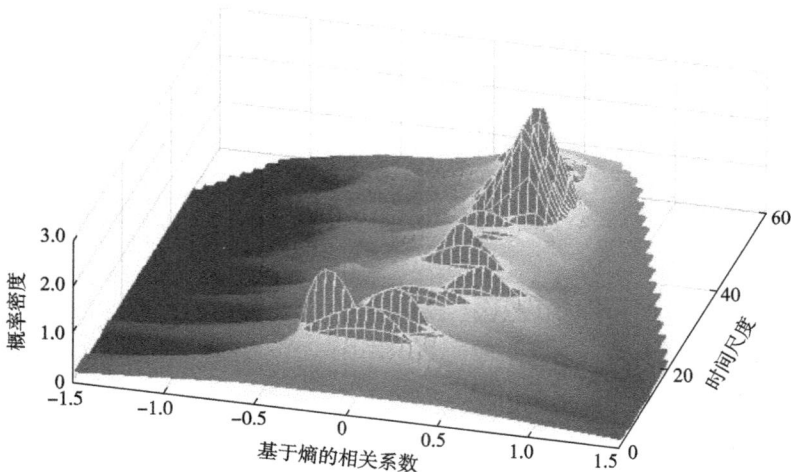

图14.3　基于熵的相关系数在不同时间尺度 τ 上的概率密度函数

引入高阶矩（均值、方差、峰度、偏度）以获得有关市场动态的有价值信息。均值约在 $\tau=23$ 达到最大，然后轻微波动（图14.4）。当 $\tau=23$ 时，相关性的方差具有较大的波动，然后在后期趋于稳定。峰度描述了分布曲线的陡峭程度。图 14.4 中的峰度值在 1 与 4 之间，这表示分布为有尖峰的非正态分布。当 $\tau < 6$ 时偏度为零，当 $6 < \tau < 15$ 时偏度在正值和负值之间波动，之后保持为负值，这给出了分布短期的右尾和长期的左尾现象。

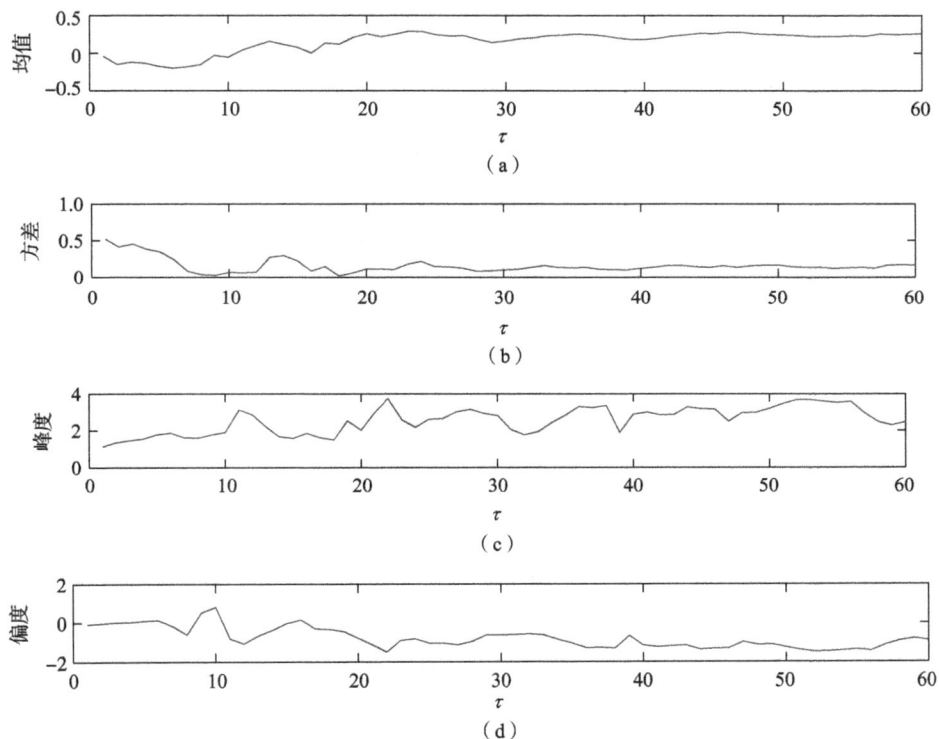

图 14.4　相关系数的均值、方差、峰度、偏度与时间尺度 τ 的关系

14.2.4　广义相关性的大小

相关系数向量的欧几里得范数表示 1 个试点和其余 6 个试点之间相关性的大小，我们称这种相关性为试点的广义相关性。表 14.1 显示了一组时间尺度的每个试点的广义相关性。从表 14.1 可以看出，北京试点在大多数时间尺度上具有中到大的广义相关性。在时间尺度 $\tau = 1$ 时，北京试点紧跟上海和深圳试点。在 $\tau = 5$ 时，只有上海试点的值超过北京试点。其他时间尺度北京试点排名第一，这可能归因于北京是中国的政治中心。

表14.1 7个试点广义相关性的大小

时间尺度	北京	重庆	广东	湖北	上海	深圳	天津
$\tau = 1$	1.901 1	1.673 6	1.475 3	1.472 4	2.002 5	1.928 3	1.761 4
$\tau = 5$	1.710 2	1.573 6	1.615 2	1.217 5	1.847 3	1.693 6	1.366 5
$\tau = 20$	1.402 0	1.215 3	1.039 1	1.150 6	1.348 8	1.117 5	1.181 7
$\tau = 60$	1.489 1	1.254 9	1.293 3	1.464 9	1.076 5	1.348 6	1.370 5

14.2.5 熵相关组的核心试点

我们确定哪个试点在不同的时间尺度中起着至关重要的作用。这是通过观察特征值谱与均匀随机数据集的偏差来完成的。偏差越大，试点就越重要。图 14.5 绘制了使用矩阵作为时间尺度 τ 的函数时的特征值。图 14.5 中考虑了三个情景：①所有试点；②除北京试点外的其他试点；③均匀随机值。

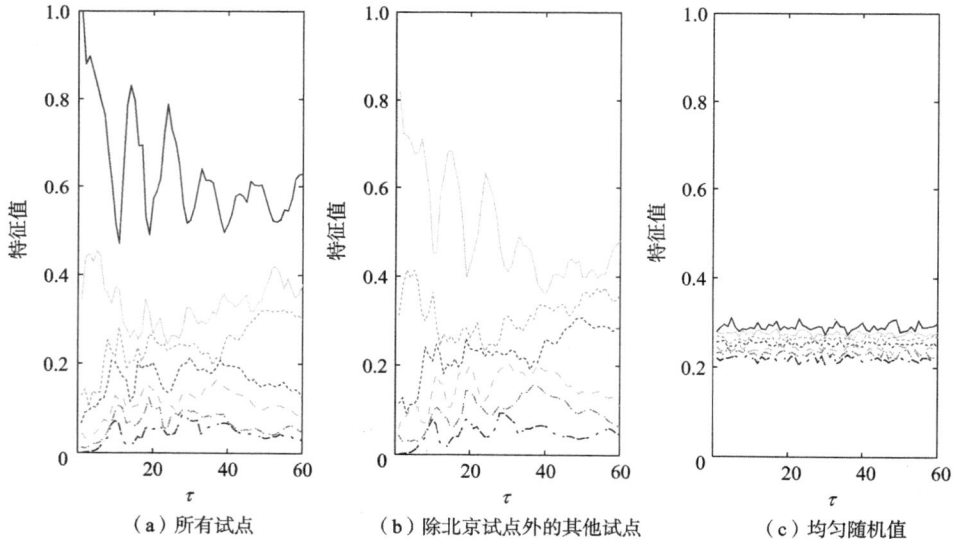

（a）所有试点　　（b）除北京试点外的其他试点　　（c）均匀随机值

图 14.5 相关矩阵的标准化特征值

从图 14.5 我们发现，对于不同的熵相关组，特征值的大小变化很大。所有试点市场在其最大特征值与剩余特征值之间存在最大差距，这表明其分布与随机矩阵的特征谱不对应[30]。然而，从相关矩阵中移除北京试点导致特征值的幅度变化较小，从而接近随机矩阵的表现。其他试点也可以发现类似的观察结果。

为了进一步确定哪个试点对相关性影响最大，我们计算特征值列的标准偏差。我们考虑所有试点市场及依次取消一个试点的情景。在图 14.6 中，我们仍然使用 $\overline{\text{北京}}$ 来表示移除北京的剩余试点。与整个碳市场相比，北京试点的标准偏差在大多数时间尺度上是最小的。图 14.5 和图 14.6 中的发现说明相关系数与随机值不对应，北京试点占碳市场中大部分相关性。

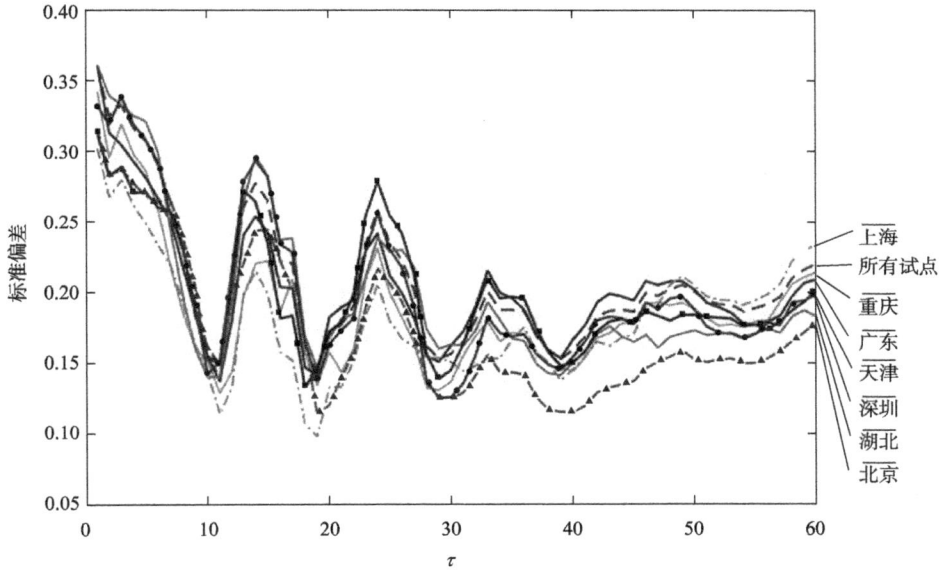

图 14.6　特征值组的标准偏差

$\overline{\text{北京}}$ 代表移除北京，余同

14.3　本章小结

本章重点研究了不平衡但又有联系的中国区域碳交易市场协调发展问题。将带时间和时间尺度的模糊熵用于碳价格的去噪对数收益序列，利用基于熵的相关性描述试点的动态行为，使用基于熵的相关向量（矩阵）的规范（和特征值）来研究试点的地位。本章的结果表明，不同时间尺度的试点碳市场动态变化显著。相关矩阵显示出不同程度的联系：一周规模的强相关性、超过一个月规模的弱相关性、其他规模的中等相关性。更具体地，范数和特征值分析的结果表明，北京试点是现有区域碳市场的核心。

本章的结果为市场参与者和政策制定者提供了实际参考。第一，我们的低熵结果表明，控排企业可利用其碳资产进行清洁生产。低熵的证据意味着中国的碳试点存在投资机会。因此，控排企业可以通过在适当的时间出售或购买其配额来获得可观的利润，以减轻资金压力或增加对低碳技术的投资，从而实现清洁生产和减排。当然，因为市场的复杂性随时间尺度而变化，应该相应地制定不同的碳交易策略。第二，我们基于熵的相关结果为参与者提供了有用的参考。这些参与者可以是碳排放权交易时的排放控制实体或个人或金融机构。由于对于不超过一周的时间尺度存在相对较高的基于熵的相关性，当交易者特别是交易频繁的短期投资者，在某个试点进行交易时，应仔细考虑其他试点中的市场信息。因为北京和上海试点在大多数时间尺度上有最高的相关性和最低的标准偏差，在所有试点中，应该更多关注它们。第三，我们对北京试点核心地位的结果为决策者提供了一个很好的参考。国家发展和改革委员会已指定湖北和上海试点牵头全国碳市场的建设[20]。然而，本章的研究结果表明决策者应关注北京试点。从理论或实践层面可以证明这个建议是合理的。从理论上讲，北京试点市场效率排名第一[31]，在成熟度[21]或综合表现[2]方面排名第二。在实践中，北京试点的交易活动比大多数其他试点的交易活动更为活跃[32]。

本章的研究为改善中国碳交易市场提供了有价值的参考。虽然只考虑强制碳市场之间的关系，但本章有助于寻找自愿碳市场中潜在买家的挑战。目前，自愿碳交易还很少，仅有的自愿交易都是一些有环保意识的买家的个体行为，能源密集型行业的企业很少参与。我们的研究结果鼓励企业购买中国核证减排量（Chinese certified emission reduction，CCER）实现自愿减排，以抵消履约义务。此外，本章的研究有助于促进中国碳排放交易试点的可持续发展。市场之间的联系是存在新投资机会的有效信号，这将吸引更多投资者进入市场。更多的投资将为市场带来更多的资金，这可能会改善市场的流动性并促进市场的可持续发展。本章的结论可以在全国碳市场体系建设期间提供参考。7 个区域试点市场之间的联动应该是一个值得考虑的重要因素。

本章的研究存在一些局限。从数据预处理的角度来看，我们使用的小波去噪算法可能不是最好的选择，可以考虑其他技术，如自适应去噪算法，它可以更好地降低非线性信号中的噪声[33]。此外，本章没有考虑不同时间窗口中基于熵的关联。因此，尚未讨论试点市场如何与其市场发展相关。我们基于熵的相关方法和关于试点市场作用的结论也对未来的碳市场研究有意义。虽然中国已经建立了多个环境和能源交易所，但很少有自愿减少碳排放交易。在未来的工作中，值得强调的是自愿行业如何参与碳排放交易的更多活动。此外，不同司法管辖区碳市场的基于熵的相关分析可能是一个研究方向。基于时变熵的相关性的研究也将是有趣的主题。

参 考 文 献

[1] Pizer W A, Zhang X L. China's new national carbon market. Working Paper of Nicholas Institute for Environmental Policy Solutions, 2018, 108: 463-467.

[2] Hu Y J, Li X Y, Tang B J. Assessing the operational performance and maturity of the carbon trading pilot program: the case study of Beijing carbon market. Journal of Cleaner Production, 2017, 161: 1263-1274.

[3] Song Y Z, Liang D P, Liu T S, et al. How China's current carbon trading policy affects carbon price? An investigation of the Shanghai Emission Trading Scheme pilot. Journal of Cleaner Production, 2018, 181: 374-384.

[4] Munnings C, Morgenstern R D, Wang Z M, et al. Assessing the design of three carbon trading pilot programs in China. Energy Policy, 2016, 96: 688-699.

[5] Kockar I, Conejo A J, McDonald J R. Influence of emissions trading scheme on market clearing and prices. IEEE Power & Energy Society General Meeting, Calgary, 2009.

[6] Wang J F, Jin S P, Bai W G, et al. Comparative analysis of the international carbon verification policies and systems. Natural Hazards, 2016, 84: 381-397.

[7] Tanaka K. A comparison study of EU and Japan methods to assess CO_2 emission reduction and energy saving in the iron and steel industry. Energy Policy, 2012, 51: 578-585.

[8] Zhang M Y, Liu Y, Su Y P. Comparison of carbon emission trading schemes in the European Union and China. Climate, 2017, 5 (3): 70.

[9] Xiong L, Shen B, Qi S, et al. The allowance mechanism of China's carbon trading pilots: a comparative analysis with schemes in EU and California. Applied Energy, 2017, 185: 1849-1859.

[10] Dong J, Ma Y, Sun H X. From pilot to the national emissions trading scheme in China: international practice and domestic experiences. Sustainability, 2016, 8 (6): 522.

[11] Narassimhan E, Gallagher K S, Koester S, et al. Carbon pricing in practice: a review of existing emissions trading systems. Climate Policy, 2018, 18: 967-991.

[12] Liu X F, Zhou X X, Zhu B Z, et al. Measuring the maturity of carbon market in China: an entropy-based TOPSIS approach. Journal of Cleaner Production, 2019, 229: 94-103.

[13] Chang K, Lu S B, Song X Y. The impacts of liquidity dynamics on emissions allowances price: different evidence from China's emissions trading pilots. Journal of Cleaner Production, 2018, 183: 786-796.

[14] Fan X H, Lv X X, Yin J L, et al. Multifractality and market efficiency of carbon emission trading market: analysis using the multifractal detrended fluctuation technique. Applied Energy, 2019,

251: 113333.

[15] Chang K, Chen R, Chevallier J. Market fragmentation, liquidity measures and improvement perspectives from China's emissions trading scheme pilots. Energy Economics, 2018, 75: 249-260.

[16] Xu J, Tan X J, He G, et al. Disentangling the drivers of carbon prices in China's ETS pilots— an EEMD approach. Technological Forecasting and Social Change, 2019, 139: 1-9.

[17] Deng Z, Li D Y, Pang T, et al. Effectiveness of pilot carbon emissions trading systems in China. Climate Policy, 2018, 18 (8): 992-1011.

[18] Zhou Y, Jiang J J, Ye B, et al. Addressing climate change through a market mechanism: a comparative study of the pilot emission trading schemes in China. Environmental Geochemistry and Health, 2019, 42: 745-767.

[19] Yin J L, Su C, Zhang Y F, et al. Complexity analysis of carbon market using the modified multi-scale entropy. Entropy, 2018, 20 (6): 434.

[20] Fan X H, Li X X, Yin J L, et al. Similarity and heterogeneity of price dynamics across China's regional carbon markets: a visibility graph network approach. Applied Energy, 2019, 235: 739-746.

[21] Yi L, Li Z P, Yang L, et al. Comprehensive evaluation on the "maturity" of China's carbon markets. Journal of Cleaner Production, 2018, 198: 1336-1344.

[22] Fan X H, Li S S, Tian L X. Complexity of carbon market from multi-scale entropy analysis. Physica A: Statistical Mechanics and its Applications, 2016, 452: 79-85.

[23] Li X D, Ma J, Chen Z, et al. Linkage analysis among China's seven emissions trading scheme pilots. Sustainability, 2018, 10: 3389.

[24] Feng Z H, Zou L L, Wei Y M. Carbon price volatility: evidence from EU ETS. Applied Energy, 2011, 88 (3): 590-598.

[25] Stosic D, Stosic D, Ludermir T, et al. Correlations of multiscale entropy in the FX market. Physica A: Statistical Mechanics and its Applications, 2016, 457: 52-61.

[26] Junior L S, Mullokandov A, Kenett D Y. Dependency relations among international stock market indices. Journal of Risk and Financial Management, 2015, 8 (2): 227-265.

[27] Prugovecki E. Quantum mechanics in Hilbert space. Academic Press, 1973, 41(10): 1213-1214.

[28] Valencia D, Orejuela D, Salazar J, et al. Comparison analysis between Rigrsure, Sqtwolog, Heursure and Minimaxi techniques using hard and soft thresholding methods. 2016 XXI Symposium on Signal Processing, Images & Artificial Vision, Bucaramanga, 2016.

[29] Li S Y, Ji Y J, Liu G D. Optimal wavelet basis selection of wavelet shrinkage for ECG de-noising. 2009 International Conference on Management & Service Science, Beijing, 2009.

[30] Wang G J, Xie C, Chen S, et al. Random matrix theory analysis of cross-correlations in the US stock market: evidence from Pearson's correlation coefficient and detrended cross-correlation coefficient. Physica A: Statistical Mechanics and its Applications, 2013, 392(17): 3715-3730.

[31] Yu X Y, Shi G, Wang J H. Assessing five pilot carbon trading programs in China from a perspective of efficiency analysis. IOP Conference Series: Earth and Environmental Science,

2018，121：052075.

[32] 中国日报. 积极应对气候变化，北京平稳有序地开展重点单位和碳排放权交易试点工作. http://cn.chinadaily.com.cn/a/201903/25/WS5c98cbe0a310e7f8b1572b68.html，2019-03-25.

[33] Gao J B，Sultan H，Hu J，et al. Denoising nonlinear time series by adaptive filtering and wavelet shrinkage：a comparison. IEEE Signal Processing Letters，2010，17（3）：237-240.

第三篇
绿碳行为的决策分析

引　言

应对气候变化，促进绿色低碳发展既是全球各国政府的共识，也是我国政府的国家战略。企业和居民是社会生产和经济活动的基本主体，是影响绿色低碳发展的决定性力量，参与绿碳的各主体只有做出科学、正确的绿色低碳决策，才能真正促进并实现我国绿碳发展。各绿碳主体行为的决策，宏观上包括各级政府层面的绿碳行为治理决策，微观上包括企业及个体绿碳行为的决策。在宏观层面上，建立和完善碳市场是我国促进温室气体减排，实现我国"双碳"目标的重要战略举措。但是，系统分析当前我国碳市场制度建设存在问题及其完善对策的研究仍较为匮乏。随着全球能源消耗的急剧增加，二氧化碳排放引起的气候变化问题受到越来越多的关注。现阶段我国经济正处于从传统高耗能的快速发展阶段向低碳排放的高质量发展转型关键时期。化石能源的消耗产生大量的二氧化碳。作为一种温室气体，它导致全球气候变暖。全球气候变暖问题日益严重，将严重危及人类社会的生存。高度重视全球气候变暖问题并采取行动减少碳排放已成为许多国家的共识。作为一种降低排放成本的有效工具，ETS 已从欧洲扩展到全球范围。尽管欧盟排放交易体系碳市场的相关文献已趋于成熟，但对我国碳市场的研究较少有人涉足。既有的研究并没有对我国批准 ETS 的 7 个试点市场的价格动态进行比较，并对其复杂性做出全面评估。复杂网络理论可以为许多包含大量以复杂方式交互元素的实际系统建模，并与时间序列分析相结合，已为许多多学科交叉问题的解决提供了新思路。可以借助于复杂网络与时间序列分析方法，对比分析我国 7 个碳试点市场价格动态的相似性和异质性。

随着碳交易和市场规模的扩大，市场效率问题日益受到关注。尽管新发现碳市场存在多重分形，但对量化碳市场效率的研究较为匮乏。虽然多重分形已经在欧盟排放交易体系中被发现，然而我国试点市场的多重分形性尚无研究。广义 Hurst 指数提供了一种定量研究碳市场效率的方法。这种对多重分形重要性度量的综合运用使得人们可以比较碳市场的相对效率。目前较少有研究涉及量化我国试点碳市场的有效性。在能源消费市场中，影响消费结构的因素很多，如能源价格、能源禀赋、经济增长、人口、产业结构、能源消费、碳排放约束等。目前的研究大多集中在对能源结构不合理性的定性分析上，还缺少对能源消费结构演变的定量分析。在传统能源市场与碳市场的关系研究中，现有的研究方法大多是经典的统计方法或基于计量经济模型的方法。计量经济模型总是要求数据是固定的，这将给研究带来限制。此外，这些方法还存在一些不足之处，如样本数据选择不同会导致结果不一致。以往的研究表明，RP 和 RQA 两种方法在处理非线性数据方面具有很大的优势，可以在多维空间中研究一维数据，发现真实数据背后的潜在机制，有助于从非线性角度出发研究市场的波动溢出效应。关于碳价格方面，存在丰富的研究成果，有些研究涉及碳价格的影响因素分析，包括经济活动、能源价格、信息、政策等。有些研究关注于碳价格的波动规律分析，发现碳价格的波动也存在和股票市场价格波动类似的非对称性和持续性等特征，碳价格收益率存在"尖峰厚尾"等条件异方差性。还有一些研究发现碳价格具有短期记忆和长期记忆性。进一步地，研究者期望能够对碳价格潜在时期做出准确识别，并刻画其动态演化特征。新的碳价格分析方法，将 DLPVG 方法和 CG 方法融合在一起，能够获得从高价期到低价期碳价格的动态波动演化特征，并分析碳价格网络中的一些重要模态。

我国正处于工业化、城镇化加速发展的阶段，由此产生的空气污染问题日益严重，对社会的稳定发展和人类健康产生了不利影响。空气污染问题引起我国政府的关注，政府采取了一系列措施来防治空气污染，改善环境。空气质量指数（air quality index，AQI）是检验空气质量的一个重要综合指标，政府机构使用它来反映空气的污染程度。关于 AQI 预测的研究已取得了大量成果，然而这些模型和方法更适合短期预测，不能起到长期预警作用。由于污染指数序列的不稳定性和混沌性，空气污染指数较难实现有效的长期预警，但这又是非常迫切和必要的。在短期内不能大幅度改善空气质量的前提下，提供可靠有效的空气质量预警机制至关重要。有研究结果表明，不同城市的空气质量不是孤立的，而是彼此之间存在关联特性的。长期以来，网络相关性研究一直被用来量化个体间的相互作用机制，研究结果已被应用于包括金融学、生物学和工程学在内的众多学科领域。网络相关性研究已被应用于研究气候系统。通过构造 AQI 相关性网络，借助物理学中的渗流理论来识别系统中最大的结构相变点，进而用来预测高污染区域中严重污染天气的发生。我国作为最大的发展中国家，迫切需要调整能源消费结构，降低煤炭消费的比重，以应对全球碳减排的压力。与传统能源相比，可再生能源具有取之不尽、绿色、清洁等诸多优势，在向可持续发展的转型中发挥着至关重要的作用。能源消费结构常被划分为煤炭、石油、天然气、可再生能源等类型，应用动力系统方法探究这些能源消费类型之间的相互作用，具有重要的研究意义。通过模拟分析不同情景下煤炭占比的演化规律，获取替代率和自增长率对煤炭占比的影响，将有助于我国合理调整能源消费结构，促使能源消费结构向低碳甚至无碳化方向发展。

　　本篇主要研究绿碳行为的决策分析，共分为 7 章。第 15 章为"中国区域碳市场价格动态的相似性和异质性研究"，该章应用可视图网络方法研究中国区域碳市场价格动态的相似性和异质性。研究结果表明，中国 7 个试点碳市场在无标度、小世界等可视图网络（visibility graph network，VGN）特性上具有一定的相似性，这些方面也存在不同程度的异质性。结果还表明，任何一对市场之间存在较低的相似性。湖北和深圳试点由于协调性较差，效率较低。基于所构建的可视图网络的拓扑测度，结果表明 7 个试点碳市场可以划分为 4 个集群。在价格依赖模式下，每个集群都可以看作一个子市场。第 16 章为"碳排放权交易市场的多重分形性和市场效率研究"，该章采用广义 Hurst 指数来衡量多重分形，量化碳市场的有效性。多重分形去趋势波动分析用于估计这些指数。作为一种自然延伸，我们使用这些指数量化试点市场的市场效率，然后在不同的时间窗口中对它们进行排名。我们观察的一些试点市场的有效性有提高的迹象，并且有效性在短期和长期内有不同的排名。最后，我们发现市场低效性与短期市场活跃度呈正相关关系，而与长期市场活跃度则呈负相关关系。第 17 章为"替代率对能源消费结构的影响"，该章研究不同能源替代率和自增长率下煤炭比例的演变规律。建立了煤炭、石油、天然气和可再生能源消费结构变化的四维动力系统模型。根据基础数据，计算能源替代率和自增长率，得到系统参数，并阐述了不同情景下的演化路径，展示了替代率和自增长率对煤炭比例的影响。第 18 章为"中国空气质量指数分析：基于渗流理论"，该章基于 2015 年 3 月 5 日至 2017 年 12 月 31 日我国 35 个主要城市的每日 AQI 数据，引入时滞效应研究不同城市 AQI 之间的波动相关性；构造了一系列随时间演化的有向加权的 AQI 相关网络，基于渗流理论确定高污染地区 AQI 均值演变过程中的高峰或低谷点。研究发现，网络的突发相变点发生在高污染地区 AQI 均值演变的极值点之前的 3~6 周时间。由此渗流分析为高污染地区严重污染天气信号的预测提供了一种有效的方法。这项工作能够挖掘隐藏在多维实际数据时间序列背后的动力学特征，有利于空气质量部门与政府机构从不同的角度了解空气质量的演变趋势，并促进对严重污染天气早期预警方面的研究。第 19 章为"传统能源价格与碳价格波动溢出的市场联动对碳减排行为价值实现的影响"，该章采用 RP 和 RQA 方法研究和比较了 3 个化石能源市场和碳市场之间的波动溢出效应。结果表明，煤炭价格波动对碳价格的影响最大，天然气次之，原油价格波动对碳价格的影响最小。这告诉我们，如果工业想要避免碳价格的急剧上涨，将煤炭转换为碳含量低得多的其他能源是一个有吸引力的选择。这种行为将有助于减少二氧化碳的排放，同时实现更高的碳价值。由于碳成本的存在，产业选择绿色行为是市场选择的结果。第 20 章为"国际碳交易市场价格演化特征——从高价期走向低价期"，该章首先提出一个新的 DLPVG-CG 方法来分析碳价格不同时期的动态演化特征。其次，利用 CG 方法，获得欧洲碳期货价格的波动模态，并建立了其波动模态的动态演化网络。最后，利用复杂网络指标，从新波动模态的增长速度、波动模态间转换周期分析、波动模态的强度分布、重要波动模态的特征分析 4 个方面对欧洲碳期货价格的演化特征进行分析。第 21 章为"三维碳价动力系统的演化分析"，该章建立了一个描述碳价格、能源价格与经济增长相互作用的三维微分动力系统，所构建的动力系统呈现出复杂的行为。通过平衡点分析和耗散分析，找到混沌的一组参数，在该组参数下，利用李雅普诺夫指数谱和分岔图证明了系统是混沌的。借助遗传算法识别我国的系统参数，对实例系统进行情景分析。通过分析各变量的演化趋势，讨论各参数的影响。通过分析碳价格随参数集的变化可以是混沌的，也可以是稳定的，验证复杂行为特征的假设。

第15章　中国区域碳市场价格动态的相似性和异质性研究

ETS 作为一种降低碳排放成本的有效工具，已从欧洲扩展到全球范围。中国政府批准 ETS 在 5 个城市（北京、重庆、天津、上海和深圳）及 2 个省（广东和湖北）开展试点[1]。2017 年底中国推出了全国 ETS 计划，但相应的全国市场尚未运营[2]。自启动以来，ETS 试点一直受到密切关注，取得了不同程度的成功，为全国碳市场建设积累了宝贵的经验。ETS 机制主要通过碳市场来影响中国的经济体系。碳价格在一定范围内波动[3]，7 个碳排放权交易试点不同的制度设计和随后的政策调整，导致碳排放权交易价格差异较大，市场活力和流动性较弱[4]。本章通过对碳价格时间序列的调查，试图量化试点之间的相互依赖关系。虽然试点在价格动态上自然存在一些异质性，但问题是，试点之间有什么相似之处？如何度量相似性和异质性？哪个试点项目更适合发展成为国家 ETS？碳价格时间序列的复杂网络分析为解决这些问题提供了一个新的视角。

本章研究动机来自三个方面。第一，尽管欧盟排放交易体系的相关文献已趋成熟，但对中国碳市场的认识仍然不足。现有研究大多是定性的，主要侧重于政策建议。第二，相关研究并没有对所有 7 个试点的价格动态进行比较。重庆和天津试点由于交易不活跃和交易数据缺失通常被排除在外[5]。第三，由于尚未在所有市场确定统一的交易价格，需要对中国所有的 ETS 市场进行更为复杂和全面的评估。近年来，基于网络的时间序列分析取得了较大的成功。复杂网络理论可用于许多类型的实际系统建模，这些系统包含大量以复杂方式相互交互的元素。将复杂网络理论与时间序列分析相结合，为解决脑功能、气候动力学、心电动力学、经济学、多相流和交通系统等多学科交叉问题提供了新的思路[6]。通过对应的复杂网络表示时间序列，可以从网络的拓扑特性研究时间序列的微观和宏观行为。

　　本章从复杂网络角度分析了中国 7 个试点碳市场价格动态的相似性和异质性。首先，我们采用可视图方法[7]将碳价格时间序列转换为可视图网络。通过这种映射，将碳价格的动态转化为可视图网络的拓扑特性，反之亦然。对可视图网络的拓扑度量分析表明，各试点之间存在一定的相似性。其次，利用相邻节点集的 Jaccard 相似系数对两个可视图网络的相似度进行量化。最后，根据可视图网络的特点，将 7 个试点分成 4 组。与已有研究相比，本章的研究主要有三个方面贡献：①本章为应对碳交易的跨学科挑战开辟了新的视野。以碳价格为碳交易系统的时间样本，应用可视图方法研究了我国试点市场碳价格的动态变化。动态变化的一般性质是整体特性，有助于避免不同试点的特性差异导致的盲目性。这种分析角度在碳市场研究中具有重要的理论和应用意义。②提出了一种相似性度量，即可视图网络中相邻集的 Jaccard 相似系数。该指标衡量的是整体动力学的相似性，而不是线性关系。可视图方法可以处理非平稳时间序列，与互相关法相比，在测量弱耦合时更可靠[8]。③提出了一种构建子市场的价格依赖模式，为 ETS 试点评估和国家 ETS 发展提供参考。由于碳排放额度的供给相对稳定，碳价格本质上受需求侧，如能源价格、气候事件、经济活动等的影响。因为发电机组可能会在高碳和低碳燃料之间切换，通常认为能源价格是影响碳价格的最重要因素[9]。因为剧烈的气候变化会影响能源需求[10]，气候条件也是造成碳现货价格不稳定的重要原因之一[11]。同时，宏观经济变量与碳价格存在一定的关联。实证研究表明，热能行业、钢铁业、造纸业等工业部门对碳价格有显著的影响[12]，外商直接投资等其他因素也可能影响碳价格[13]。

　　一般来说，碳价格波动由于其固有的高复杂性，具有线性和非线性两种模式。它的特征是收益呈偏态、尖峰和波动的不同相位。计量经济学方法和软计算模型通常将碳价格动态描述为随机过程。价格不必遵循任何季节规律。由于价格的不同相位和收益波动，一个充分的二氧化碳价格过程应该表现出时间和价格依赖的波动结构[14]。跳跃的几何布朗运动[15]、马尔可夫切换和 AR-ARCH（autoregressive- autoregressive conditional heteroskedastic，自回归-自回归条件异方差）模型[16]都已用于建立欧盟排放交易体系短期现货价格随机模型。经验模态分解（empirical mode decomposition，EMD）和方差比分析结果表明，市场机制和外部环境是碳价格波动的主导因素[17]。通过复杂性分析，碳价格也呈现出混沌特性[18]。对于碳期货价格而言，由于不受均值回归过程的影响，其波动较为平缓且不可预测[19]。欧盟排放交易体系内的碳期货收益可以通过具有负偏度和不对称特性的稳定分布来估计[20]。投资的时间尺度和投机收益预期对碳价格行为具有双重影响[21]。

　　中国开展 ETS 试点的效率、有效性、市场绩效等问题越来越受到人们的关注。与欧洲同行相比，中国的碳价格与煤炭而不是石油或天然气[22]密切相关。试点碳价格基础薄弱[5]。市场体系设计和政策调整对碳价格波动有显著影响[23]，尤其是在碳市场的早期阶段。试点市场在碳价格、交易量、市场流动性、信息透明度[24]和现货产品体系方面效率低下，原因在于中国独特的背景下碳排放交易的灵活调整[25]。幸运的是，随着市场规模和交易量的扩大，效率可能会得到提高。正如 Zhao 等[26]所指出的，市场有望从低效率状态逐步收敛到弱效率状态。

一些研究模拟了试点对经济和环境的影响。研究领域的差异及模型的不同导致了各种各样甚至相互矛盾的结论。应用中国的多区域一般均衡模型，Liu 等[27]指出湖北 ETS 有助于改变能源消费结构，以更低的成本实现减排。Wu 等[28]使用静态可计算一般均衡（computable general equilibrium，CGE）模型对 ETS 政策的经济影响进行评估，得出碳排放总量管制与交易可以减少对经济产出和就业不利影响的结论。

已有研究对单试点[24]和多试点[29]进行了综合评价，基于相似性的有序选择模型、优劣解距离法（TOPSIS[①]）模型[30]和结构–行为–绩效（strategy-conduct-performance，SCP）模型[31]对试点进行定性评价和排序。Yi 等[32]设计了综合评价指标体系，计算了 7 个试点的成熟度。这些研究为确定试点的最佳连接时机提供了有价值的参考。

学者提出了发展全国碳市场的三种选择。一是以试点为中心的方案。每个试点（无论是现有的还是新建的）都与一个区域碳市场挂钩，然后扩展到全国各地[33]，但这种挂钩可能导致各区域间碳排放分配不均。二是建立和整合区域子市场。建议在京津冀、长三角、珠三角等地理经济关系密切的省（市）建立区域副市场[34]。与这种地理依赖模式不同，Song 和 Liu[35]提出了一种能源依赖模式，即根据不同省（市）碳强度之间的相似性建立区域碳市场。这两个选择表明，中国将继续在区域试点碳市场中实施国家计划，但将扩大地理和行业范围。三是仅参照现行的 ETS 模式，直接建立统一的市场[36]。试点市场的经验对于这三种选择的任何一种都是至关重要的。

利用一系列不同的方法和数据研究碳市场已经取得了重大进展。然而，碳价格时间序列很少应用到复杂网络理论和方法。虽然对试点进行了一些综合评价和比较，但对所有试点的相似性和异质性水平的认识和量化还比较模糊。此外，从碳价格的动态变化角度考虑关于 ETS 区域间联系的建议，缺乏准确的定量方法。我们从复杂网络的角度探索 7 个试点市场的相似性和异质性，给出了它们之间相似性和异质性的精确值，提出了一种基于相似度的子市场和全国市场发展的价格依赖模型，从而填补这一空白。

---

① TOPSIS：technique for order preference by similarity to an ideal solution，逼近理想解排序法，通常简称为优劣解距离法。

15.1　方法和数据

15.1.1　可视图

将时间序列转换为复杂网络是为了使用网络的拓扑度量来推断序列中隐藏的系统行为。时间序列可以用不同的方法，如递归网络、相关网络、循环网络、通信网络和可视图映射到网络中[37]。在这些方法中，可视图方法[7]可按节点顺序保持序列的时间顺序，展示原始时间序列的直观几何解释。此外，因为应用实验中节点量或连接并不庞大，从而可以立即使用图论工具。可视图不需要创建需要大量采样点的状态空间，是一种简单快速的方法。

可视图方法[7]根据可视性标准将时间序列映射到网络中。给定一个时间序列 $\{y_i \mid i = 1, 2, \cdots, N\}$，我们用平面上从 $(t_i, 0)$ 到 (t_i, y_i) 的柱条表示时间序列的一个观察值 (t_i, y_i)，这里 t_i 表示时间。相应的可视图网络 $G = (V, E)$ 构造如下：令每个观察值 (t_i, y_i) 为 G 中的一个节点 $v_i \in V$。两个节点 v_i 和 v_j 有边连接当且仅当两个对应的观察值是可视的，即对于任何 $1 \leqslant k \leqslant n(k \neq i, j)$，$(t_i, y_i)$ 和 (t_j, y_j) 都不需要跨越 $(t_k, 0)$ 到 (t_k, y_k) 的柱条而连接上。从数学上讲，当

$$y_k < y_i + (y_j - y_i)\frac{k - i}{j - i}, \quad i < k < j \tag{15.1}$$

时，v_i 和 v_j 是连接的。

图 15.1 说明了转换时间序列 y [图 15.1（a）]到可视图的过程[图 15.1（b）]。在图 15.1（a）中，柱条顶端之间的黑线表示两个观测值是可视的。除了首末两个节点外，每个观测值肯定都连接到它的前驱和后继，因此可视图总是连通的。可视性准则确保可视图网络在时间序列的垂直（线性）放缩、平移和叠加下是不变的[7]。

15.1.2　可视图的拓扑度量

一般用平均路径长度、聚类系数、度分布和介数来测量复杂网络。首先，我们计算网络的度分布 $P(k)$，这里 k 表示节点度或其连接数。如果度分布符合幂律 $P(k) \sim k^{-\gamma}$，网络就是无标度网络[38]。度同配性是另一种常用的网络性质，它是

（a）用竖条表示的简单时间序列

此为示意图，纵轴处未加刻度

（b）由（a）中的时间序列映射得到的网络

$$JacS_{23} = \frac{2}{4+3-2} = 0.4$$

（c）节点2和节点3的Jaccard相似系数

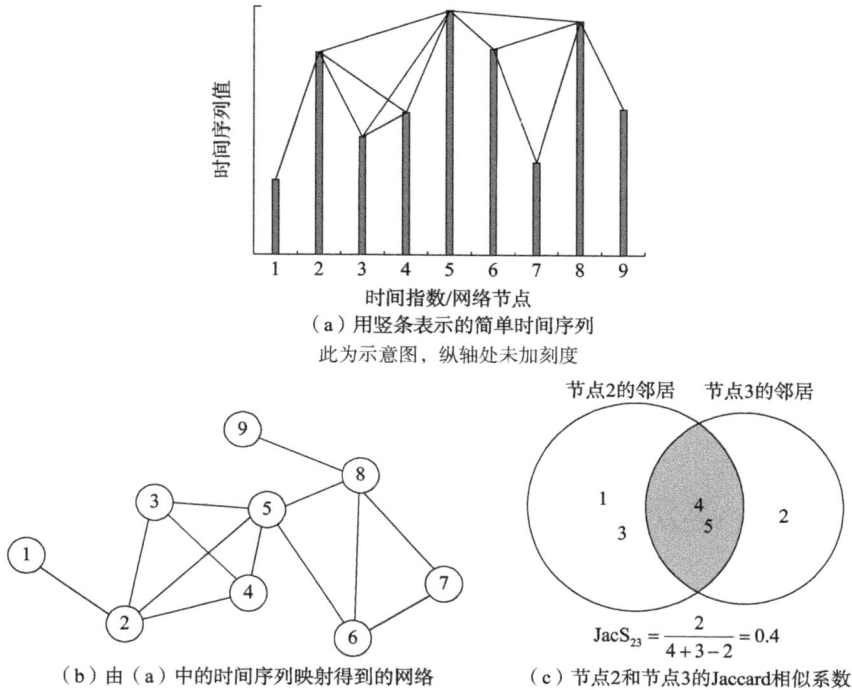

图 15.1　时间序列创建网络示意图

边的两顶点度序列的皮尔逊相关系数 r [39]。如果 $r>0$，该网络被认为是同配的；如果 $r<0$，则是异配的；如果 $r=0$，顶点度之间没有相关性。我们利用平均度、直径、平均路径长度、密度、模块度、聚类系数，以及特征向量中心性分布等基本概念来描述由时间序列传递的关联网络的统计特性。可以在相关的参考文献中找到它们的定义。

15.1.3　Jaccard 相似系数

因为节点代表时间点，节点与时间一一对应，从而两个可视图网络在给定的时间跨度内具有相同的特性。由于可视图是不加权的，两个可视图网络之间的相似性问题变成了一对一的节点匹配网络[40]。可视图节点表示的是时间点，因此属性很简单。节点相似性必须从结构上定义，而结构上的相似性只能基于网络结构。有许多结构相似性指标，如 Salton 指数、Jaccard 相似系数、优先依赖指数、资源配置指数[41]等。它们基于这样一种思想：有更多相同邻居的节点是更相似的。由于 Jaccard 相似系数具有清晰的集合意义，且邻居本身就构成一个集合，在本书的研究中,我们更倾向使用 Jaccard 相似系数[42]。Jaccard 相似系数最初由 Paul Jaccard 给出，也称为 Jaccard 索引，是样本集之间相似性的统计度量。Jaccard 相似系数定义为两个集合的交集的基数除以它们并集的基数。我们引入节点对 i 和 j 的 Jaccard 相似系数：

$$\text{JacS}_{ij} = \frac{n_{ij}}{n_i + n_j - n_{ij}} \tag{15.2}$$

其中，n_i 表示节点 i 的邻居数；n_j 表示节点 j 的邻居数；n_{ij} 表示节点 i 和节点 j 的邻居数。将两个网络的 Jaccard 相似系数定义为其节点的 JacS 的平均值。Jaccard 相似系数的值在 0 和 1 之间，0 表示没有重叠的连接，1 表示相同的时间对在两个网络中都连接。

15.1.4　层次聚类

聚类或聚类分析是将一组对象分组，使同一组（称为类或群）中的对象彼此之间比其他集群中的对象更相似。通常用距离来衡量相似性。相比各种聚类方法[43]，如 k-means 和期望最大聚类，凝聚层次聚类(agglomerative hierarchical clustering，AHC) 算法的优点是不需要预先指定类的数量。AHC 算法试图以"自底向上"策略构建聚类的层次树。起初，每个对象形成一个类。然后，在计算距离矩阵之后，迭代地合并整个数据集，直到得到最后一个类。在每个迭代中，合并两个最近的类。我们选择 AHC 算法是因为总共只有 7 个对象需要聚类，而且无法预先指定类的数量。

15.1.5　数据

我们选择中国碳交易数据,来源于"碳 K 线"碳行情分析平台(http://k.tanjiaoyi. com/)。深圳试点使用的是加权平均价格。样本期间自有观察值的第一个交易日到 2018 年 8 月 31 日，去除周末及公共假期。缺失的数据通过前一周的移动平均值来补充。异常值根据交易量进行修正。

图 15.2 显示出市场价格的巨大差异，广东、深圳、上海和重庆试点的碳价格波动更大。增广 Dickey-Fuller 单位根检验证实了价格的非平稳性。在所有情况下，Kolmogorov-Smirnov 检验都拒绝了正态性假设。我们也注意到碳价格是偏斜的，其中广东试点偏斜最剧烈，只有湖北为负偏态，所有的碳价格都具有明显的峰度，这是金融市场序列的共同特征。

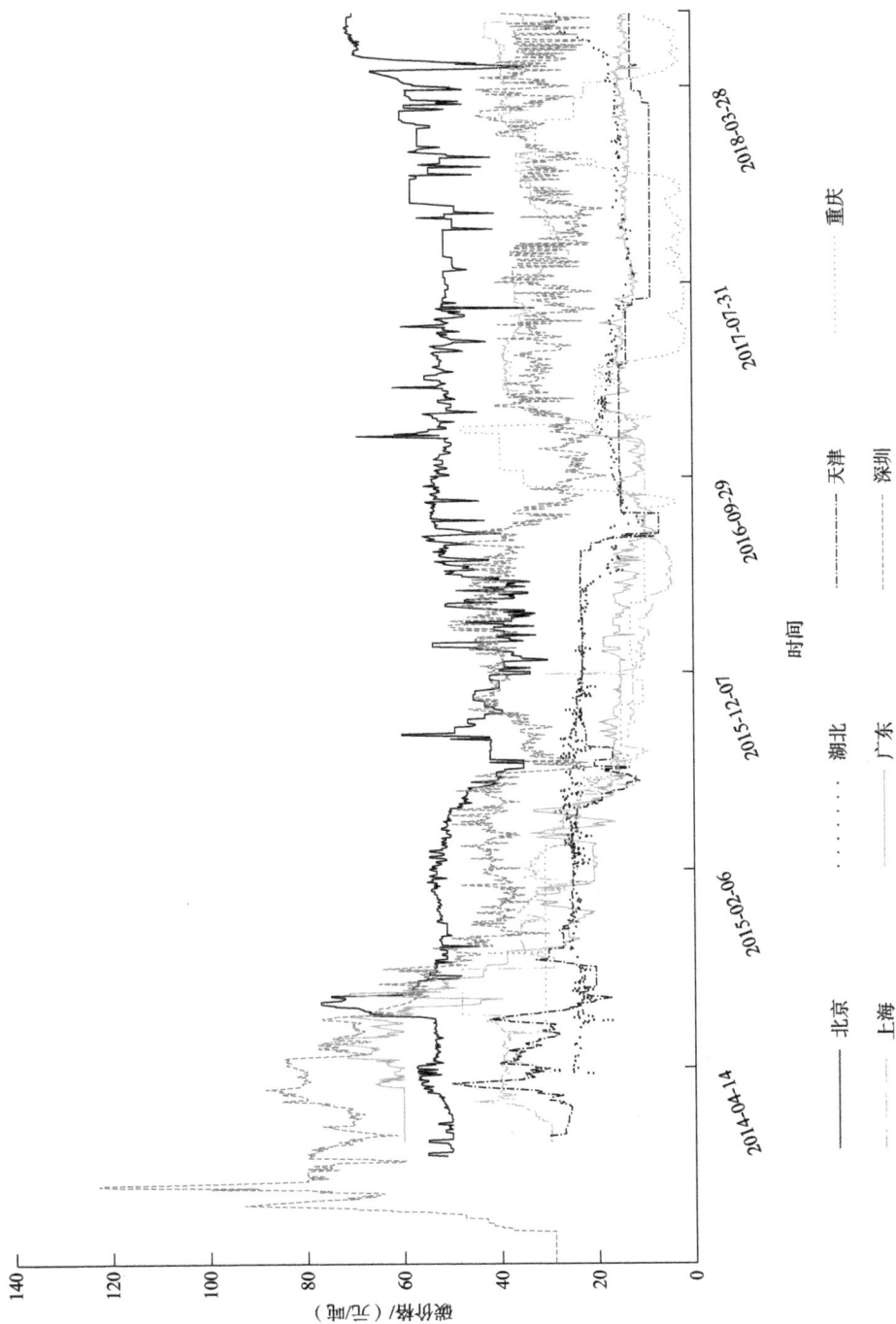

图15.2　全国ETS试点的碳价格

15.2　可视图网络度量的相似性

表 15.1 展示了所构造的可视图网络的拓扑度量。样本在网络结构和网络维度之间的相互关系方面可能是异构的。然而，本节显示可视图网络在网络属性中有一些共同之处。

表15.1　可视图网络的拓扑度量

拓扑度量	北京	重庆	广东	湖北	上海	深圳	天津
边	5 501	10 086	6 340	7 012	8 345	4 332	8 087
平均度	18.22	35.384	27.488	18.098	36.744	18.982	9.568
直径	9	11	7	9	52	9	8
平均路径长度	3.641 8	2.657 9	3.245 1	4.304 3	7.081 2	4.047 9	3.996 0
密度	0.014	0.027	0.021	0.014	0.028	0.014	0.011
模块度	0.756	0.356	0.710	0.728	0.517	0.758	0.749
社团数量	11	6	10	10	12	11	13
聚类系数	0.776	0.737	0.754	0.749	0.695	0.757	0.752
特征向量中心性	0.036 2	0.012 8	0.016 2	0.046 9	0.037 2	0.027 4	0.030 5

15.2.1　小世界网络：偏好连接

图 15.3 表示深圳试点碳价格序列可视图网络的平均最短路径长度，其中 L 为平均最短路径长度，N 为节点数。如果 L 和 N 的对数之间存在线性关系，即 $L = \alpha + \beta \ln N$，网络具有小世界特性。表 15.2 表示除重庆试点外，其余 6 个试点都具有小世界特性。小世界可视图网络意味着缺少中心，即中心节点很少，而大多数节点对应于中值或低值。在网络的成长过程中，小世界网络表明新增加的节点选择优先连接而不是随机连接[37]。可视图网络的小世界特性表示网络中的波动不是随机的。相反，它会受到之前价格的吸引、限制或影响。新添加的节点将受到历史节点，主要是中心点的影响。

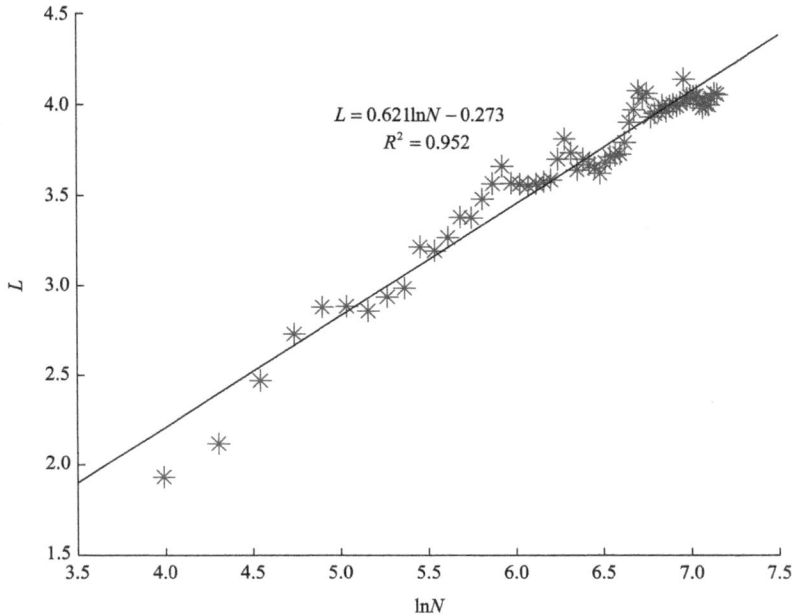

图 15.3 深圳试点碳价格可视图网络的平均最短路径长度

表15.2 平均最短路径长度拟合结果

拟合结果	北京	重庆	广东	湖北	上海	深圳	天津
α	0.527	11.800	0.432	0.767	40.5	0.621	0.241
β	0.876	−1.290	0.593	−0.674	−5.11	−0.273	1.330
R^2	0.754	*	0.844	0.903	0.928	0.952	0.545

*表示重庆试点不满足回归拟合

注：$L = \alpha \ln N + \beta$

15.2.2 无标度：长程相关分形序列

图 15.4 表示深圳试点可视图网络的幂律度分布，其中 $\gamma = 1.65 \pm 0.172$ 表示幂律度分布的指数。幂律度分布表明深圳试点的可视图网络是一个无标度网络。只有少数节点的度数较大，而大多数节点的度数非常小，这在一定程度上反映了原始时间序列的波动性。在一定范围内，能见度高的节点受前期价格波动影响较大，或者对后续价格波动影响较大。

度分布表明深圳试点的碳价格序列是一个分形时间序列，具有长程相关性。一方面，价格序列具有尺度不变性，不同时间尺度下的时间序列，即月、周、日

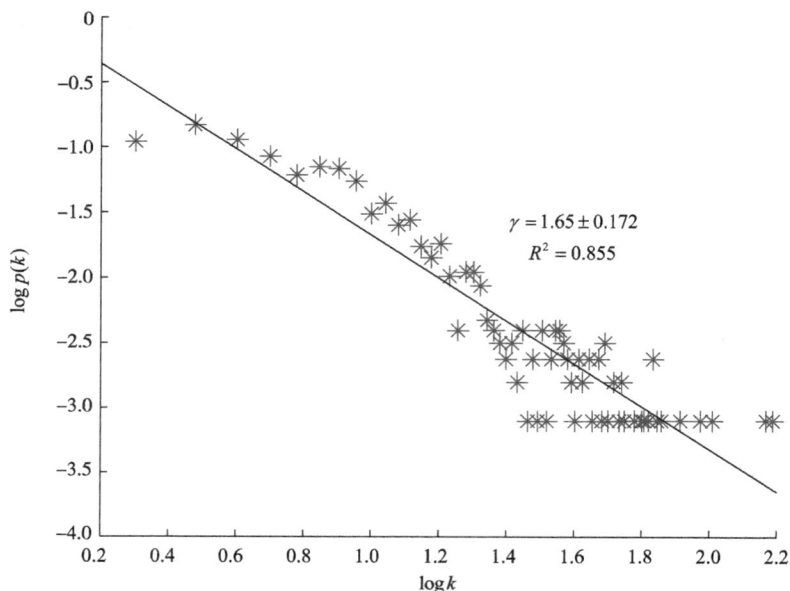

图 15.4　深圳试点可视图网络的幂律度分布

等在统计上有相似之处。另一方面，价格序列具有长期相关性，也就是说未来的碳价格波动很可能与过去的某个特定时期相似。

　　其他试点也发现了类似的无标度特性。我们拟合了对数坐标下度分布的幂律方程。所有拟合方程在 1%显著性水平上均具有统计学意义。表 15.3 显示了拟合结果，可以看出，重庆试点的 R^2 最低，广东和天津试点约为 0.7，其他试点均高于 0.8。幂 γ 在 1 与 2 之间，意味着除了重庆试点，构建的可视图网络均具有无标度性，原始碳价格序列为分形时间序列，具有长期相关性。

表15.3　幂律度分布的指数和拟合优度

拟合结果	北京	重庆	广东	湖北	上海	深圳	天津
γ	1.500	0.999	1.130	1.340	1.250	1.650	1.080
R^2	0.835	0.620	0.680	0.861	0.827	0.855	0.723

15.2.3　同配性：有效市场

　　匹配关系是复杂网络的关键特性之一。表 15.4 给出了同配系数。除湖北和深圳试点外，其他均为负值，因而所构建的复杂网络大多是不同配的。枢纽节点是离散的，并没有连接在一起。在可视图中，数据越大，顶点度越大。一般来说，信息的传播会引起碳价格的波动。由此推断，可视图网络同向匹配性表示强市场信息相互之间存在一定的联系，如投资者的投资策略、无论好坏的新信息等。可视图网络的异向同配性意味着这些试点市场没有效率。湖北和深圳试点表现得更好，这与文献[4]中深圳和湖北试点在 7 个 ETS 试点中表现得更积极的结论一致。

表15.4　试点可视图网络的同配系数

北京	重庆	广东	湖北	上海	深圳	天津
-0.069 6	-0.376 3	-0.060 5	0.048 1	-0.116 6	0.110 4	-0.236 9

15.3　可视图网络的相似性

15.3.1　相似性指标

本小节计算两两试点之间、试点与假定的"一体化"市场的可视图网络之间的相似性。"一体化"市场价格设为现有 7 个试点价格的平均值。通过计算 7 个可视图网络中每对的 Jaccard 相似系数，我们得到如表 15.5 所示的相似系数。可以看出，湖北-深圳试点和北京-深圳试点相似程度中度，但非常接近下限。其他市场的相似性较低。湖北-深圳试点的相似系数最高，重庆-广东试点的值最低。表15.6 显示试点和假定的"一体化"市场的 Jaccard 相似系数。低值的 Jaccard 相似系数表明了异质性的存在。重庆和天津试点与"一体化"市场的 Jaccard 相似系数远远低于其他试点。因此，没有任何一个可视图网络可以取代"一体化"市场。在 7 个试点中，湖北试点的 Jaccard 相似系数最高，ETS 影响显著。这可能是由于湖北的经济和社会环境与整个中国非常相似[27]。

表15.5　试点对之间的Jaccard相似系数

试点	北京	重庆	广东	湖北	上海	深圳
重庆	0.258 6					
广东	0.358 9	0.258 0				
湖北	0.379 3	0.270 3	0.357 4			
上海	0.328 2	0.260 3	0.327 5	0.342 3		
深圳	0.407 7	0.289 0	0.395 8	0.416 5	0.357 4	
天津	0.301 6	0.218 8	0.299 3	0.291 8	0.276 7	0.323 0

表15.6 试点和假定的"一体化"市场的Jaccard相似系数

北京	重庆	广东	湖北	上海	深圳	天津
0.388 0	0.276 3	0.392 1	0.395 3	0.347 6	0.398 3	0.304 0

15.3.2 聚类结果

我们以拓扑度量作为聚类因子，应用系统聚类方法将 7 个试点进行分组。图 15.5 给出了类的层次演化过程。竖直线段代表类的分布及合并状态。每个水平段代表一次聚合。纵坐标长度表示两个合并类群之间的欧氏距离。基于节点间的纵坐标长度，从四个类群到三个类群的纵坐标长度距离相对较大，我们选择四个分类。在树形图的顶端，重庆和上海试点各构成一个独立的类，我们将它们命名为"陌生人"类和"点头之交"类。因此，广东和天津试点由于距离中等而成为"好朋友"类，而北京、湖北和深圳试点被归为距离最短的"家庭"类。Fan 和 Todorova[5]也讨论了深圳和湖北试点之间的密切关系，他们发现这两个试点的碳价格都与能源和材料行业的指数存在正相关关系，原因归结于材料企业是深圳地区排放量最高的企业之一。每个类都可以看作一个子市场。因此，同一子市场的试点在价格动态上是相似的。我们称之为国家碳市场发展的价格依赖模式。

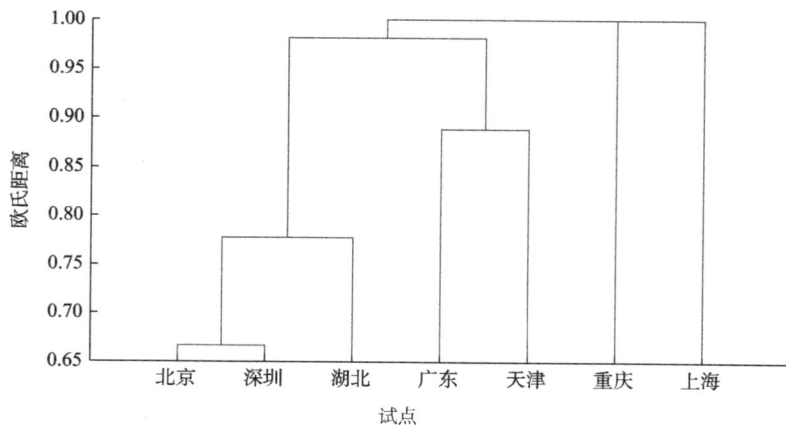

图 15.5 聚类树结构（聚类因子是可视图网络的拓扑度量）

15.3.3 相似性和异质性背后的原因

类群成员相似性的原因与分配机制有关。以上海试点为例，配额由历史排放量、行业基准、早期减排激励机制和滚动基准年决定。早期减排激励机制为那些提早采取行动减少排放的控排企业提供信贷，滚动基准年允许企业在 2009~2011年碳排放量增长超过 50% 的情况下使用前一年的碳排放数据。与上海试点一样，广东试点和湖北试点都有滚动基准年和行业基准，但没有提供早期减排激励机制。中国近 100% 的配额是免费发放的，其中湖北试点为 90%，北京试点为 95%，深圳试点为 95%[5]。其余补贴包括竞争性拍卖和固定价格销售，没有完全免费配额的试点恰巧形成了"家庭"类。这一发现证实了我们的断言，即分配机制对集群成员的相似性起作用。试点的相似之处还来自该行业的覆盖范围。除了分配机制，能源价格、气候事件和经济活动都是碳价格的决定因素。能源价格是最重要的决定因素。虽然中国碳排放试点的经济活动不活跃，但异常的气温变化会对碳排放产生即时影响，从而一定程度影响试点的相似性。

本书探讨的是试点之间存在相似性的原因，而不是能源价格如何决定碳价格。由于不同行业对能源价格的敏感性不同，我们发现试点之间的相似性与行业的覆盖范围有关。

北京和深圳试点在该行业的覆盖方面有一些共同之处：工业排放小、服务经济发达，北京和深圳都已要求服务业的关键企业加入碳交易。北京是唯一要求制造业和服务业既有设施每年绝对减排的试点城市。深圳的企业如不能将年绝对排放量增幅以 2013 年为基准限制在 10% 以下，将需要在未来 3 年内将每单位工业增加值（工业导致的 GDP）的碳强度在 2010 年的基础上降低 32%。与其他市场相比，湖北试点的流动性相对较强。这是一项规定造成的，即如果过剩补贴不在二级市场发放，那么它们将被取消。湖北还收紧了中国核证减排量的规定，即只有沼气和森林碳汇项目才可用于履约。不同的经济环境导致了集群之间的异质性。广东是中国最大的碳排放交易中心，也是世界上碳排放总量第二大地区。广东是最透明的一个试点，不仅披露了发放的补贴数量，还披露了为新进入者预留的补贴数量及政府为稳定市场而采取的干预措施。广东也是唯一要求企业通过拍卖购买部分补贴的试点地区（2013 年占全部补贴的 3%，2015年增加到 10%）。只有天津试点不对未能达到合规要求的排放企业进行财政处罚。重庆试点对参与者表现出"仁慈"的态度。配额由企业分配，而政府负责控制津贴上限。上海在管制航空排放方面与其他试点城市不同，要求总部位于上海的 6 家航空公司提交国内商业航班的排放许可，这一举措与欧盟试图将航空排放纳入欧盟排放交易体系的举措类似。上海承认企业过往的节能成就，也显示出其独特性。根据其分配规则，企业可以在 2006~2011 年采取的节能行动中获得额外的碳排放额度。

15.4　全国 ETS 发展建议

15.4.1　地方碳市场的建设

中国可以建设一些地方碳市场，作为试点向全国市场过渡的桥梁。考虑到区域 ETS 试点将与已建立但尚未完全成熟的全国 ETS 并行运作，我们建议采用价格依赖模式，而不是地理依赖模式[44]或能量依赖模式[35]。在价格动态上有较大相似性的试点可以整合到地方碳市场。例如，北京、湖北和深圳试点可以形成一个子市场，而广东和天津试点可以形成另一个子市场。价格依赖模式可以避免市场环境的剧烈变化，实现平稳过渡。

在全国 ETS 的发展过程中，应更多关注湖北试点。尽管湖北和上海试点都被指定牵头两个碳排放交易体系的建设，但前者拥有更成功的经验，因此在碳排放交易方面有更多的潜在经验。它的经济和社会环境与整个中国非常相似。本书的研究结果表明，湖北试点的相似度最高，这也是湖北试点应受重视的另外一个原因。此外，湖北试点在成熟度评价、经营绩效或综合评价方面的表现较优[4]，甚至名列前茅[30]。

15.4.2　碳交易市场体系优化

应关注试点的市场表现。这 7 个试点是经过精心挑选的，代表着不同的发展阶段，每个试点都自行设计自己的方案。市场绩效评价与比较是评价试点绩效的重要手段，从中吸取的经验和教训可以用于设计全国碳市场的实施细节。在未来的长期交易实践中，应提高信息透明度。碳价格反映了减排成本，全面的信息披露是高效碳市场的关键要素。无法获得市场信息或者信息缺乏透明度，交易者就无法做出最优的交易决策，价格发现就会失败。尽管我国已经做出了相当大的努力，但信息透明度仍有提高的空间。碳交易计划、管理措施等政策工具的落实可在地方发展和改革委员会及排污权交易平台上找到。7 个试点也编制了交易信息数据集，包括交易量、价格和涵盖的实体。然而，一些重要的信息，如企业端的排放量、归因于交易员的配额、典型交易员和高频交易数据没有披露。因此，政府应设置公开的信息平台来发布企业层面的碳排放数据。此外，应该建立一份包括市场上所有交易的日志。

政府应加大力度刺激市场活力。由于政府对碳交易市场的干预力度较大，监管和市场规则应保持一定的连续性，以增强投资者对市场的信心。由于控排企业被动进行碳配额交易以满足合规要求，应收紧配额总量，同时避免北京试点排放配额不足或上海试点排放配额过多。虽然试点主要以碳配额交易为主，但可以在全国市场引入碳保险、碳基金、碳期货等多种碳金融工具。关注这些问题将有助于提高市场的活力和流动性。

15.5　本　章　小　结

本章应用可视图网络方法研究了我国试点市场碳价格动态的相似性和异质性。研究结果表明，中国 7 大试点碳市场在无标度、小世界等可视图网络特性上具有一定的相似性，同时也存在不同程度的异质性。结果还表明，任何一对市场相似性都较低。湖北和深圳试点由于同配性较差而效率较低。基于所构建的可视图网络的拓扑测度，结果表明 7 个试点碳市场可以划分为四类：上海是"陌生人"类，重庆是"点头之交"类，广东和天津是"好朋友"类，其他则是"家庭"类。在价格依赖模式下，每个类都可以看作一个子市场。本章的研究结果表明，中国目前仍处于 ETS 发展的早期阶段。因为本章的研究发现了 7 个试点碳价格动态的不同特征，可以说 7 个试点的实施为构建全国统一的市场提供了宝贵的经验。在建立全国性的总量管制与碳排放交易体系时要充分考虑地区市场。随着更多的区域市场加入试点体系并提供更丰富的数据，对中国区域碳市场的相似性和异质性进行的研究有望为全国碳市场的建设提供进一步的建议。

参　考　文　献

[1] 中华人民共和国国家发展和改革委员会. 国家发展改革委办公厅关于开展碳排放权交易试点工作的通知. 2011-10-29.

[2] 中华人民共和国国家发展和改革委员会. 全国碳排放权交易市场建设方案（发电行业）. 2017-12-18.

[3] Tang L，Shi J R，Bao Q. Designing an emissions trading scheme for China with a dynamic

computable general equilibrium model. Energy Policy, 2016, 97: 507-520.

[4] Zhao X G, Jiang G W, Nie D, et al. How to improve the market efficiency of carbon trading: a perspective of China. Renewable and Sustainable Energy Reviews, 2016, 59: 1229-1245.

[5] Fan H J, Todorova N. Dynamics of China's carbon prices in the pilot trading phase. Applied Energy, 2017, 208: 1452-1467.

[6] Gao Z K, Small M, Kurths J. Complex network analysis of time series. Europhysics Letters, 2016, 116 (5): 50001.

[7] Lacasa L, Luque B, Ballesteros F, et al. From time series to complex networks: the visibility graph. Proceedings of the National Academy of Sciences, 2008, 105 (13): 4972-4975.

[8] Ahmadlou M, Adeli H. Visibility graph similarity: a new measure of generalized synchronization in coupled dynamic systems. Physica D: Nonlinear Phenomena, 2012, 241 (4): 326-332.

[9] Convery F J, Redmond L. Market and price developments in the European Union Emissions Trading Scheme. Review of Environmental Economics and Policy, 2007, 1: 88-111.

[10] Bataller M. M, Tornero P, Valor E. CO_2 prices, energy and weather. Social Science Electronic Publishing, 2006, 28 (3): 73-92.

[11] Emilie A, Julien C, Benoit C. Price drivers and structural breaks in European carbon prices 2005-2007. Energy Policy, 2008, 36 (2): 787-797.

[12] Alberola E, Chevallier J, Chèze B. The EU emission trading scheme: the effects of industrial production and CO_2 emission on carbon prices. Economie Internationale, 2008, 116: 93-126.

[13] Doytch N, Uctum M. Globalization and the environmental impact of sectoral FDI. Economic Systems, 2016, 40 (4): 582-594.

[14] Benz E, Trück S. Modeling the price dynamics of CO_2 emission allowances. Energy Economics, 2009, 31 (1): 4-15.

[15] Daskalakis G, Psychoyios D, Markellos R N. Modeling CO_2 emission allowance prices and derivatives: evidence from the european trading scheme. Journal of Banking & Finance, 2009, 33 (7): 1230-1241.

[16] Seifert J, Uhrig-Homburg M, Wagner M. Dynamic behavior of CO_2 spot prices. Journal of Environmental Economics and Management, 2008, 56 (2): 180-194.

[17] Tang B J, Gong P Q, Shen C. Factors of carbon price volatility in a comparative analysis of the EUA and sCER. Annals of Operations Research, 2017, 255 (1): 157-168.

[18] Fan X H, Li S S, Tian L X. Chaotic characteristic identification for carbon price and an multi-layer perceptron network prediction model. Expert Systems with Applications, 2015, 42 (8): 3945-3952.

[19] 张跃军, 魏一鸣. 国际碳期货价格的均值回归: 基于 EU ETS 的实证分析. 系统工程理论与实践, 2011, 31 (2): 214-220.

[20] 王恺, 邹乐乐, 魏一鸣. 欧盟碳市场期货价格分布特征分析. 数学的实践与认识, 2010, 40 (12): 59-65.

[21] Zhu B Z, Ma S J, Chevallier J, et al. Modelling the dynamics of European carbon futures price: a Zipf analysis. Economic Modelling, 2014, 38: 372-380.

[22] Zhao X L, Zou Y, Yin J L, et al. Cointegration relationship between carbon price and its factors: evidence from structural breaks analysis. Energy Procedia, 2017, 142: 2503-2510.

[23] Xu J, Tan X J. Carbon prices's space-time heterogeneity. Envioromental Economy Research, 2016, 1（2）: 107-122.

[24] Ren C, Lo A Y. Emission trading and carbon market performance in Shenzhen, China. Applied Energy, 2017, 193: 414-425.

[25] Munnings C, Morgenstern R D, Wang Z M, et al. Assessing the design of three carbon trading pilot programs in China. Energy Policy, 2016, 96: 688-699.

[26] Zhao X G, Wu L, Li A. Research on the efficiency of carbon trading market in China. Renewable and Sustainable Energy Reviews, 2017, 79: 1-8.

[27] Liu Y, Tan X J, Yu Y, et al. Assessment of impacts of Hubei Pilot emission trading schemes in China-ACGE-analysis using Term CO_2 model. Applied Energy, 2017, 189: 762-769.

[28] Wu R, Dai H C, Geng Y, et al. Achieving China's INDC through carbon cap-and-trade: insights from Shanghai. Applied Energy, 2016, 184: 1114-1122.

[29] Jotzo F, Loschel A. Emissions trading in China: emerging experiences and international lessons. Energy Policy, 2014, 75: 3-8.

[30] Hu Y J, Li X Y, Tang B J. Assessing the operational performance and maturity of the carbon trading pilot program: the case study of Beijing's carbon market. Journal of Cleaner Production, 2017: 1263-1274.

[31] Tan X P, Wang X Y. The market performance of carbon trading in China: a theoretical framework of structure-conduct-performance. Journal of Cleaner Production, 2017, 159: 410-424.

[32] Yi L, Li Z P, Yang L, et al. Comprehensive evaluation on the "maturity" of China's carbon markets. Journal of Cleaner Production, 2018, 198: 1336-1344.

[33] Dai H C, Masui T. Assessing the contribution of carbon emissions trading in China to carbon intensity reduction. Energy Science and Technology, 2012, 4（1）: 19-26.

[34] 陈永国, 聂锐. 京津冀协同发展复合式区域性碳市场体系研究. 经济与管理, 2014, 28（2）: 16-20.

[35] Song Y Z, Liu T Y. Region division of China's carbon market based on the provincial/municipal carbon intensity. Journal of Cleaner Production, 2017, 164: 1312-1323.

[36] Liu H X, Li Z. Carbon cap-and-trade in China: a comprehensive framework. Emerging Markets Finance and Trade, 2017, 53（5）: 1152-1169.

[37] Zhuang E Y, Small M, Feng G. Time series analysis of the developed financial markets' integration using visibility graphs. Physica A: Statistical Mechanics and its Applications, 2014, 410: 483-495.

[38] Watts D J, Strogatz S H. Collective dynamics of 'small-world' networks. Nature, 1998, 393: 440-442.

[39] Newman M E J. Assortative mixing in networks. Physical Review Letters, 2002, 89（20）: 208701.

[40] Xuan Q, Yu L, Du F, et al. A review on node-matching between networks. New Frontiers in Graph Theory, 2012: 153-167.

[41] Lü L Y, Zhou T. Link prediction in complex networks: a survey. Physica A: Statistical Mechanics and its Applications, 2011, 390 (6): 1150-1170.

[42] Jaccard P. Etude comparative de la distribution florale dans une portion des Alpes et des Jura. Bulletin del la Socit Vaudoise des Sciences Naturelles, 1901, 37: 547-579.

[43] Berkhin P. Grouping Multidimensional Data: Recent Advances in Clustering. Berlin: Springer, 2006.

[44] Fan Y, Wu J, Xia Y, et al. How will a nationwide carbon market affect regional economies and efficiency of CO_2 emission reduction in China? China Economic Review, 2016, 38: 151-166.

第16章 碳排放权交易市场的多重分形性和市场效率研究

　　碳市场是履行《京都议定书》规定义务的具有成本效益的机制，已被发达经济体和发展中经济体采纳。碳市场由监管机构和政治家根据经济理论设计，呈现环境、市场、金融和政策的属性[1]。排放二氧化碳的许可证在这种市场上交易，其价格称为碳价格。正如 Fama[2]所指出的，在一个信息有效的市场，当前的市场价格应该立刻完全地反映所有相关的信息。然而，碳市场的非传统的价格变动，如欧盟碳价格持续低迷[3]及中国长期无交易[4]，引发了人们对碳市场效率的强烈关注[5]。市场效率问题引起了碳排放密集型企业、风险管理者、政策制定者及新兴的能源和碳对冲基金投资者极大的兴趣[6]。碳市场的有效性对某些能源问题，如能源消耗、发电和新能源技术的发展具有重要意义。首先，人们已经发现碳市场可以影响不同地区、经济部门乃至整个宏观经济的能源消费模式[7]。其次，由于市场效率与价格信息有效性之间的紧密联系，碳市场可以影响不同类型的发电，一个有效的碳交易机制更能够支持低碳发电厂[8]。最后，许多研究还表明，碳市场的效率会影响技术选择[9]、投资偏好[10]和能源政策支持[11]，从而显著影响能源技术发展的轨迹。因此，更好地了解碳市场效率可以为其他一般能源问题提供重要的见解。测试市场效率的基础已经从有效市场假说发展到分形市场假说。分形市场假说来源于分形理论，通常与检验金融资产价格过程的分形或多重分形有关[12]。复杂系统，如湍流和金融市场，呈现出高度不规则的结构，这种现象被 Mandelbrot 命名为"分形"[13]。分形是如此粗糙以至于它们具有严格超过其拓扑维数的 Hausdorff 维数。多重分形是非均匀分形，因为它们倾向使用多个尺度进行测度（即对象内的不同区域具有不同的分形维度）[14]。国际碳市场在运营机制和交易监管方面与其他金融市场存在显著差异。参与者已从碳配额的供应商和需求者扩展到包括基金公司、商业银行、投资银行等专业投资者。市场价格的动态可能是具有不同时间范围（分钟、日、月等）和不同解释信息的相互作用引起的。因此，碳市场是否继承金融市场的多重分形属性具有重要的理论和实践意义。与欧盟排放交易体系不同，中国拥有独立的试点市场，其设计方案多样化。2013 年 6 月，中国宣布在 5 个城市（北京、天津、上海、深圳和重庆）和两个省（湖北和广东）建立 7 个碳交易试点，以积累经验并为设计全国碳市场提供信息。每个试点都具有与其各自经济发展相对应的地方特征及节能减排技术，因此这些试点市场表现各不相同。研究表明，中国排放交易体系无论是市场设计[15]、市场功能[16]、运营绩效[17]还是交易量[1]都处于初始不成熟阶段。

　　本章采用多重分形去趋势波动分析（multi-fractal detrended fluctuation analysis，MF-DFA）技术来测试碳市场效率。据我们所知，有两项研究[5, 18]量化了碳市场效率。此外，市场效率的排名已经发展成为政策制定者和市场监管机构的重要信息工具[19]。我们根据市场效率的程度对 7 个试点进行排名，旨在帮助试点市场制定进一步的规则或法规。本章研究的贡献在于三方面：第一，我们通过广义 Hurst指数提供了一种研究碳市场效率的定量方法。这些指数通过 MF-DFA 方法计算。因此，可以量化定义碳市场的低效率指标。这种对多重分形的重要性度量的综合运用使得人们可以比较碳市场的相对效率。相比之下，绝大多数基于有效市场假说的研究都采用了市场效率的定性测量[5]。第二，从动态的角度推导和分析市场效率排名。我们研究了不同年份市场效率的排名，从而详细介绍了市场效率的发展。第三，我们发现市场低效性与市场活跃度之间的关系。因此，可以提出通过改善市场活跃度来提高市场效率的方法。

　　随着碳交易和市场规模的扩大，市场效率问题日益受到关注。评估欧洲碳市场的信息效率受到最多关注。一些研究通过分析价格动态的特征来显示欧盟排放交易体系的低效率。这些特征包括跃迁和非平稳行为[20]、短期记忆[21]、徘徊工作日效应[22]。持有成本关系的缺乏[23]也证明欧洲主要碳市场效率低下。然而，随着时间的推移，欧盟排放交易体系的效率逐步提高。Montagnoli 和 de Vries[24]指出欧盟排放交易体系在第一阶段效率低下，而第二阶段的第一期显示出市场效率恢复的迹象。研究表明，欧洲市场已经逐步成熟并发展到弱式有效。因为碳价格无法被预测[25]，现货价格[26]和期权价格[27]中的鞅属性证实了市场是信息有效的。Tang等[28]基于单位根检验和协整检验讨论了欧盟排放配额（European Union allowance，EUA）期货市场和现货市场的关系，认为 EUA 期货市场在一个月内是有效的。除现货市场和期货市场外，欧洲能源交易所的期权价格也通过无套利方法证明是有效的[6]。关于欧盟排放交易体系的文献相对丰富，但迄今为止尚未解决中国碳市场效率问题，且中国碳市场被认为是不太有效的[29]。一些学者肯定了这一理论分析的结果。例如，Zhao 等[30]通过对中国碳排放试点的交易量、碳价格、市场流动性和信息透明度的实证研究同意了这一观点。此外，使用去趋势波动分析[31]和重整化分析[32]的研究都认为所有试点碳市场效率较低。然而，使用方差比测试[33]、单位根检验[34]和游程检验[35]的结果表明，只有部分试点碳市场是弱式有效的。现有文献在市场效率与价格动态之间建立了一定的联系。但是大多数研究没有就市场有效程度提出明确的陈述，只告诉读者某个碳市场在一定时期内是否有效[5]。这些研究使用基本和传统的方法定性地检验市场效率，如方差比检验、单位根检验、序列相关检验和协整回归。这些检验的基本假设是金融时间序列的随机游走属性。一些研究从价格序列的单分形特性而不是随机游走假设来探讨碳市场效率[31, 32]。许多研究指出碳市场的多重分形性具有重要意义。Hai 和 Yang[36]基于 R/S（rescaled range，重标极差）分析发现欧盟排放交易体系现货市场和期货市场的多重分形特征。Cao 和 Xu[37]通过使用多重分形去趋势波动分析模型来分析核证减排量和 EUA 市场的多尺度特征，发现这两个市场都表现出显著的多重分形特征和长程相关性。Liang[18]基于小波领导分析指出欧盟排放交易体系三个阶段显著的多重分形特征。在欧盟排放交易体系和金融或能源市场的多重分形去趋势互相关分析中也存在多重分形性。欧盟排放交易体系和原油市场[38]、能源市场[39]、股票市场[40]在不同时间尺度上具有互相关性。上述文献揭示了碳市场的多重分形特征，但没有全面研究多重分形性与市场效率之间的可能联系。

显然，现有文献仍有一些研究空白需要填补。首先，尽管发现碳市场存在多重分形性，但量化碳市场效率的研究十分匮乏。只有两个文献尝试在多重分形测试与市场有效性之间建立联系：Sattarhoff 和 Gronwald[5]通过基于多重分形的间歇性系数量化欧盟排放交易体系的效率；Liang[18]使用多重分形谱比较了欧盟排放交易体系的有效程度。其次，虽然已经在欧盟排放交易体系中发现多重分形性，但据笔者所知，中国试点市场的多重分形性尚未见研究，更不用说基于 Hurst 指数采取进一步的量化步骤来衡量市场有效性。最后，没有研究给出中国试点碳市场的有效性排名。我们通过使用广义 Hurst 指数量化碳市场效率来填补这些空白，然后使用基于多重分形度量的低效率指标对 7 个试点碳市场的有效性进行排名。

16.1　模 型 方 法

广义 Hurst 指数 $h(q)$ 是多重分形特征的经典度量[41]，本章应用 MF-DFA[42]模型来计算广义 Hurst 指数。对于小样本，该方法比 R/S 分析具有更好的性能。然后基于广义 Hurst 指数 $h(q)$ 对于某个 q 和 0.5 的估计值的比较，提出碳市场效率的定量测量指标 INE。MF-DFA 的计算包括以下个步骤。

假设有长度为 N 的时间序列 $x(i)(i=1,2,\cdots,N)$，我们先确定累计离差：

$$y(i) = \sum_{k=1}^{i} |x(k) - \bar{x}| \qquad (16.1)$$

其中，$\bar{x} = \dfrac{1}{N}\sum\limits_{i=1}^{N} x(i)$ 为给定时间序列的平均值。然后，将 $y(i)$ 划分成 $N_s = N/s$ 大小相等的非重叠段。考虑到序列的长度通常不是时间标度 s 的整数倍，为了包括所有数据，我们从序列的另一端开始重复整个过程。总的来说，我们获得了 $2N_s$ 段数据。

对于任意的第 v 段，通过最小二乘拟合多项式 $\tilde{Y}_v$ 估计局部趋势，然后将去趋势协方差定义为来自局部趋势的均方差：

$$F_s^2(v) = \frac{1}{s}\sum_{k=1}^{s}\left[Y_v(k) - \tilde{Y}_v(k)\right]^2, \quad v = 1, 2, \cdots, 2N_s \qquad （16.2）$$

对所有段协方差进行平均以获得 q 阶 MF-DFA 波动函数：

$$F_q(s) = \left\{\frac{1}{2N_s}\sum_{v=1}^{2N_s}\left[F_s^2(v)\right]^{\frac{q}{2}}\right\}^{\frac{1}{q}} \qquad （16.3）$$

当 $q = 0$ 的时候，式（16.3）的极限为

$$F_0(s) = \exp\left\{\frac{1}{4N_s}\sum_{v=1}^{2N_s}\ln\left[F_s^2(v)\right]\right\}^{\frac{1}{q}} \qquad （16.4）$$

$F_q(s)$ 与 s 之间的幂律关系 $F_q(s) \propto s^{h(q)}$ 表明原始序列 $x(i)$ 是长程相关的，$h(q)$ 通常称为广义 Hurst 指数。如果 $h(q)$ 对于所有的 q 是常数，那么时间序列是单分形的，否则时间序列是多重分形的。

广义 Hurst 指数 $h(q)$ 常被用于计算多重分形的强度。通过 Legendre 变换可以得到 Holder 指数 α 和 $h(q)$ 之间的关系：

$$\alpha = h(q) + qh'(q), \quad f(\alpha) = q\alpha - qh(q) + 1 \qquad （16.5）$$

其中，$f(\alpha)$ 为奇异谱[43]，由此可以通过多重分形谱的宽度来估计多重分形的强度：

$$\Delta\alpha = \alpha_{\max} - \alpha_{\min} \qquad （16.6）$$

16.2　实　证　结　果

16.2.1　数据和初步分析

本章选择中国首批试点碳市场数据作为样本。我们选择碳价格的每日交易数

据。因为重庆试点在 7 个试点碳市场中成立最晚，所以选取的时间段从重庆试点起始交易日至 2018 年 2 月 9 日。交易数据来自"碳 K 线"碳行情分析平台（http://k. tanjiaoyi.com/ ），共有 894 个观测值，价格单位为元/吨。

令 $P(t)$ 表示第 t 天的价格，其收益率是 $r(t) = \log P(t) - \log P(t-1)$。图 16.1 描述了中国试点碳市场的碳价格。表 16.1 提供了碳价格的描述性统计结果。

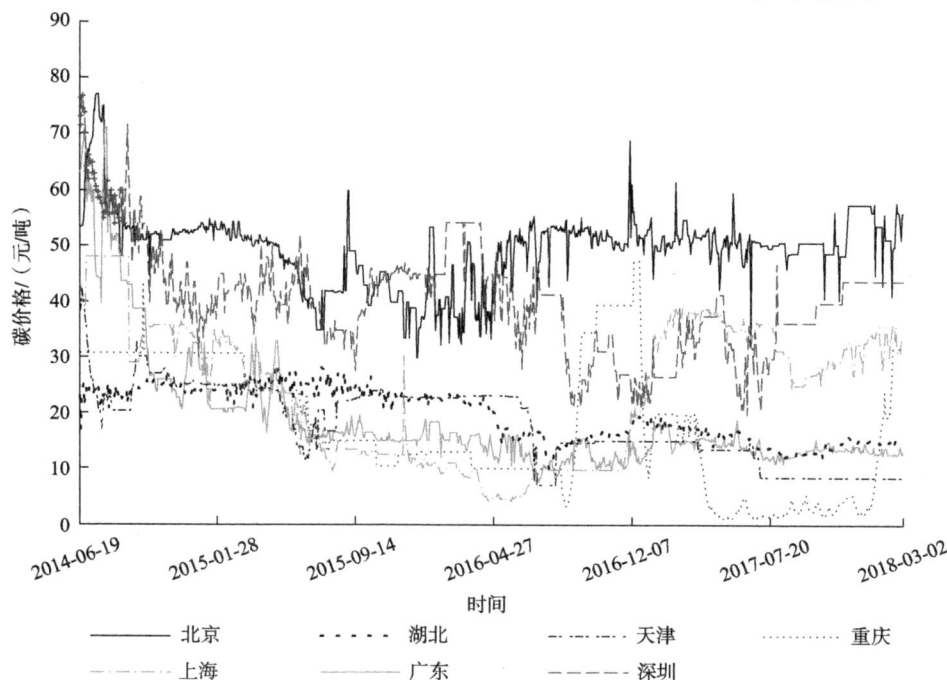

图 16.1　中国试点碳市场的碳价格

表16.1　碳价格的描述性统计结果

试点	活跃度	最小值	最大值	均值	标准差	偏度	峰度	ADF	KS
北京	0.611 9	30.000	77.000	49.710	6.644	0.146	5.408	-0.830	0.158***
重庆	0.272 9	1.000	47.520	17.619	11.668	0.330	2.010	-0.760	0.157***
广东	0.775 2	7.570	71.090	18.932	10.884	2.594	9.969	-2.974	0.261***
湖北	0.983 2	10.070	28.690	19.783	4.509	-0.088	1.556	-0.955	0.162***
上海	0.585 0	4.200	48.000	24.096	12.416	0.032	1.767	-1.099	0.161***
深圳	0.515 7	19.840	76.790	40.291	9.477	0.453	3.778	-1.425	0.115***
天津	0.375 8	7.000	42.410	18.063	6.692	0.050	2.385	-2.142	0.161***

***表示在 1%显著性水平下显著

注：活跃度是指交易日数与总日历交易日数的百分比；ADF 是基于最小 AIC（Akaike information criterion, 赤池信息量准则）标准的增广 Dickey-Fuller 单位根检验统计量；KS 表示 Kolmogorov-Smirnov 检验的正态性检验统计量

图 16.1 和表 16.1 显示了整个市场价格的巨大差异。例如，北京试点的碳价格在 30~80 元/吨，但湖北试点的变化幅度要低得多，在 10.07~28.69 元/吨。考虑到这些试点的运作方式不同及可能存在不同程度的市场效率，这些巨大的差异也反映在碳价格平均值上。

概率分布的不对称性是市场低效率的指示符。表 16.1 说明了分布的不对称特征。增广 Dickey-Fuller 单位根检验证实，价格数据在 1% 显著性水平下是非平稳的。KS 统计数据拒绝了在 1% 显著性水平下正态分布的零假设，也可以通过非零偏度和高的峰度值来证明。除了湖北试点存在负偏斜现象外，其余 6 个试点都有胖尾分布。

16.2.2　多重分形性分析

我们将时间尺度设置为 5 天（约一周）和 250 天（约一年）之间，考虑到可用数据集的长度，该范围比文献[19]中使用的范围 $10 \leqslant s \leqslant N/4$ 更宽。波动函数与时间尺度之间的对数关系图显示了序列的分形特征。图 16.2 和图 16.3 显示了 q 为 −10~10、步长为 2 时，湖北和重庆试点市场的 F_q 和 s 之间的关系（其他试点市场的图和湖北试点相似）。当 $s = S^* = 23$ 时，我们可以发现线性行为有明显的变化（重庆试点市场尤其显著）。根据 Kantelhardt 等[42]和 Wang 等[44]的研究基础，我们划分 $s < S^*$ 为碳价格的短期构成部分，$s > S^*$ 为碳价格的长期构成部分。短/长期的碳价格动态是短/长期交易者关注的焦点。短期交易者侧重于分析资产价格的每日或每周数据，而长期交易者更关注市场长期情况。我们注意到 $S^* = 23$ 对应大约一个月的时间，这与大多数金融市场的结果一致。

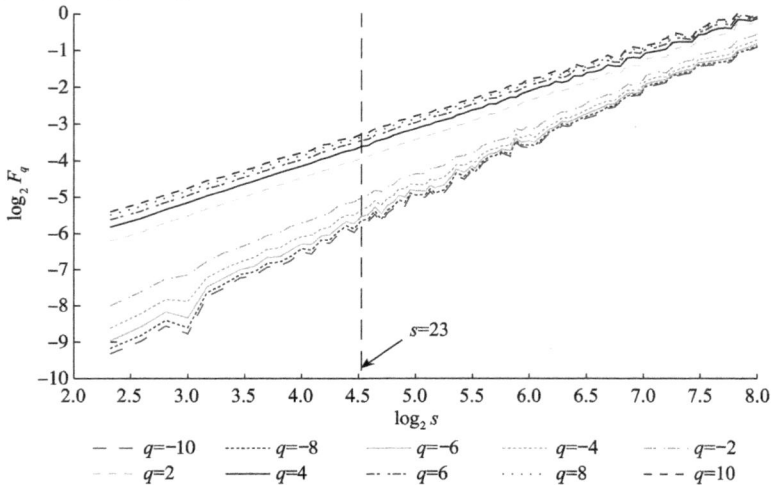

图 16.2　湖北试点 $F_q(s) - s$ 的双对数曲线

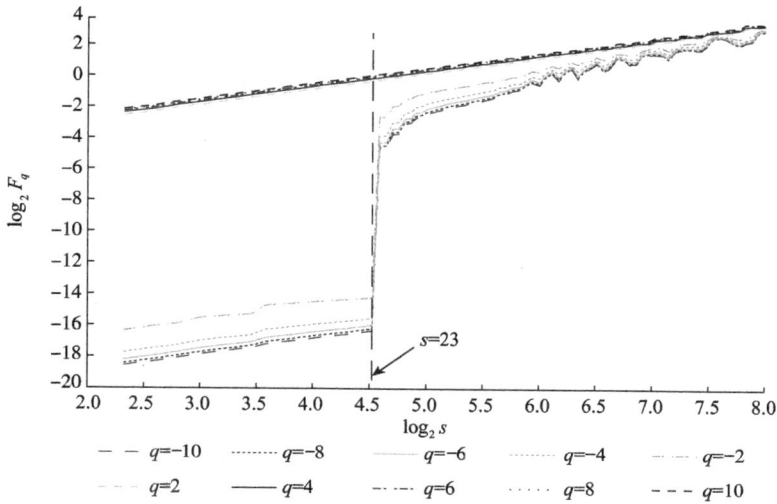

图 16.3　重庆试点 $F_q(s) - s$ 的双对数曲线

　　表 16.2 显示了 q 在-10~10 变化时短期和长期时间内的广义 Hurst 指数值。在时间尺度分析中，正值的 q 用于放大较大价格变化的影响，而负值的 q 用于较小价格的变化。从表 16.2 中可以看出，$h(q)$ 取决于 q 的值，短期和长期的价格收益率都是多重分形的。同时，在大多数情况下 $h(q)$ 远比 1 要大，说明原始序列是分形布朗运动。因为 $h(q) > 0.5$，在短期内所有的波动是持续的。持续波动是正反馈机制的典型特征，其本质具有不稳定性[18]。因此，所有波动都是不稳定的。这对于一般金融市场来说并不常见，可能的原因在于交易异常。当 q 在两个时期都发生变化时，广义 Hurst 指数 $h(q)$ 表现出更缓和的变化。$h(q)$ 的这种变化意味着市场的多重分形特征变弱，市场效率逐步提高。当 $q = 2$ 时，Hurst 指数使 $H = h(q = 2) - 1$ 的结果接近于 0，远离 0.5，表明中国的试点碳市场无论是短期还是长期内有效性都不高。

表16.2　q在-10~10变化时的广义Hurst指数值

试点	q	-10	-8	-6	-4	-2	0	2	4	6	8	10
北京	短期	1.536 2	1.519 3	1.490 2	1.424 5	1.252 7	1.094 8	1.029 0	0.999 7	0.981 1	0.966 1	0.953 0
	长期	1.356 2	1.332 5	1.297 2	1.242 2	1.160 9	1.071 5	1.006 5	0.976 3	0.962 3	0.954 2	0.948 6
重庆	短期	1.028 6	1.029 6	1.031 1	1.034 2	1.043 4	1.060 8	1.025 1	1.021 0	1.018 5	1.016 8	1.015 6
	长期	1.924 9	1.896 7	1.848 0	1.747 2	1.491 4	1.150 8	1.041 9	1.015 7	1.004 6	0.997 3	0.991 3

续表

试点	q	-10	-8	-6	-4	-2	0	2	4	6	8	10
广东	短期	1.681 0	1.643 5	1.585 9	1.494 4	1.346 3	1.150 9	1.042 4	1.011 5	0.995 3	0.983 6	0.974 6
	长期	1.413 7	1.397 8	1.375 9	1.344 0	1.289 9	1.185 9	1.069 8	1.008 0	0.979 4	0.963 1	0.952 2
湖北	短期	1.580 5	1.565 9	1.543 2	1.499 8	1.358 4	1.062 7	1.022 4	1.019 3	1.017 1	1.015 1	1.013 4
	长期	1.602 9	1.579 8	1.542 6	1.471 3	1.294 8	1.065 7	1.010 5	1.005 6	1.004 3	1.003 2	1.001 8
上海	短期	1.415 1	1.396 4	1.365 8	1.310 4	1.201 2	1.050 4	1.008 5	1.004 5	1.000 4	0.996 7	0.993 6
	长期	1.487 1	1.465 3	1.430 1	1.366 9	1.245 4	1.033 7	0.924 9	0.915 1	0.904 4	0.892 7	0.881 7
深圳	短期	1.539 4	1.516 0	1.476 8	1.398 6	1.206 1	1.052 2	1.029 9	1.023 8	1.020 4	1.018 5	1.017 1
	长期	1.566 3	1.540 4	1.498 5	1.421 4	1.266 0	1.110 1	1.052 9	1.027 6	1.009 7	0.996 1	0.985 5
天津	短期	1.622 7	1.593 4	1.540 7	1.433 0	1.259 5	1.116 9	1.030 2	1.016 8	1.012 0	1.009 0	1.007 0
	长期	2.103 5	2.076 5	2.033 6	1.956 9	1.781 3	1.320 1	1.059 1	1.005 5	0.982 0	0.966 8	0.955 4

　　中国试点碳市场的低效率性也已通过其他方法得到证实。张跃军等[31]使用单尺度和多尺度 Hurst 指数表明 2013~2016 年中国试点碳市场有效性较低。Yin 等[4]利用多尺度熵，认为中国试点碳市场缺乏市场效率。Zhao 等[35]通过应用单位根检验和游程检验，找到了从低效率状态恢复到弱有效的市场迹象。然而，这些方法缺乏用于区分从无效到有效的定量分析指标。此外，这些研究尚未明确衡量市场无效程度。

　　多重分形分析的最重要结果是多重分形谱。为了获得关于多重分形强度的定量描述，我们通过 Legendre 变换计算奇异谱 $f(\alpha)$ 来分析序列，并将它们绘制在图 16.4 中。分形谱 $\Delta\alpha$ 的宽度表示最大概率和最小概率之间的区别。$\Delta\alpha$ 的值越大，时间序列的分布越不均匀，因此多重分形性越强，市场效率越低[45]。分形谱值存在明显差异：$\Delta\alpha_{北京} = 0.7816$，$\Delta\alpha_{重庆} = 4.0692$，$\Delta\alpha_{广东} = 0.6794$，$\Delta\alpha_{湖北} = 0.6671$，$\Delta\alpha_{上海} = 0.6027$，$\Delta\alpha_{深圳} = 0.6216$，$\Delta\alpha_{天津} = 0.9504$，不等式 $\Delta\alpha_{上海} < \Delta\alpha_{深圳} < \Delta\alpha_{湖北} < \Delta\alpha_{广东} < \Delta\alpha_{北京} < \Delta\alpha_{天津} < \Delta\alpha_{重庆}$ 表明，上海试点碳市场的多重分形性最弱，而重庆试点碳市场的多重分形性最强。因此，上海试点碳市场在 7 个试点碳市场中效率最高，而重庆试点碳市场效率最低。

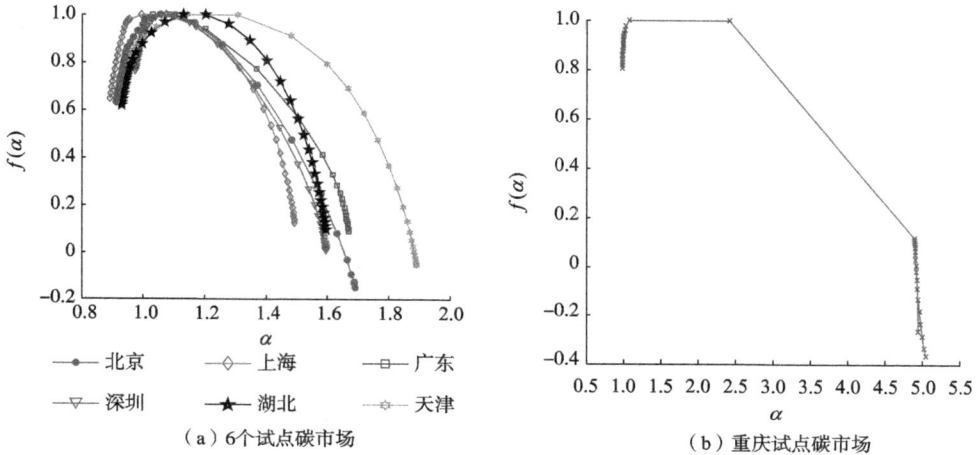

图 16.4　试点碳市场多重分形谱

16.2.3　无效性测量

为了量化市场效率，我们定义了与广义 Hurst 指数相关的市场低效率指标：

$$\text{INE} = \frac{1}{2}\left(|h(-6) - 0.5| + |h(6) - 0.5|\right) \qquad (16.7)$$

其中，$h(\pm 6)$ 的选择来自图 16.2 和图 16.3，当 $|q| > 6$ 时，$Fq-s$ 的斜率不再发生改变。有效市场中的所有波动都应遵循随机行走行为，即每个 $h(q)$ 等于 0.5。因此，对于有效市场，INE 的值必须接近零。否则，INE 值越大表明市场效率越低。

为了进一步了解市场有效性，我们计算了不同阶段（大约两年）的 INE 值。第一阶段命名为 2014，涵盖从最初的交易日到 2015 年底；第二阶段命名为 2015，涵盖从 2015 年初开始到 2016 年底；最后一个阶段命名为 2017，涵盖从 2017 年 1 月 1 日至样本期的末尾。

图 16.5 显示了短期时间尺度内的低效率值。所有低效率值都大于 0.5，表明没有一个市场是有效的。然而，低效程度因市场和时间段不同也有差异。除了 2015 阶段，其他时间段内试点之间的差异都很大。广东试点有两次低效率值最大，上海试点一次。天津试点有两次低效率值最小，重庆试点一次。但整个样本区间，湖北试点低效率值最大，重庆试点最小。湖北、深圳和天津试点的低效率值逐年减小。其余试点低效率值也呈波动减小趋势。低效率值减小的现象表明市场效率随着时间的推移而得到改善。这一结果与文献[35]中市场效率恢复的观点一致。

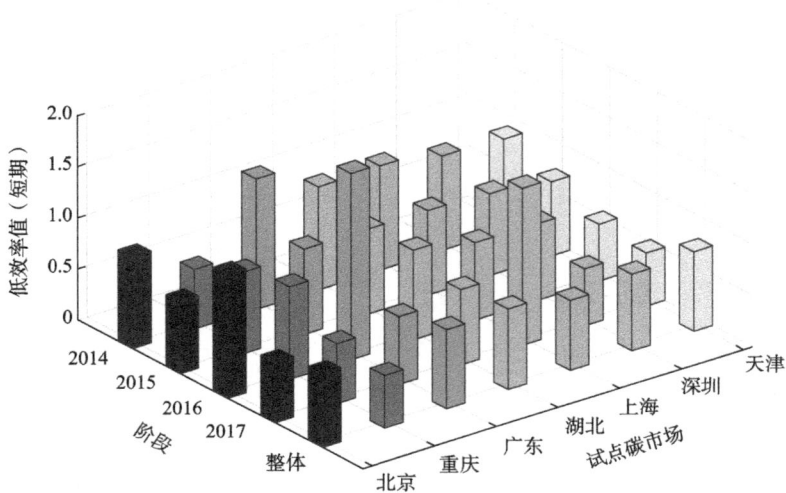

图 16.5　短期时间尺度内的低效率值

每个时间窗口大约为两年，"整体"指整个样本期

　　图 16.6 显示了短期时间尺度内的试点有效性排名。在短期时间尺度内，重庆和北京试点分别有一次排名第一，而天津试点有两次排名第一。上海试点在 2017 阶段表现最差，其他阶段是广东试点表现最差。但在整个样本期内，重庆试点有效性排名第一，湖北试点排名最低。在每个阶段，广东和上海试点都有大量的投机机会。在整个样本期内，湖北试点是对投资者最具吸引力的市场。这一结果与湖北试点是唯一允许机构投资者在第一轮中竞标碳配额的试点的事实相吻合[46]。

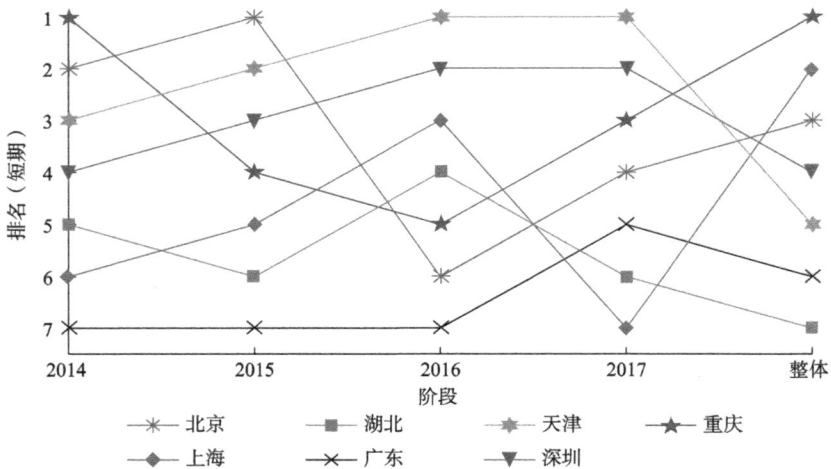

图 16.6　短期时间尺度内的试点有效性排名

　　图 16.7 和图 16.8 显示了长期时间尺度内的低效率值和试点有效性排名。重庆和天津试点与其他试点差异较大。每个阶段内，不是重庆试点达到最低效率值就是天津试点达到最低效率值。在整个样本期内，天津试点的低效率值略高于其他试点市场。除它们外的其他 5 个试点的低效率值都大于 0.5，但没有短期时间尺度内那么大，这表明长期来看市场效率更高。5 个试点的低效率值呈波动减小趋势，意味着这些试点的市场效率有所提高。至于市场效率排名，天津试点在 4 个阶段中的 3 个阶段和整个样本期内都表现最差。北京和湖北试点表现最好。从整个样本期来看，北京试点平均表现最好，上海、湖北、深圳、广东、重庆和天津试点次之。该排名结果与 16.2.2 小节中的多重分形性分析的结果相呼应。

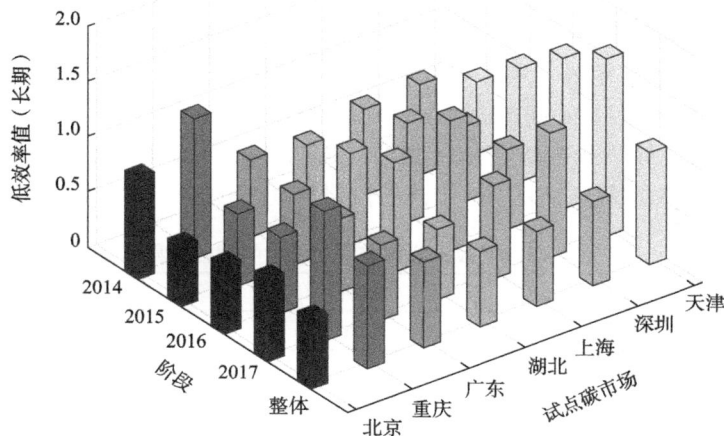

图 16.7　长期时间尺度内的低效率值

每个时间窗口大约是两年，"整体"指整个样本期

16.2.4　有效性和市场活跃度

　　市场效率与市场发展阶段[19]和流动性[47]等市场因素密切相关。因为日均交易量不符合人们预期，中国的碳排放试点有一个共同特征是低交易活跃度[17]。本小节分析市场活跃度在提高中国碳市场有效性方面的作用。

　　很多文献提出了衡量金融市场活跃度的方法并开展研究[48]。我们使用交易日数与总日历交易日数之比作为市场交易活动的指标。市场活跃度的值如表 16.3 所示，显示了短期和长期时间尺度内的回归结果。低效率值与短期市场活跃度呈正

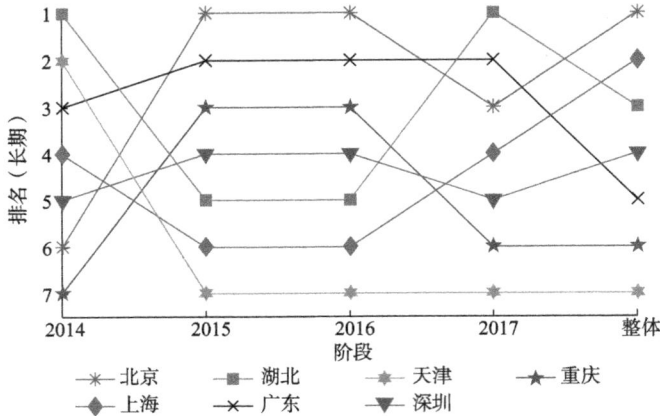

图 16.8　长期时间尺度内的试点有效性排名

相关，系数为 0.470，在 5%显著性水平下显著。从长期来看，相关性为−0.537，在 1%显著性水平下显著。因此，市场活跃度确实在市场有效性中起作用，但在短期和长期之间的作用是不同的。因为影响是负向的，故在短期内不提倡频繁交易。相反，长期内要鼓励碳配额交易。此外，长期市场活跃度略强于短期（−0.537~0.47），表明交易者应至少关注一个月的价格波动。

表16.3　低效率值和市场活跃度的回归结果

指标	短期	长期
市场活跃度	0.470	−0.537
t 值	5.198 **	12.931 ***
F 值	7.716 **	14.900 ***

和*分别表示在 5%和 1%显著性水平下显著

16.3　本 章 小 结

广义 Hurst 指数是多重分形性的衡量标准，本章使用它来量化碳市场的有效性，选择中国这样的新兴和非竞争性的本地碳市场来演示这种方法，用多重分形去趋势波动分析用于估计这些指数。变化的广义 Hurst 指数实证结果表明：所有试点市场在小于或大于一个月的时间尺度上都是多重分形的。此外，由于估计的 Hurst 指数值很大，说明每个试点市场都缺乏市场效率。作为一种自然拓展，我们使用这些指数量化试点市场的市场效率，然后在不同的时间窗口中对它们进行排名。我们观察到的一些试点市场的有效性有提高的迹象,并且有效性在短期和长期内有不同的排名。这一结论符合对这些市场的普遍预期,并与其他研究中获得的实证结果一致。最后,我们发现市场低效性与短期市场活跃度呈正相关关系,而长期则呈负相关关系。由于碳试点的参与者大多数都是碳排放量大的相关能源企业,市场低有效性的结果表明它们可将碳交易作为减轻其探索清洁能源或提高能源效率的财务负担的手段之一。对于具有较高减排成本的风险偏好投资者而言,市场效率较低的事实表明:中国的碳排放试点市场可能比其他金融市场更容易盈利,投资者可以通过碳交易寻求投资机会,以提高他们的风险调整回报。一个明显的例子是捷克能源巨头 CEZ,它通过在 2005 年碳价格高位时出售其配额并在市场崩溃时回购获得了可观的利润。在盈利能力和现金流改善后,控排企业更愿意投资低碳技术或清洁能源。相反,试点市场效率低下的事实提醒那些可能具有较低减排成本的风险厌恶投资者要更加谨慎,因为有效性较低的市场可能为其他投资者提供了更多知情机会。

我们的有效性排名可以为相关能源企业的碳交易策略提供良好参考。对于投资期限较短的风险偏好型投资企业,短期内有效性最低的湖北试点可能是最佳选择。从长远来看,投资者可以投资有效性最低的天津试点。然后,风险厌恶型企业可以转到重庆试点进行短期投资、转到北京试点进行长期投资,因为这两个试点分别在短期和长期内具有最高的市场效率。在监管方面,效率低下的结果要求政府努力提高市场效率。对于边际减排成本高、投资成本高的企业而言,它们担心投资更先进的低碳技术或更先进的生产过程的风险,试点市场效率低下导致它们利用碳市场交易作为实现履约目标的手段,这种选择不利于低碳发展。此外,企业可能会推迟低碳技术投资和技术升级进程,从而错失低碳发展的机会。更糟糕的是,下一步的低碳转型和发展可能会有额外的困难和成本。在监管方面,市场有效性低的结果需要政府做出更多的努力来提高市场效率。因此,必须提高碳市场的有效性,引导企业做出长期的低碳投资决策,从而实现独立减排。

本章的研究结果还为决策者提供了有价值的信息,帮助他们制定全国碳排放交易市场的政策。第一,应该采取措施提高市场透明度以支持有效的碳市场。目前,并非所有试点市场都清楚地发布了每个控排企业的信息,更不用说详细的交易日志。中国应构建一个完整的数据集,并使其可公开访问,以提供快速整合和信息可用性。其他提高透明度的监管变革也可用于提高市场效率[49]。此外,由于碳市场效率与本章前面讨论的其他能源问题之间存在广泛联系,碳市场效率的提高也可以促进全国的节能和低碳技术的发展。第二,在发展全国碳市场过程中要更加重视湖北试点碳市场。市场活跃度与市场有效性之间的长期正相关关系表明:拥有较高市场活跃度的市场表现得更好。湖北试点的市场活跃度远超过其他试点,可以提供更好的市场管理模式经验,湖北试点毫无疑问地被国家发展和改革委员会任命为中国全国碳市场实施计划的牵头单位[50]。第三,企业的自发交易意识是改善试点市场活跃度的关键。试点企业对 ETS 热情不高,它们在履约期之前匆忙交易,以实现"年度合规"[51],而不是积极寻求获利或减碳的机会。此外,试点企业未能为碳交易的实施做好准备[52]。这两个方面导致试点市场极端缺乏市场活跃度。可采取的措施有加强与企业的沟通,提高它们对碳交易的认识,从而改善市场活跃度。因此,本章建议通过碳交易带来的税收优惠和补贴来培养企业自愿交易意识。希望政府为一些项目提供优惠,以激励企业效仿世界 500 强企业,在气候变化和碳绩效方面发挥主导作用。方便易操作的交易系统也是必需的。

参 考 文 献

[1] Yi L, Li Z P, Yang L, et al. Comprehensive evaluation on the "maturity" of China's carbon markets. Journal of Cleaner Production, 2018, 198: 1336-1344.

[2] Fama E F. Random walks in stock market prices. Financial Analysts Journal, 1965, 21(5): 55-59.

[3] Koch N, Fuss S, Grosjean G, et al. Causes of the EU ETS price drop: recession, CMD, renewable policies or a bit of everything?—New evidence. Energy Policy, 2014, 73: 676-685.

[4] Yin J L, Su C, Zhang Y, et al. Complexity analysis of carbon market using the modified multi-scale entropy. Entropy, 2018, 20 (6): 1-9.

[5] Sattarhoff C, Gronwald M. How to measure financial market efficiency? A multifractality-based quantitative approach with an application to the European carbon market. Center for Economic Studies and Ifo Institute (CESifo) Working Paper, 2018, No.7102.

[6] Krishnamurti C, Hoque A. Efficiency of European emissions markets: lessons and implications. Energy Policy, 2011, 39 (10): 6575-6582.

[7] Liu Z Q, Geng Y, Dai H C, et al. Regional impacts of launching national carbon emissions trading market: a case study of Shanghai. Applied Energy, 2018, 230: 232-240.

[8] Zhang L R, Li Y K, Jia Z J. Impact of carbon allowance allocation on power industry in China's carbon trading market: computable general equilibrium based analysis. Applied Energy, 2018, 229: 814-827.

[9] Tian L X, Pan J L, Du R J, et al. The valuation of photovoltaic power generation under carbon market linkage based on real options. Applied Energy, 2017, 201: 354-362.

[10] Manaf N A, Qadir A, Abbas A. Temporal multiscalar decision support framework for flexible operation of carbon capture plants targeting low-carbon management of power plant emissions. Applied Energy, 2016, 169: 912-926.

[11] Shahnazari M, McHugh A, Maybee B, et al. Overlapping carbon pricing and renewable support

schemes under political uncertainty: global lessons from an Australian case study. Applied Energy, 2017, 200: 237-248.

[12] Onali E, Goddard J. Are European equity markets efficient? New evidence from fractal analysis. International Review of Financial Analysis, 2011, 20（2）: 59-67.

[13] Mandelbrot B B, van Ness J W. Fractional Brownian motions, fractional noises and applications. SIAM Review, 1968, 10（4）: 422-437.

[14] Pesquet-Popescu B, Véhel J L. Stochastic fractal models for image processing. IEEE Signal Processing Magazine, 2002, 19（5）: 48-62.

[15] Munnings C, Morgenstern R D, Wang Z M, et al. Assessing the design of three pilot programs for carbon trading in China. Energy Policy, 2016, 96: 688-699.

[16] Liu L W, Chen C X, Zhao Y F, et al. China's carbon-emissions trading: overview, challenges and future. Renewable and Sustainable Energy Reviews, 2015, 49: 254-266.

[17] Hu Y J, Li X Y, Tang B J. Assessing the operational performance and maturity of the carbon trading pilot program: the case study of Beijing carbon market. Journal of Cleaner Production, 2017, 161: 1263-1274.

[18] Liang J L. Analysis and test of multifractal characteristics of the European carbon emissions market—based on the framework of wavelet leaders. Low Carbon Economy, 2016, 7（1）: 54-61.

[19] Rizvi S A R, Dewandaru G, Bacha O I, et al. An analysis of stock market efficiency: developed vs Islamic stock markets using MF-DFA. Physica A: Statistical Mechanics and its Applications, 2014, 407: 86-99.

[20] Daskalakis G, Psychoyios D, Markellos R N. Modeling CO_2 emission allowance prices and derivatives: evidence from the European trading scheme. Journal of Banking & Finance, 2009, 33（7）: 1230-1241.

[21] Feng Z H, Zou L L, Wei Y M. Carbon price volatility: evidence from EU ETS. Applied Energy, 2011, 88（3）: 590-598.

[22] Zhang C, Yun P, Wagan Z A. Study on the wandering weekday effect of the international carbon market based on trend moderation effect. Finance Research Letters, 2018, 319-327.

[23] Charles A, Darné O, Fouilloux J. Market efficiency in the European carbon markets. Energy Policy, 2013, 60: 785-792.

[24] Montagnoli A, de Vries F P. Carbon trading thickness and market efficiency. Energy Economics, 2010, 32（6）: 1331-1336.

[25] Paolella M S, Taschini L. An econometric analysis of emission trading allowances. Swiss Finance Institute, 2006, 32: 2022-2064.

[26] Seifert J, Uhrig-Homburg M, Wagner M. Dynamic behavior of CO_2 spot prices. Journal of Environmental Economics and Management, 2008, 56（2）: 180-194.

[27] Chesney M, Taschini L. The endogenous price dynamics of the emission allowances: an application to CO_2 option pricing. Applied Mathematical Finance, 2008, 19: 447-475.

[28] Tang B J, Shen C, Gao C. The efficiency analysis of the European CO_2 futures market. Applied Energy, 112: 1544-1547.

[29] Lo A Y，Carbon trading in a socialist market economy：can China make a difference? Ecological Economics，2013，87：72-74.

[30] Zhao X G，Jiang G W，Nie D，et al. How to improve the market efficiency of carbon trading：a perspective of China. Renewable and Sustainable Energy Reviews，2016，59：1229-1245.

[31] 张跃军，姚婷，林岳鹏. 中国碳配额交易市场效率测算研究. 南京航空航天大学学报（社会科学版），2016，18（2）：1-9.

[32] 夏睿瞳. 我国碳排放权交易市场有效性研究——基于分形市场假说的实证分析. 中国物价，2018，（9）：45-47.

[33] Wang Q，Wu S T. Carbon trading thickness and market efficiency in a socialist market economy. Chinese Journal of Population Resources and Environment，2018，16（2）：109-119.

[34] 王倩，王硕. 中国碳排放权交易市场的有效性研究. 社会科学辑刊，2014，（6）：109-115.

[35] Zhao X G，Wu L，Li A. Research on the efficiency of carbon trading market in China. Renewable and Sustainable Energy Reviews，2017，79：1-8.

[36] Hai X H，Yang B C. Effectiveness analysis of the carbon market based on Hurst index. Environment，Energy and Sustainable Development，2013，4：81-84.

[37] Cao G X，Xu W. Multifractal features of EUA and CER futures markets by using multifractal detrended fluctuation analysis based on empirical model decomposition. Chaos，Solitons & Fractals，2016，83：212-222.

[38] Zhuang X Y，Wei Y，Zhang B Z. Multifractal detrended cross-correlation analysis of carbon and crude oil markets. Physica A：Statistical Mechanics and its Applications，2014，399：113-125.

[39] Cao G X，Xu W. Nonlinear structure analysis of carbon and energy markets with MFDCCA based on maximum overlap wavelet transform. Physica A：Statistical Mechanics and its Applications，2016，444：505-523.

[40] Fang S，Lu X S，Li J F，et al. Multifractal detrended cross-correlation analysis of carbon emission allowance and stock returns. Physica A：Statistical Mechanics and its Applications，2018，509：551-566.

[41] Grech D，Pamuła G. New measure of multifractality and its application in finances. https://arxiv.org/pdf/1309.5466.pdf，2013.

[42] Kantelhardt J W，Zschiegner S A，Koscielny-Bunde E，et al. Multifractal detrended fluctuation analysis of nonstationary time series. Physica A：Statistical Mechanics and its Applications，2002，316（1）：87-114.

[43] Kantelhardt J W，Rybski D，Zschiegner S A，et al. Multifractality of river runoff and precipitation：comparison of fluctuation analysis and wavelet methods. Physica A：Statistical Mechanics and its Applications，2003，330（1）：240-245.

[44] Wang Y D，Wei Y，Wu C F. Analysis of the efficiency and multifractality of gold markets based on multifractal detrended fluctuation analysis. Physica A：Statistical Mechanics and its Applications，2011，390（5）：817-827.

[45] Lu X S，Tian J，Zhou Y，et al. Multifractal detrended fluctuation analysis of the Chinese stock index futures market. Physica A：Statistical Mechanics and its Applications，2013，392（6）：

1452-1458.

[46] Qi S Z，Wang B B，Zhang J H. Policy design of the Hubei ETS pilot in China. Energy Policy，2014，75：31-38.

[47] Ibikunle G，Gregoriou A，Hoepner A G，et al. Liquidity and market efficiency in the world's largest carbon market. The British Accounting Review，2016，48：431-447.

[48] Lo A W，Wang J. Stock market trading volume. Handbook of Financial Econometrics，2009，2：241-342.

[49] Kalaitzoglou I. Visible and Invisible Forces. What drives the intensity of trading in the European carbon market? Review of Economic Analysis，2019，10（4）：1-22.

[50] 中华人民共和国国家发展和改革委员会. 全国碳排放权交易市场建设方案（发电行业）. 2017-12-18.

[51] Zhang Y P，Liu Z X，Xu Y Y. Carbon price volatility：the case of China. PLoS One，2018，13（10）：1-15.

[52] Liu X B，Fan Y B. Business perspective to the national greenhouse gases emissions trading scheme：a survey of cement companies in China. Energy Policy，2018，112：141-151.

第17章 替代率对能源消费 结构的影响

世界主要经济体，如中国、美国和欧盟，已经宣布了各自的减排目标。中美两国于2014年11月发表了关于2020年后减排目标的联合声明，将成为应对气候变化的强大力量[1]。两国将加强在先进煤炭技术、核能、页岩气、可再生能源等领域的合作，以促进两国能源结构优化[2]。为实现这一目标，中国采取改善能源结构、提高能效、节能减排、增加陆海碳汇、转移产能、创新工程、提高排放比重等措施[3]。这些措施表明，在无具体途径控制能源的使用时，改善能源消费结构是减少碳排放的最佳途径[4]。能源消费结构是指能源种类占消费总量的比重[5]，呈现出不同的演化特征。一方面，各国的能源消费结构有所不同[6]。例如，中东国家由于油气资源丰富，主要消耗石油和天然气，而亚太地区，如中国和印度，由于煤炭禀赋丰富，煤炭消费占了很大比例。另一方面，考虑到化石燃料是不可再生的，而且会对环境造成严重破坏[7]，许多国家正试图调整能源消费结构，引进更多的可再生能源[8]。例如，中国政府曾宣布发展低碳经济计划的目标，到2020年将非化石能源占总能源消费的比例提高到15%[9]。此外，随着可再生能源技术的进步，太阳能、风能、核能和水力发电在许多国家逐渐普及[10]。同时，由大量现场分布式能源组成的微电网也可以通过增加可再生能源的使用来减少二氧化碳排放[11]。影响能源消费结构的因素有很多，如能源价格、能源禀赋、经济增长、人口、产业结构、能源消费、碳排放约束等[12]，而经济增长是天然气和石油消费增加的原因[13]。基于路径分析方法，Fan等[5]发现能源消费约束与GDP能够直接促进能源消费结构的优化。柳亚琴和赵国浩[14]提出碳排放约束对能源消费结构优化具有巨大的直接影响，而能源消费约束、经济发展水平、能源价格、能源禀赋等都对能源消费结构优化具有间接促进作用。采用灰色技术，曾胜和李仁清[15]发现在相关程度上，能源价格对结构优化的影响最为显著，生产结构的影响次之。目前的研究大多集中在对能源结构不合理性的定性分析上。文献[16]的调查问卷和比较分析表明，通过简单易行的节能措施，可以改变人们的能耗行为。基于投资组合理论，Gao 等[17]相信中国在可再生能源发展方面有巨大潜力，但在未来几十年无法取代化石能源。此外，太阳能发电的发展不仅受到累计装机容量的推动，还受到累积研发能力的推动。Hu 等[18]采用演化树模型为各国提供了一个全球参考体系，使各国能够调整和优化其能源消费结构。为了优化中国的能源消费结构，Sun 等[19]提出了一种固定投入数据包络分析模型和能源消费结构测算模型，研究结果表明，中国几乎所有省（区、市）特别是东部地区的能源消费结构并不合理。

本章的研究动机有三个方面：第一，随着全球能源消费的急剧增加，全球气候变化引起的二氧化碳排放问题越来越受到关注[20]；第二，中国作为最大的发展中国家，迫切需要调整能源消费结构，降低煤炭消费的比重，以应对全球减排的压力[21]；第三，与传统能源相比，可再生能源具有取之不尽、绿色、清洁等诸多优势，在向可持续发展转型中发挥着至关重要的作用[22]。本章将能源消费结构划分为煤炭、石油、天然气、可再生能源等几类，采用动力系统方法研究这几类能源之间的相互作用。与以往建模不同的是，本章研究的状态变量是各种类型能量的比例。在此基础上，分析三种不同情景下煤炭占比的演化规律。通过一系列的对比分析，得出替代率和自增长率对煤炭占比的影响。与现有文献相比，本章的贡献有三个方面：第一，本章将能源在能源消费中所占的份额而不是能源消费作为状态变量。这样，我们不仅可以分析能源消费结构的演化，还可以分析替代率和自增长率对各类能源比重的影响。第二，本章研究的动力学模型为能源消费结构提供了全面的定量分析。连续时间变量的引入使人们能够同时考虑所有的状态变量，并探索煤炭占比的演化特征。第三，本章分析了替代率对能源消费结构优化的影响。本章的研究证实，降低煤炭占比的确可以改善能源消费结构。对能源消费结构的演化分析，不仅可以帮助一些国家调整能源消费结构，还可以为能源消费结构向低碳甚至无碳化方向发展找到一些新的途径[23]。

17.1　能源消费结构模型

17.1.1　系统动力学原理

系统动力学是一种方法论和数学建模技术，用于构建、理解和讨论真实系统的复杂行为。系统动力学最早是由 Jay W. Forrester 于 1956 年在商业领域的问题中提出的[24]。系统动力学的应用非常广泛，涉及应用控制理论、信息理论、决策理论等相关理论和方法，使用库存、流、内部回馈环路、表函数和时间滞延等概念来理解复杂系统中各种元素随时间的相互作用。

系统动力学的原理基于两个主要的系统原理[25]：第一，系统行为的特征是元素之间的相互连接。回馈也是一种关系，关系的集合定义了系统的网络。基于社会系统和行为系统之间相互联系的相似性，Forrester 为系统动力学发展了库存、流和滞延的概念。第二，有限理性[26]。这意味着系统动力学距离理想主义还很远。它关注的是"环境"——解决问题及其背景的关键因素，而不是问题的所有变量。系统动力学的目标是通过快速和朴素的规则来求得满意解，而不是最优解，分析人员可以通过对问题的理解来获得这些规则[27]。

17.1.2　模型的建立

本小节建立了能源消费结构模型（energy consumption structure model, ECSM）。为了分析中国能源消费结构中煤炭份额的演化，我们做了以下假设。

（A_1）将各类能源所占比例视为状态变量。

（A_2）ECSM 只考虑两个因素，即替代率和自增长率。

（A_3）只有煤炭可以被替代。

（A_4）所有的能源都可以替代煤炭。

（A_5）一定时期内的总能源消费是一个常数。

首先，我们确定 ECSM 中的变量。ECSM 是一个复杂的系统，包含了替代率、自增长率、替代成本、技术水平、资源禀赋、开采成本等诸多影响因素。现有文献表明，能源替代率与煤炭在能源消费结构中的比重之间存在正相关关系[28]。因此，在 ECSM 中，能源替代率是一个影响因素，而其状态变量是各类能源的比例。此外，能源自增长率是能源消费的一个基本属性，因此 ECSM 涉及能源自增长率。替代成本和技术水平对煤炭份额的影响可以通过替代率的变化来体现，而资源禀赋和开采成本则通过改变自增长率来影响煤炭份额[29]。也就是说，ECSM 只包含替代率和自增长率，其他因素诸如经济变量、资源禀赋、技术水平等都是外部变量，并没有明确呈现在模型中。

在此基础上，通过分析状态变量与影响因素之间的相互作用关系，我们提出 ECSM 的框架。图 17.1 表示建立的 ECSM 概念图。在该概念图中，$E_i(i=1,2,\cdots,n)$ 代表能源 i，其中 E_1 总是代表煤炭；方框结点是状态变量（ECSM 中能源 E_i 的比例），无框结点是影响因素（替代率和自增长率），虚线框表示影响替代率和自增长率的外部变量；正号"＋"表示不同变量和因素之间的正向作用，而负号"－"表示反向作用。根据假设（A_1）～（A_5），其他能源资源 $E_i(i \neq 1)$ 仅仅对煤炭（E_1）有替代作用。E_i 的自增长率与其份额呈正相关关系，同时也受到资源禀赋和开采成本的制约。此外，煤炭份额随着其他能源的替代而下降。然而，$E_i(i \neq 1)$ 对 E_1 的替代率受到高替代成本及低技术水平的限制。

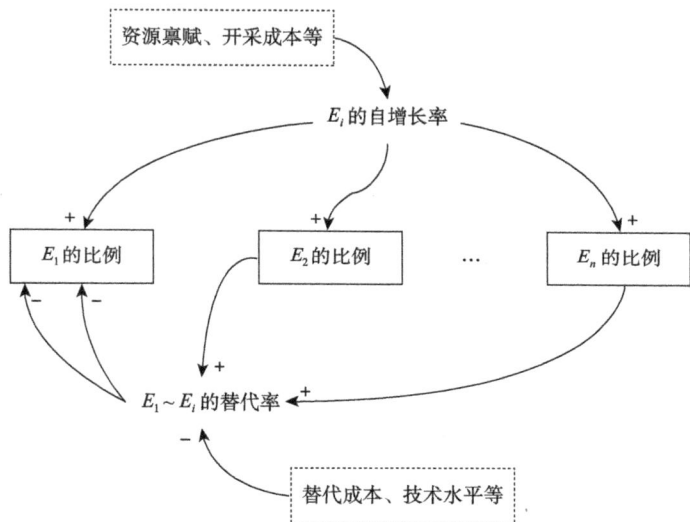

图 17.1 ECSM 概念图

我们根据各类能源及其自增长率之间的替代关系建立 ECSM。假设总消费来自 n 种类型的能源 $C_i(i = 1, 2, \cdots, n)$。令 $C(t)$ 表示一个经济体在第 t 年的总消费。能源消费率受其消费和自增长率的影响[30]。当能源消费小于最大需求缺口时能源消费增加；当能源消费大于最大需求缺口时能源消费下降。因此，$\dfrac{\mathrm{d}C_i}{\mathrm{d}t}$ 中存在 Logistic 项。此外，一种能源在其消费过程中可能被其他能源取代。然后，我们得到

$$\frac{\mathrm{d}C_i}{\mathrm{d}t} = a_i C_i \left(1 - \frac{C_i}{M_i}\right) - \sum_{j \neq i} r_{ji} C_j, \quad i, j = 1, 2, \cdots, n \qquad (17.1)$$

其中，a_i 表示能源 i 的自增长率；M_i 表示能源 i 的最大需求缺口量；r_{ji} 表示能源 j 对能源 i 的替代率。

考虑 $C = \displaystyle\sum_{i=1}^{i=n} C_i$，可得

$$\frac{\mathrm{d}C}{\mathrm{d}t} = \frac{\mathrm{d}\left(\sum\limits_{i=1}^{n} C_i\right)}{\mathrm{d}t}$$

令

$$c_i = \frac{C_i}{C}, \quad i = 1, 2, \cdots, n$$

则 ECSM 为

$$\frac{\mathrm{d}c_i}{\mathrm{d}t} = a_i c_i \left(1 - \frac{c_i}{M_i}\right) - \sum_{j \neq i} r_{ji} c_j, \quad i, j = 1, 2, \cdots, n \qquad (17.2)$$

其中，$\sum\limits_{i=1}^{i=n} c_i = 1$。

17.2　中国的情景研究

本节以中国为研究区域，分析替代率对能源消费结构的影响，并计算各类能源的自增长率和替代率。

17.2.1　研究区域概况

能源是人类生存、经济发展和社会进步的重要物质基础[31]。中国是世界第二大能源生产国和消费国，是世界能源市场不可替代的重要组成部分，在维护全球能源安全方面发挥着越来越重要的作用。此外，中国的能源条件特殊。一方面，中国拥有丰富的能源资源，但人均水平很低。中国化石能源资源相当丰富，以煤炭为主，煤炭资源居世界第三位，但人均占有量仅相当于世界平均水平的一半。另一方面，能源资源分布不平衡。煤炭资源主要分布在华北和西北地区，而能源消费集中在东南沿海经济发达地区[32]。

大量的能源消费导致了碳排放等一系列环境问题[33]。图 17.2 给出了基于能源消费结构计算的碳排放量[34]。总体而言，中国的碳排放量呈现波动增长趋势。1990~2001 年，中国碳排放总量增长相对缓慢，在 2002~2010 年快速增长。这可能是中国粗放型经济发展模式导致的结果。接着，碳排放量开始短暂而缓慢地增长，并在 2013 年达到局部极大，这与 2009 年哥本哈根联合国气候变化大会有关。有趣的是，碳排放量自 2009 年以后缓慢下降，并在 2016 年达到最低点。这可能是 2015 年《巴黎协定》的推动。最后，碳排放从 2016 年到 2018 年持续缓慢增长。

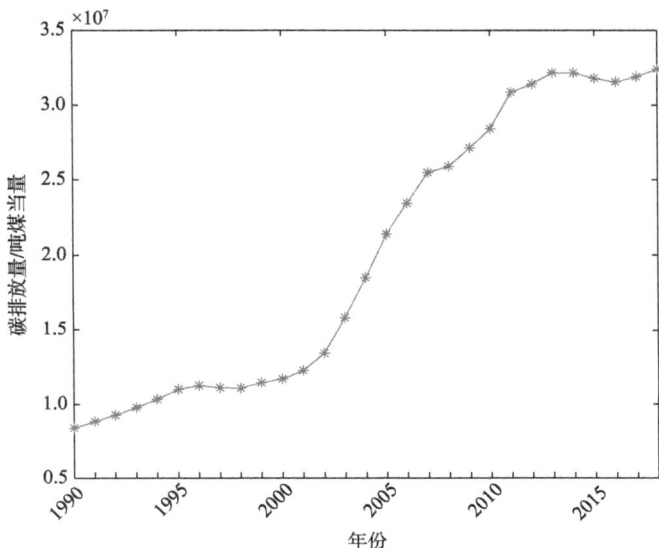

图 17.2　1990~2018 年中国的碳排放量

　　能源消费调整是中国减少碳排放的重要途径。中国煤炭资源丰富，能源消费结构以煤炭为主。尽管煤炭在能源消费总量中的比重从 1990 年的峰值 76.2% 下降到 2018 年的 59%，并在近年呈波动下降趋势[35]，但煤炭仍然占据绝对地位。与发达国家相比，中国的石油和天然气能源（尤其是天然气）所占比例差异很大。此外，中国的能源技术、加工和利用效率均低于经济合作与发展组织国家[36]。

17.2.2　数据来源

　　本章的原始数据来自《中国统计年鉴》。按来源计算，中国在 2017 年总的最终能源消费量为 199 506 万吨油当量，约占世界总消费的 20.5%[37]。中国的能源消费结构分为煤炭、石油、天然气和可再生能源四类。1978~2018 年，各类能源在能源消费结构中所占比例见表 17.1。因此，本章研究的重点是能源在中国能源消费总量中所占比例的变化，而不是能源在能源消费最终使用部门中所占比例的变化。

表17.1　能源消费所占比例

年份	煤炭	石油	天然气	可再生能源	年份	煤炭	石油	天然气	可再生能源	年份	煤炭	石油	天然气	可再生能源
1978	70.7%	22.7%	3.2%	3.4%	1998	70.9%	20.8%	1.8%	6.5%	2009	71.6%	16.4%	3.5%	8.5%
1980	72.2%	20.7%	3.1%	4.0%	1999	70.6%	21.5%	2.0%	5.9%	2010	69.2%	17.4%	4.0%	9.4%
1985	75.8%	17.1%	2.2%	4.9%	2000	68.5%	22.0%	2.2%	7.3%	2011	70.2%	16.8%	4.6%	8.4%
1990	76.2%	16.6%	2.1%	5.1%	2001	68.0%	21.2%	2.4%	8.4%	2012	68.5%	17.0%	4.8%	9.7%
1991	76.1%	17.1%	2.0%	4.8%	2002	68.5%	21.0%	2.3%	8.2%	2013	67.4%	17.1%	5.3%	10.2%
1992	75.7%	17.5%	1.9%	4.9%	2003	70.2%	20.1%	2.3%	7.4%	2014	65.6%	17.4%	5.7%	11.3%
1993	74.7%	18.2%	1.9%	5.2%	2004	70.2%	19.9%	2.3%	7.6%	2015	63.7%	18.3%	5.9%	12.1%
1994	75.0%	17.4%	1.9%	5.7%	2005	72.4%	17.8%	2.4%	7.4%	2016	62.0%	18.5%	6.2%	13.3%
1995	74.6%	17.5%	1.8%	6.1%	2006	72.4%	17.5%	2.7%	7.4%	2017	60.4%	18.8%	7.0%	13.8%
1996	73.5%	18.7%	1.8%	6.0%	2007	72.5%	17.0%	3.0%	7.5%	2018	59.0%	18.9%	7.8%	14.3%
1997	71.4%	20.4%	1.8%	6.4%	2008	71.5%	16.7%	3.4%	8.4%					

17.2.3　参数辨识

我们在本小节中确定系统参数。定义某种能源的年增长率为

$$a_i(t) = \frac{C_i(t) - C_i(t-1)}{C_i(t)} \tag{17.3}$$

其中，$a_i(t)$ 为能源 i 在第 t 年的自增长率。我们将 t 年内各年的增长率取平均值，记为 a_i。

替代率是指能源消费结构中各能源所占比例的变化与各能源总变化的比值，即

$$r_{ji}(t) = \frac{C_j(t) - C_j(t-1)}{TC(t-1)} \tag{17.4}$$

其中，$TC(t) = \sum_{i=1}^{i=n} |C_i(t) - C_i(t-1)|$；$r_{ji}(j \neq i)$ 表示能源 j 对能源 i 的年平均替代率。当 $r_{ji} > 0(j \neq i)$ 时，两种不同的能源之间存在一种可替代关系；当 $r_{ji} < 0(j \neq i)$ 时，两种能源之间不存在替代关系。

将表 17.1 中的数据分别代入式（17.3）和式（17.4）中，可得

$$\begin{aligned} & a_1 = 0.0528, \ a_2 = 0.0505, \ a_3 = 0.0791, \ a_4 = 0.0987; \\ & r_{21} = -0.1373, \ r_{31} = 0.1338, \ r_{41} = 0.3662 \end{aligned} \tag{17.5}$$

接着，将式（17.5）代入系统（17.2），可推导出中国的 ECSM：

$$
\begin{cases}
\dfrac{\mathrm{d}x}{\mathrm{d}t} = 0.052\,8x\left(1 - \dfrac{x}{K}\right) + 0.137\,3y - 0.133\,8z - 0.366\,2w \\[2mm]
\dfrac{\mathrm{d}y}{\mathrm{d}t} = 0.050\,5y\left(1 - \dfrac{y}{L}\right) \\[2mm]
\dfrac{\mathrm{d}z}{\mathrm{d}t} = 0.079\,1z\left(1 - \dfrac{z}{M}\right) \\[2mm]
\dfrac{\mathrm{d}w}{\mathrm{d}t} = 0.098\,7w\left(1 - \dfrac{w}{N}\right)
\end{cases}
\tag{17.6}
$$

其中，K、L、M 和 N 分别代表煤炭、石油、天然气和可再生能源的最大承载量[38]。通过计算，我们得到

$$
K = 0.420\,0,\ L = 0.154\,6,\ M = 0.326\,3,\ N = 0.297\,5 \tag{17.7}
$$

最后，将式（17.7）代入系统（17.6），即得

$$
\begin{cases}
\dfrac{\mathrm{d}x}{\mathrm{d}t} = 0.052\,8x\left(1 - \dfrac{x}{0.420\,0}\right) + 0.137\,3y - 0.133\,8z - 0.366\,2w \\[2mm]
\dfrac{\mathrm{d}y}{\mathrm{d}t} = 0.050\,5y\left(1 - \dfrac{y}{0.154\,6}\right) \\[2mm]
\dfrac{\mathrm{d}z}{\mathrm{d}t} = 0.079\,1z\left(1 - \dfrac{z}{0.326\,3}\right) \\[2mm]
\dfrac{\mathrm{d}w}{\mathrm{d}t} = 0.098\,7w\left(1 - \dfrac{w}{0.297\,5}\right)
\end{cases}
\tag{17.8}
$$

17.3　情　景　分　析

本节首先分析各类能源所占比例的演化过程，然后分析替代率变化、自增长率变化、替代率和自增长率同时变化三种情景下煤炭所占比例的变化，我们给出以下假设。

（H₁）ECSM 在一定时期内是稳定的，不会直接受到外界因素的干扰。

（H₂）式（17.5）中能够改变一个或两个因素。

（H₃）本节着重分析不同因素对煤炭所占比例的影响。

图 17.3 展示四种能源在当前趋势下所占比例的演化。横轴表示时间（t），纵轴表示各类能源在总能源消费中所占比例。根据中国各阶段的减排目标和预测精度，将各能源所占比例的演化分为三个阶段：2018~2020 年（对应于图 17.3 中 t=0~2

年)，2021~2030 年（ t=3~12 年），2031~2038 年（ t=13~20 年）。我们发现，在 2030 年之前，煤炭的比重稳步下降。煤炭消费是碳排放增加的主要原因之一，这与中国的减排目标是一致的。同样，石油的比重也在逐渐下降。众所周知，天然气作为清洁的化石能源，其所占比例正在缓慢上升。正如我们预期的那样，可再生能源在能源消费结构中的比重大幅上升，预计到 2030 年将超过石油在能源消费结构中的比重。具体来说，所有的能源消费在三个时段都有相似的趋势。只是可再生能源在能源消费结构中的作用在短期内（2018~2020 年）还没有超过石油。

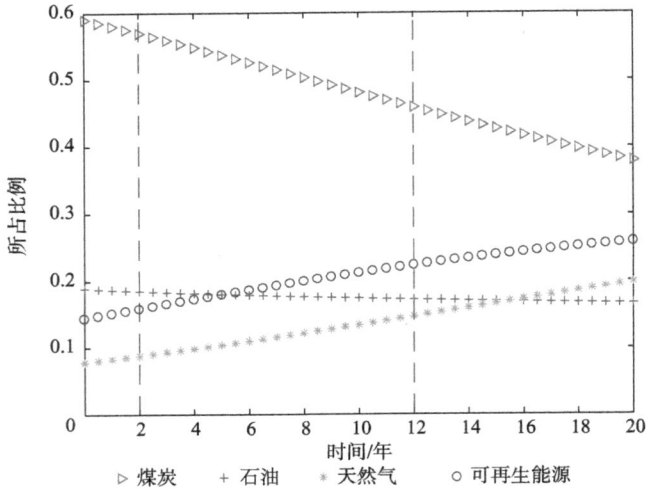

图 17.3　四种能源所占比例的演化

虚线将演化期分为三个时段，后图类似

1. 情景Ⅰ：替代率变化

本节分析石油替代率（ r_1 ）、天然气替代率（ r_2 ）和可再生能源替代率（ r_3 ）下煤炭在能源消费结构中所占比例的演化。基于 $r_i (i = 1, 2, 3)$ 的值设置了三种情景：基准情景是指采用式（17.5）和式（17.7）中的参数；强情景表示采用更高的替代率；弱情景表示替代率较低。

当石油替代率变化时，煤炭所占比例的演化如图 17.4 所示。总体而言，强情景对应的曲线在其他两条曲线下方，最终趋于稳定。这意味着随着石油替代率增加，煤炭所占比例将会降低。煤炭所占比例在弱情景下一开始出现上升趋势，而后下降。但在强情景下，煤炭比例一直处于下降趋势。这告诉我们，当石油替代率较低时，煤炭所占比例仍在增加。在 2020 年之前，强情景、弱情景下煤炭所占比例的变化无显著差异。然而，在 2020 年之后，强情景和基准情景之间的距离扩大了，而弱情景和基准情景之间的空隙几乎保持不变。也就是说，提高石油替代率对煤炭所占比例有很大的影响。因此，可以适当增加石油替代率，以便更好地调整能源结构，减少碳排放。

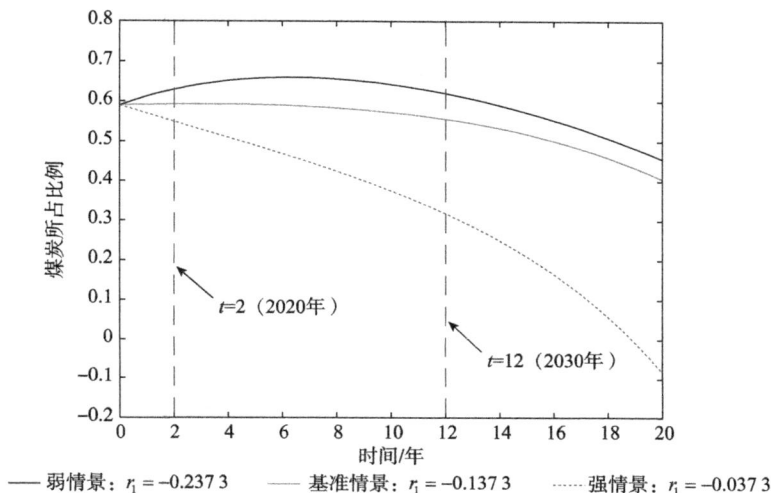

弱情景：$r_1 = -0.2373$　　　　基准情景：$r_1 = -0.1373$　　　　强情景：$r_1 = -0.0373$

图 17.4　石油替代率变化时煤炭所占比例的演化

　　图 17.5 表示当天然气替代率变化时，煤炭所占比例的演化。我们发现替代率越大，煤炭所占比例越低。值得注意的是，三条曲线都呈现出下降趋势，说明尽管天然气对煤炭有一定的替代作用，但煤炭所占比例仍会下降。三条曲线在初始阶段相对接近，之后又以几乎相同的距离分开，说明煤炭所占比例的变化趋势与替代率无关。因此，在调整能源结构的过程中，可以适度增加天然气对煤炭的替代。

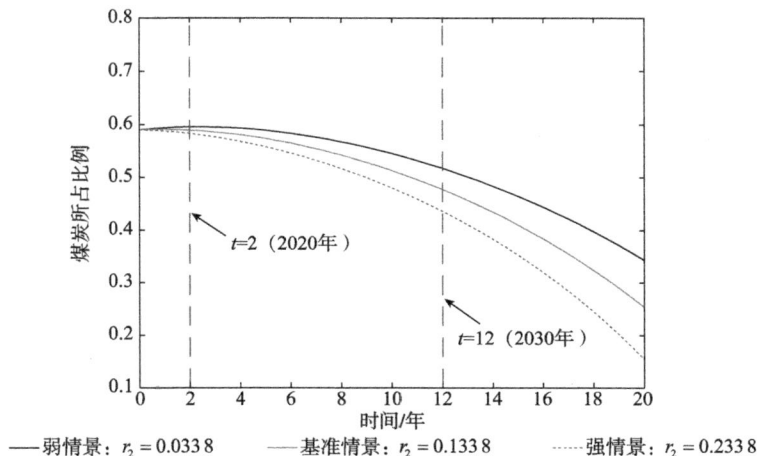

弱情景：$r_2 = 0.0338$　　　　基准情景：$r_2 = 0.1338$　　　　强情景：$r_2 = 0.2338$

图 17.5　天然气替代率变化时煤炭所占比例的演化

可再生能源替代率变化时，煤炭所占比例的演化如图 17.6 所示。我们发现，图 17.6 和图 17.5 极其相似。类比图 17.5，可得到相应的结果。换句话说，随着可再生能源更多地替代煤炭，煤炭所占比例将会下降。同时，可再生能源替代率比天然气对煤炭所占比例的影响更大。

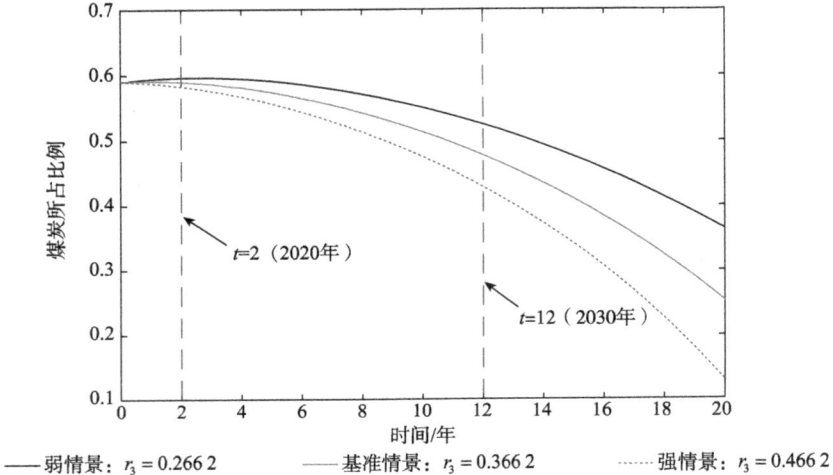

图 17.6　可再生能源替代率变化时煤炭所占比例的演化

以可再生能源替代煤炭为例，不同替代率下煤炭消费总量的变化情况如图 17.7 所示。其中子图是椭圆部分的局部放大图。总体而言，煤炭消费总量在加速下降。这说明以可再生能源替代煤炭对节能减排具有显著效果。正如预期的那样，替代率越高，煤炭消费总量越低，说明可再生能源是煤炭的理想替代品。

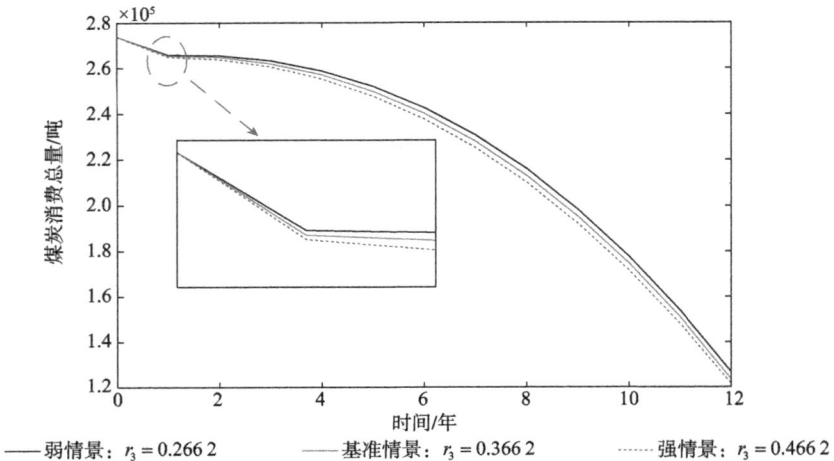

图 17.7　可再生能源替代率变化时煤炭消费总量的变化

2. 情景 II：自增长率变化

本部分分析拥有不同自增长率的煤炭、石油、天然气和可再生能源下能源消费结构中煤炭所占比例的演化规律。根据能源自增长率的不同设置了三种情景：基准情景是指采用式（17.5）和式（17.7）中的参数；强情景表示采用一个更高的自增长率；弱情景表示自增长率较低。

图 17.8 表示煤炭所占比例在其自增长率（a）变化下的演化情况。我们发现，弱情景曲线呈现倒 U 形，而其他曲线呈稳步下降趋势。这意味着，由于自增长率较低，煤炭在能源消费结构中的作用将会上升。由于强情景曲线总是低于其他曲线，当煤炭资源加速增长时，煤炭所占比例会有所下降。与之前的数据相比，前期增速下的煤炭比例存在明显差异。然后，弱情景曲线与基准情景曲线之间的距离增大，说明降低自增长率能够增加煤炭所占比例。此外，弱情景曲线与基准情景曲线的距离比强情景曲线与基准情景曲线的距离远得多，说明煤炭自增长率减小对能源消费结构的影响更为显著。

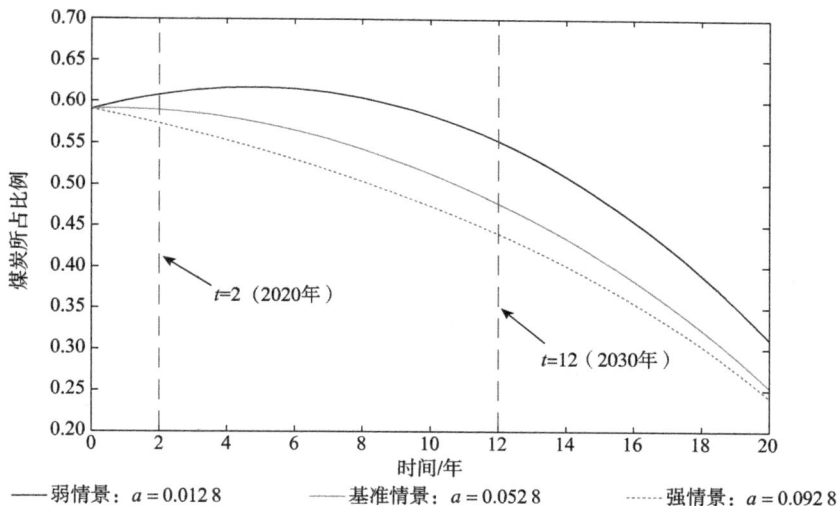

图 17.8　自增长率变化时煤炭所占比例的演化

图 17.9 为石油自增长率（b）变化时煤炭所占比例的演化情况。三条曲线的下降趋势相同，说明无论石油自增长率如何，煤炭所占比例都在下降。另外，弱情景曲线在其他两条曲线的上方，说明煤炭所占比例随着石油自增长率的降低而增加。三条曲线在 2020 年之前几乎相同（见三条曲线的局部放大图）。三条曲线之间的差异直到 2030 年才显现出来，弱情景曲线与基准情景曲线之间的距离略大于强情景曲线与基准情景曲线之间的距离。这说明石油自增长率的变化对煤炭所占比例的影响不大，但降低石油自增长率对能源消费结构的影响略大于提高石油自增长率。

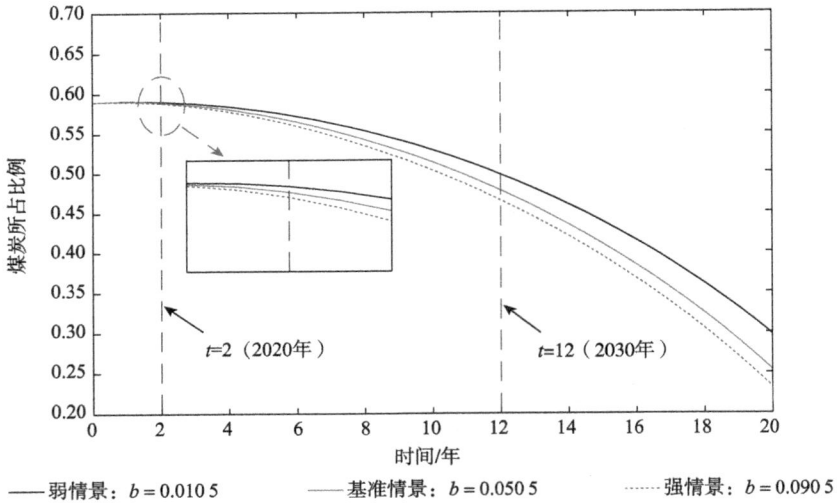

图 17.9　石油自增长率变化时煤炭所占比例的演化

　　图 17.10 是天然气自增长率（c）变化时煤炭所占比例的演化情况。同样的下降趋势表明，无论天然气自增长率如何，煤炭所占比例都在减小。我们还发现强情景曲线低于其他两条曲线。换句话说，煤炭所占比例随着天然气自增长率的提高而减少。相比图 17.8 和图 17.9，这三条曲线的位置相对关系也几乎没有变动。不同于图 17.9，强情景曲线与基准情景曲线之间的距离比弱情景曲线与基准情景曲线之间的距离大。这表明，提高天然气自增长率较降低天然气自增长率对煤炭所占比例的影响略大。

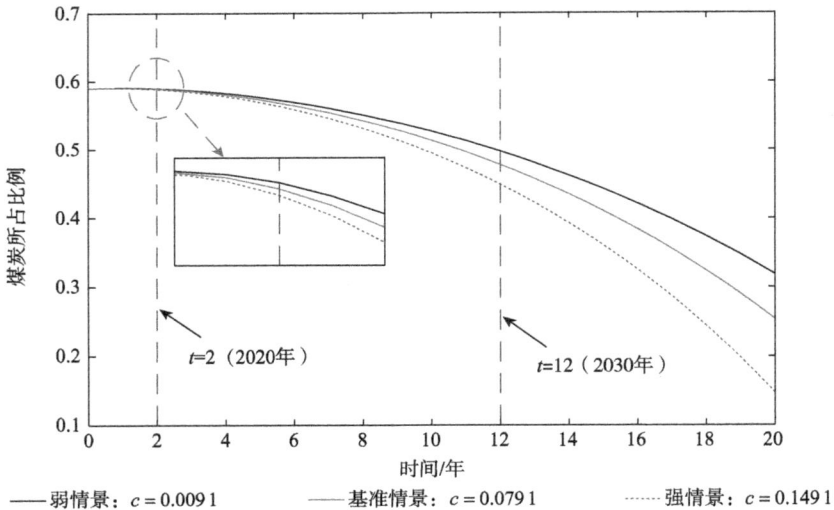

图 17.10　天然气自增长率变化时煤炭所占比例的演化

图 17.11 展示可再生能源自增长率（d）变化时煤炭所占比例的演化情况，其演化情况与图 17.10 类似，因此可再生能源自增长率的提高有助于降低煤炭在能源消费结构中的份额。此外，提高可再生能源自增长率对煤炭在能源消费结构中的所占比例影响更大。

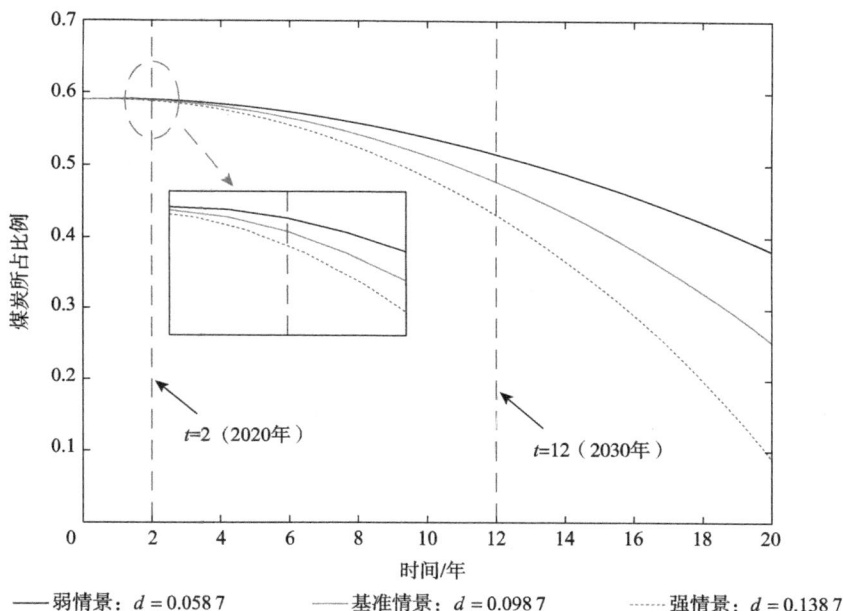

图 17.11　可再生能源自增长率变化时煤炭所占比例的演化

3. 情景Ⅲ：替代率和自增长率同时变化

本部分研究替代率和自增长率同时变化时煤炭所占比例的变化情况。根据替代率和自增长率的不同值设置了五种情景：基准情景指采用式（17.5）和式（17.7）中的参数；强-强情景表示一个较高的替代率和自增长率；弱-弱情景表示一个较低的替代率和自增长率；强-弱情景表示较高的替代率和较低的自增长率；弱-强情景表示较低的替代率和较高的自增长率。

图 17.12 表示石油替代率和自增长率变化时煤炭所占比例的演化情况。其中子图是 t =1～3 年的局部放大图。总的来说，弱-弱情景曲线和强-弱情景曲线位于基准情景曲线的上方，具有相似的演化模式，而弱-强情景曲线和强-强情景曲线位于基准情景曲线的下方，具有相似的轨迹（参见局部放大图）。这说明煤炭所占比例随着石油替代率和石油自增长率的增加而降低，而且石油自增长率对煤炭所

占比例的影响更大。在第一阶段，弱-弱情景曲线和强-弱情景曲线均呈上升趋势，而弱-强情景曲线和强-强情景曲线均呈下降趋势。然而，这五条曲线都随着时间的推移而下降，意味着石油替代率和石油自增长率的影响在短期内是模糊不定的，而在长期内会变得清晰。

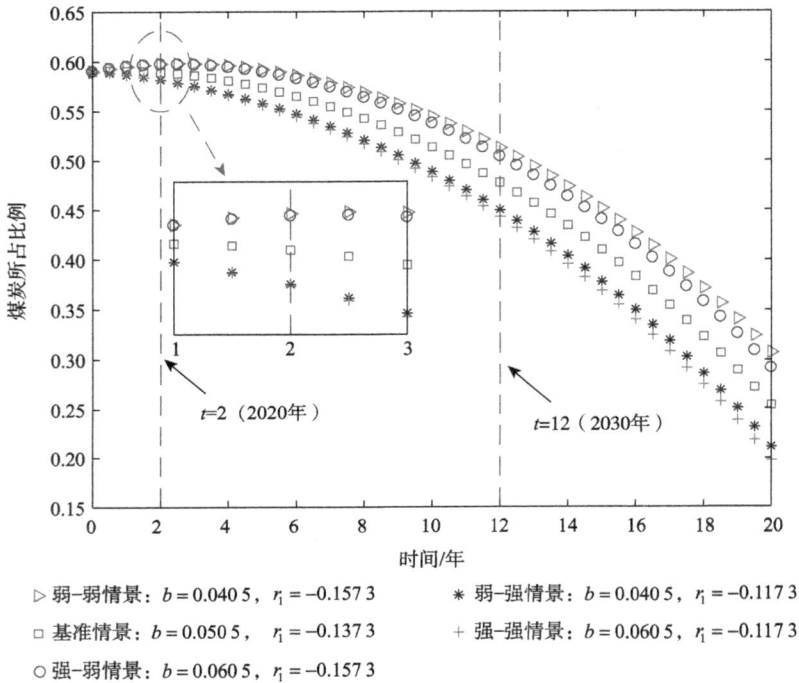

图 17.12 不同的石油替代率和自增长率下煤炭所占比例的演化

图 17.13 反映天然气替代率和自增长率变化时煤炭所占比例的演化情况。弱-弱情景曲线和强-弱情景曲线位于五条曲线的顶端，演化情况与图 17.12 几乎没有区别。接下来，从上到下依次是基准情景曲线、弱-强情景曲线、强-强情景曲线。这表明强-强情景曲线在底部，即当天然气替代率和天然气自增长率都较高时，煤炭所占比例较低。到 2020 年五条曲线几乎没有变化，直到 2030 年强-强情景曲线逐渐从弱-强情景曲线中分离出来，说明天然气替代率和天然气自增长率的长期影响大于短期影响。

不同的可再生能源替代率和自增长率变化时煤炭所占比例的演化情况如图 17.14 所示。这些曲线相对分散，说明可再生能源自增长率和替代率对煤炭所占比例都有一定的影响。与图 17.12 和图 17.13 相同，弱-弱情景曲线和强-弱情景曲线、弱-强情景曲线和强-强情景曲线在第一阶段几乎相同。此外，随着时间的

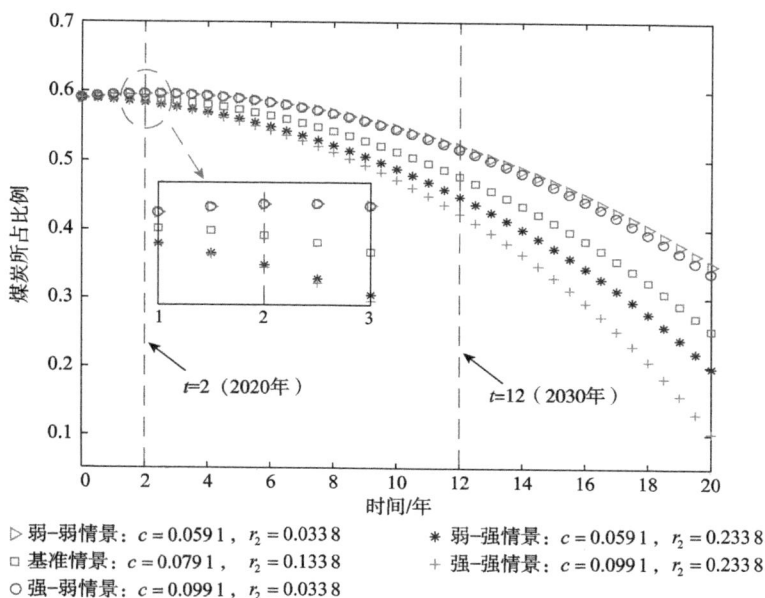

弱-弱情景：$c = 0.0591$，$r_2 = 0.0338$　　　＊ 弱-强情景：$c = 0.0591$，$r_2 = 0.2338$
基准情景：$c = 0.0791$，$r_2 = 0.1338$　　　＋ 强-强情景：$c = 0.0991$，$r_2 = 0.2338$
强-弱情景：$c = 0.0991$，$r_2 = 0.0338$

图 17.13　不同的天然气替代率和自增长率下煤炭所占比例的演化

推移，这些曲线变得越来越分散。也就是说，可再生能源替代率和自增长率在长期内对煤炭所占比例的影响较大，但在短期内影响较小。

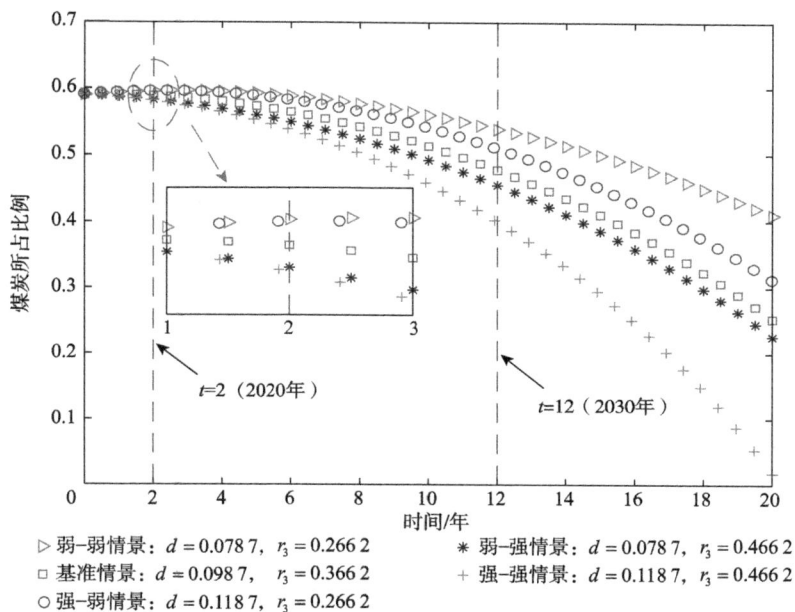

弱-弱情景：$d = 0.0787$，$r_3 = 0.2662$　　　＊ 弱-强情景：$d = 0.0787$，$r_3 = 0.4662$
基准情景：$d = 0.0987$，$r_3 = 0.3662$　　　＋ 强-强情景：$d = 0.1187$，$r_3 = 0.4662$
强-弱情景：$d = 0.1187$，$r_3 = 0.2662$

图 17.14　不同的可再生能源替代率和自增长率下煤炭所占比例的演化

17.4 讨 论

本章发现，提高其他能源对煤炭的替代率和各类能源的自增长率，有利于降低煤炭消费比重，调整能源消费结构。但是，不同能源的替代率和自增长率对能源消费结构中煤炭比例的影响是不同的。比较图 17.4~图 17.6，2020 年之前不同能源的替代率对煤炭所占比例的影响不大。随着时间的推移，这种影响已经显现出来。三类能源替代率都会发生相同趋势的变化。我们发现，煤炭所占比例与三类能源的替代率成反比。对比分析表明可再生能源替代率对煤炭所占比例影响较大，天然气次之，石油影响最小。此外，石油替代率的变化更有可能导致现实世界的失衡。综合分析表明，调整可再生能源和天然气对煤炭的替代率，很容易实现低碳、绿色发展的目标。

图 17.8~图 17.11 的综合比较分析表明，从长期来看，四类能源的自增长率与煤炭所占比例成反比，但从短期来看，煤炭自增长率与煤炭所占比例呈正相关关系。与可再生能源相比，天然气自增长率的提高会降低煤炭所占比例，但影响要小于可再生能源。此外，增速变化幅度相同的情况下，放缓煤炭和石油的增长对煤炭所占比例的影响更为显著，而加快天然气和可再生能源的增长对煤炭所占比例的影响更为显著。综上所述，发展可再生能源更能促进低碳发展，天然气次之，石油再次之，最后是煤炭。

图 17.12~图 17.14 表明无论能源的替代率和自增长率如何，弱-弱情景和强-强情景之间及弱-强情景和强-弱情景之间的曲线趋势几乎是相同的。改变天然气替代率和自增长率时，弱-强情景曲线和强-强情景曲线逐渐分离；而在可再生能源情况下，这五种情景曲线逐渐分离，说明能源自增长率对煤炭所占比例的影响小于能源替代率的影响。此外，提高可再生能源替代率及其增长速度，比其他能源更有利于降低煤炭所占比例。

本部分将我们的结果与其他采用不同方法的结果进行比较。首先，文献[18]利用演化树模型分析全球能源消费结构的演化。这可以揭示国家之间的有机联系，为每个国家提供一个全球性的参考体系。他们的结果表明，中国仍然高度依赖化石燃料，第二产业在经济结构中所占比例很高。进一步，Wang 等[1] 建立基于能源需求和能源供给均衡的混合能源模型，预测能源结构的变化，研究结果表明，以成本最小化为目标，到 2025 年煤炭在中国能源供应总量中的比例将迅速下降；但到 2030 年，非化石能源在一次能源供应中的比例仍将略低于 20%。最后，为评估能源结构优化对实现低碳城市的贡献潜力，Lu 等[23]对杭州市一次能源消费进行了多元回归预测，预测 2020 年能源结构煤炭为 53.30%，石油为 30.15%，天然气为 13.35%，可再生能源为 3.20%。我们的研究结果与上述结果是一致的。

17.5　本　章　小　结

　　调整能源消费结构，降低煤炭在中国一次能源消费中的比重，是一项十分重要的任务。本章研究了不同能源替代率和自增长率下煤炭所占比例的演化情况，建立了煤炭、石油、天然气和可再生能源消费结构变化的四维动力系统模型。根据基础数据计算能源替代率和自增长率，得到系统参数。阐述了不同情景下的演化路径，展示了替代率和自生长率对煤炭所占比例的影响。对比结果给出如何通过改变能源替代率和自增长率降低煤炭所占比例，从而改善能源消费结构。

　　本章证实，提高煤炭的其他能源替代率及其增长速度有助于降低煤炭在能源消费结构中的比重。通过一系列的对比分析发现，替代率对煤炭所占比例的影响高于自增长率。而且，无论是替代率还是自增长率，可再生能源对煤炭在能源消费结构中所占比例的影响都是最大的，天然气次之，然后是石油，煤炭影响最小。同样，提高替代率或自增长率在一定程度上比降低相同程度的替代率对降低煤炭所占比例有更大的积极作用。因此，有必要采取有序推进煤气替代、加快油品升级、提高天然气供应保障能力、加大淘汰落后产能力度等措施，降低煤炭消费比重。煤电的清洁利用和增加可再生能源发电量是提高电能在终端能源消费中的比重，从而改善能源消费结构，逐步形成绿色低碳能源体系的有效措施。

　　基于以上的分析和结论，结合中国的实际，本章提出了应对中国经济强劲增长和低碳排放挑战的两条建议。一是优化中国能源消费结构。可再生能源的开发利用是优化能源结构的有利途径。中国主要以火电、水电、核电、风电、太阳能光伏发电为主，其中火电和水电在可再生能源利用过程中占据主导地位[39]。应减少火电发电的份额，通过建立水电站、核电站，以及风能、太阳能混合发电系统，可以在一定程度上提高水电、核电、风电、太阳能光伏发电的比重。这些措施不仅将促进中国的碳减排，也将产生重大的环境效益。然而，移民、社会问题、季节性等因素制约了中国水电的大规模发展。同时，风能和太阳能的发展受到生态环境、技术进步和预算限制的制约[2]。二是将中国的电力市场与碳市场相结合。碳排放交易是目前控制温室气体排放最有效的手段之一。然而，以火电为主的电力结构，使电力行业成为中国最大的温室气体排放源。电力行业是碳市场的最大参与者,电力市场与碳市场的关联度很高[40],因此,电力市场应通过传导碳成本、吸收清洁能源、调整供电结构、改善电力用户用电习惯等方式进一步激发电力行业整体减排潜力。此外,可再生能源发电是电力行业大幅减少碳排放的重要方式,我们可以充分发挥市场机制的促进作用。总之,两个市场的完美匹配有利于发电企业的发展、电力行业的碳排放减少、电力投资的清洁方向。

本章的研究仍有一定的局限性。在数据来源方面,本章研究使用的数据较少。如果有足够的数据,可能会得出不同的结果。从模型的建立来看,各种能源之间存在复杂的相互关系,而本章只考虑了其他能源对煤炭的替代。对于能源替代率及能源自增长率的计算,目前还没有统一的定义。在不同的计算公式下会得到不同的结果。本章的研究也为未来的研究提供了一些可能的方向:首先,动力系统方法可以推广到其他国家和地区;其次,可以进一步修改模型,可以将各种能源的相互替代关系添加到原始模型中,构建更复杂的模型;最后,未来的研究还可以侧重于能源消费结构在行业或部门的理论建模或实证应用。

参 考 文 献

[1] Wang Z, Zhu Y S, Zhu Y B, et al. Energy structure change and carbon emission trends in China. Energy, 2016, 115: 369-377.

[2] Meng N, Xu Y, Huang G H. A stochastic multi-objective optimization model for renewable energy structure adjustment management—a case study for the city of Dalian, China. Ecological Indicators, 2019, 97: 476-485.

[3] Liu Y H, Ge Q S, He F N, et al. Countermeasures against international pressure of reducing CO_2 emissions and analysis on China's potential of CO_2 emission reduction. Acta Geographica Sinica, 2008, 63 (7): 675-682.

[4] Sheng J C, Qiu H, Zhang S F. Opportunity cost, income structure, and energy structure for landholders participating in payments for ecosystem services: evidence from Wolong National Nature Reserve, China. World Development, 2019, 117: 230-238.

[5] Fan D C, Wang S H, Zhang W. Analysis of the influence factors of the primary energy consumption structure under the target of low-carbon economy. Resources Science, 2012, 34 (4): 696-703.

[6] Seow Y, Goffin N, Rahimifard S, et al. A 'Design for Energy Minimization' approach to reduce energy consumption during the manufacturing phase. Energy, 2016, 109: 894-905.

[7] Capellán-Pérez I, Mediavilla M, de Castro C, et al. Fossil fuel depletion and socio-economic scenarios: an integrated approach. Energy, 2014, 77: 641-666.

[8] Kahia M, Aïssa M S B, Charfeddine L. Impact of renewable and non-renewable energy

consumption on economic growth: new evidence from the MENA Net Oil Exporting Countries (NOECs). Energy, 2016, 116: 102-115.

[9] Wu Z B, Xu J P. Predicting and optimization of energy consumption using system dynamics-fuzzy multiple objective programming in world heritage areas. Energy, 2013, 49: 19-31.

[10] Vishnupriyan J, Manoharan P S. Demand side management approach to rural electrification of different climate zones in Indian state of Tamil Nadu. Energy, 2017, 138: 799-815.

[11] Ou T C, Lu K H, Huang C J. Improvement of transient stability in a hybrid power multi-system using a designed NIDC (Novel Intelligent Damping Controller). Energies, 2017, 10 (4): 488.

[12] 邓志茹, 范德成. 我国能源结构问题及解决对策研究. 现代管理科学, 2009, (6): 84-85.

[13] 郑和平. 河南省经济增长与能源消耗结构的计量分析. 全国商情 (理论研究), 2011, (1): 9-11, 20.

[14] 柳亚琴, 赵国浩. 节能减排约束下中国能源消费结构演变分析. 经济问题, 2015, (1): 27-33.

[15] 曾胜, 李仁清. 能源消费结构的影响因素研究. 世界科技研究与发展, 2014, 36(1): 10-14.

[16] He H Z, Kua H W. Lessons for integrated household energy conservation policy from Singapore's southwest Eco-living Program. Energy Policy, 2013, 55: 105-116.

[17] Gao C X, Sun M, Shen B, et al. Optimization of China's energy structure based on portfolio theory. Energy, 2014, 77: 890-897.

[18] Hu Y, Peng L, Li X, et al. A novel evolution tree for analyzing the global energy consumption structure. Energy, 2018, 147: 1177-1187.

[19] Sun J S, Li G, Wang Z H. Optimizing China's energy consumption structure under energy and carbon constraints. Structural Change and Economic Dynamics, 2018, 47: 57-72.

[20] Geng Z Q, Bai J, Jiang D Y, et al. Energy structure analysis and energy saving of complex chemical industries: a novel fuzzy interpretative structural model. Applied Thermal Engineering, 2018, 142: 433-443.

[21] Ha Q, Royel S, Balaguer C. Low-energy structures embedded with smart dampers. Energy and Buildings, 2018, 177: 375-384.

[22] Ji Q, Zhang D Y. How much does financial development contribute to renewable energy growth and upgrading of energy structure in China? Energy Policy, 2019, 128: 114-124.

[23] Lu S B, Wang J H, Shang Y Z, et al. Potential assessment of optimizing energy structure in the city of carbon intensity target. Applied Energy, 2017, 194: 765-773.

[24] Chen Z H, Wei S. Application of system dynamics to water security research. Water Resources Management, 2014, 28 (2): 287-300.

[25] Tang V, Vijay S. System dynamics origins, development, and future prospects of a method. Research Seminar in Engineering Systems, Cambridge, 2001.

[26] Simon H A. Can there be a science of complex systems? The 2nd International Conference on Complex Systems, Nashua, 1998.

[27] Sterman J D. System dynamics modeling: tools for learning in a complex world. California Management Review, 2001, 43 (4): 8-25.

[28] Han Z Y, Fan Y, Jiao J L, et al. Energy structure, marginal efficiency and substitution rate:

an empirical study of China. Energy, 2007, 32 (6): 935-942.

[29] Lin B Q, Xie C P. Energy substitution effect on transport industry of China-based on trans-log production function. Energy, 2014, 67: 213-222.

[30] 赵柳榕, 田立新. 西部能源结构的 Logistic 模型及其预测. 管理学报, 2008, (5): 678-681.

[31] Cruz-Peragon F, Palomar J M, Casanova P J, et al. Characterization of solar flat plate collectors. Renewable and Sustainable Energy Reviews, 2012, 16 (3): 1709-1720.

[32] Beijing Institute of Technology Energy and Environmental Policy Research Center. China Energy Report (2006): Strategy and Policy Research. 2006.

[33] Chang K, Zhang C, Chang H. Emissions reduction allocation and economic welfare estimation through interregional emissions trading in China: evidence from efficiency and equity. Energy, 2016, 113: 1125-1135.

[34] 方国昌. 一类新型节能减排系统的分析和应用. 江苏大学博士学位论文, 2013.

[35] Hatzigeorgiou E, Polatidis H, Haralambopoulos D. CO_2 emissions, GDP and energy intensity: a multivariate cointegration and causality analysis for Greece, 1977-2007. Applied Energy, 2011, 88 (4): 1377-1385.

[36] Yang H L, Wang L, Tian L X. Evolution of competition in energy alternative pathway and the influence of energy policy on economic growth. Energy, 2015, 88: 223-233.

[37] International Energy Agency. Key World Energy Statistics 2017. 2017.

[38] 管卫华, 顾朝林, 林振山. 中国能源消费结构的变动规律研究. 自然资源学报, 2006, (3): 401-407.

[39] Ding N, Pan J J, Liu J R, et al. An optimization method for energy structures based on life cycle assessment and its application to the power grid in China. Journal of Environmental Management, 2019, 238: 18-24.

[40] Zhu B Z, Huang L Q, Yuan L L, et al. Exploring the risk spillover effects between carbon market and electricity market: a bidimensional empirical mode decomposition based conditional value at risk approach. International Review of Economics & Finance, 2020, 67: 163-175.

第18章 中国空气质量指数分析：基于渗流理论

　　目前，中国正处于工业化、城镇化加速发展阶段，由此产生的空气污染问题日益严重，对社会的稳定发展和人类健康产生了不利影响。雾霾天气在很大范围内影响了中国的许多城市。空气污染问题引起了中国政府的关注，政府采取了一系列措施来防治空气污染，改善环境。《2018 年中国大气污染防治回顾与展望报告》显示，截至 2017 年，地级以上城市可吸入颗粒物浓度较 2012 年下降了 10%以上。空气质量有所改善，但形势仍不容乐观。空气污染问题一直受到政府、研究学者和公众的关注[1~3]。AQI 是检验空气质量的一个重要综合指标，政府机构用它来反映空气的污染程度[4]。与 AQI 相关的大量研究工作可分为以下三类。

　　（1）AQI 和其他大气污染物的时空分布方面的研究[5~13]。Jin 等应用复杂网络方法研究了 2005~2014 年的 $PM_{2.5}$ 排放的时空演变规律及 $PM_{2.5}$ 排放的空间自相关特性[5]。Du 等对休斯敦的大气 $PM_{2.5}$ 浓度水平历史数据进行了时空演化分析[6]。Tian 等分析了北京 AQI 值的时空变化，发现北京 AQI 值冬季最高，夏季最低，主要是供热需求和工业生产引起的人为排放导致的[7]。

　　（2）影响因素及驱动机制研究[14~20]。Zhan 等基于 2015 年中国 338 个城市的 AQI 数据，分析了社会经济因素和自然因素对 AQI 的影响强度和相互作用机制[14]。Han 等研究了工业结构、民用车辆数量和温度对 AQI 的影响[15]。此外，还有一些研究涉及 $PM_{2.5}$ 浓度变化的影响因素[17, 19]。

　　（3）空气质量预测方面的研究[21~24]。由于大气污染物对环境、经济和社会的影响，对大气污染物浓度的预测和空气质量的评价已存在大量的研究工作。Yi 等提出了一种基于深度神经网络的方法，为中国 300 多个城市提供了细粒度空气质量预报[23]。Moisan 等开发了一种基于动态多线性方程系统的方法，用于预测智利圣地亚哥 $PM_{2.5}$ 浓度水平[24]。虽然已有的相关研究为 AQI 的预测提供了重要的思路，但这些模型和方法更适合短期预测，不能起到长期预警作用。由于污染指数序列的不稳定性和混沌性，空气污染指数较难实现有效的长期预警，但这又是非常迫切和必要的。

在短期内不能大幅度改善空气质量的前提下，提供可靠有效的空气质量预警机制至关重要。有研究结果[25~28]表明，不同城市的空气质量不是孤立的，而是彼此之间存在关联特性的。长期以来，网络相关性研究一直被用来量化个体间的相互作用机制，研究结果已被应用于包括金融学、生物学和工程学在内的众多学科领域[29~34]，网络相关性研究也已被应用于研究气候系统[35~37]。对于气候系统，根据相关性函数[38, 39]，将地理位置视为节点，并根据两个节点的相似性建立连边。基于这一方法，本章的研究建立了有向加权的 AQI 相关网络模型，网络的节点为中国 35 个主要城市，依据不同城市 AQI 时间序列之间的相关性构造连边。系统结构的巨大变化通常会导致极端现象的发生。在统计物理学和数学中，渗流理论描述了连接的网络簇的结构特性和行为，它已被应用于诸如最佳路径、流行病免疫和石油采收等方面[40~47]。这项工作从一个新鲜的视角，应用渗流理论来识别 AQI 相关网络中最大的结构变化点，发现该变化点常常比高污染地区 AQI 平均值演变的峰值或谷值提前 3~6 周发生。因此，这一方法能够被借鉴用来预测高污染区域严重污染天气的发生时间。

18.1　数据和方法

18.1.1　数据

空气污染数据来源于中国空气质量在线监测分析平台。本章的研究对中国 35 个主要城市 2015 年 3 月 5 日至 2017 年 12 月 31 日的每日 AQI 数据进行分析。35 个主要城市包括 4 个直辖市、4 个经济特区和 27 个省会城市。其中，包括 19 个南方城市，分别是上海、重庆、深圳、珠海（广东）、汕头（广东）、厦门（福建）、合肥（安徽）、南京（江苏）、杭州（浙江）、福州（福建）、广州（广东）、南昌（江西）、海口（海南）、南宁（广西）、贵阳（贵州）、昆明（云南）、长沙（湖南）、武汉（湖北）和成都（四川）；包括 16 个北方城市，分别是北京、天津、济南（山东）、石家庄（河北）、长春（吉林）、哈尔滨（黑龙江）、沈阳（辽宁）、呼和浩特（内蒙古）、乌鲁木齐（新疆）、兰州（甘肃）、银川（宁夏）、太原（山西）、西安（陕西）、郑州（河南）、拉萨（西藏）和西宁（青海）。南方城市和北方城市的占比分别为 54.3%和 45.7%。为了避免强烈的季节效应，对每个时间序列中的数据进行预处理，方法是减去平均季节周期并除以季节标准差[48]。

18.1.2　AQI 相关网络的构建方法

在构建的 AQI 相关网络中，节点是城市，连边权重由两个城市的 AQI 序列之间的相似性来确定。本章使用滑动窗口的方法，其中部分重叠的窗口在 35 个城市的波动 AQI 时间序列上滑动，每个滑动窗口的时间长度为 $[t-90+1,t]$，滑动步长为 7 天。计算相关矩阵 $C(t)$，其中元素 C_{ij} 表示连接节点 i 和 j 的强度。这里引入时滞相关函数[40, 48, 49]：

$$C_{i,j}(\tau) = \frac{\left\langle X_i(t)X_j(t-\tau)\right\rangle - \left\langle X_i(t)\right\rangle\left\langle X_j(t-\tau)\right\rangle}{\sigma_{X_i(t)}\sigma_{X_j(t-\tau)}} \tag{18.1}$$

其中，$\sigma_{X_i(t)}$ 为 AQI 时间序列 $\left\{X_i(t)\right\}$ 的标准差；$\tau \in \left[-\tau_{\max},\tau_{\max}\right]$ 表示时滞且 $\tau_{\max}=30$ 天。根据时间反对称关系，可以得到 $C_{j,i}(\tau)=C_{j,i}(-\tau)$。通过识别相关函数绝对值的最大值，将其对应的时滞记为 $\tau_{i,j}^*$，连接 i 和 j 的连边权重为 $C_{i,j}=C_{i,j}(\tau^*)$。当 $\tau_{i,j}^*>0(<0)$ 时，连边方向从 $i(j)$ 指向 $j(i)$，说明 $j(i)$ 受到 $i(j)$ 的影响。对于每个网络，共有 C_{35}^2 个相关系数与时滞，可以用概率分布函数（probability distribution function，PDF）$P(C)$ 和 $P(\tau^*)$ 来描述。

定义 t 时刻 AQI 相关网络的加权邻接矩阵 $W(t)$ 为

$$W_{i,j} = \begin{cases} C_{i,j}, & \left|C_{i,j}\right| > \theta \\ 0, & \left|C_{i,j}\right| \leqslant \theta \end{cases} \tag{18.2}$$

其中，临界阈值 θ 为相关矩阵 $C(t)$ 中各元素绝对值的均值和标准差之和。使用滑动窗口方法的优点是滑动窗口具有记忆与传递性的特点。这样基于 2015 年 7 月 2 日至 2017 年 12 月 28 日的 AQI 数据，共获得 131 个有向加权网络。

18.1.3　渗流分析

在网络形成的过程中，连接的边被一一添加。当它达到一个临界点时，加入少量的边会导致网络中相当比例的节点突然连接在一起，网络发生渗流相变。近 20 年来，渗流理论被广泛应用于复杂网络系统中来研究网络的弹性、社区形成等问题。渗流理论提供了一种有效的工具，可以借助于系统的拓扑与结构特性来理解连接的集群对节点故障的弹性规律[42, 50, 51]。

在网络系统中，通过研究聚类的演化过程来分析渗流相变的发生。在每个时间点，对于给定的 35 个孤立节点，按照权重大小逐一添加连边，即首先添加权重最大的连边，再依据权重递减次序依次添加连边。在网络演化过程中，最大连通集团的比例用 $S = \dfrac{n}{N}$ 来度量，其中 n 为最大连通集团中节点的个数，N 为网络中的总节点数[40, 49]。聚类是网络节点的子集，在聚类成长过程中，通过以下公式来计算最大聚类的最大变化：

$$\Delta = \max\left\{ S(C_2) - S(C_1), S(C_3) - S(C_2), \cdots, S(C_{T+1}) - S(C_T) \right\} \tag{18.3}$$

其中，$C_1, C_2, \cdots, C_T$ 为按递减值排序的权重。随着权重 C_c 连边的加入，网络系统经历了最大的一阶渗流相变，用 Δ 来表示，这里 C_c 为网络的相变点。

18.1.4　经验模态分解

经验模态分解算法是一种完全由数据驱动的方法，旨在对真实世界信号进行多尺度分解和时频分析，将信号分解为少量的本征模态函数（intrinsic mode function，IMF）或模态[52]。第一个 IMF 通常包含最具波动性的分量（如随机噪声）[53]，其方程如下：

$$y(t) = \sum_{k=1}^{n} \mathrm{imf}_k(t) + r_n(t) \tag{18.4}$$

其中，$y(t)$ 为原始信号，$\mathrm{imf}_k(t)$ 为第 k 个 IMF；$r_n(t)$ 为单调残差信号。利用该方法可以得到去除随机噪声后原始信号的变化趋势。

18.2　结　果　分　析

18.2.1　相关系数概率分布与时滞概率分布

根据方程（18.1）和方程（18.2）可以得到城市 i 和城市 j 之间的相关性 C_{ij}。AQI 具有季节依赖性特点[7~9]，因此针对不同的季节，图 18.1 给出了每年的不同季节 35 个城市之间的相关系数概率分布函数 $P(C)$。正、负相关系数所占比例 A_p、A_n 与正、负相关系数平均值 C_p、C_n 如表 18.1 所示，可以发现，2016 年冬季（12 月、1 月、2 月）的正相关系数所占比例 A_p 为 77%，春季（3 月、4 月、5 月）A_p 为 72%，夏季（6 月、7 月、8 月）A_p 为 60%，秋季（9 月、10 月、11 月）A_p 为 61%。各季节的负相关系数所占比例分别为 $A_n = 1 - A_p$ =23%、28%、40%、39%，即 A_p 和 C_p 表现出冬春高、夏秋低的基本特征。在 2015 年和 2017 年，也出现了同样的特征。

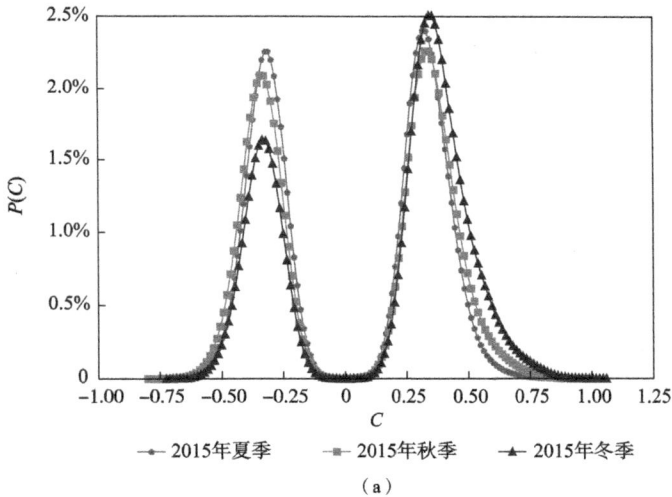

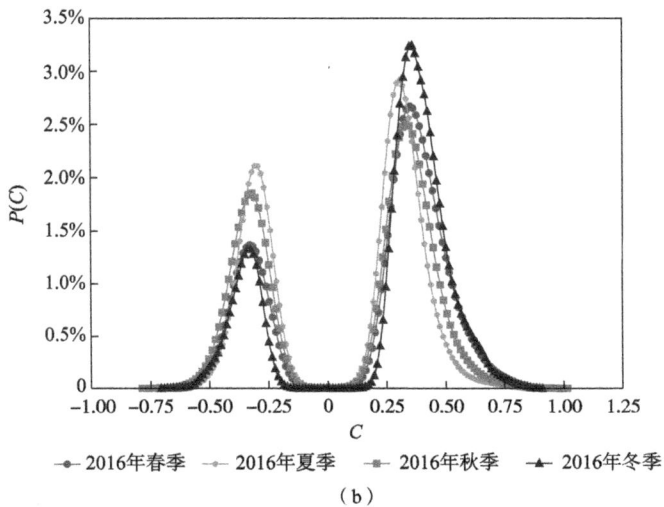

（a）

（b）

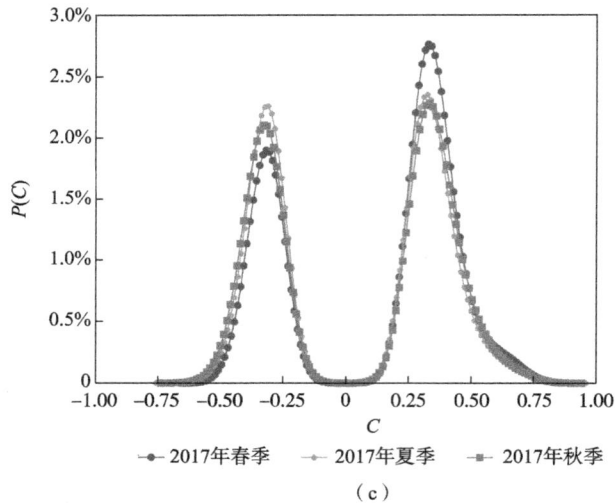

（c）

图 18.1　每年的不同季节 35 个城市之间的相关系数概率分布函数

表18.1　各季节正、负相关系数所占比例与平均值

指标	2015 年夏季	2015 年秋季	2015 年冬季	2016 年春季	2016 年夏季	2016 年秋季	2016 年冬季	2017 年春季	2017 年夏季	2017 年秋季
A_p	54%	55%	67%	72%	60%	61%	77%	64%	55%	56%
C_p	0.343	0.366	0.394	0.396	0.333	0.364	0.406	0.367	0.358	0.368
A_n	46%	45%	33%	28%	40%	39%	23%	36%	45%	44%
C_n	−0.325	−0.343	−0.335	−0.333	−0.311	−0.335	−0.354	−0.322	−0.326	−0.334

　　进一步地，正、负相关系数特征可以通过时滞概率分布函数来说明。如图 18.2 所示，对于正相关系数，时滞概率分布函数在 $\tau^* = 0$ 时达到最大，而对于负相关系数，时滞概率分布函数在 $\tau^* \neq 0$ 时达到最大。这表明，时滞效应在 AQI 呈负相关性的城市之间的作用明显，而对于呈正相关性的城市之间的作用不明显。

18.2.2　渗流分析

　　在整个样本时间区间内，如果有一半以上时间，一个城市的 AQI 值超过 35 个城市的平均值，则认为这个城市为高污染城市。依据这一假定，共有 16 个高污染城市，构成了一个高度污染（highly polluted，HP）地区。这 16 个城市分别是济南、郑州、西安、石家庄、太原、兰州、天津、银川、成都、北京、武汉、合肥、乌鲁木齐、沈阳、南京和呼和浩特。实际上，HP 地区超过污染标准（AQI＝100）

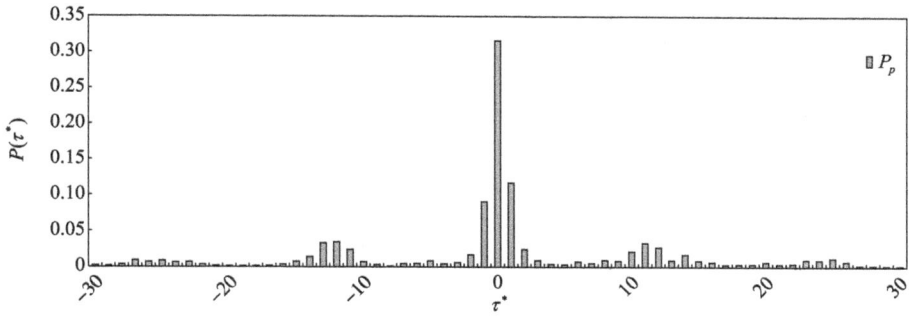

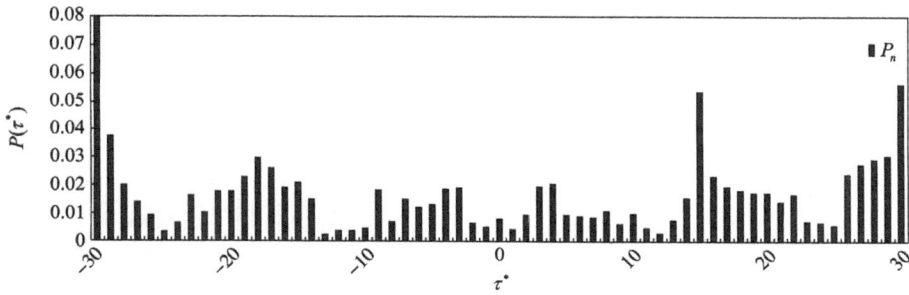

（a）2016年春季

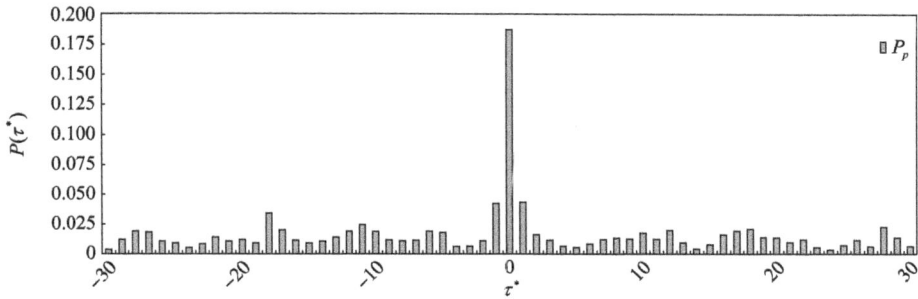

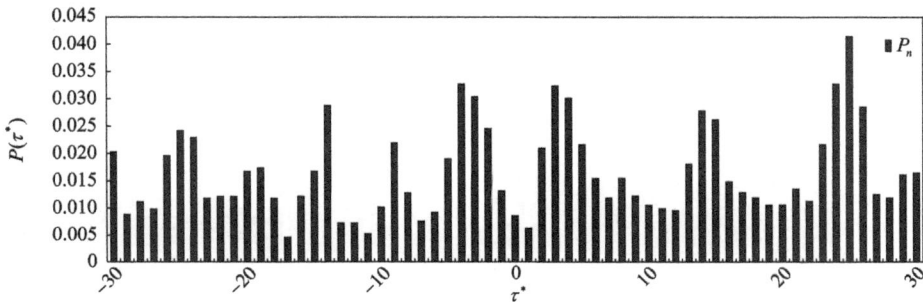

（b）2016年夏季

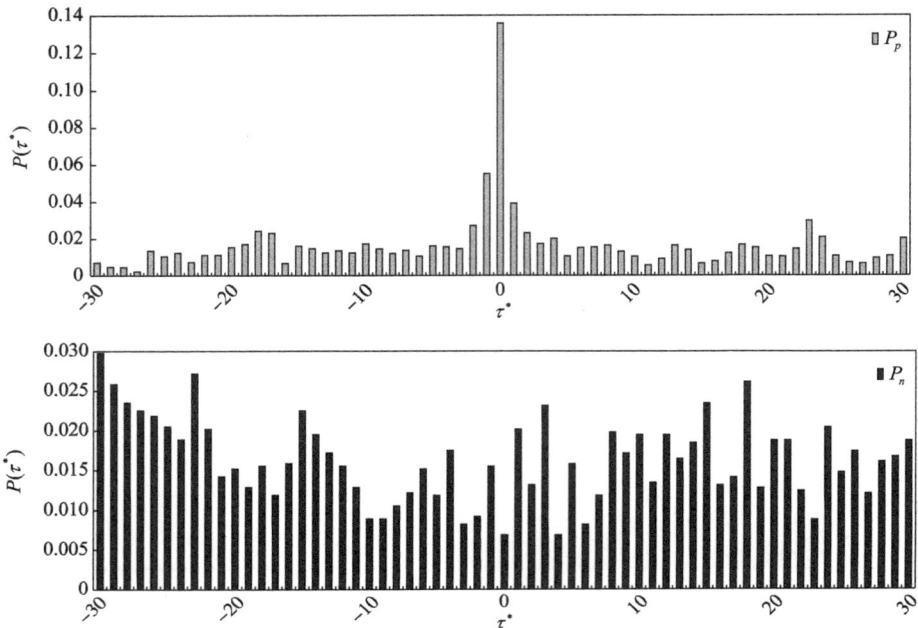

（c）2016年秋季

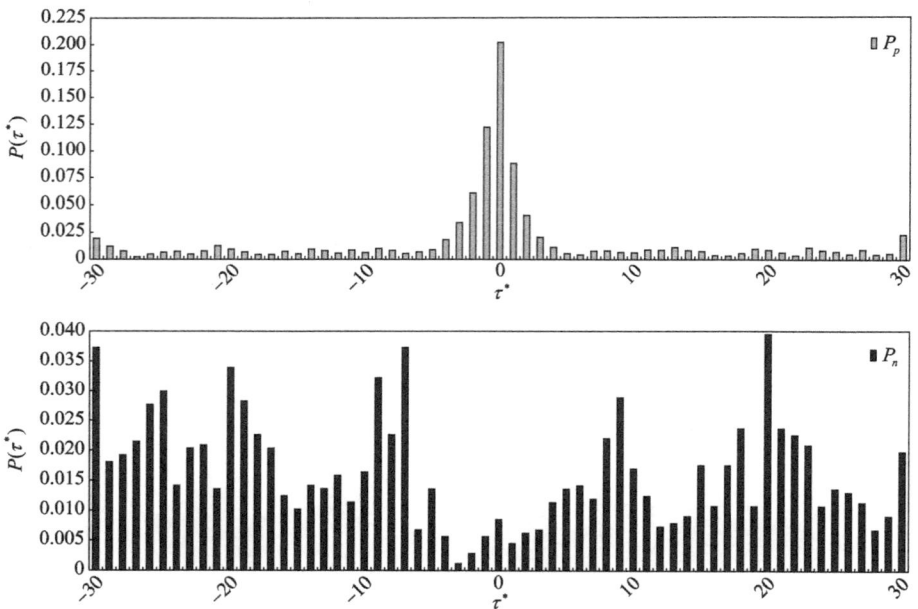

（d）2016年冬季

▫ P_p：正相关系数的概率分布函数　　■ P_n：负相关系数的概率分布函数

图 18.2　正、负相关系数的时滞 τ^* 的概率分布函数

的总天数占整个样本期 35 个城市污染总天数的 71.8%，如表 18.2 所示。空气质量越差，这一比例越高。

表18.2　整个样本期内HP地区污染总天数占35个城市污染总天数的比例

天数及占比	水平			
	>100 轻度污染	>150 中度污染	>200 重度污染	>300 严重污染
HP 地区污染总天数（d_1）	5 677	1 960	911	231
35 个城市污染总天数（d_2）	7 910	2 418	1 072	264
占比 $\left(\dfrac{d_1}{d_2}\right)$	71.8%	81.1%	85.0%	87.5%

对于每个 AQI 相关网络，通过方程（18.3）可以获得渗流相变 Δ。研究发现，在 HP 地区 AQI 平均值的演变过程中，在峰点或谷点之前的 3~6 周，AQI 相关网络的 Δ 达到最大。这一结果可以用于预测未来 HP 地区 AQI 平均值演变的峰谷点。图 18.3 比较了 HP 地区渗流理论的预测结果和 AQI 平均值的演变趋势，设置相变阈值 Δ_c=0.314。当 $\Delta > \Delta_c$ 时，标记一个警报并预测在未来 3~6 周内 HP 地区的 AQI 平均值演变过程中会出现极值点（包括峰点或谷点）。图 18.3（a）展示了根据渗流理论获得的 9 个预测时间点。对于在两周内连续出现的多个警报，以第一次警报为准。这样共有 5 个预测时间点：2015 年 11 月 26 日、2016 年 8 月 4 日、2016 年 12 月 8 日、2017 年 3 月 2 日和 2017 年 4 月 6 日。一个预测时间点被视为正确警报，如果在接下来的 3~6 周内 HP 地区的 AQI 平均值演变过程中出现了峰点或谷点，否则被视为是虚假警报。HP 地区 AQI 平均值的演变曲线如图 18.3（b）中灰色部分所示。使用经验模态分解方法去除灰色曲线中的随机噪声后，得到黑色曲线，这条曲线能够反映 HP 地区 AQI 平均值的演变趋势。从经验模态分解曲线的走势来看，2015 年 12 月 24 日黑色曲线达到第一个峰点，之后曲线逐渐下降，在 2016 年 8 月 25 日达到第一个谷点，之后缓慢上升，于 2017 年 1 月 19 日达到第二个峰点。到达峰点后，曲线开始急剧下降，并于 2017 年 3 月 30 日触底，即第二个谷点。之后，黑色曲线急剧上升，于 2017 年 5 月 4 日达到第三个峰点。然后曲线开始振荡，并在 2017 年 11 月 9 日达到第四个峰点。从表 18.3 可以看出，渗流理论的预测结果与 HP 地区 AQI 平均值演变曲线极值点的时间间隔位于 3~6 周范围内。从以上分析可以得到，预测结果中共有 5 个正确警报，在图 18.3（a）中用黑色方块标记。图 18.3（b）中黑色方块标记的是 HP 区域 AQI 波动序列的平均值对应的 5 个极值点，最后一个峰点（2017 年 11 月 9 日）无法预测到。

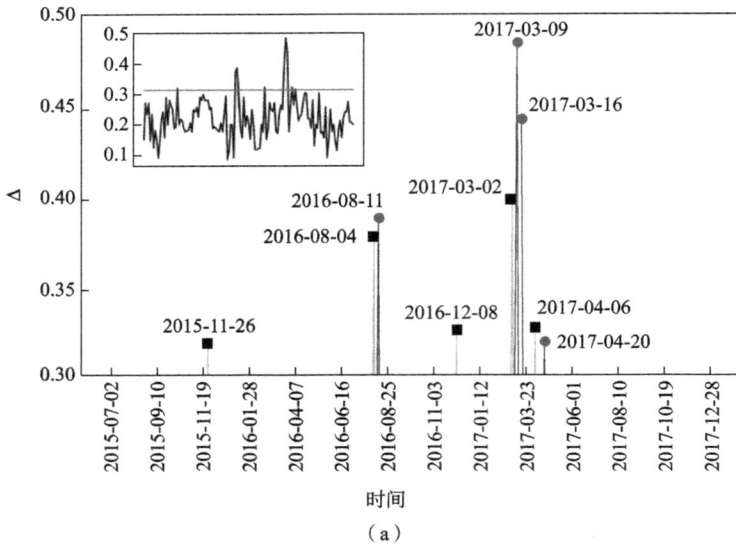

（a）

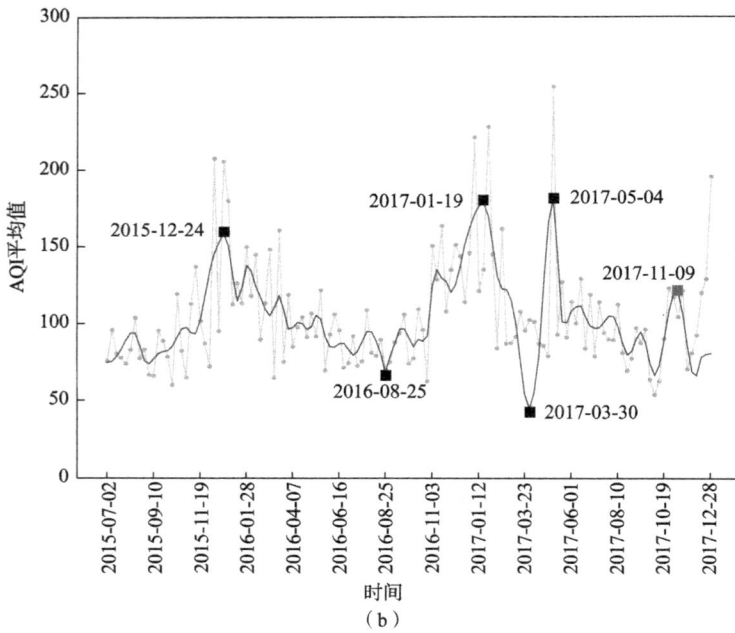

（b）

图 18.3　基于 AQI 波动数据集的 HP 地区渗流理论的预测结果和 AQI 平均值的演变趋势

图 18.3 比较了 2015 年 7 月 2 日至 2017 年 12 月 28 日 HP 地区 Δ 及 AQI 平均值的峰谷点的变化。当 Δ > Δ$_c$ 时，发出预警，并预测 HP 地区 AQI 平均值的峰点或谷点将在接下来的 3~6 周内出现。在图 18.3（a）中，5 个正确警报用黑色实心方块标记，而黑色实心圆圈表示在 2 周内连续出现警报。子图展示了 Δ 随时间的演变趋势。在图 18.3（b）中，灰色和黑色曲线分别显示了 HP 地区中 AQI 平均值的演变和经验模态分解曲线的趋势。灰色峰点无法预测

表18.3 HP地区AQI平均值演变的峰谷点与预测时间点之间的间隔

Δ	2015-11-26	2016-08-04	2016-12-08	2017-03-02	2017-04-06	
AQI 平均值	2015-12-24	2016-08-25	2017-01-19	2017-03-30	2017-05-04	2017-11-09
间隔/周	4	3	6	4	4	

下面我们选取经验模态分解曲线演变中的一个特定峰点来说明最大聚类结构的演化过程。不妨以 2015 年 12 月 24 日（第一个峰点）为例，图 18.4 显示了最大聚类 S 与连边权重 C 的函数关系。图 18.4（a）和图 18.4（c）分别对应于比峰点早 5 周和 3 周的情形，图 18.4（d）给出了在峰点处 AQI 相关网络的最大聚类 S 与连边权重 C 的关系。结果表明，S 的最大跳变点发生在 2015 年 11 月 26 日，如图 18.4（b）所示，比峰点提前了 4 周。对于其他的极值点：2016 年 8 月 25 日、2017 年 1 月 19 日、2017 年 3 月 30 日和 2017 年 5 月 4 日，也发现了相似的结果。第一个谷点发生在 2016 年 8 月 25 日，最大聚类 S 的最大跳变点发生在 2016 年 8 月 4 日，比谷点提前了 3 周。对于 2017 年 1 月 19 日的第二个峰点，最大聚类 S 的最大跳变点发生在 2016 年 12 月 8 日，比峰点早了 6 周。对于 2017 年 3 月 30 的第二个谷点，最大聚类 S 的最大跳变点发生在 2017 年 3 月 2 日，即谷点之前的 4 周。第三个峰点发生在 2017 年 5 月 4 日，最大聚类 S 的最大跳变点发生在 2017 年 4 月 6 日，比峰点提前了 4 周。基于上述研究，渗流理论提供了一种方法，即通过研究 AQI 相关网络的突变行为能为 HP 地区极端天气的出现发出预警信号。

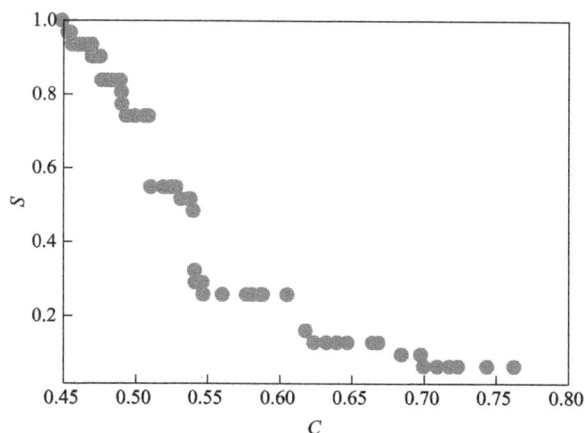

（a）2015-11-19

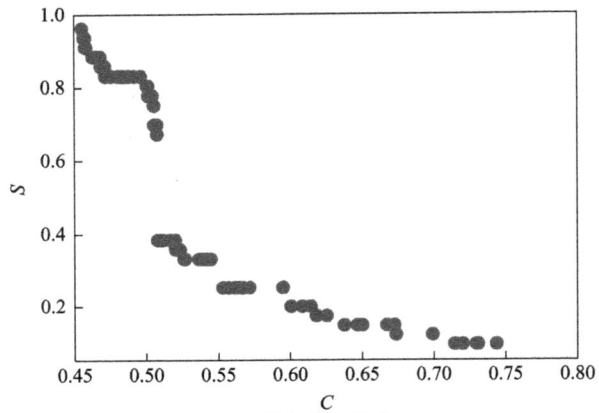

（b）2015-11-26

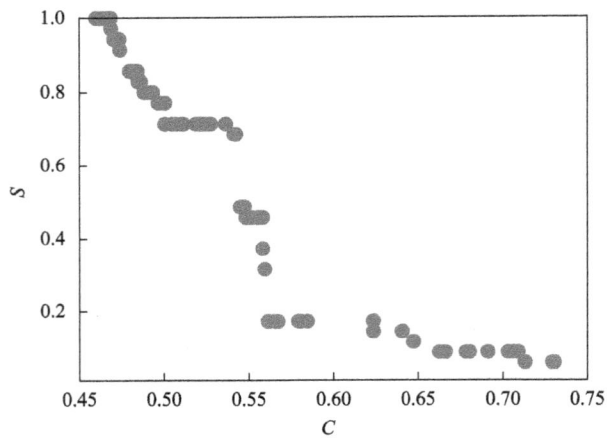

（c）2015-12-03

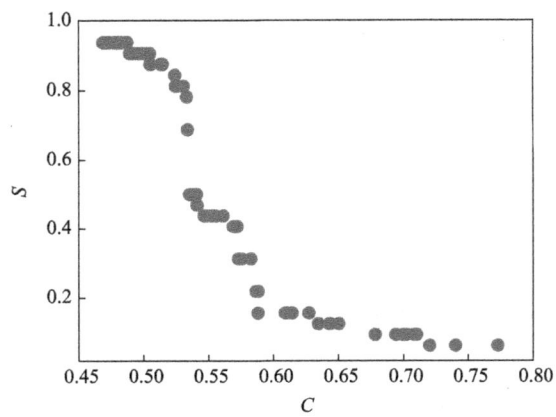

（d）2015-12-24

图 18.4　最大聚类 S 与连边强度 C 的函数关系图

对于随机连接的网络，系统往往发生的是连续相变[42]。也就是说，如果不同城市之间的 AQI 没有相互作用关系，AQI 相关网络就不会出现突变行为。这项研究的主要结果是，在 HP 地区的 AQI 波动序列的平均值的极值点出现前的 3~6 周，AQI 相关网络的最大聚类会发生突然跳变行为，即一阶渗流相变。这可能是由于渗流理论能够提取到隐藏在真实数据背后的信号，而这些信号能够反映不同城市 AQI 之间的相互作用，正是这种作用导致了系统结构的不稳定甚至是级联故障[44~49]。

进一步，图 18.5 对最大聚类中南方城市与北方城市所占比例演变情况进行对比分析。从图 18.5（a）可以看出，在未添加关键连边之前，最大聚类中南方城市所占比例远远大于北方城市，说明南方城市的 AQI 相关性更强。原因可能如下：一方面，北方城市的地理分布相对于南方城市来说比较分散与稀疏，导致北方城市 AQI 之间的相关性较弱；另一方面，与北方城市相比，南方城市经济发展的协调联动效应更好，城市环境之间的影响更强。对比图 18.5（a）和图 18.5（b）可以发现，加入关键连边后，在最大聚类中南方城市所占比例显著下降，北方城市所占比例上升。正是添加了连接南方城市和北方城市之间的关键连边，才引发了AQI 相关网络系统结构的突变。

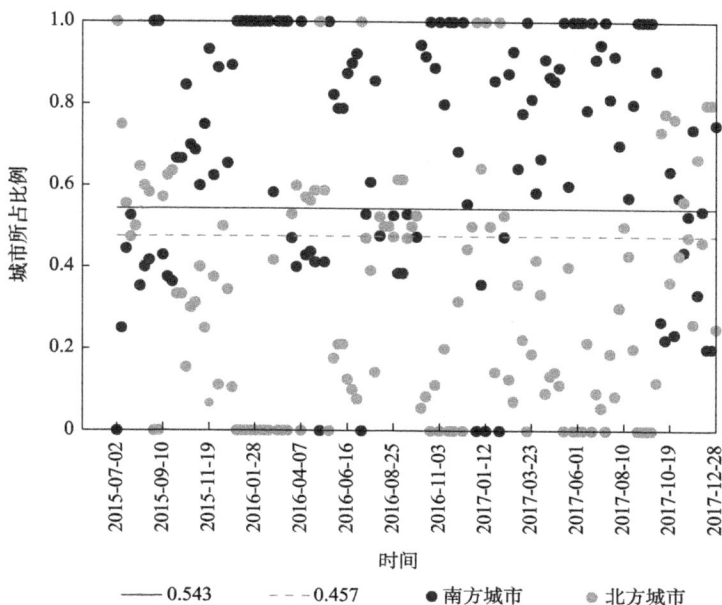

（a）在添加关键连边之前

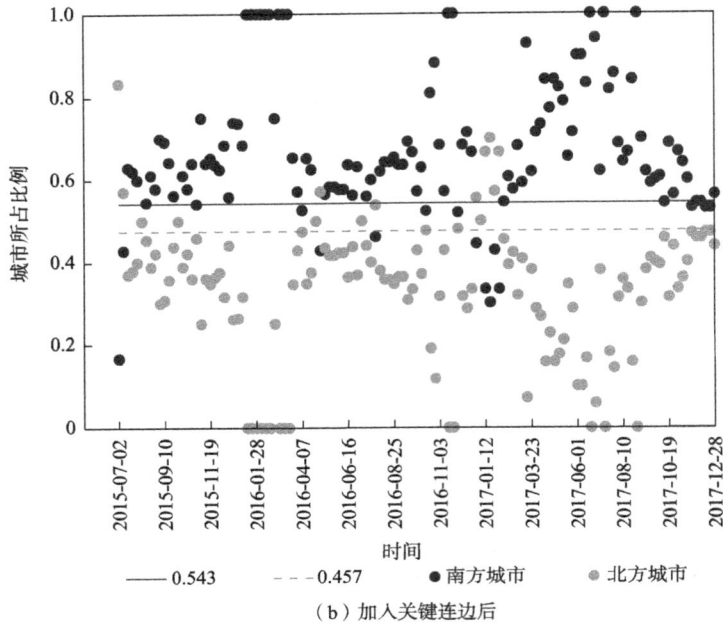

图 18.5　最大聚类中南方城市和北方城市所占比例演变情况

18.3　本 章 小 结

　　本章基于 2015 年 3 月 5 日至 2017 年 12 月 31 日我国 35 个主要城市的每日 AQI 数据，引入时滞效应研究不同城市 AQI 之间的波动相关性。相关系数的概率分布函数表现为正、负相关性两部分。正相关系数在冬季和春季的所占比例与平均值较高，在夏季和秋季的所占比例与平均值较低，负相关系数则恰好相反。时滞概率分布函数表明，相关系数呈负相关的城市之间的时滞效应明显，呈正相关的城市之间时滞效应不明显。

　　本章接着构造一系列随时间演变的有向加权的 AQI 相关网络，基于渗流理论，即通过计算最大聚类的最大跳变点以确定 HP 地区 AQI 平均值演变过程中的峰谷点。结果发现，网络结构发生突变的时间点往往比 AQI 平均值的峰点和谷点提早 3~6 周。运用渗流理论获得的预测时间点分别为 2015 年 11 月 26 日、2016 年 8 月 4 日、2016 年 12 月 8 日、2017 年 3 月 2 日和 2017 年 4 月 6 日。HP 地区 AQI 平均值演变的峰点和谷点对应的日期分别为 2016 年 8 月 25 日、2017 年 3 月 30

日、2015 年 12 月 24 日、2017 年 1 月 19 日、2017 年 5 月 4 日和 2017 年 11 月 9 日，其中最后一个峰点（2017 年 11 月 9 日）没有预测到。

综上所述，在构建的 AQI 相关网络中引入时滞效应，并应用统计物理学中的渗流理论来量化网络的结构变化。得出的主要结果是，网络的渗流相变点发生在 HP 地区 AQI 平均值演变的极值点出现之前的 3~6 周时间。由此渗流理论为 HP 地区严重污染天气信号的预测提供了一种有效的方法。这项工作能够挖掘隐藏在多维时间序列数据背后的动力学特征，有利于空气质量部门与政府机构从不同角度去了解空气质量的演变趋势，并且可以促进对严重污染天气早期预警方面的研究。该方法可推广应用于气候系统领域及元素存在相关性的其他系统中。

参 考 文 献

[1] Han L J，Zhou W Q，Li W F. City as a major source area of fine particulate（$PM_{2.5}$）in China. Environmental Pollution，2015，206：183-187.

[2] Ruggieri M，Plaia A. An aggregate AQI：comparing different standardizations and introducing a variability index. Science of the Total Environment，2012，420：263-272.

[3] Kermani M，Dowlati M，Jaffari A J，et al. A study on the comparative investigation of air quality in Tehran metropolis over a five-year period using air quality index（AQI）. Journal of Health Research in Community，2016，2（1）：28-36.

[4] Zhu S L，Yang L，Wang W N，et al. Optimal-combined model for air quality index forecasting：5 cities in North China. Environmental Pollution，2018，243：842-850.

[5] Jin Q，Fang X Y，Wen B，et al. Spatio-temporal variations of $PM_{2.5}$ emission in China from 2005 to 2014. Chemosphere，2017，183：429-436.

[6] Du J B，Qiao F X，Yu L. Temporal characteristics and forecasting of $PM_{2.5}$ concentration based on historical data in Houston，USA. Resources，Conservation and Recycling，2019，147：145-156.

[7] Tian Y L，Jiang Y，Liu Q，et al. Temporal and spatial trends in air quality in Beijing. Landscape and Urban Planning，2019，185：35-43.

[8] Sun Z，Zhan D S，Jin F J. Spatio-temporal characteristics and geographical determinants of air quality in cities at the prefecture level and above in China. Chinese Geographical Science，2019，29（2）：316-324.

[9] Ye L，Ou X J，Jin F J. Spatial-temporal analysis of daily air quality index in the Yangtze River Delta region of China during 2014 and 2016. Chinese Geographical Science，2019，29（3）：382-393.

[10] Dadhich A P，Goyal R，Dadhich P N. Assessment of spatio-temporal variations in air quality of

Jaipur city, Rajasthan, India. The Egyptian Journal of Remote Sensing and Space Science, 2018, 21 (2): 173-181.

[11] Song C B, Wu L, Xie Y C, et al. Air pollution in China: status and spatiotemporal variations. Environmental Pollution, 2017, 227: 334-347.

[12] Peng J, Chen S, Lü H L, et al. Spatiotemporal patterns of remotely sensed $PM_{2.5}$ concentration in China from 1999 to 2011. Remote Sensing of Environment, 2016, 174: 109-121.

[13] Mahmood A, Hu Y G, Nasreen S, et al. Airborne particulate pollution measured in Bangladesh from 2014 to 2017. Aerosol and Air Quality Research, 2019, 19 (2): 272-281.

[14] Zhan D S, Kwan M P, Zhang W Z, et al. The driving factors of air quality index in China. Journal of Cleaner Production, 2018, 197: 1342-1351.

[15] Han X D, Li H J, Liu Q, et al. Analysis of influential factors on air quality from global and local perspectives in China. Environmental Pollution, 2019, 248: 965-979.

[16] Zhang J, Zhang L Y, Du M, et al. Indentifying the major air pollutants base on factor and cluster analysis, a case study in 74 Chinese cities. Atmospheric Environment, 2016, 144: 37-46.

[17] Lecœur È, Seigneur C. Dynamic evaluation of a multi-year model simulation of particulate matter concentrations over Europe. Atmospheric Chemistry and Physics, 2013, 13 (8): 4319-4337.

[18] Zafra C, Ángel Y, Torres E. ARIMA analysis of the effect of land surface coverage on PM_{10} concentrations in a high-altitude megacity. Atmospheric Pollution Research, 2017, 8 (4): 660-668.

[19] Han L J, Zhou W Q, Li W F, et al. Impact of urbanization level on urban air quality: a case of fine particles ($PM_{2.5}$) in Chinese cities. Environmental Pollution, 2014, 194: 163-170.

[20] Fan X H, Wang L, Xu H H, et al. Characterizing air quality data from complex network perspective. Environmental Science and Pollution Research, 2016, 23 (4): 3621-3631.

[21] Zhu S L, Lian X Y, Liu H X, et al. Daily air quality index forecasting with hybrid models: a case in China. Environmental Pollution, 2017, 231: 1232-1244.

[22] Kumar A, Goyal P. Forecasting of daily air quality index in Delhi. Science of the Total Environment, 2011, 409 (24): 5517-5523.

[23] Yi X W, Zhang J B, Wang Z Y, et al. Deep distributed fusion network for air quality prediction. Proceedings of the 24th ACM SIGKDD International Conference on Knowledge Discovery & Data Mining, 2018: 965-973.

[24] Moisan S, Herrera R, Clements A. A dynamic multiple equation approach for forecasting $PM_{2.5}$ pollution in Santiago, Chile. International Journal of Forecasting, 2018, 34 (4): 566-581.

[25] Hu J L, Wang Y G, Ying Q, et al. Spatial and temporal variability of $PM_{2.5}$ and PM_{10} over the North China Plain and the Yangtze River Delta, China. Atmospheric Environment, 2014, 95: 598-609.

[26] Gao H W, Chen J, Wang B, et al. A study of air pollution of city clusters. Atmospheric Environment, 2011, 45 (18): 3069-3077.

[27] Hu Q L, Yang Z. The research on air pollution laws in Guanzhong urban agglomeration based on

high frequency AQI data. Chinese Journal of Environmental Management，2017，9（2）：37-42.

[28] Zhang Y W，Chen D，Fan J F，et al. Correlation and scaling behaviors of $PM_{2.5}$ concentration in China. Europhysics Letters，2018，122（5）：58003.

[29] Meng H，Xie W J，Jiang Z Q，et al. Systemic risk and spatiotemporal dynamics of the US housing market. Scientific Reports，2014，4（1）：1-7.

[30] Chen L，Qiao Z L，Wang M G，et al. Which artificial intelligence algorithm better predicts the Chinese stock market? IEEE Access，2018，6：48625-48633.

[31] Barnett I，Onnela J P. Change point detection in correlation networks. Scientific Reports，2016，6（1）：1-11.

[32] Kazemilari M，Djauhari M A. Correlation network analysis for multi-dimensional data in stocks market. Physica A：Statistical Mechanics and its Applications，2015，429：62-75.

[33] Sillesen M，Bambakidis T，Dekker S E，et al. Fresh frozen plasma modulates brain gene expression in a swine model of traumatic brain injury and shock：a network analysis. Journal of the American College of Surgeons，2017，224（1）：49-58.

[34] Nokkala J，Galve F，Zambrini R，et al. Complex quantum networks as structured environments：engineering and probing. Scientific Reports，2016，6（1）：1-7.

[35] Steinhaeuser K，Chawla N V，Ganguly A R. An exploration of climate data using complex networks. Proceedings of the Third International Workshop on Knowledge Discovery from Sensor Data，2009：23-31.

[36] Ludescher J，Gozolchiani A，Bogachev M I，et al. Improved El Niño forecasting by cooperativity detection. Proceedings of the National Academy of Sciences of the United States，2013，110（29）：11742-11745.

[37] Zemp D C，Wiedermann M，Kurths J，et al. Node-weighted measures for complex networks with directed and weighted edges for studying continental moisture recycling. Europhysics Letters，2014，107（5）：58005.

[38] Yamasaki K，Gozolchiani A，Havlin S. Climate networks around the globe are significantly affected by El Niño. Physical Review Letters，2008，100（22）：228501.

[39] Berezin Y，Gozolchiani A，Guez O，et al. Stability of climate networks with time. Scientific Reports，2012，2（1）：1-8.

[40] Meng J，Fan J F，Ashkenazy Y，et al. Percolation framework to describe El Niño conditions. Chaos：An Interdisciplinary Journal of Nonlinear Science，2017，27（3）：035807.

[41] Cohen R，Havlin S. Complex Networks：Structure，Robustness and Function. Cambridge：Cambridge University Press，2010.

[42] Bunde A，Havlin S. Fractals and Disordered Systems. Berlin：Springer Science & Business Media，2012.

[43] Newman M. Networks：An Introduction. New York：Oxford University Press，2010.

[44] Dong G G，Tian L X，Du R J，et al. Analysis of percolation behaviors of clustered networks with partial support-dependence relations. Physica A：Statistical Mechanics and its Applications，2014，394：370-378.

[45] Du R J, Dong G G, Tian L X, et al. Targeted attack on networks coupled by connectivity and dependency links. Physica A: Statistical Mechanics and its Applications, 2016, 450: 687-699.

[46] Dong G G, Xiao H F, Wang F, et al. Localized attack on networks with clustering. New Journal of Physics, 2019, 21 (1): 013014.

[47] Dong G G, Fan J F, Shekhtman L M, et al. Resilience of networks with community structure behaves as if under an external field. Proceedings of the National Academy of Sciences of the United States, 2018, 115 (27): 6911-6915.

[48] Fan J F, Meng J, Ashkenazy Y, et al. Network analysis reveals strongly localized impacts of El Niño. Proceedings of the National Academy of Sciences of the United States, 2017, 114 (29): 7543-7548.

[49] Du R J, Dong G G, Tian L X, et al. Identifying the peak point of systemic risk in international crude oil importing trade. Energy, 2019, 176: 281-291.

[50] Cohen R, Erez K, Ben-Avraham D, et al. Resilience of the internet to random breakdowns. Physical Review Letters, 2000, 85 (21): 4626.

[51] Stauffer D, Aharony A. Introduction to Percolation Theory. London: Taylor & Francis, 2003.

[52] Huang N E, Shen Z, Long S R, et al. The empirical mode decomposition and the Hilbert spectrum for nonlinear and non-stationary time series analysis. Proceedings of the Royal Society of London. Series A, Containing Papers of a Mathematical and Physical Character, 1998, 454 (1971): 903-995.

[53] Chen Y K, Zhou C, Yuan J, et al. Application of empirical mode decomposition in random noise attenuation of seismic data. Journal of Seismic Exploration, 2014, 23 (5): 481-495.

第 19 章　传统能源价格与碳价格波动溢出的市场联动对碳减排行为价值实现的影响

19.1　国内外研究动态分析

　　人类活动，包括工业和交通运输等，需要大量含有高比例碳的化石能源。化石能源的消耗产生了大量的二氧化碳，它作为一种温室气体，导致全球气候变暖。根据国际能源署公布的数据，全球平均每年的二氧化碳排放量为 320 亿吨，占温室效应的 65%。全球变暖问题日益严重，危及人类社会的生存与发展，其后果包括海平面上升、极端气候变化、冰川融化、粮食短缺甚至军事冲突。高度重视全球变暖并采取行动减少碳排放已成为许多国家的共识。因此，世界上多个国家签署了《京都议定书》，该议定书于 2005 年 2 月 16 日生效。根据《京都议定书》，市场机制被视为减少碳排放，从而缓解全球变暖的新解决方案。未来碳排放价格可通过改变行业行为影响全球碳排放，而无须政府有效干预。欧盟建立了欧洲排放交易体系，以履行其在《京都议定书》中的承诺。欧盟碳交易市场是目前世界上最大的碳市场。它比清洁发展机制和其他国际碳市场更重要。欧盟碳交易市场取得了显著成果。2005~2013 年，它使交易量增长了近十倍。除此之外，它在 2013 年还达到了全球碳交易量的近 90%[1, 2]。因此，欧盟碳交易市场是国际碳市场的典型代表。在本章中，欧盟排放交易体系的 EUA 将被用作碳市场的代表。欧盟排放交易体系分为三个"交易期"。在第一阶段，欧盟机构的过度配置导致了低碳价格。第二阶段已大大扩展，第三阶段比前两个阶段成熟得多，前两个阶段约占津贴总额的 57%。本章以 2013 年 1 月至 2020 年 12 月的第三阶段数据为研究对象。自 19 世纪工业革命以来，化石燃料的燃烧已经产生了近 290 吉吨二氧化碳。根据

1990~2014 年的数据，化石燃料燃烧占二氧化碳总排放量的 70.9%。因此，许多学者对碳市场与能源市场的关系进行了研究。一些人关注它们之间的价格关系，而另一些人关注它们之间的波动溢出效应。Ji 等[3]研究了碳市场的影响因素，包括能源市场和金融市场。Aatola 等[4]研究了影响 EUA 价格的因素，发现 EUA 价格取决于煤炭、天然气的价格和电价。Creti 等[5]的结果表明，在欧盟排放交易体系的第二阶段，石油价格是碳价格的重要决定因素之一。Carnero 等[6]认为，EUA 和燃料的远期价格是由三种共同趋势驱动的永久性成分内生决定的。Chevallier[7] 得出结论，煤炭价格会显著影响碳价格。Zhang 和 Wei[8]发现，碳价格和化石燃料价格之间存在时变关系，即能源价格的上涨将促进碳价格的上涨，而能源价格的下跌将导致碳价格的下跌。这得到了 Kanen[9]、Convery 和 Redmond[10]的支持。可以理解，化石期货价格的上涨意味着化石需求的增加，意味着未来的燃烧将增加，导致碳排放的增加，而碳排放补贴需求的增加将推高价格。在能源市场与碳市场之间的波动溢出方面，以往的研究多采用计量经济学模型，如向量自回归模型或广义自回归条件异方差（generalized autoregressive conditional heteroskedasticity，GARCH）模型。Wang 和 Guo[11]使用 Diebold 和 Yilmaz 提出的 DY 框架来预测波动溢出，对这一主题进行了研究。该方法不仅可以发现两个市场之间波动溢出的方向，而且可以度量溢出效应的大小。Byun 和 Cho[12]的一项研究发现，通过使用 GARCH 模型，化石能源市场对碳市场具有明显的波动溢出效应。Hammoudeh 等[13]发现长期效应是负的和不对称的，油价下跌时的效应比油价上涨时更强。此外，Liu 和 Chen[14]利用 FIEC-HYGARCH（fractional intergrated error correction-hyperbolic GARCH，分数积分误差修正-双曲 GARCH）模型发现能源市场和碳市场之间存在长记忆效应和溢出效应，结果表明，它们之间存在着动态的相互关系。此外，Zhang 和 Sun[15]的研究表明，尽管布伦特原油市场和碳市场之间没有明显的波动溢出效应，但煤炭市场和碳市场之间确实存在波动溢出效应。由此可见，现有的研究方法大多是经典的统计方法或基于计量经济模型的方法。计量经济模型总是要求数据是固定的，这将给这些研究带来限制。此外，这些方法还存在一些不足之处，如样本数据选择不同会导致结果不一致。在未来，我们应该开发新的研究方法，这也是我们研究的原因。经典的统计方法和计量经济学模型在解决与时间序列相关的非线性和非平稳问题时存在着明显不足。为此，学者借助非线性动力学理论、复杂网络理论、人工智能算法和递归理论提出了各种新的模型，并取得了许多有意义的成果。从复杂网络理论的角度来看，著名的方法是 RP 方法。RP 方法是可视化和分析动态系统的有用工具，可用于研究相空间中的动态系统[16]。RP 方法自提出以来，已被应用于众多领域的研究。Marwan 等[17]应用 RPs 研究 logistic 图和心率变异性数据，并取得了丰硕成果。Marwan 和 Meinke[18] 使用 RP 分析与事件相关的潜在数据。Suzuki 等[19]基于 RP 和 RQA 方法分析了外汇交易数据。Acharya 等[20]使用 RQA 方法研究典型非线性数据的脑电图（electroencephalogram，EEG）信号。这些方法在许多科学领域都很流行，如生命科学[21]、工程[22]、金融[23]、化学和应用物理[24, 25]。Takakura 等[26]将 RP 用作分析心脏移植的有用工具，以监测心脏移植患者。Goswami 等[27]使用 RP 方法识别时间序列的突变。Hou 等[28]使用 RQA 方法对电化学噪声数据进行分类。

以往的研究表明，RP 和 RQA 两种方法在处理非线性数据方面具有很大的优势，可以在多维空间中研究一维数据，发现真实数据背后的潜在机制。这两种方法已被广泛应用于金融、地球科学、医学等领域，许多国家取得了显著和有效的成果。然而，很少有研究使用这两种方法来研究碳市场或化石能源市场与碳市场之间的关系。本章使用 RP 和 RQA 方法来研究这个问题。如上所述，现有的方法大多基于经典统计理论和计量经济学模型。虽然这些方法可以从线性相关的角度很好地解释碳市场和化石能源市场之间波动溢出效应随时间的演化，但它们在测量非线性相关方面存在明显的局限性。此外，使用这些计量方法需要考虑变量是内生变量还是外生变量，这将不可避免地影响结果。因此，RP 和 RQA 方法将有助于我们从非线性角度研究波动溢出。本章研究的特点和创新包括以下方面：①将化石能源期货和碳排放权期货的价格序列映射到高维空间，并在高维空间研究碳排放权期货价格与三种化石能源价格的相关性；②利用 RP 方法在高维空间可视化化石能源期货价格与碳排放权期货价格之间的相关性，更便于后续的对比分析；③提出一个新的指数来衡量市场之间的波动溢出效应；④使用交叉递归重构方法比较三种不同化石能源市场和碳市场之间的波动溢出效应的大小。

19.2　研　究　方　法

19.2.1　递归图

本章引入递归理论来研究动力系统的性质。递归是动力系统轨迹中的一种状态，在一段时间后将访问其邻域。它是非线性时间序列的一个典型性质，也是动力系统的基本特征。递归理论经过长期发展，现已相当成熟。现在，重点是如何应用这一理论来解决实际问题。在引入 RP 之前，首先需要引入递归矩阵的定义。设 $\vec{x}_i$ 作为动力系统在 t 时刻的轨迹位置，我们将递归矩阵 $R(\varepsilon)$ 定义为

$$R_{i,j}(\varepsilon) = \Theta\left(\varepsilon - \|\vec{x}_i - \vec{x}_j\|\right), \quad i, j = 1, 2, \cdots, N \tag{19.1}$$

其中，$\vec{x}_i$，$\vec{x}_j$ 为状态向量；N 为相空间中的向量数；ε 为决定两个状态向量是否接近的阈值；$\Theta(\cdot)$ 为 Heaviside 函数；$\|\|$ 可以是任何标准。在接下来的研究中，为方便起见，使用 L_∞-范数。通过这个定义，我们得到一个二元矩阵，矩阵元素的值为 1 或 0。如果 $R_{i,j}=1$，则在坐标处绘制黑点 (i,j)；如果 $R_{i,j}=0$，则在坐标处绘制白点 (i,j) [14]，然后求出 RP。无论状态向量的维数是多少，RP 都是二维的，非常便于观察。

Eckmann 等[29]介绍了 RP 方法，它可以帮助我们实现递归的可视化。然后，可以在二维图中研究 m 维动力系统。基于上述定义，RP 方法只能用于分析单变量时间序列。但对于分析二元时间序列或两个不同系统之间的相关性，RP 方法不能满足我们的要求。

为了解决这一问题，我们引入了 CRP 方法。它比较了两个不同系统的状态，需注意的是，两个系统需要处于 CRP 定义所要求的相同相空间中。如前所述，先介绍交叉递归矩阵的概念。考虑 $\{x_i\}$ 和 $\{x_j\}$ 两个时间序列，交叉递归矩阵定义为：

$$\mathrm{CR}_{i,j}^{x,y}(\varepsilon)=\Theta\left(\varepsilon-\left\|\vec{x}_i-\vec{x}_j\right\|\right),\ i,=1,2,\cdots,N,\ j=1,2,\cdots,M \qquad (19.2)$$

其中，ε 为阈值，用于决定 x 系统的状态是否接近 y 系统的状态。注意，向量 $\vec{x}_i$ 和 $\vec{x}_j$ 的数目可以不同，如交叉递归矩阵不需要是平方的。同样，我们可以通过交叉递归矩阵，在矩阵值为 1 的位置绘制一个黑点，在矩阵值为 0 的位置绘制一个白点，从而得到 CRP。

联合递归图（joint recurrence plots，JRP）方法也被引入来分析多变量时间序列或不同动力系统间的关系。然而，它不需要时间系统在同一相空间。相应的多元联合递归矩阵定义如下：

$$\mathrm{JR}_{i,j}^{\vec{x}_{(1,2,\cdots,n)}}(\varepsilon^{\vec{x}_{(1)},\cdots,\vec{x}_{(n)}})=\prod_{k=1}^{n}R_{i,j}^{\vec{x}_{(k)}}(\varepsilon^{\vec{x}_{(k)}}),\ i,j=1,2,\cdots,N \qquad (19.3)$$

其中，$\vec{x}_{(1)},\vec{x}_{(2)},\cdots,\vec{x}_{(n)}$ 为 n 个系统轨迹的离散采样；$\varepsilon^{\vec{x}_{(1)}},\varepsilon^{\vec{x}_{(2)}},\cdots,\varepsilon^{\vec{x}_{(n)}}$ 为每个系统对应的不同阈值。需要注意的是，CRP 方法和 JRP 方法都允许我们研究两个系统之间的相互关系。然而，这两种方法各有优点。综上所述，CRP 方法更适合研究相同相空间中系统之间的相关性，而 JRP 方法则更适合研究两个物理上不同的交互系统[14]。

19.2.2　递归量化分析

RQA 方法是在 RP 方法的基础上发展起来的，可用于测量典型的小规模结构的复杂性。重要的结构包括 RP、CRP 或 JRP 的单点、垂直线和对角线。以 RP 为例，基本概念如下所示。

可用于测量复发点密度的递归率（recurrence rate，RR）定义如下：

$$RR(\varepsilon) = \frac{1}{N^2} \sum_{i,j=1}^{N} RR_{ij}(\varepsilon) \tag{19.4}$$

用 DET 计算对角线长度的比率，并测量系统的确定性，定义如下：

$$DET = \frac{\sum_{l=l_{min}}^{N} lP(\varepsilon, l)}{\sum_{l=1}^{N} lP(\varepsilon, l)} \tag{19.5}$$

其中，$P(\varepsilon, l) = \sum_{i,j=1}^{N} [1 - R_{i-1,j-1}(\varepsilon)][1 - R_{i+l,j+l}(\varepsilon)] \prod_{k=0}^{l-1} R_{i+k,j+k}(\varepsilon)$ 为对角线的长度。

平均对角线长度定义为

$$L = \frac{\sum_{l=l_{min}}^{N} lP(\varepsilon, l)}{\sum_{l=l_{min}}^{N} P(\varepsilon, l)} \tag{19.6}$$

RP 中最长的对角线定义为

$$L_{max} = \max(\{l_i\}_{i=l}^{N_l}) \tag{19.7}$$

测度熵是指长度精确的对角线的香农熵[14]：

$$ENTR = -\sum_{l=l_{min}}^{N} p(\varepsilon, l) \ln p(\varepsilon, l) \tag{19.8}$$

前面介绍的这些度量，RR、DET 和 L 可以推广到计算平行于主对角线且距离为 τ 的对角线。这些度量用订阅指数标记，如 RR_{τ}、DET_{τ} 和 L_{τ}[14]。例如，τ- 复发率定义为

$$RR_{\tau} = \frac{1}{N-\tau} \sum_{i=1}^{N-\tau} R_{i,i+\tau} = \frac{1}{N-\tau} \sum_{l=1}^{N-\tau} lP_{\tau}(l) \tag{19.9}$$

该度量描述了两个系统的两个轨道的状态与时间延迟 τ 的相关性。根据定义，它显示了作为衡量两个系统波动相似性的度量的质量。与之前类似，τ- 确定性定义为

$$DET_{\tau} = \frac{\sum_{l=l_{min}}^{N-\tau} lP_{\tau}(l)}{\sum_{l=l_{min}}^{N-\tau} P_{\tau}(l)} \tag{19.10}$$

它测量所有对角线中比 l_{min} 长的对角线的比例。测量平行于主对角线的对角线

平均长度的 τ- 平均对角线长度定义为

$$L_\tau = \frac{\sum_{l=l_{\min}}^{N-\tau} lP_\tau(l)}{\sum_{l=l_{\min}}^{N-\tau} P_\tau(l)} \qquad (19.11)$$

上述所有措施也可被用于 CRP。CRP 中对角结构的出现意味着两个系统在时间演化上表现出相似性。这意味着 CRP 中对角线的数量可以作为两个被考虑系统之间相似性的基准。今后，这种方法可以帮助我们发现两个不同系统中具有时间延迟的动力学的相似性。如果 τ- 递归 $RR_\tau = 1$，意味着两个系统完全同步，$RR_\tau = 0$ 表示两个系统之间没有同步。这些测度可以帮助我们定量地研究非线性时间序列。

现实世界中的数据通常是非线性的，因此学者提出了递归理论来消除线性技术。它已被很好地应用于研究数据中的混沌特征、研究时间序列中的过渡点或研究两个时间序列之间的同步。事实证明，它是处理非线性数据的一个非常好的工具。接下来，我们将使用这种方法来研究两个时间序列波动的同步性，并使用 RQA 指数来衡量波动溢出效应。

19.3　数据及简单分析

自从工业革命以来，二氧化碳的排放量大大增加，而且在过去 20 年显著增加。根据 1990~2014 年的数据，化石燃料燃烧约占二氧化碳总排放量的 70.9%。数据来自 CAIT（世界资源研究所的气候分析指标），如图 19.1（a）所示。根据国际能源署的数据，2016 年，煤炭燃烧占燃料燃烧二氧化碳排放量的 44%，而石油占 35%，天然气占 20%，如图 19.1（b）所示。化石燃料能源是碳排放的最大因素。因此，本章的目的是研究碳市场和化石燃料市场之间的内在关系，并判断这种相互关系能否促进企业减少使用煤炭这一全球最大的排放源，并产生与石油和天然气相比的其他空气污染物。

能源期货市场和碳排放权期货市场已经发展了十多年。本章采用的期货市场分别为 WTI（West Texas intermediate，西德克萨斯中间基）原油期货、天然气（natural gas, NG）期货、鹿特丹煤炭期货和 EUA。4 个市场的月度交易量如图 19.2 所示。可以看出，WTI 原油期货市场的交易量非常大，曾经达到 1 600 万手，而其他期货市场的交易量非常稳定。虽然看起来鹿特丹煤炭期货市场的交易量要小得多，

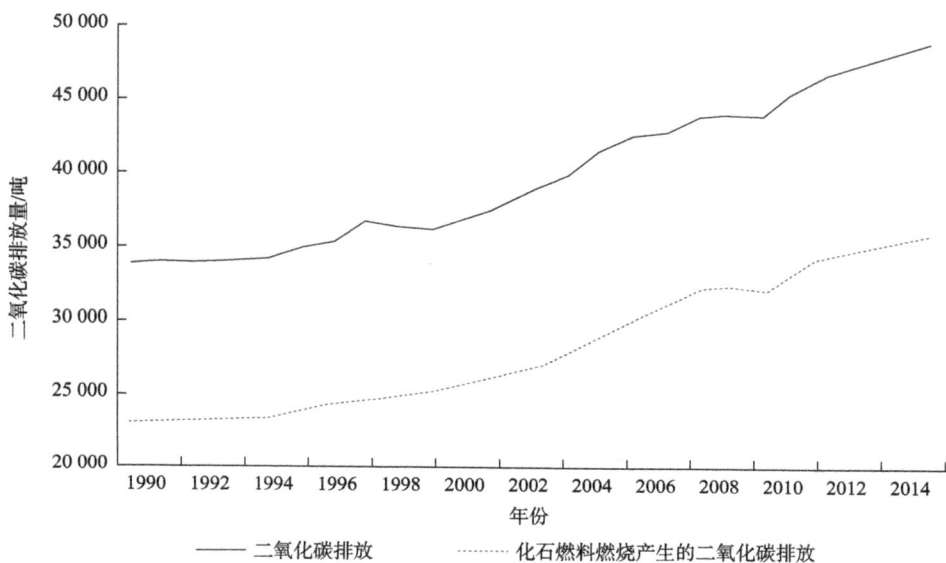

（a）二氧化碳排放量和化石燃料燃烧产生的二氧化碳排放量

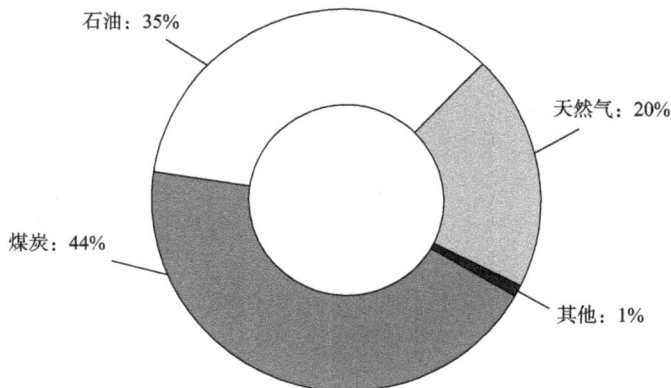

（b）2016年不同化石燃料的碳排放比例

图 19.1　1990~2014 年二氧化碳排放量和化石燃料燃烧产生的二氧化碳排放量、2016 年不同化石燃料的碳排放比例

不超过 2 000 手，但这与单位有关。煤炭期货一手等于 1 000 吨，原油期货一手等于 1 000 桶。就热值而言，1 手煤炭大约相当于 5 手原油。与最大的 WTI 原油期货市场不同，鹿特丹有许多煤炭期货市场，其交易量相当。因此，实际上，这四个期货市场都是活跃的，在全球经济活动中发挥着越来越重要的作用，这也是本章的意义所在。

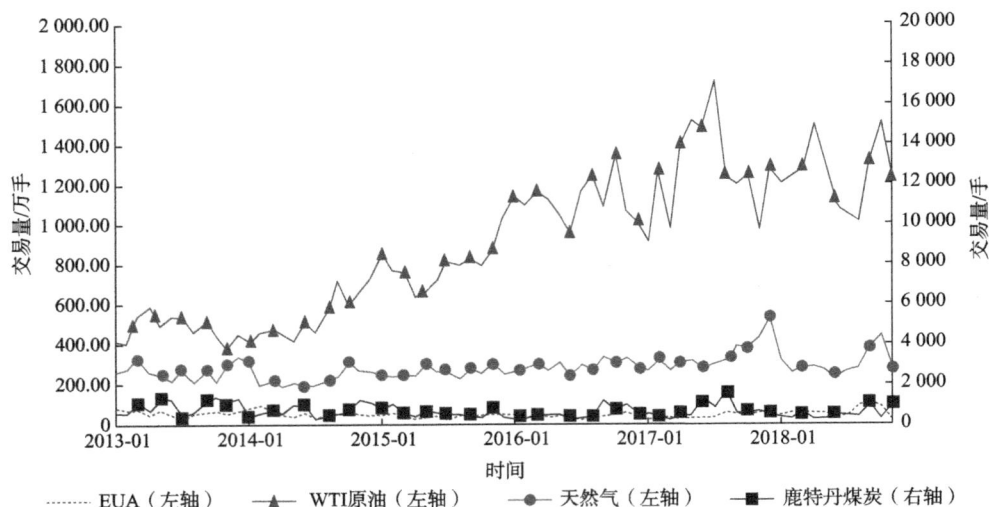

图 19.2　EUA、WTI 原油、天然气和鹿特丹煤炭期货市场交易量

原油、天然气和煤炭期货每日价格数据可从数据库下载（https://cn.investing.com/commodities）。碳排放权期货 EUA 可从 Wind 数据库下载。选择 2013 年 1 月 2 日至 2018 年 12 月 7 日的每日价格。上述所选数据对应于欧盟碳交易体系的第三阶段。本章使用的期货价格如图 19.3（a）~图 19.3（d）所示。值得注意的是，尽管能源期货以美元计价，而 EUA 期货以欧元计价，但这不会影响我们后续的研究，因为本章关注的是价格的变化。

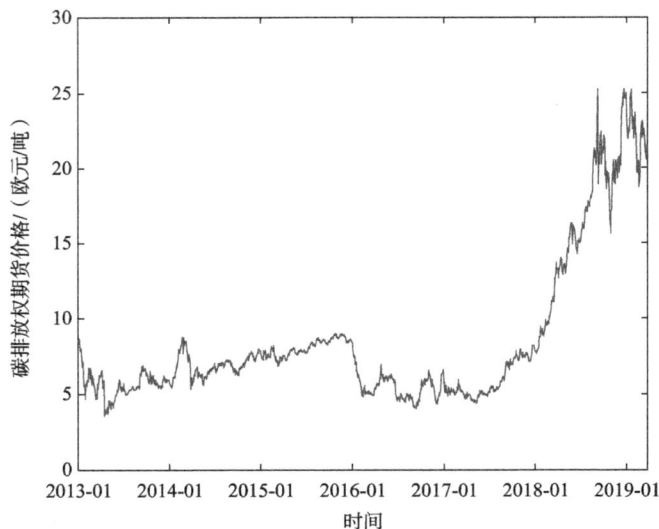

（a）碳排放权期货价格

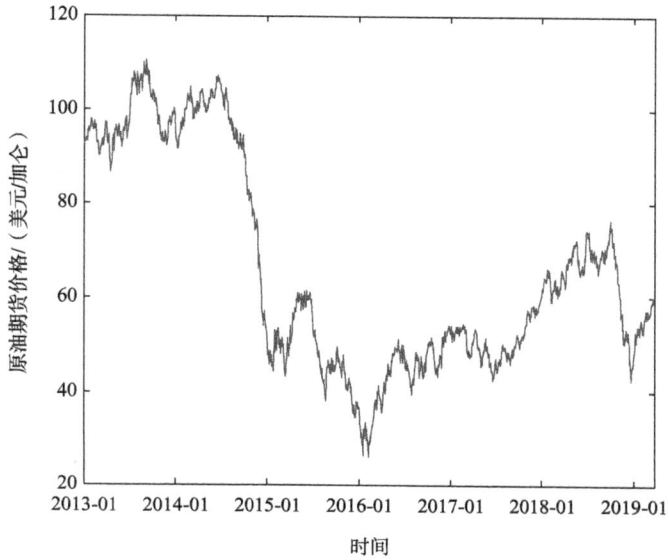

（b）原油期货价格

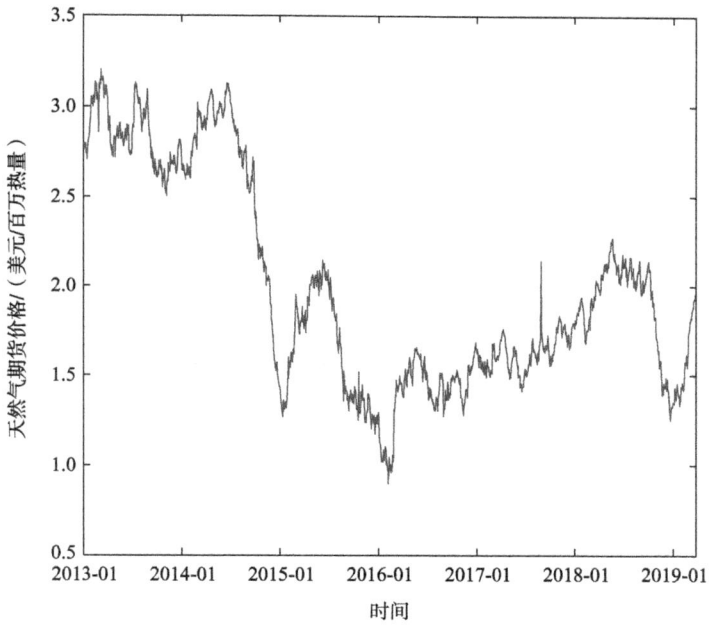

（c）天然气期货价格

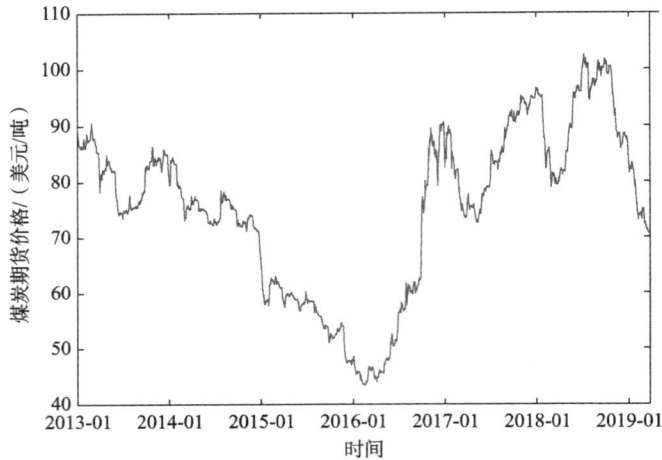

（d）煤炭期货价格

图 19.3　期货价格

　　为了获得基于采集样本数据的概率分布密度，采用核密度估计这一非参数密度估计方法对样本数据进行分析。利用高斯核函数，碳排放权期货价格、原油期货价格、天然气期货价格和煤炭期货价格的分布密度估计如图 19.4（a）~图 19.4（d）所示。如图 19.4 所示，实线为核密度估计曲线，虚线为正态分布密度函数曲线。可以看出，原油期货价格、天然气期货价格、煤炭期货价格和碳排放权期货价格的核密度估计曲线与正态分布概率密度函数曲线存在较大偏差，呈现尖峰厚尾特征。非线性和非平稳的特性也很明显，意味着传统的时间序列方法和线性分析方法是不合适的。这导致我们尝试非线性分析方法——RP 方法和 RQA 方法。

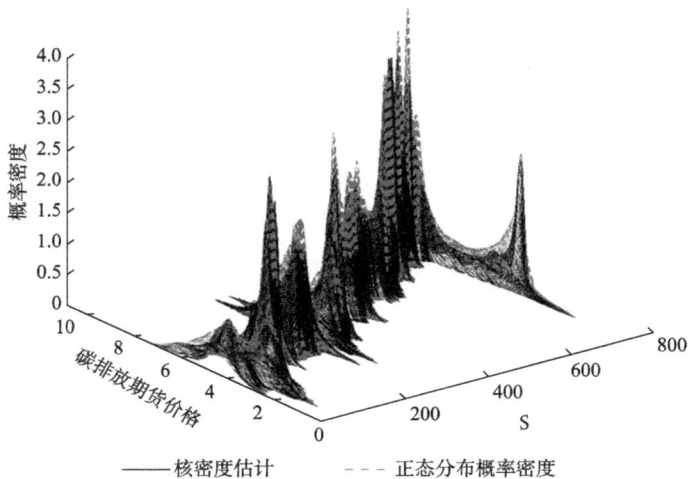

――核密度估计　　- - - 正态分布概率密度

（a）碳排放权期货价格的概率密度

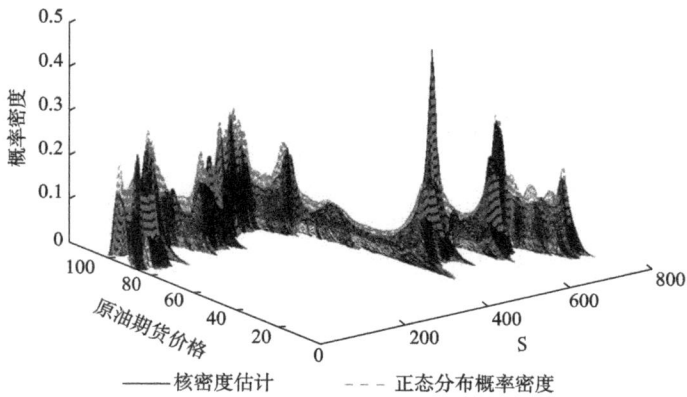

（b）原油期货价格的概率密度

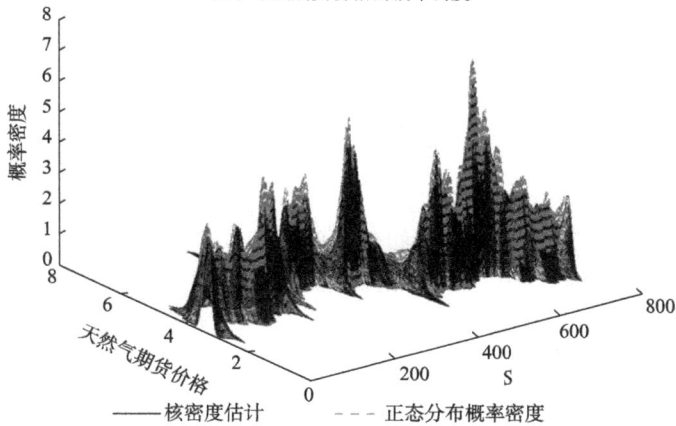

（c）天然气期货价格的概率密度

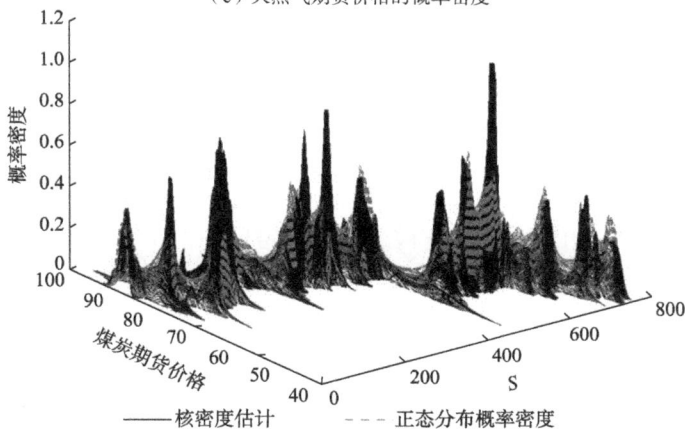

（d）煤炭期货价格的概率密度

图 19.4　碳排放权、原油、天然气、煤炭期货价格的概率密度

S 为滑动窗口编号

19.4　实　证　分　析

19.4.1　基于这些期货价格构建 RP 和 RQA 度量

在使用 RQA 方法分析之前，需要对单变量时间序列进行相空间重构。考虑到时间序列 $\{u_i\}$，始终考虑采用延时法进行重建：

$$\vec{x}_i = \sum_{j=1}^{m} u_{i+(j-1)\tau} \vec{e}_j \tag{19.12}$$

其中，m 为需要确定的嵌入维数；τ 为时间延迟参数。适当的 τ 应使向量的分量独立。这样，一维时间序列 $\{u_i\}$ 被转换为向量序列 $\{x_i\}$，$\vec{x}_i = (u_i, u_{i+\tau}, \cdots, u_{i+(m-1)\tau})$。选择合适的嵌入维数 m 和时间延迟 τ 来重构时间序列是非常重要的。迄今为止，人们提出了不同的参数估计方法，如采用伪最近邻算法和 Cao 方法来估计嵌入维数 m。对于时间延迟估计 τ，有自相关函数法或互信息函数法等。

经过比较和考虑，选择 Cao 方法估计嵌入维数 m，选择互信息方法确定时间延迟 τ。Cao 方法背后的思想是找到一个维度，使虚假邻居尽可能少。虚假邻居意味着两个状态在维数增加时不再是邻居。有关该方法的更多详细信息，请参见 Cao[30] 的研究。互信息法的思想是使向量的不同分量之间的依赖性尽可能小。应注意的是，CRP 方法只能用于相同相空间中的两个系统。因此，当四个时间序列的嵌入维数不相同时，应选择较高的嵌入维数。使用样本数据，计算结果如图 19.5 所示。根据计算结果，$\tau=2, m=6$ 是碳排放权期货价格和化石能源期货价格序列的合适重构参数。

对于参数 ε，值越大，RP 中显示的点越多。通常选择 ε 值，使黑点的数量占点总数的 20%~30%。在本章中，它被选择为相空间中两个状态的最大法向距离的 0.08 倍。

接下来，将更清楚地了解原油期货价格、天然气期货价格、煤炭期货价格和碳排放权期货价格的非线性和非平稳特征。选取 2013 年 1 月 2 日至 2018 年 12 月 7 日三个化石能源期货价格和碳排放权期货价格构建 RP，同时建立随机系统和相同长度的洛伦兹混沌系统的模拟作为比较。根据式（19.1），不同系统的 RP 如图 19.6 所示。如图 19.6 所示，随机系统的 RP 由许多单个黑点组成，而周期系统的 RP，如此处的洛伦兹混沌系统，具有一些明显的对角线结构。对角线结构反映

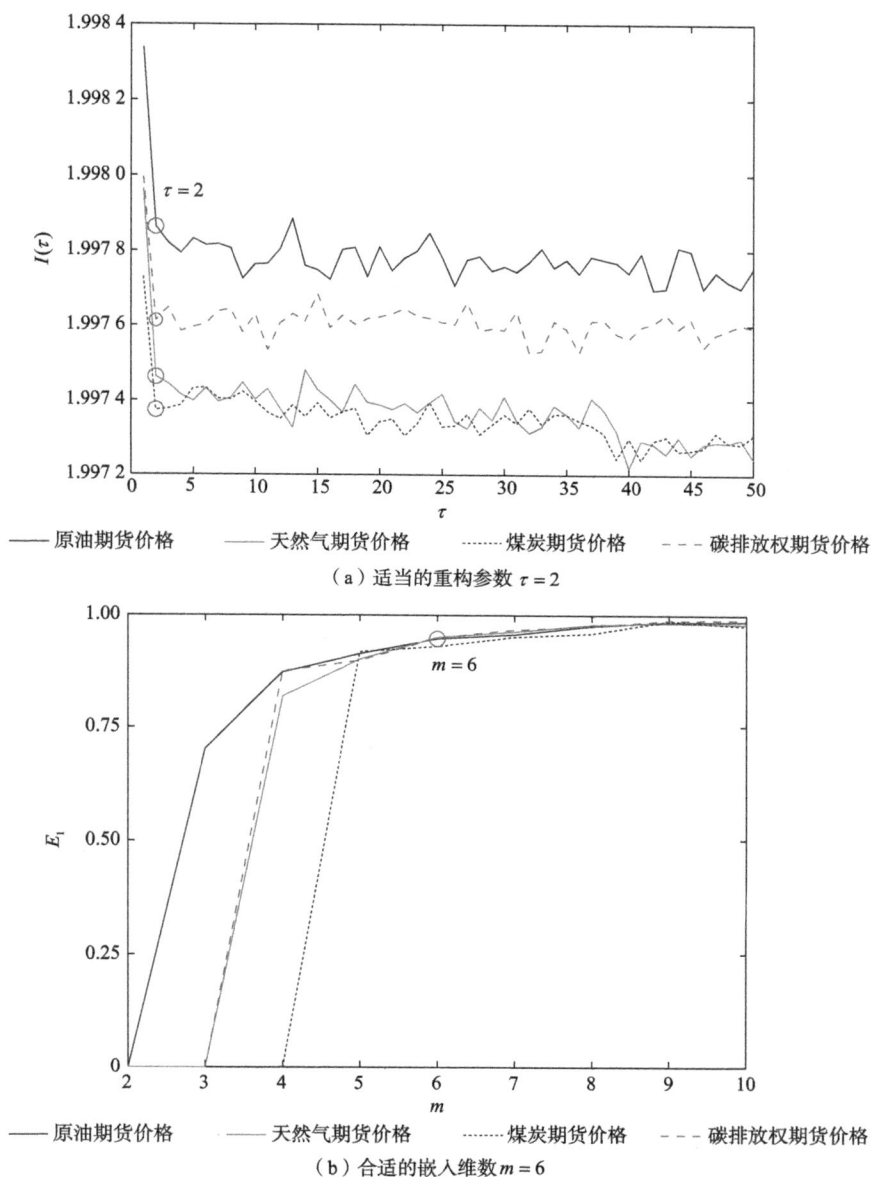

（a）适当的重构参数 $\tau = 2$

——— 原油期货价格　　——— 天然气期货价格　　…… 煤炭期货价格　　– – – 碳排放权期货价格

（b）合适的嵌入维数 $m = 6$

——— 原油期货价格　　——— 天然气期货价格　　…… 煤炭期货价格　　– – – 碳排放权期货价格

图 19.5　适当的重构参数 τ 和嵌入维数 m

了系统的周期性。由碳排放权期货价格系统和三种化石能源期货价格系统构建的 RP 呈现单黑点和对角线结构。由此可以推断，这些期货序列具有随机性和周期性的特点，即化石能源期货价格序列和碳排放权期货价格序列都存在不确定性和可预测性。

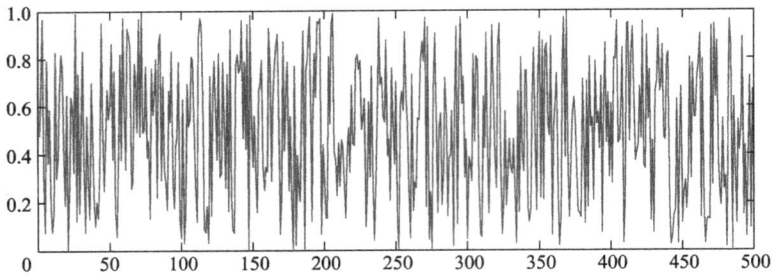

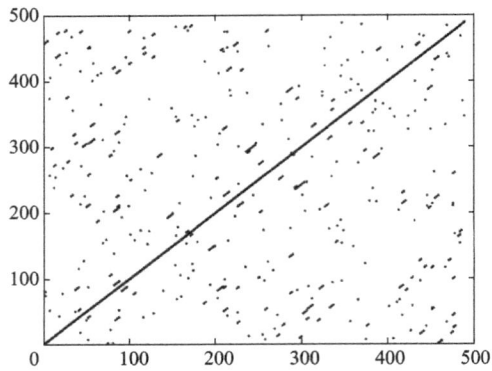

（a）随机系统

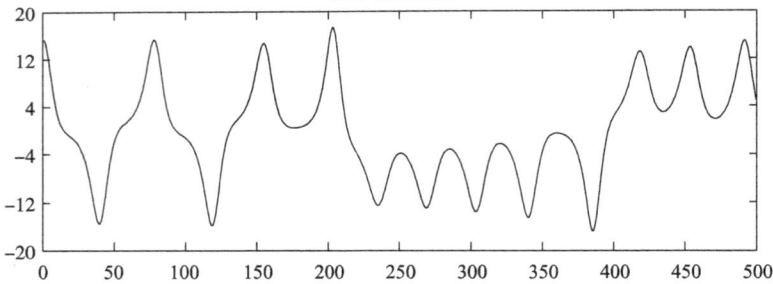

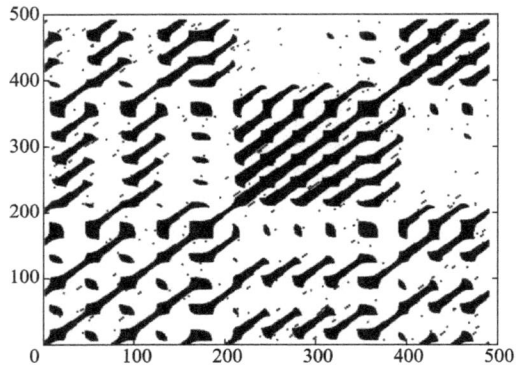

（b）参数 $\sigma = 10$，$r = 28$，$b = 83$ 的洛伦兹混沌系统

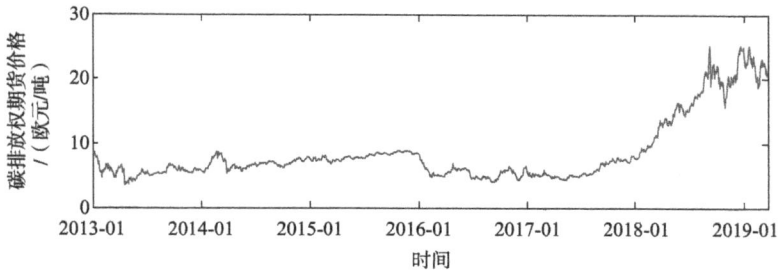

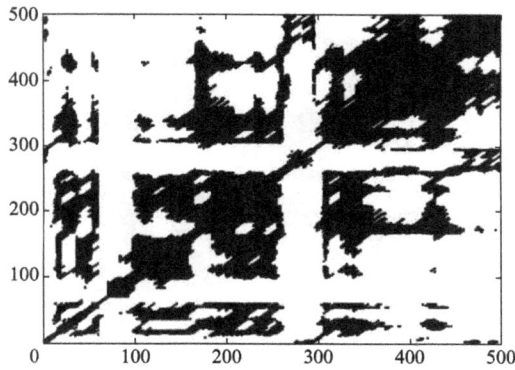

（c）碳排放权期货价格系统的 RP

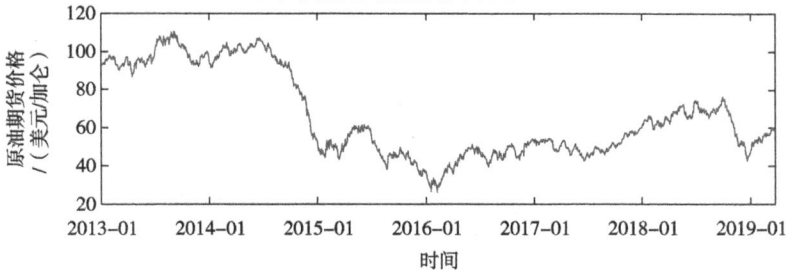

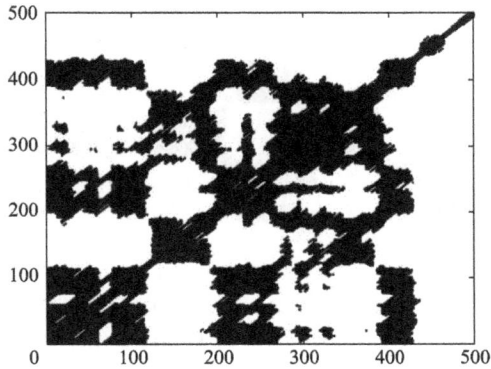

（d）原油期货价格系统的 RP

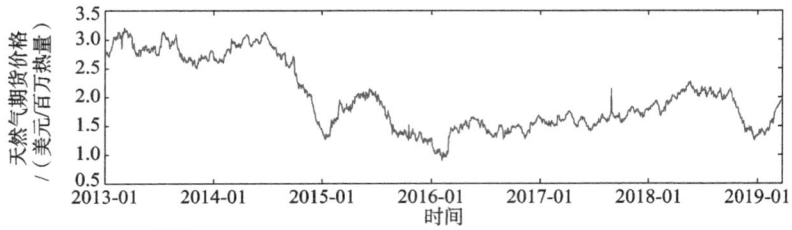

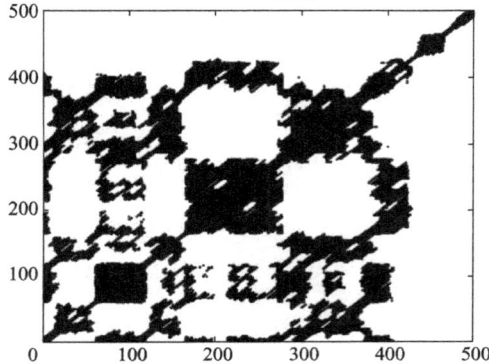

（e）天然气期货价格系统的 RP

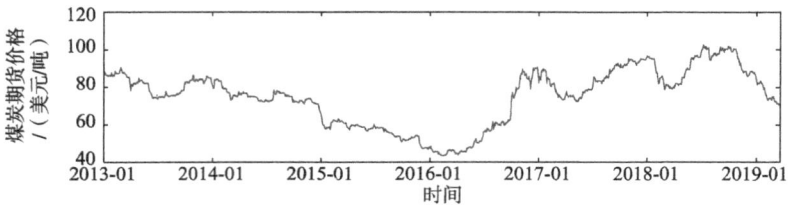

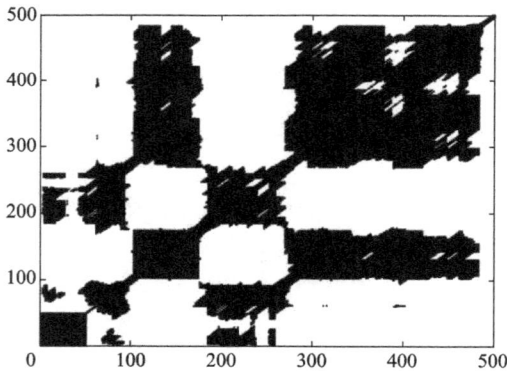

（f）煤炭期货价格系统的 RP

图 19.6　不同系统的 RP

　　然后，利用 RQA 指标 RR、DET、L、ENTR 对随机系统、洛伦兹混沌系统、原油期货价格系统、天然气期货价格系统、煤炭期货价格系统和碳排放权期货价格系统进行比较分析。结果如图 19.7（a）~图 19.7（d）所示。

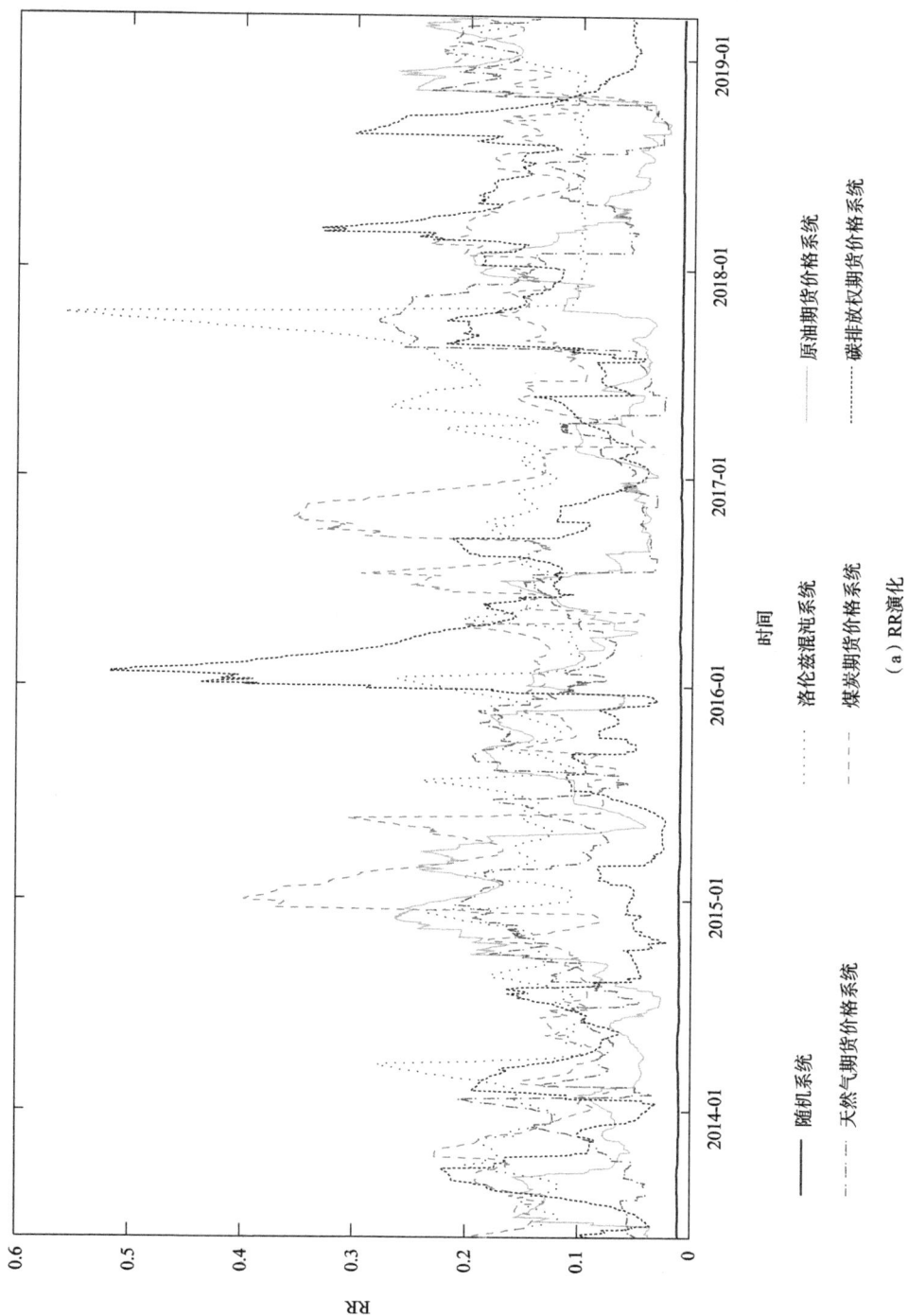

（a）RR演化

随机系统

洛伦兹混沌系统

原油期货价格系统

天然气期货价格系统

煤炭期货价格系统

碳排放权期货价格系统

时间

RR

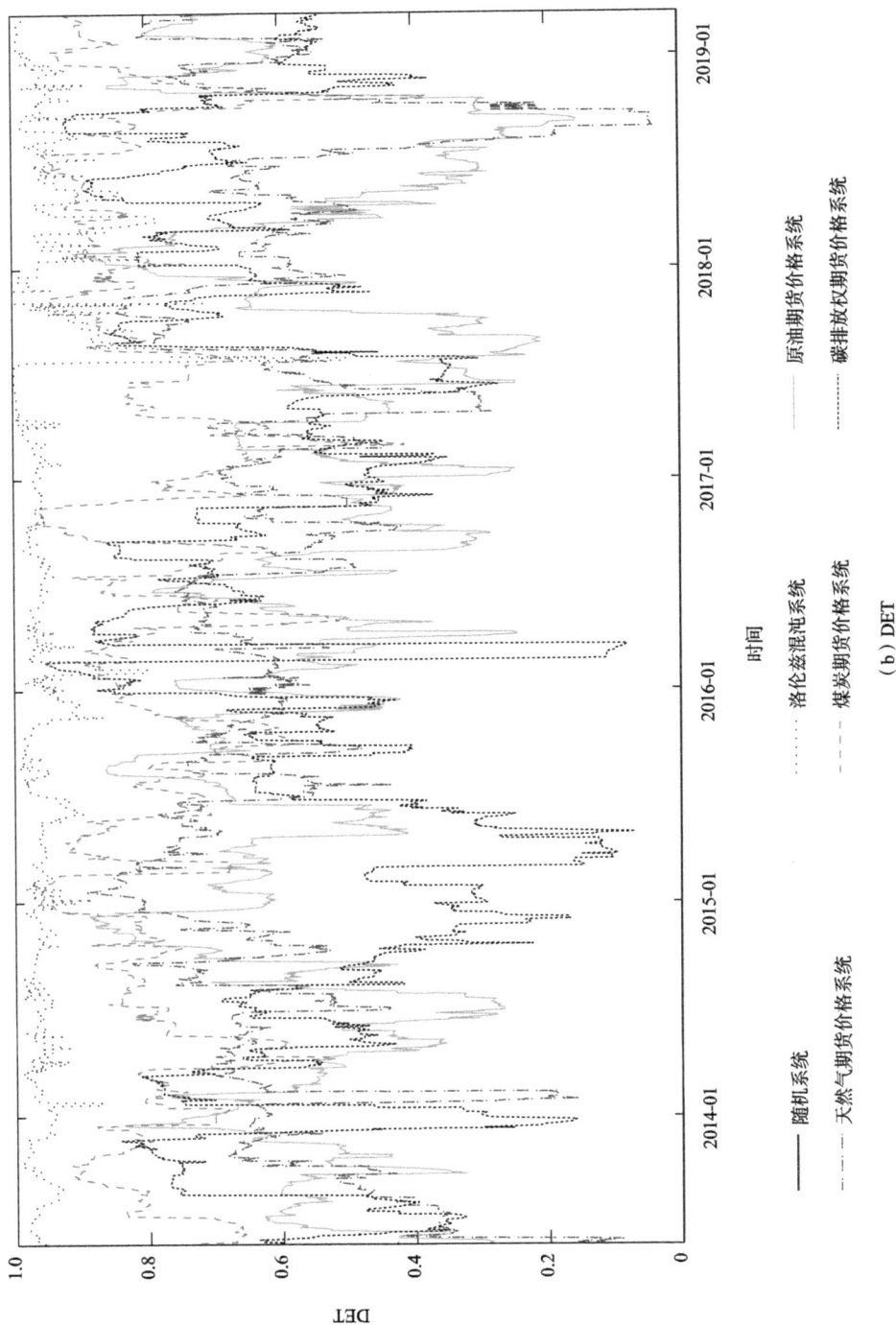

（b）DET

随机系统　　　　　　洛伦兹混沌系统　　　　　　原油期货价格系统

天然气期货价格系统　　煤炭期货价格系统　　　　　碳排放期权期货价格系统

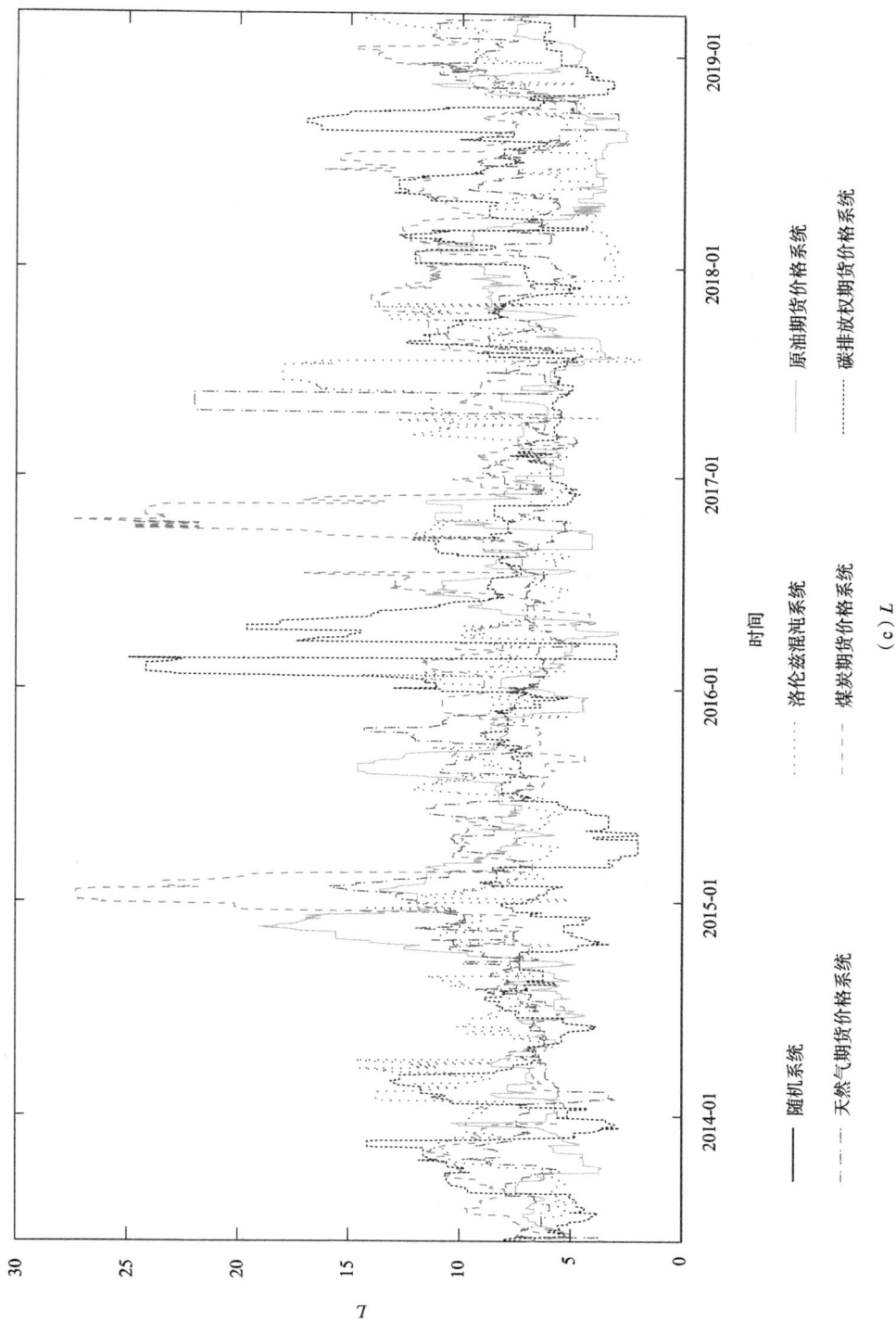

（c）L

随机系统 ——　洛伦兹混沌系统 ……　天然气期货价格系统 －－－

原油期货价格系统 ——　煤炭期货价格系统 －－－　碳排放权期货价格系统 ……

时间

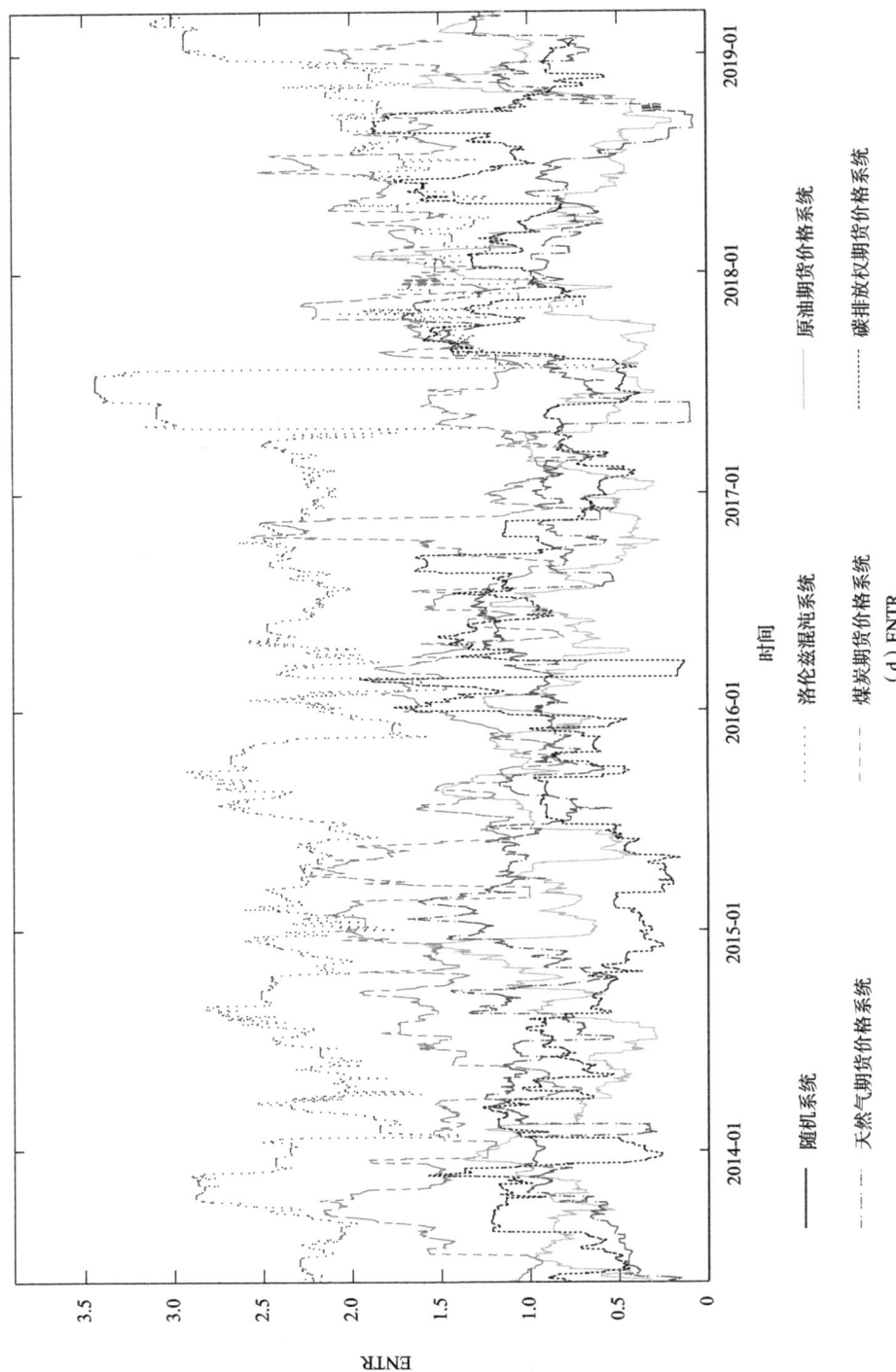

图19.7　6个系统的RR演化、DET、*L*、ENTR

从图 19.7 可以看出，随机系统、洛伦兹混沌系统、原油期货价格系统、天然气期货价格系统、煤炭期货价格系统和碳排放权期货价格系统表现出不同的演化特征。在 RR 演化方面，随机系统、洛伦兹混沌系统、原油期货价格系统、天然气期货价格系统、煤炭期货价格系统和碳排放权期货价格系统的 RR 均值分别为：0.013 6、0.152 2、0.140 3、0.102 5、0.153 4、0.121 6。随机系统的自相关性最弱，而洛伦兹混沌系统与化石能源市场和碳市场的期货具有较强的自相关性。其中，洛伦兹混沌系统的自相关性最强。在 DET 方面，6 个系统的 DET 分别为 0.011 2、0.997 3、0.846 8、0.859 7、0.940 6 和 0.849 4。洛伦兹混沌系统和 4 个期货系统的 DET 远大于随机系统的 DET，说明 4 个期货系统并非完全随机，在一定程度上表现出确定性。此外，化石能源期货价格系统和碳排放权期货价格系统的确定性比洛伦兹混沌系统弱。关于 L，6 个系统的 L 平均值分别为 0、7.985 9、7.315 5、7.773 6、9.626 3 和 7.878 7。后 5 个系统的 L 都是正值，表明除了随机系统外，它们在一定程度上都是可预测的。就 ENTR 而言，6 个系统的平均值分别为 0、2.188 0、0.806 9、1.493 8、1.233 4 和 0.886 8。图 19.7 显示洛伦兹混沌系统、化石能源期货系统、碳排放权期货系统比随机系统复杂得多。综上所述，化石能源期货价格系统和碳排放权期货价格系统的 RQA 指数值均位于随机系统和洛伦兹混沌系统之间，表明这 4 个期货价格系统同时具有随机系统和洛伦兹混沌系统的特征。此外，化石能源期货价格系统和碳排放权期货价格系统的 RQA 指数值非常接近，意味着碳市场与化石能源市场之间存在着较强的关系，值得深入研究。在下文中，我们构建 CRP 来进一步研究化石能源期货和碳排放权期货之间的相互关系，以发现和比较波动溢出效应。

19.4.2　构建碳市场和能源期货市场的 CRP 并分析波动溢出效应

波动溢出是指一个市场的波动对另一个市场的波动产生影响，波动通常用方差表示。在本章中，RQA 方法提出了一个新的指标来衡量波动溢出效应，这就是 Q_τ，可以理解为两个市场波动之间的同步。正如 19.2 节介绍的，CRP 可用于研究两个时间序列之间的关系。在这里，本章通过构建原油期货价格波动和碳排放权期货价格波动、天然气期货价格波动和碳排放权期货价格波动及煤炭期货价格波动和碳排放权期货价格波动 3 个 CRP，研究化石能源市场和碳市场之间的波动溢出效应。利用 RR_τ 上的对称性指数作为两个市场之间波动溢出效应的定量度量，即 Q_τ，公式计算如下：

$$Q_\tau = \frac{RR_\tau + RR_{-\tau}}{2} \qquad (19.13)$$

Marwan 等[16]引入该指数，以测量两个系统之间的同步程度。Q_τ 值越大，两个系统之间的同步性越强。限定 τ 表示同步的时间延迟。CRP 的 RR_τ 可通过式（19.9）计算。在构建 CRP 以研究波动溢出效应之前，需要进行基础数据处理。

首先，由于价格单位不同，标准化是必要的。

$$\begin{cases} u_i^{\mathrm{oil}} = \dfrac{a_i^{\mathrm{oil}}}{\max a_i^{\mathrm{oil}}} \\[2mm] u_i^{\mathrm{gas}} = \dfrac{a_i^{\mathrm{gas}}}{\max a_i^{\mathrm{gas}}} \\[2mm] u_i^{\mathrm{coal}} = \dfrac{a_i^{\mathrm{coal}}}{\max a_i^{\mathrm{coal}}} \\[2mm] u_i^{\mathrm{carbon}} = \dfrac{a_i^{\mathrm{carbon}}}{\max a_i^{\mathrm{carbon}}} \end{cases} \qquad (19.14)$$

其中，$\{a_i^{\mathrm{oil}}\}$、$\{a_i^{\mathrm{gas}}\}$、$\{a_i^{\mathrm{coal}}\}$ 和 $\{a_i^{\mathrm{carbon}}\}$ 分别表示原油期货、天然气期货、煤炭期货和碳排放权期货每日价格的原始时间序列；$\{u_i^{\mathrm{oil}}\}$、$\{u_i^{\mathrm{gas}}\}$、$\{u_i^{\mathrm{coal}}\}$ 和 $\{u_i^{\mathrm{carbon}}\}$ 表示相应的标准化时间序列。

其次，我们需要对标准化时间序列进行一阶差分，以得到期货价格的波动：

$$\begin{cases} x_i^{\mathrm{oil}} = u_{i+1}^{\mathrm{oil}} - u_i^{\mathrm{oil}} \\[1mm] x_i^{\mathrm{gas}} = u_{i+1}^{\mathrm{gas}} - u_i^{\mathrm{gas}} \\[1mm] x_i^{\mathrm{coal}} = u_{i+1}^{\mathrm{coal}} - u_i^{\mathrm{coal}} \\[1mm] y_i = u_{i+1}^{\mathrm{carbon}} - u_i^{\mathrm{carbon}} \end{cases} \qquad (19.15)$$

其中，$\{x_i^{\mathrm{oil}}\}$、$\{x_i^{\mathrm{gas}}\}$ 和 $\{x_i^{\mathrm{coal}}\}$ 代表一阶差分后的时间序列，其实际意义是 3 个化石能源市场的波动；$\{y_i\}$ 代表碳排放权期货市场的波动。适当的重构参数为 $\tau = 2$，$m = 6$，正如在 19.4.1 小节中的计算。根据式（19.2）重构时间序列，构建原油期货价格波动和碳排放权期货价格波动、天然气期货价格波动和碳排放权期货价格波动、煤炭期货价格波动和碳排放权期货价格波动 3 个 CRP，如图 19.8 所示。CRP 显示了显著的对角线结构，显示了两个市场价格波动之间的相互作用。可以看出，3 个 CRP 不同，显示了不同化石能源市场和碳市场之间不同的相互关系。根据 3 个 CRP，相应地可以计算 Q_τ 值，这表明两个市场价格波动是同步的。这里它的值代表两个市场之间的波动溢出效应。由于数据已经标准化，可以比较 3 个 Q_τ 值，结果也如图 19.8 所示。

（a）原油期货和碳排放权期货价格波动的 CRP 及相应的 Q_τ

（b）天然气期货和碳排放权期货价格波动的 CRP 及 Q_τ

（c）煤炭期货和碳排放权期货价格波动的 CRP 及相应的 Q_τ

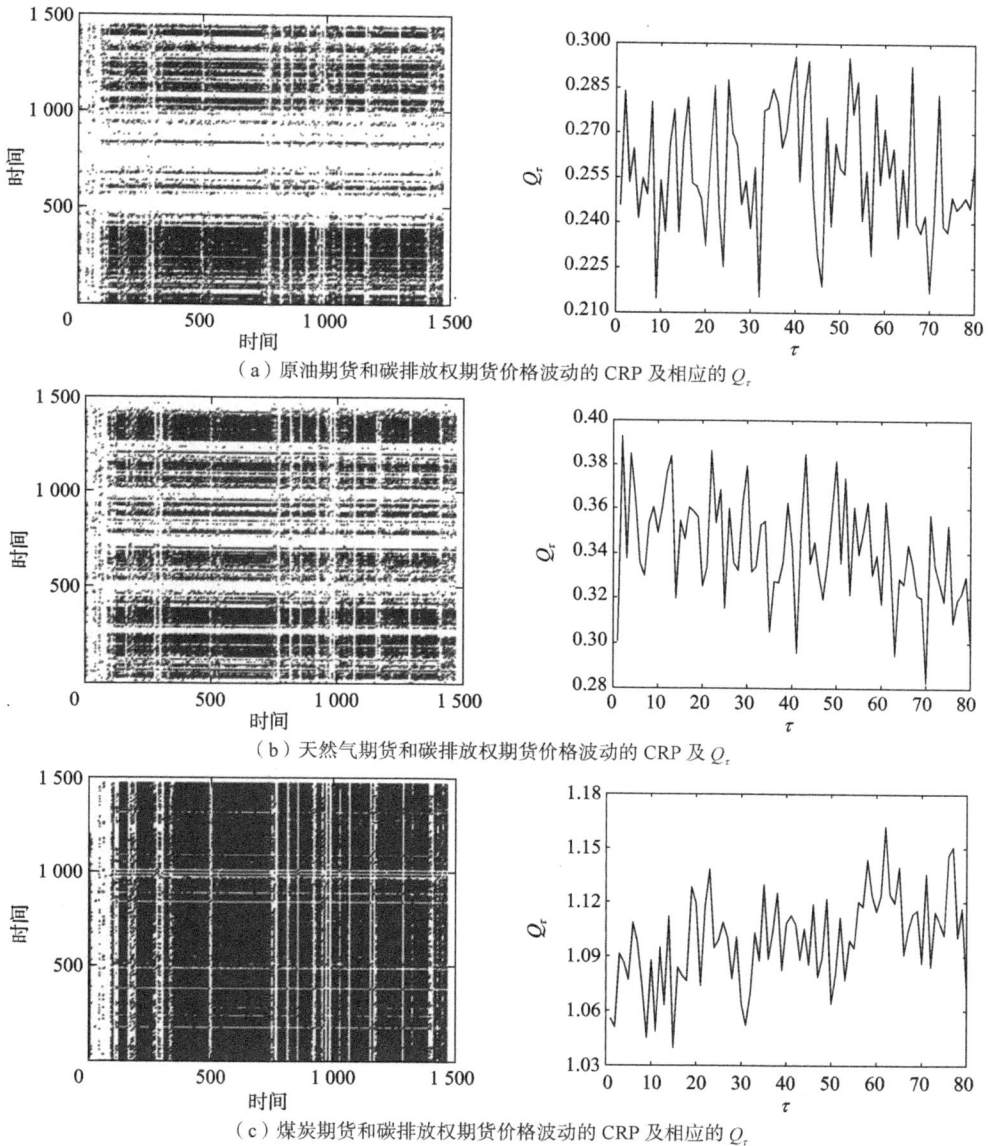

图 19.8　原油期货和碳排放权期货价格波动、天然气期货和碳排放权期货价格波动、煤炭期货和碳排放权期货价格波动的 CRP 及相应的 Q_τ

　　如图 19.8 所示，相应 CRP 的 3 个 Q_τ 在某些 τ 处没有明显的最大值，这意味着两个系统之间的同步，或者换句话说，两个市场之间的波动溢出效应没有表现出明显的时滞。在原油期货价格波动和碳排放权期货价格波动的 CRP 中，Q_τ 的平均值等于 0.26。在天然气期货价格波动和碳排放权期货价格波动的 CRP 中，Q_τ

的平均值等于 0.34。在煤炭期货价格波动和碳排放权期货价格波动的 CRP 中，Q_τ 的平均值等于 1.1。用 Q_τ 的平均值作为衡量两个市场之间波动溢出程度的指标，值越大意味着波动溢出效应越强。从结果可以看出，煤炭市场和碳市场之间的波动溢出效应远强于天然气市场和碳市场之间的波动溢出效应，而原油市场和碳市场之间的波动溢出效应最弱。这意味着煤炭市场的波动对碳市场的影响要比天然气市场或原油市场的波动大得多。同时，原油市场的波动对碳市场的影响远小于天然气或煤炭市场波动的影响。

19.4.3　能源期货市场 CRP 的构建及波动溢出效应分析

上文研究了碳市场和化石燃料能源市场之间的波动溢出效应。同时，化石燃料能源市场之间是否存在波动溢出效应是一个需要考虑的问题。采用同样的方法研究原油期货和天然气期货价格波动、原油期货和煤炭期货价格波动、天然气期货和煤炭期货价格波动之间的波动溢出效应，结果表明，能源市场本身存在波动溢出效应，但并不显著，特别是与煤炭市场和碳市场之间的波动溢出效应相比。结果如图 19.9 所示。

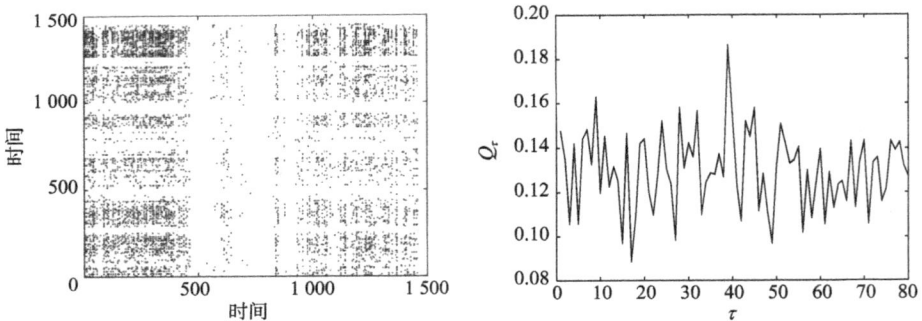

（a）原油期货和天然气期货价格波动的 CRP 及相应的 Q_τ

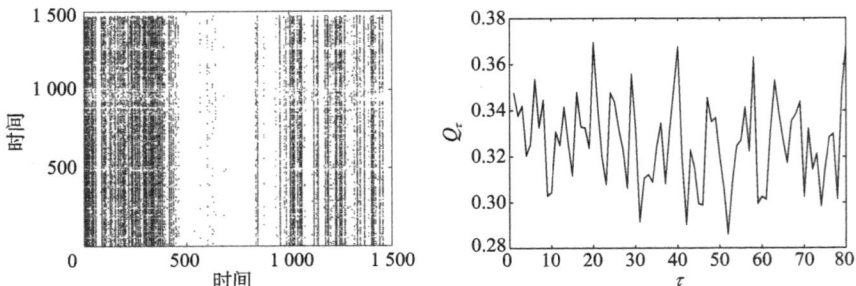

（b）原油期货和煤炭期货价格波动的 CRP 及相应的 Q_τ

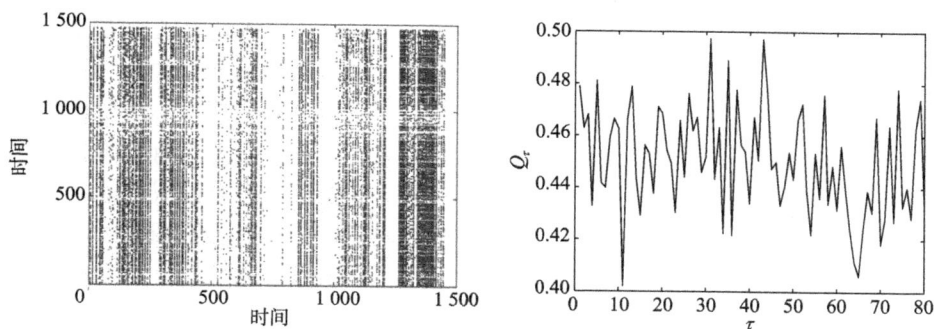

（c）煤炭期货和天然气期货价格波动的 CRP 及相应的 Q_τ

图 19.9　原油期货和天然气期货价格波动、原油期货和煤炭期货价格波动、
煤炭期货和天然气期货价格波动的 CRP 及相应的 Q_τ

构建原油期货和天然气期货价格波动的 CRP，相应 Q_τ 的平均值等于 0.13；构建原油期货和煤炭期货价格波动的 CRP，相应 Q_τ 的平均值等于 0.33；构建天然气期货和煤炭期货价格波动的 CRP，相应 Q_τ 的平均值等于 0.45。研究结果进一步证明，煤炭市场和碳市场之间的波动溢出效应尤其强烈。

19.5　论清洁生产的内涵

人们广泛认可的碳减排方法如下。

（1）提高化石能源的能量转换效率。但技术难度是一个挑战，目前难以突破。

（2）使用天然气和石油代替煤炭。与天然气和石油相比，煤炭燃烧产生更多的二氧化碳和其他空气污染物，如二氧化硫和氮氧化物。减少煤炭消费无疑将减少二氧化碳排放，改善生态环境。

（3）增加风能、太阳能、潮汐能和波浪能等新能源的使用。然而，这些能源具有每日或季节性波动，其存储非常昂贵。此外，高传输成本是另外一个问题。

（4）增加核能的使用。这种方法将面临高放射性废物的处置和昂贵的前期投资等问题。核泄漏是公众无法接受的。

因此，就目前的技术而言，降低煤炭消费是上述方案中最具吸引力的方案之一，具有成本低、技术难度小的优点。

我们的研究表明，与原油市场和碳市场或天然气市场和碳市场相比，碳排放权期货市场和煤炭期货市场之间的波动溢出效应特别强。结果表明，碳价格的上涨对煤炭价格的上涨更为敏感，而对天然气价格和原油价格的上涨则不太敏感。

因此，企业应尽量减少煤炭的消费和使用，以避免煤炭期货的波动导致碳市场的波动。对于企业而言，将煤炭转换为天然气或石油在短期内不需要提高能源效率，也不需要承担使用新能源的高昂成本。此外，这一变化将有助于企业规避碳市场带来的风险和损失。这项研究的结果使得从煤炭转向石油或天然气的行为似乎对工业更有利。由于与原油和天然气相比，煤炭含有更多的碳和空气污染物，这种自发的替代将促进工业部门减少二氧化碳。基于煤炭燃烧几乎占全球碳排放量一半的这一事实，这种行为无疑是有意义的。可以通过碳市场实现产业的绿色减排行为。

此外，Zhen 等[31]提出了碳价值的概念，即企业从减少温室气体排放中获得的额外收入。这意味着，由于碳成本的存在，该行业不仅会自发地使用更清洁的能源，无疑还有助于实现更高的碳价值。因此，改变能源消费结构，使其更加清洁，是实现利润最大化的选择。

19.6　本　章　小　结

全球变暖是对人类社会生存的严重威胁。任何关于碳减排的研究都是有意义的。碳市场是迄今为止减少二氧化碳排放的最大尝试。碳市场的活动与能源消费企业的利益密切相关。通过考察化石燃料市场和碳市场之间的波动溢出效应，本章旨在了解波动溢出效应将如何影响企业的能源偏好。由于 4 个市场的日价格时间序列表现出典型的非线性和非平稳特征，这提醒我们使用非线性方法来研究它们。本章采用的是 RP 方法和 RQA 方法，这两种方法在其他领域已经被用于解决非线性时间序列的许多问题。本章采用这两种方法研究和比较了 3 个化石能源市场和碳市场之间的波动溢出效应。Q_r 的平均值被提议作为衡量波动溢出程度的指标。结果表明，煤炭价格波动对碳价格的影响最大，天然气次之，原油价格波动对碳价格波动的影响最小。这告诉我们，如果工业想要避免碳市场价格的急剧上涨，将煤炭转换为碳含量低得多的其他能源是一个有吸引力的选择。这种行为将有助于减少二氧化碳的排放，同时实现更高的碳价值。由于碳成本的存在，产业选择绿色行为是市场选择的结果。本章在理论和实践上都有一定的贡献：一方面，本章提供了一个衡量波动溢出程度的指标；另一方面，本章的研究结果对企业的碳减排行为也有一定的启示。此外，不同的国家和地区有不同的政策，在价格、环境政策、市场接受度、特殊能源优势等方面存在许多差异。在未来的研究中，我们将考虑这些因素，并基于本章的方法进行深入的研究。

参 考 文 献

[1] Finance B N E. Value of the world's carbon markets to rise again in 2014. Bloomberg New Energy Finance，2014.

[2] European Unio. The EU Emissions Trading System. 2013.

[3] Ji C J，Hu Y J，Tang B J. Research on carbon market price mechanism and influencing factors：a literature review. Natural Hazards，2018，92（2）：761-782.

[4] Aatola P，Ollikainen M，Toppinen A. Price determination in the EU ETS market：theory and econometric analysis with market fundamentals. Energy Economics，2013，（26）：380-395.

[5] Creti A，Jouvet P A，Mignon V. Carbon price drivers：Phase I versus Phase Ⅱ equilibrium？ Energy Economics，2012，34（1）：327-334.

[6] Carnero M，Olmo J，Pascual L. Modelling the dynamics of fuel and EU allowance prices during Phase 3 of the EU ETS. Energies，2018，11（11）：3148.

[7] Chevallier J. Evaluating the carbon-macroeconomy relationship：evidence from threshold vector error-correction and Markov-switching VAR models. Economic Modelling，2011，28（6）：2634-2656.

[8] Zhang Y J，Wei Y M. An overview of current research on EU ETS：evidence from its operating mechanism and economic effect. Applied Energy，2010，87（6）：1804-1814.

[9] Kanen J L M. Carbon Trading and Pricing. London：Environmental Finance Publications，2006.

[10] Convery F J，Redmond L. Market and price developments in the European Union emissions trading scheme. Review of Environmental Economics and Policy，2007，1（1）：88-111.

[11] Wang Y，Guo Z. The dynamic spillover between carbon and energy markets：new evidence. Energy，2018，149：24-33.

[12] Byun S J，Cho H. Forecasting carbon futures volatility using GARCH models with energy volatilities. Energy Economics，2013，40：207-221.

[13] Hammoudeh S，Lahiani A，Nguyen D K，et al. An empirical analysis of energy cost pass-through to CO_2 emission prices. Energy Economics，2015，49：149-156.

[14] Liu H H，Chen Y C. A study on the volatility spillovers，long memory effects and interactions between carbon and energy markets：the impacts of extreme weather. Economic Modelling，2013，35：840-855.

[15] Zhang Y J，Sun Y F. The dynamic volatility spillover between European carbon trading market and fossil energy market. Journal of Cleaner Production，2016，112：2654-2663.

[16] Marwan N，Romano M C，Thiel M，et al. Recurrence plots for the analysis of complex systems.

Physics Reports, 2007, 438（5/6）: 237-329.

[17] Marwan N, Wessel N, Meyerfeldt U, et al. Recurrence-plot-based measures of complexity and their application to heart-rate-variability data. Physical Review E, 2002, 66（2）: 026702.

[18] Marwan N, Meinke A. Extended recurrence plot analysis and its application to ERP data. International Journal of Bifurcation and Chaos, 2004, 14（2）: 761-771.

[19] Suzuki S, Hirata Y, Aihara K. Definition of distance for marked point process data and its application to recurrence plot-based analysis of exchange tick data of foreign currencies. International Journal of Bifurcation and Chaos, 2010, 20（11）: 3699-3708.

[20] Acharya U R, Sree S V, Chattopadhyay S, et al. Application of recurrence quantification analysis for the automated identification of epileptic EEG signals. International Journal of Neural Systems, 2011, 21（3）: 199-211.

[21] Kurths J, Schwarz U, Sonett C P, et al. Testing for nonlinearity in radiocarbon data. Nonlinear Processes in Geophysics, 1994, 1（1）: 72-76.

[22] Elwakil A S, Soliman A M. Mathematical models of the Twin-T, Wien-bridgeand family of minimum component electronic chaos generators with demonstrative recurrence plots. Chaos, Solitons & Fractals, 1999, 10（8）: 1399-1412.

[23] Gilmore C G. Detecting linear and nonlinear dependence in stock returns: new methods derived from chaos theory. Journal of Business Finance & Accounting, 1996, 23（9/10）: 1357-1377.

[24] Rustici M, Caravati C, Petretto E, et al. Transition scenarios during the evolution of the Belousov−Zhabotinsky reaction in an unstirred batch reactor. The Journal of Physical Chemistry A, 1999, 103（33）: 6564-6570.

[25] Vretenar D, Paar N, Ring P, et al. Nonlinear dynamics of giant resonances in atomic nuclei. Physical Review E, 1999, 60（1）: 308.

[26] Takakura I T, Hoshi R A, Santos M A, et al. Recurrence plots: a new tool for quantification of cardiac autonomic nervous system recovery after transplant. Brazilian Journal of Cardiovascular Surgery, 2017, 32: 245-252.

[27] Goswami B, Boers N, Rheinwalt A, et al. Abrupt transitions in time series with uncertainties. Nature Communications, 2018, 9（1）: 1-10.

[28] Hou Y, Aldrich C, Lepkova K, et al. Analysis of electrochemical noise data by use of recurrence quantification analysis and machine learning methods. Electrochimica Acta, 2017, 256: 337-347.

[29] Eckmann J P, Kamphorst S O, Ruelle D. Recurrence plots of dynamical systems. World Scientific Series on Nonlinear Science Series A, 1995, 16: 441-446.

[30] Cao L. Practical method for determining the minimum embedding dimension of a scalar time series. Physica D: Nonlinear Phenomena, 1997, 110（1-2）: 43-50.

[31] Zhen Z, Lou L, Tian L, et al. Investment optimization path of NG power generation in China based on carbon value realization and market linkage. Applied Energy, 2018, 210: 241-255.

第20章 国际碳交易市场价格演化特征——从高价期走向低价期

20.1 研 究 背 景

　　碳交易市场是减少全球温室气体排放、推进绿色低碳发展的重要工具，价格是其市场机制的核心。本章综合 DLPVG 方法和 CG 方法，提出一种新的识别碳价格潜在时期及动态演化特征的方法，并依据 2009 年 9 月 29 日至 2017 年 9 月 29 日的每日欧洲碳价格数据进行实证分析，获得了从高价期到低价期的碳价格的动态波动演化特征，并得到了碳价格网络中集聚型和过渡型重要模态的必要条件。

　　全球经济的快速发展带来了环境和能源问题，温室效应严重威胁着 21 世纪人类社会的持续发展。为推进绿色低碳发展、减少二氧化碳排放，世界各国先后签署了一系列协议，如《联合国气候变化框架公约》《京都议定书》《哥本哈根协议》《巴黎协定》等。历史经验表明，仅仅依靠强制性减排要求或经济体的自愿减排是难以在预期时间内实现绿色低碳发展的。作为实现经济发展和绿色低碳双赢的有效途径，碳交易市场逐渐为众多负责任大国所认同。

　　截至 2017 年底，全球共有 21 个 ETS 在全球各级政府投入运行，ETS 所覆盖的全球排放份额已从 5% 增长到 15%，其司法管辖区的 GDP 占全球比重超过 50%，人口约占世界人口总数的三分之一（国际碳行动合作组织《2018 年全球碳市场进展报告》）。欧盟排放交易体系作为全球最大的碳交易市场，已成为国际碳市场交易的风向标。国际碳市场交易受到了广泛的关注和研究。

　　为了分析欧盟碳市场价格波动的原因和驱动因素，学者建立了众多数学模型，如回归模型[1, 2]、GARCH 族模型[3]、MCMC（Markov chain Monte Carlo，马尔科夫链蒙特卡洛）模型[4]、微分方程模型[5]、Zipf 分析模型[6]、经验模态分解模型[7]、PATSOS 模型[8]、复杂网络模型[9]。综上所述，碳价格的研究多侧重于碳价格的影响因素及静态特征分析，而其内在的潜在时期的识别及动态演化特征的分析不足。为此，本章将综合 DLPVG 方法和 CG 方法，建立一种识别碳价格的潜在时期、构建碳价格动态复杂网络的新方法，剖析从高价期走向低价期的欧洲碳期货价格的动态演化特征。

　　碳价格一直是碳市场研究的热点。一类研究侧重于碳价格的影响因素分析，如经济活动[9]、能源价格[10, 11]、信息[12]、政策[13~15]。另一类研究侧重于碳价格波动规律的分析，发现碳价格的波动也存在和股票市场价格波动类似的非对称性和持续性等特征[16]，碳价格收益率存"尖峰厚尾"等条件异方差性[12]，同时，发现碳价格具有短期记忆[15]和长期记忆性[17]。

　　近年来，复杂网络已成功应用于金融市场[18~20]、城市交通[21~23]、能源系统[16, 24, 25]等众多领域，为复杂问题的研究提供了新视角。其中，可视图方法[26]和 CG 方法[27]是将数据的时间序列映射到复杂网络的重要方法。可视图方法使得复杂网络继承了原时间序列的固有特征，能有效分辨和提取不同类型时间序列的复杂网络特征[28~31]。CG 方法从复杂网络角度揭示时间序列的动力学特征[16, 27, 32]。这些方法在能源经济领域取得了较好的研究成果[16, 27, 33~35]。尽管上述模型给碳价格的研究带来了颇丰富的研究成果，但在碳价格潜在时期的准确识别及动态演化特征的分析上存在明显不足。为弥补该不足，本章将综合 DLPVG 方法和 CG 方法，建立一种新的碳价格分析方法（DLPVG-CG 方法），并依据 2009 年 9 月 29 日至 2017 年 9 月 29 日的欧洲碳价格每日数据进行实证分析。

20.2　DLPVG-CG 方法

　　综合 DLPVG 方法和 CG 方法，本章建立一种新的分析碳价格不同时期动态演化特征的方法，其步骤如下。

　　1. 步骤 1：划分周期

　　（1）将碳价格的数据标准化，建立标准化的欧洲碳期货价格序列 $X_{EUCFP}(t)$，$t=1,2,\cdots,n$。

　　（2）选取相同长度的均匀序列 $X_{Uniform}(t)$、高斯序列 $X_{Gaussian}(t)$ 和混沌序列 $X_{Chaotic}(t)$，作为对照的时间系列。

　　（3）依据 DLPVG 方法，分别建立 $X_{EUCFP}(t)$、$X_{Uniform}(t)$、$X_{Gaussian}(t)$ 和

$X_{\text{Chaotic}}(t)$ 的可视图网络。

（4）分析 $X_{\text{Uniform}}(t)$、$X_{\text{Gaussian}}(t)$ 和 $X_{\text{Chaotic}}(t)$ 的邻接矩阵的分布特征。

（5）将 $X_{\text{EUCFP}}(t)$ 的邻接矩阵的分布与 $X_{\text{Uniform}}(t)$、$X_{\text{Gaussian}}(t)$ 和 $X_{\text{Chaotic}}(t)$ 的时间序列的特征对照，识别 $X_{\text{EUCFP}}(t)$ 的不同潜在时期。

2. 步骤 2：建立碳价格的动态网络

（1）截取各时期标准化的碳价格序列 $X_{\text{EUCFP}}(t)$，依据 CG 方法，将其转化为波动符号序列。

（2）将 5 个符号构成一个符号序列，取滑动窗口的长度为 1，建立各个时期内的碳价格波动的动态网络。

3. 步骤 3：分析动态网络的拓扑特征

（1）分析各时期的动态网络中新模态的增长率。
（2）分析各时期的动态网络中模态的转换周期。
（3）分析各时期的动态网络中模态的强度分布。
（4）分析三种重要模态的特征，即强度型重要节点、聚类系数型重要节点、介数型重要节点。

20.3　实　证　分　析

DLPVG 方法是一种将时间序列映射到复杂网络的方法，考虑了时间序列的不可逆性特征，能有效分辨和提取不同类型的时间序列复杂网络特征。本节依据 DLPVG 方法分别建立欧洲碳期货价格序列、均匀分布序列、高斯分布序列及混沌序列的复杂网络，通过对比分析，识别出欧洲碳期货价格序列的潜在时期，以探索碳价格的动态演化特征。

20.3.1　数据

选取欧洲碳期货价格市场 2009 年 9 月 29 日至 2017 年 9 月 29 日的欧洲碳期货价格序列作为研究样本（https://www.investing.com/），其价格波动趋势如表 20.1 和图 20.1（a）所示。

表20.1　欧洲碳期货价格的数值特征　　　　　单位：欧元/吨

统计量	均值	方差	最小值	最大值	极差	偏度	峰度
数值	9.45	5	3.15	23.03	19.88	1.06	−0.03

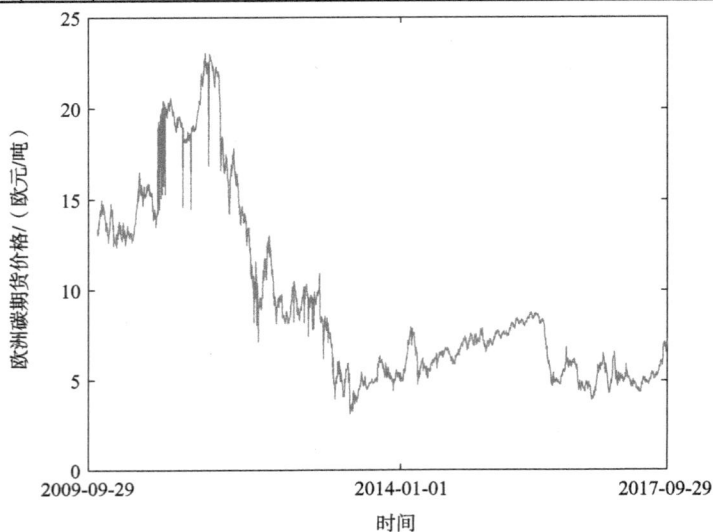

（a）原始数据

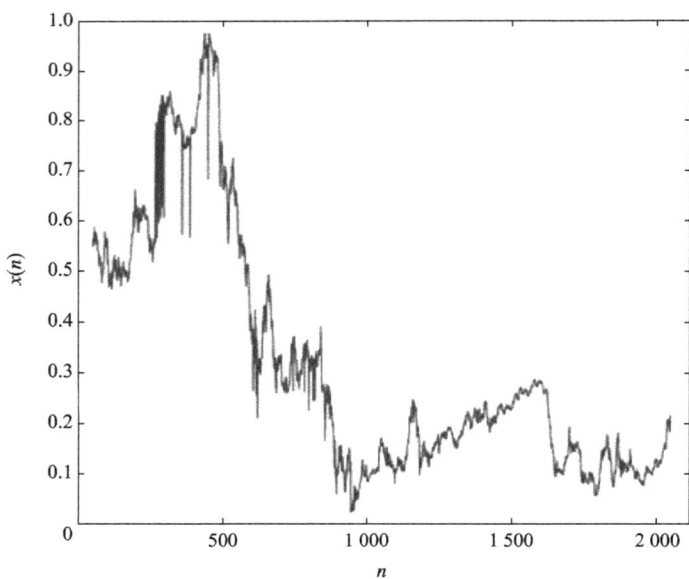

（b）标准化后的数据

图 20.1　欧洲碳期货价格

记欧洲碳期货价格序列为 $T(t)$，$t=1,2,\cdots,2\,103$。标准化处理后的碳期货价格序列为 $X_{\text{EUCFP}}(t)$，其中 $X_{\text{EUCFP}}(t)=\dfrac{T(t)-T_{\min}}{T_{\max}-T_{\min}}$，$t=1,2,\cdots,N$，$N=2\,103$[图 20.1（b）]。

从图 20.1 和表 20.1 可以看出，2009~2017 年欧洲碳期货价格发生了巨大变化，且在不同时期呈现出不同的趋势。因此，我们需要进一步分析碳价格的不同时期及其动态演化特征。

20.3.2　时期窗口划分

为方便比较观察，在每个时间序列中取前 10 个数据构建 DLPVG。在计算分析中，均采用全数据分析。令 $N=1$，依据 DLPVG-CG 方法中的步骤 1，我们分别得到了均匀分布序列、高斯分布序列、混沌分布序列和欧洲碳期货价格序列的 DLPVG 图（图 20.2），其中，虚箭头线代表未被其他节点截断的可视关系，实箭头线代表被其他节点截断 1 次的可视关系。对应的邻接矩阵图像如图 20.3 所示，其中黑点表示数值不为 0 的元素，空白区域表示数值等于 0 的元素。

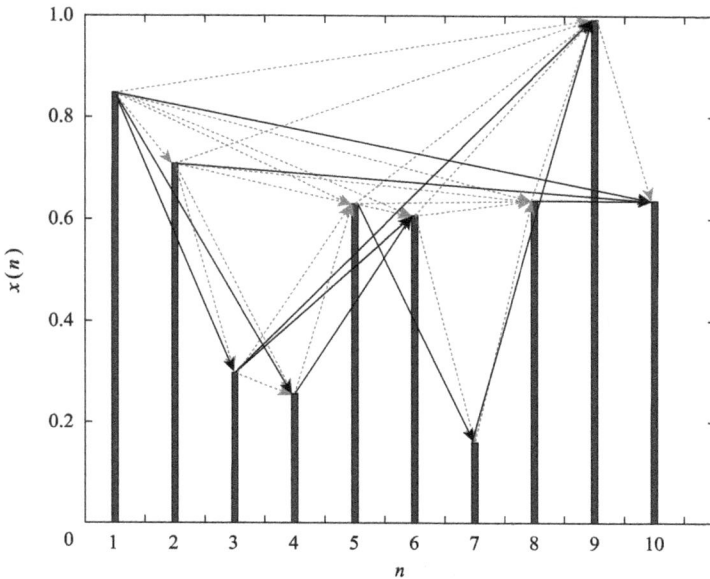

（a）均匀分布序列

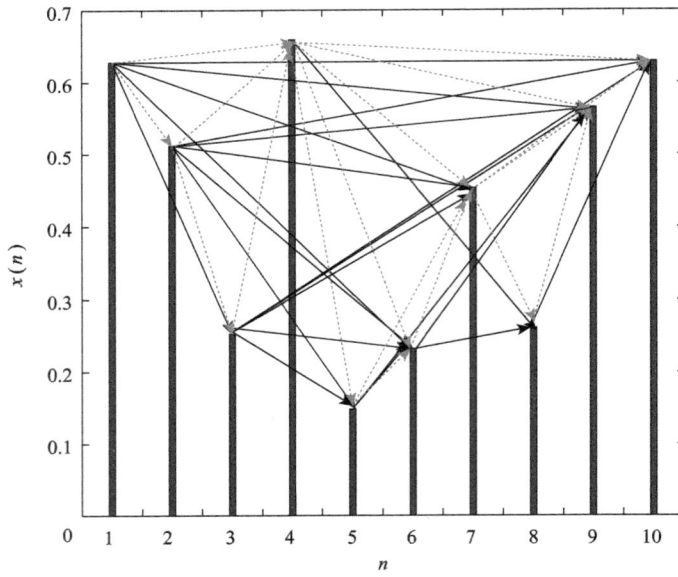

（b）高斯分布序列

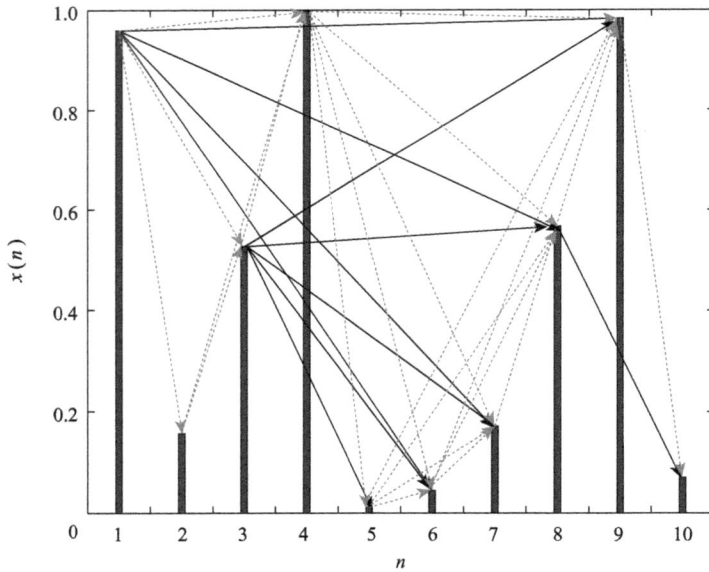

（c）混沌分布序列

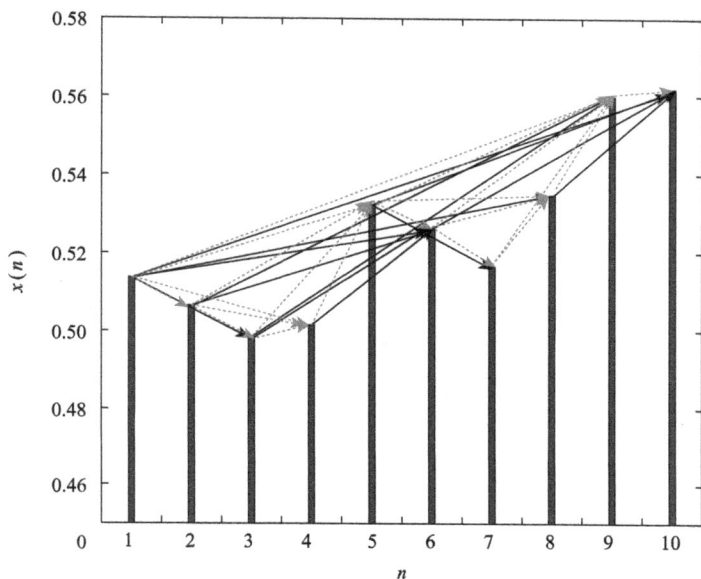

（d）欧洲碳期货价格序列

图 20.2 DLPVG 图

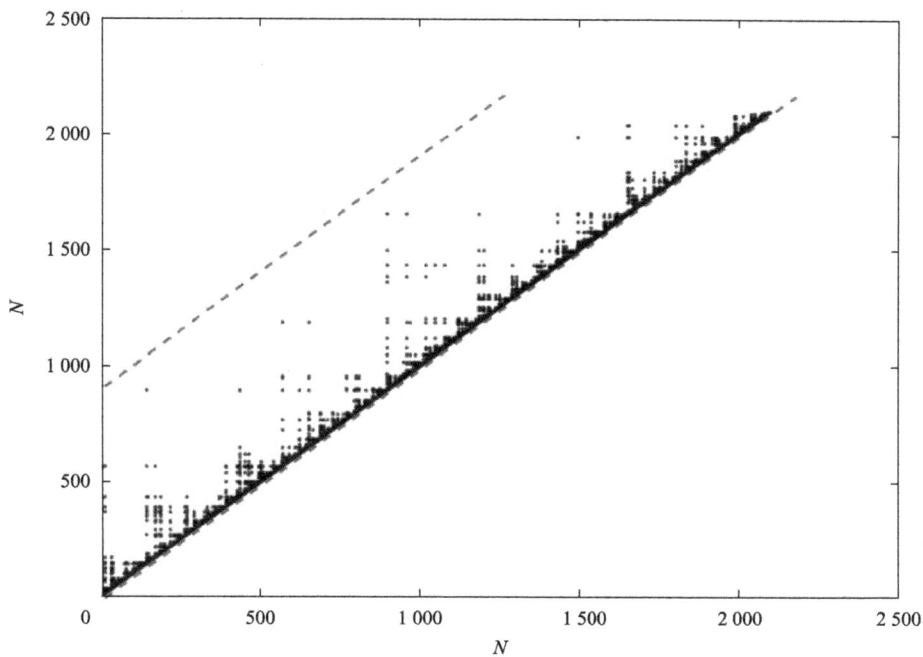

（a）均匀分布序列

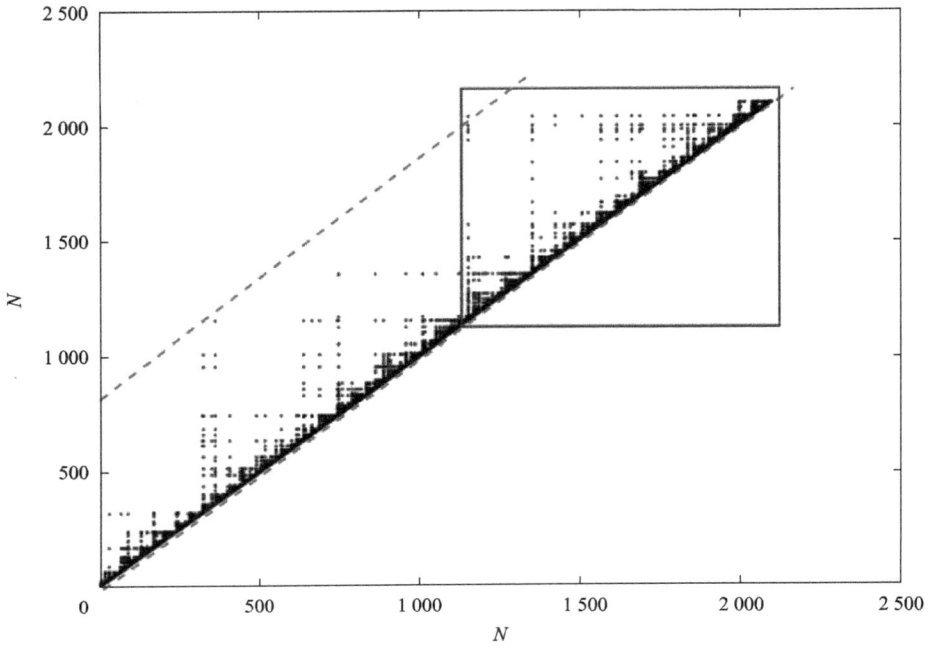

（b）高斯分布序列

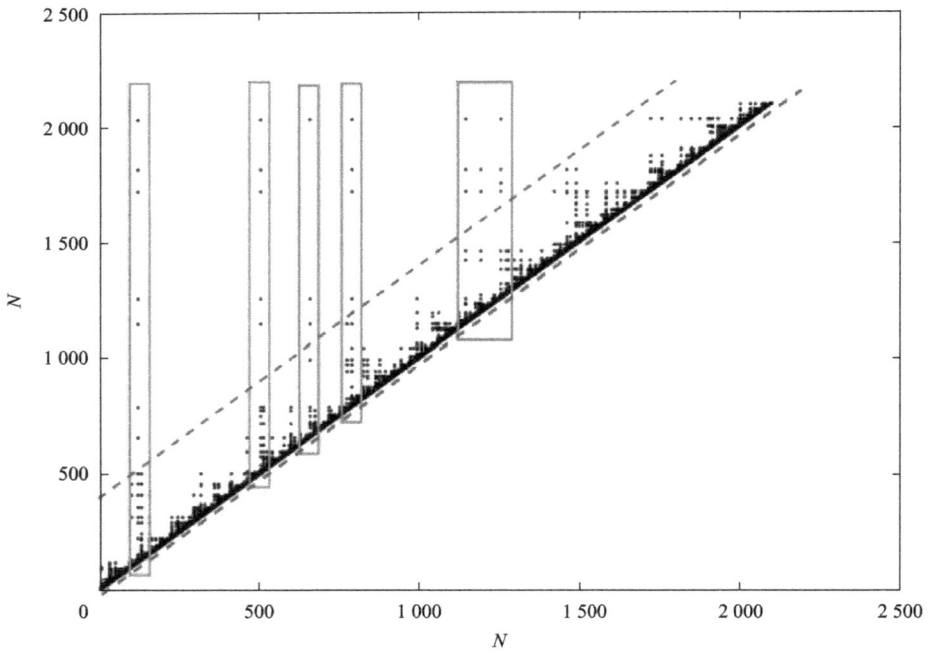

（c）混沌分布序列

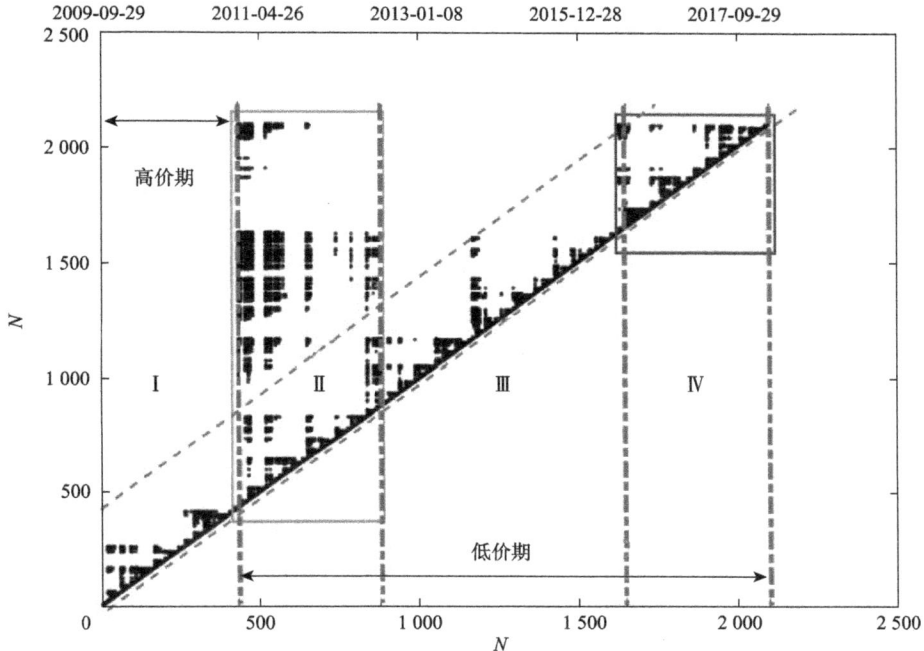

（d）欧洲碳期货价格序列

图 20.3　邻接矩阵

　　就 DLPVG 中连边数量来讲，数量最小的是均匀分布序列，仅为 11 487，其他 3 个序列的数量分别为 12 159、11 237 和 35 000。因此，欧洲碳期货价格序列的连边数量最大，分别是其他 3 个序列的 304.69%、287.85%和 311.47%。就 DLPVG 中的虚箭头连边比重来讲，排名第一的是欧洲碳期货价格序列，数值为 5 948，占连边总量的 52.93%；排名第二的是混沌分布序列，数值为 18 517，占连边总量的 52.91%；排名第三的是高斯分布序列，数值为 6 388，占连边总量的 51.03%；最少的是均匀分布序列，数值为 5 802，占连边总量的 50.51%。因此，在 DLPVG 中，欧洲碳期货价格序列的连边数量最大，虚箭头连边比重也很高，其随时间演化的内在规律很复杂。

　　就邻接矩阵的布局来讲，均匀分布序列、高斯分布序列及混沌分布序列中不为 0 的元素都呈现出聚集在对角线附近的带状区域内的特征。不同的是，在高斯分布序列的尾部，列元素呈现出不为 0 的元素激增的趋势。在混沌分布序列中，会随机出现几列元素，其不为 0 的元素较多，行跨度也很大。欧洲碳期货价格序列的邻接矩阵则呈现出多种不同的特征，在碳价格的高价期（第 I 期）间，序列中不为 0 的元素主要集中在对角线附近，接近均匀分布的特征；在碳价格的低价期（第 II~IV 期），序列中不为 0 的元素明显增加。其中，在第 II 期间，序列中不为 0 的列元素多，且行跨度大，接近混沌分布的特征；在第 III 期间，序列中不为

0 的元素主要集中在对角线附近，接近均匀分布的特征；在第Ⅳ期间，序列中不为 0 的元素的分布接近高斯分布的特征。因此，欧洲碳期货价格序列同时具有均匀分布序列、高斯分布序列及混沌分布序列的特征，其演化关系极其复杂，且具有很强的时效性。

依据邻接矩阵的不同特征，我们将欧洲碳期货价格序列分为四个不同的时期（表 20.2）。因此，在碳价格从高价期走向低价期的过程中，其内在的动态变化趋势是多变的，需要分时期进行讨论。

表20.2 欧洲碳期货价格的时期划分

阶段	时期	状态
Ⅰ	2009-09-29 至 2011-04-26	高价期
Ⅱ	2011-04-27 至 2013-01-08	
Ⅲ	2013-01-09 至 2015-12-28	低价期
Ⅳ	2015-12-29 至 2017-09-29	

20.3.3 欧洲碳期货价格的动态复杂网络

本小节我们利用 CG 方法，构建不同时期内欧洲碳期货价格的动态复杂网络。

依据 20.2 节的步骤 2，我们获得一个长度为 2012 的符号序列 FT，以及 857 个欧洲碳期货价格波动模型（相同的模态重复统计）。我们以每个波动模态为节点，以模态之间的有向转换为边，以节点间的转化次数构成节点权重，建立价格波动有向加权网络（表 20.3）。

表20.3 欧洲碳期货价格波动有向加权网络构建过程

时间	$T(t)$	ΔT	FT	模态
2009-09-29	13.10			
2009-09-30	13.36	0.26	R	滑动窗口
2009-10-01	13.22	−0.14	d	
2009-10-02	13.05	−0.17	d	
2009-10-05	13.12	0.07	r	
2009-10-06	13.73	0.61	R	RddrR
2009-10-07	13.61	−0.12	d	ddrRd
2009-10-08	13.42	−0.19	d	drRdd
2009-10-09	13.78	0.36	R	rRddR
2009-10-12	14.28	0.50	R	RddRR
2009-10-13	14.32	0.04	r	ddRRr

续表

时间	$T(t)$	ΔT	FT	模态
2009-10-14	14.44	0.12	r	dRRrr
2009-10-15	14.22	−0.22	d	RRrrd
⋮	⋮	⋮	⋮	⋮
2017-09-29	7.09	0.11	r	RDdrr

注：D 表示剧烈下降；R 表示剧烈上升；d 表示缓慢下降；r 表示缓慢上升

1. 欧洲碳期货价格波动网络的动力学特征

本节将不同时期欧洲碳期货价格的演化特征进行对比分析，进而挖掘其内在的动力学演化机制。

1）新波动模态的增长速度

欧洲碳期货价格波动网络中新节点的出现意味着波动模态发生了本质的变化。新节点出现的累积时间间隔在一定程度上刻画了欧洲碳期货价格波动的复杂性。

我们以直线表示等时间间隔曲线，曲线表示欧洲碳期货价格网络演化过程中新节点出现的累积时间间隔，得到新节点出现的累积时间间隔的图像（图 20.4）。

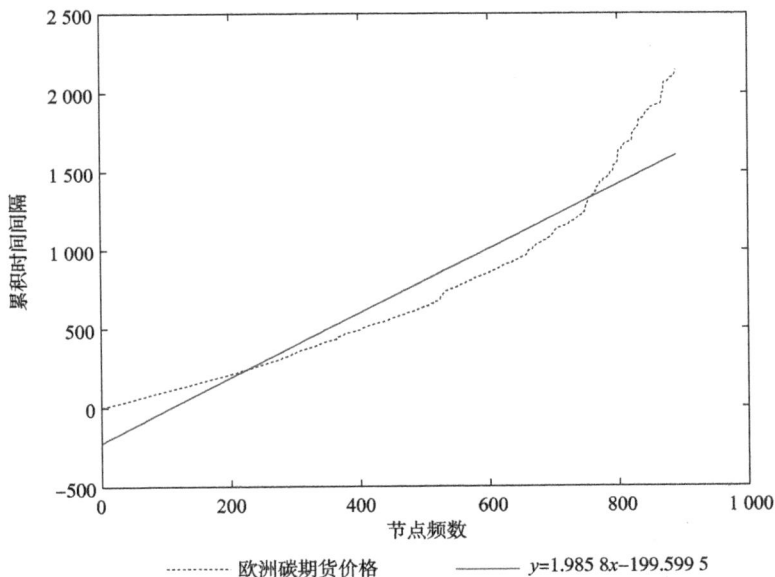

（a）欧洲碳期货价格波动网络新节点出现的累积时间间隔

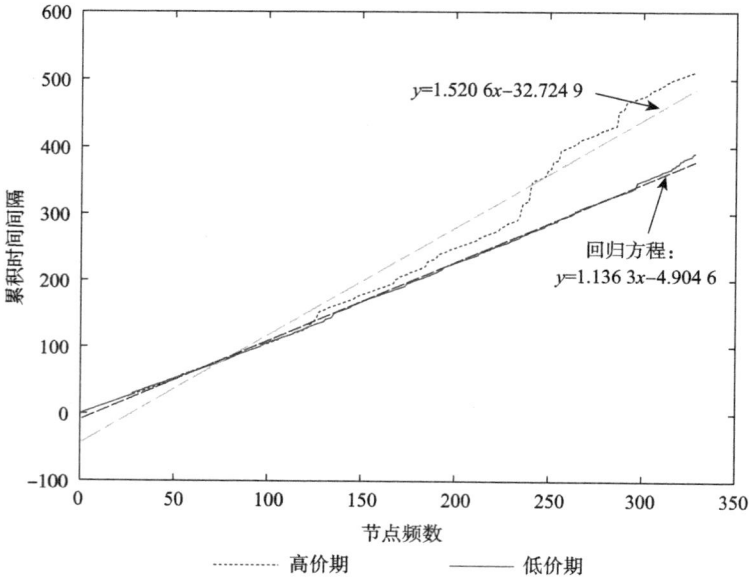

（b）不同时期欧洲碳期货价格波动网络新节点出现的累积时间间隔

图 20.4　欧洲碳期货价格波动网络、不同时期欧洲碳期货价格波动网络
新节点出现的累积时间间隔

随着时间的推移，新节点在欧洲碳期货价格波动网络的演化过程中出现的时间间隔逐渐增大，且呈线性增长趋势。对欧洲碳期货价格波动网络中新节点出现的累积时间进行最小二乘法回归，得到的回归方程为 $y=1.985\,8x-199.599\,5$，其判定系数 R^2 为 0.913 5，拟合效果良好，欧洲碳期货价格波动网络中新节点出现的累积时间呈直线增长规律，体现出对欧洲碳期货价格的时间变化可前瞻。例如，在其价格网络中，第 1 200 个新节点的出现时间应为 2020 年 10 月 26 日。从不同时期来看，图 20.4（b）给出了在高价期和低价期内欧洲碳期货价格波动网络新节点出现的累积时间间隔图像，图像显示其累积时间间隔也呈现直线增长的规律。在低价期和高价期内新节点出现的累积时间间隔的回归方程分别为 $y=1.520\,6x-32.724\,9$ 和 $y=1.136\,3x-4.904\,6$，判定系数 R^2 分别为 0.967 8 和 0.999 3，拟合效果良好。因此，无论是在高价期还是在低价期，欧洲碳期货价格波动网络中新节点出现的累积时间并不是无序的，而是呈现高度的直线增长趋势，且新节点在低价期出现的累积时间间隔要大于高价期[图 20.4（b）]，即在从高价期走向低价期的过程中，欧洲碳期货价格波动网络中新模态的出现速度在减小。

2）波动模态间的转换周期分析

用两个节点 i 和 j 之间的距离 d_{ij} 刻画两个不同波动模态间的转换周期。记网络直径为 D：

$$D = \max d_{ij} \tag{20.1}$$

网络的平均路径长度为 L [36]：

$$L = \frac{1}{N(N-1)} \sum_{i \neq j} d_{ij} \tag{20.2}$$

其中，N 为网络节点数。

　　基于 Floyd 算法，我们分别计算了欧洲碳期货价格波动网络中任意两节点间的距离及不同路径长度分布（图 20.5）。

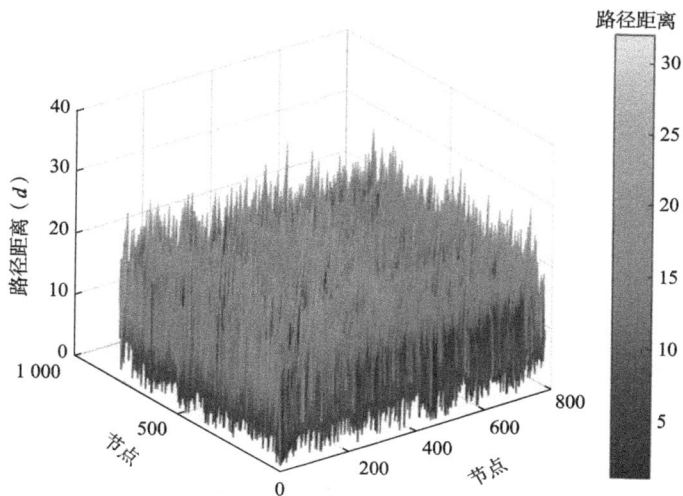

（a）欧洲碳期货价格波动网络节点间的路径距离

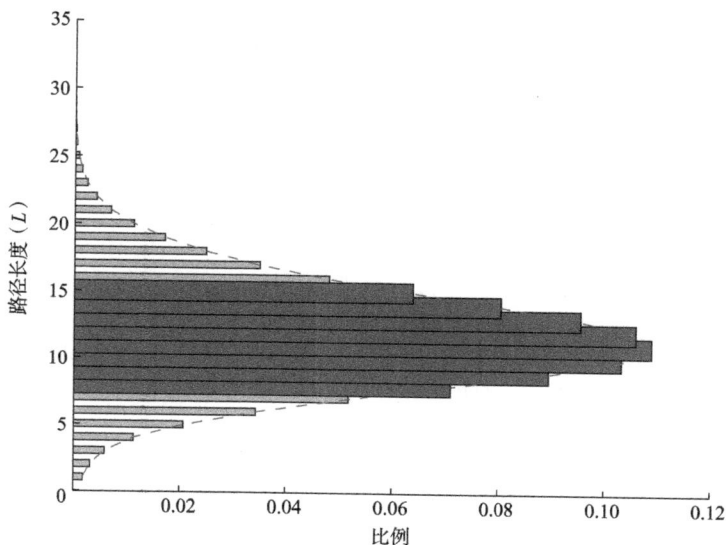

（b）欧洲碳期货价格波动网络节点间的路径长度分布

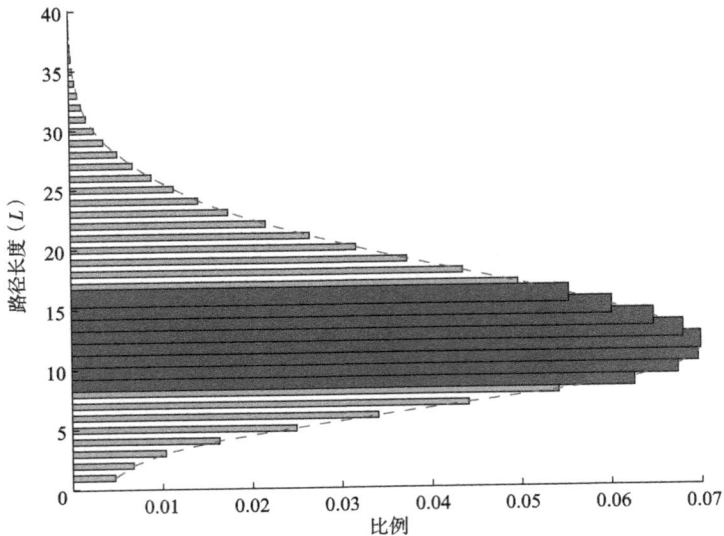

（c）高价期节点间的路径长度分布

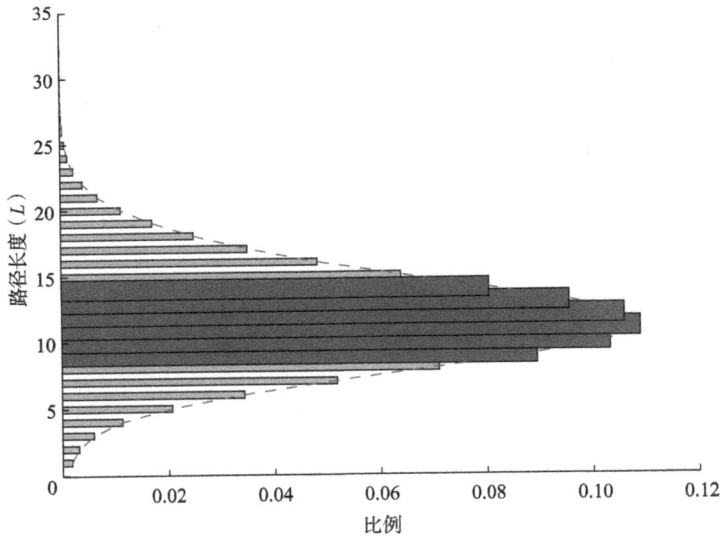

（d）低价期节点间的路径长度分布

图 20.5　欧洲碳期货价格波动网络节点间的路径距离、路径长度分布，
以及高价期和低价期节点间的路径长度分布

　　欧洲碳期货价格波动网络直径为 33，网络平均路径长度为 10.651 1，节点间的路径距离为 8、9、10、11 和 12 的情况占总数的 53.62%，表明价格波动模态在欧洲碳期货价格波动网络中多呈现短程相关，且转换周期为 8~12 天，转换频繁，这些特征为预测欧洲碳期货价格波动的周期性转换规律提供了依据[图 20.5（a）

和图 20.5（b）]。在高价期，网络直径为 39，平均路径长度为 13.149 0，节点间的路径距离为 9、10、11、12、13、14、15 和 16 的情况占总数的 51.77%，欧洲碳期货价格波动模态的转换周期是 9~16 天[图 20.5（c）]。在低价期，网络直径为 32，平均路径长度为 11.663 9，节点间的路径距离为 9、10、11、12、13 和 14 的情况占总数的 58.36%，欧洲碳期货价格波动模态的转换周期是 9~14 天[图 20.5（d）]。因此，在从高价期走向低价期的过程中，欧洲碳期货价格的模态转换周期在缩短，模态间转换的频率在提升，波动的复杂性在增强。

3）波动模态的强度分布

由欧洲碳期货价格波动网络的构造方法可知，除第一个节点和最后一个节点外，其余节点的入强度和出强度[37]均相同。由此，我们仅选取节点的出强度进行分析，并直接简称为强度。节点强度的计算公式如下：

$$s_i^{\text{out}} = \sum_{j=1}^{N} a_{ij}\omega_{ij} \qquad (20.3)$$

其中，a_{ij} 为邻接矩阵元素，若 v_j 到 v_i 有连接，则 $a_{ij}=1$，否则 $a_{ij}=0$；ω_{ji} 表示连接节点 v_j 到 v_i 的边的权重。

依据式（20.3）及欧洲碳期货价格波动划分的不同时期，我们计算出欧洲碳期货价格网络的节点强度分布（图 20.6）。利用最小二乘法回归，对欧洲碳期货价格波动网络的节点强度的双对数曲线进行回归，得到回归方程为 $y=-1.664\,3x+0.258\,4$，判定系数 R^2 为 0.882 2，拟合效果良好，欧洲碳期货价格波动网络整体上服从幂律分布，其幂律值 γ 为 1.664 3[图 20.6（a）]。分别对不同时期欧洲碳期货价格波动网络的累积节点强度分布进行回归分析，得到的拟合参数如表 20.4 所示。

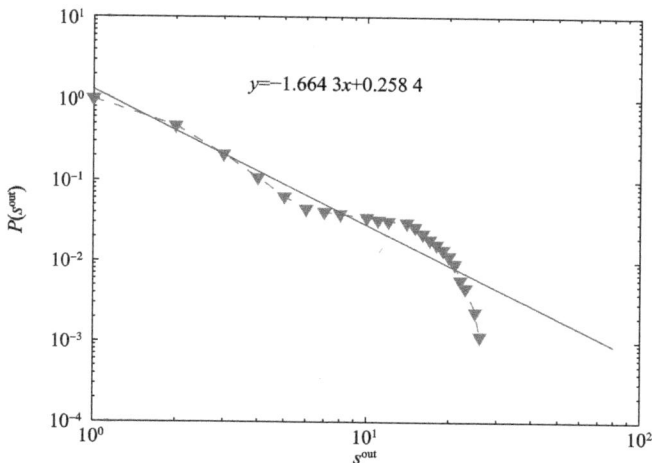

（a）欧洲碳期货价格网络

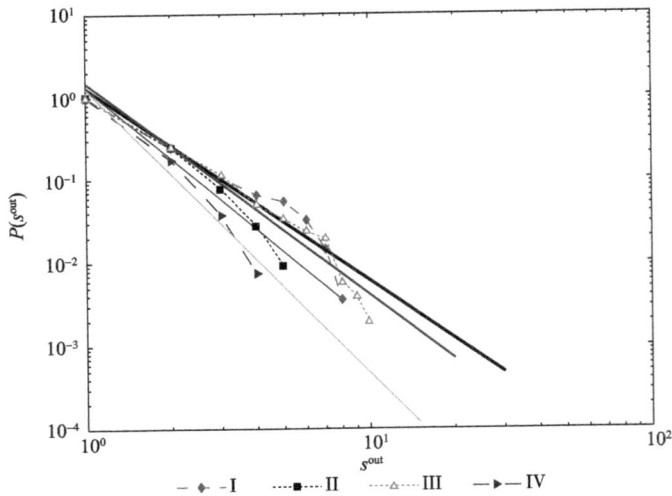

图中四条直线表示拟合曲线

（b）不同时期欧洲碳期货价格网络

图 20.6　节点强度分布

表20.4　不同时期欧洲碳期货价格波动网络节点强度分布拟合参数

时期	γ	R^2
I	2.324 3	0.913 2
II	2.835 3	0.970 9
III	2.558 9	0.950 4
IV	3.430 9	0.969 4

由图 20.6（b）和表 20.4 可以看到，不同时期欧洲碳期货价格波动网络均服从幂律分布，不同时期网络的幂律值不同，高价期网络的幂律值小于低价期网络的幂律值，即在从高价期走向低价期的过程中，欧洲碳期货价格波动网络的幂律分布程度有提升的趋势。

2. 重要波动模态的特征分析

1）强度型重要节点的影响力

同配系数是刻画网络的二阶度分布特征的一个重要指标[38]，能有效刻画强度值较大的重要节点对强度值较小的节点的影响力。对于一个度相关的网络，如果总体上度值大的节点倾向连接度值大的节点，则称该网络是同配的（assortative）；如果总体上度值大的节点倾向连接度值小的节点，就称该网络为异配的（disassortative）。同配系数的计算公式如下：

$$r = \frac{1}{\sigma_q^2} \sum_{j,k} jk(e_{jk} - q_j q_k), \quad \sigma_q^2 = \sum_k k^2 q_k - \left[\sum_k k q_k\right]^2 \qquad （20.4）$$

其中，e_{jk} 为联合概率，表示网络中随机选取的一条边的两个端点的度分别为 j 和 k 的概率；q_k 为余度分布，表示网络中随机选取一个节点，其任意一个邻居节点的度为 k 的概率。$r \in [-1,1]$，当 $r > 1$ 时，网络是同配的；当 $r < 1$ 时，网络是异配的。

有向加权复杂网络中的度分为出强度和入强度，考虑边的方向对网络的同配性质的影响，同配系数分为四种情况，其计算公式如下：

$$r(\alpha, \beta) = \frac{M^{-1} \sum_i \left(j_i^\alpha - \langle j^\alpha \rangle\right)\left(k_i^\beta - \langle k^\beta \rangle\right)}{\sqrt{M^{-1} \sum_i \left(j_i^\alpha - \langle j^\alpha \rangle\right)^2} \sqrt{M^{-1} \sum_i \left(k_i^\beta - \langle k^\beta \rangle\right)^2}} \qquad （20.5）$$

其中，$\alpha, \beta \in [\text{in, out}]$；$j_i^\alpha$、$k_i^\beta$ 分别表示第 i 条有向边的两个端点的 α 强度和 β 强度。

同一时期内的欧洲碳期货价格波动网络的四种同配系数 r（out, put），r（out, in），r（in, put），r（in, in）的数值不相等，即对于欧洲碳期货价格波动的有向网络而言，连边的方向对网络的同配性质是有影响的。同时发现，同一时期内欧洲碳期货价格波动网络的四种同配系数在数值上的波动较小，相对稳定。整体来看，同配系数的数值随时间不断递减，最大的是第 I 期，第 II、第 III 期次之，第 IV 期最小，即在欧洲碳期货价格从高价期走向低价期的过程中，重要节点的影响力不断下降（图 20.7）。

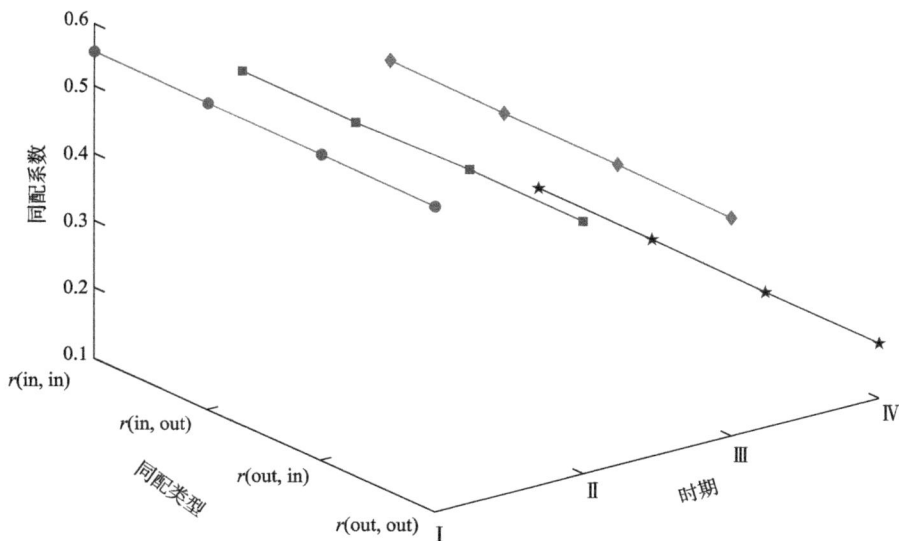

（a）三维图形

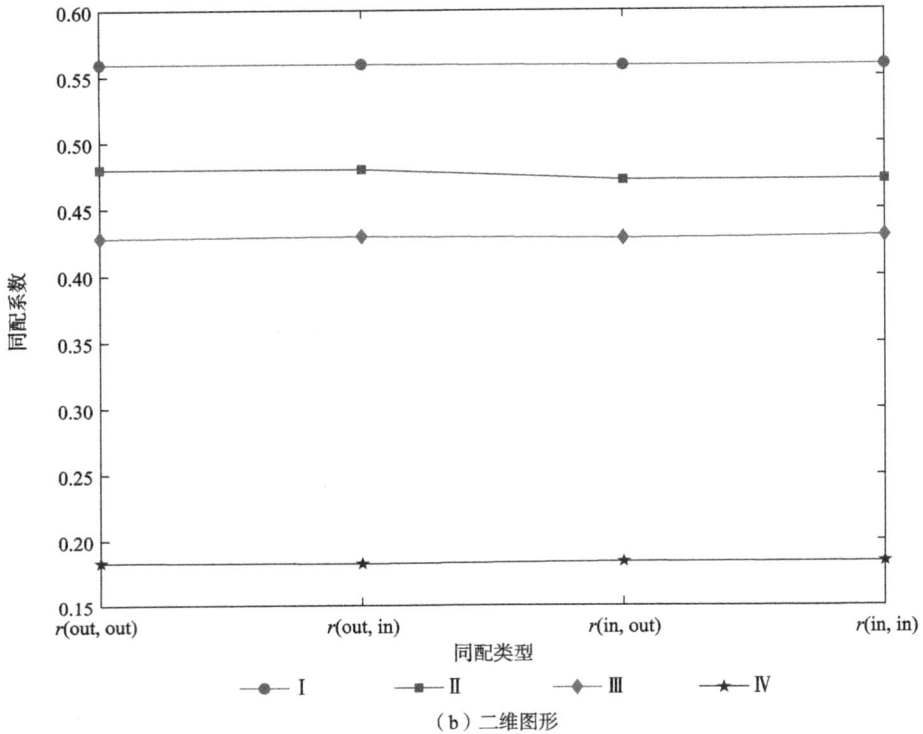

（b）二维图形

图 20.7　欧洲碳期货价格波动网络的同配系数

2）集聚型重要模态的必要条件

集聚系数反映了一个波动模态的各相邻波动模态间的相互联系的紧密程度，一个时期内波动模态间的聚类性可通过平均集聚系数刻画。我们把集聚系数较大的节点称为集聚型重要模态。在有向加权网络中，任一节点 v_i 上的集聚系数 C_i 的计算公式如下[10]：

$$C_i = \frac{1}{s_i(k_i-1)} \sum_{j,k} \frac{\omega_{ij}+\omega_{ik}}{2} \alpha_{ij}\alpha_{jk}\alpha_{ik} \tag{20.6}$$

其中，ω_{ij} 和 ω_{ik} 分别表示两个节点（i，j）和两个节点（i，k）连边的边权；s_i 表示节点强度，$s_i = \sum_j \omega_{ij}$；k_i 表示节点 v_i 的度；$\sum_{k>j} a_{ij}a_{jk}a_{ik}$ 表示网络中包含节点 v_i 的三角形的总数。将该集聚系数对整个网络做平均，可得网络的平均集聚系数为

$$C = \frac{1}{N} \sum_{i=1}^{N} C_i \tag{20.7}$$

显然 $0 \leqslant C \leqslant 1$，若 $C=0$ 当且仅当网络中所有节点的集聚系数均为零；$C=1$ 当且仅当网络中所有节点的集聚系数均为 1，此时网络是全局耦合的，即网络中任意

两个节点均直接相连。

根据图 20.8，欧洲碳期货价格波动网络平均集聚系数为 0.000 4，仅有 3 个节点的集聚系数不为 0，按出现的时间顺序分别为 Rrrrr、drrrr 和 rrrrr，对应的集聚系数分别为 0.500 0、0.150 0、0.140 6，节点强度分别为 10、5、16。在高价期，平均集聚系数为 0.004 1，仅有 3 个节点的集聚系数不为 0，按出现的时间顺序分别为 Drrrr、drrrr 和 rrrrr，对应的集聚系数分别为 0.500 0、0.400 0、0.250 0 和节点强度分别为 2、5、4。在低价期，平均集聚系数为 0.001 7，有 5 个节点的集聚系数不为 0，按出现的时间顺序分别为 Rrrrr、ddddd、drrrr、rrrrr 和 rdddd，对应的集聚系数分别为 0.500 0、0.250 0、0.250 0、0.166 7 和 0.156 3，节点强度分别为 2、2、11、28 和 8。由以上分析，我们发现低价期内的平均集聚系数比高价期的小，说明在从高价期向低价期的发展过程中，不同模态间的紧密程度在下降。我们注意到，集聚型重要模态中均包含子序列 dddd 或 rrrr，即连续 4 个小幅上涨或下跌，是构成集聚型重要模态的必要条件。同时，我们发现集聚型重要模态与模态强度的关系紧密，最大的集聚型重要模态往往具有相对较小的模态强度。

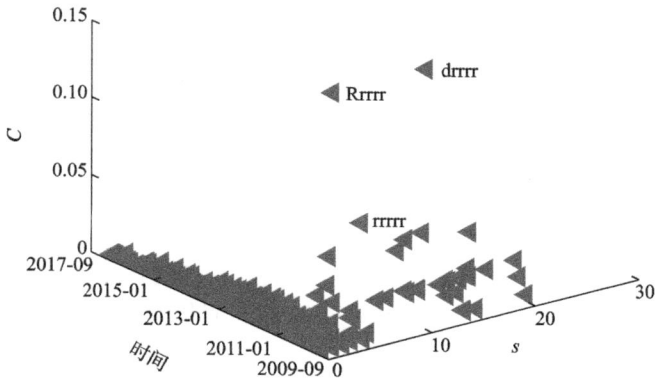

（a）欧洲碳期货价格波动网络集聚系数

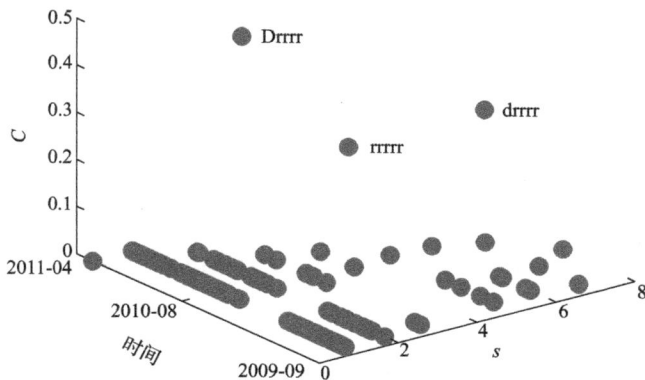

（b）高价期欧洲碳期货价格波动网络集聚系数

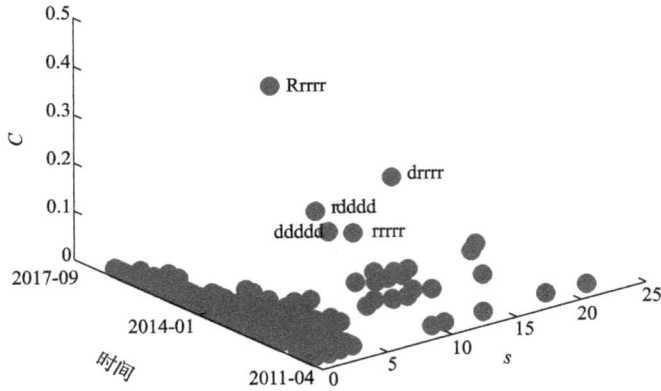

（c）低价期欧洲碳期货价格波动网络集聚系数

图 20.8 不同时期欧洲碳期货价格波动网络集聚系数

3）过渡型重要模态的特征

波动模态的过渡性能可以通过介数[2]刻画，我们把介数值较大的节点称为过渡型重要模态。这里，介数 B_i 计算公式为：

$$B_i = \sum_{j \neq l \neq i} [N_{jl}(i) / N_{jl}] \qquad (20.8)$$

其中，N_{jl} 表示节点 v_j 到节点 v_l 的最短路径条数；$N_{jl}(i)$ 表示节点 v_j 到节点 v_l 的最短路径经过节点 v_i 的条数。由此可见，v_i 的介数就是网络中所有最短路径中经过该节点的数量比例。

依据式（20.7）和式（20.8），我们得到欧洲碳期货价格波动网络节点介数与节点强度随时间的演化关系（图 20.9）。在欧洲碳期货价格波动网络中，节点介数排在前三位的节点是 rrdDr、DRrrd 和 rdRrD，其节点介数分别为 0.100 1、0.073 3 和 0.060 0，节点强度分别为 7、4 和 3。在高价期欧洲碳期货价格波动网络中，节点介数排在前三位的节点是 rrddr、drrdd 和 rdrrd，其节点介数分别为 0.239 0、0.210 9 和 0.152 8，节点强度分别为 7、6 和 7。在低价期欧洲碳期货价格波动网络中，节点介数排在前三位的节点是 rdrrd、rdDrr 和 dRrrd，其节点介数分别为 0.081 8、0.070 6 和 0.066 3，节点强度分别为 7、5 和 5。依据以上分析，我们发现高价期内过渡型重要节点的介数值比低价期内过渡型重要节点的数值大，即说明在从高价期向低价期的发展过程中，过渡型重要模态间的作用在减弱。我们注意到，在高价期内，过渡型重要模态均由代表小幅上涨与下跌的符号构成。在低价期内，过渡型重要模态由代表小幅上涨与下跌的符号构成，且有时会掺杂剧烈上升或下降的符号。即代表交替出现的小幅上涨与下跌的波动模态是构成高价期过渡型重要模态的必要条件。掺杂剧烈上升或下降的交替出现的小幅上涨与下跌的模态往往是构成低价期过渡型重要模态的前提。综上所述，在碳价格从高价期走向低价期的过程中，模态间的相互影响力在下降，模态间的转换频率在加快。因此，我们需要加强对碳价格市场的关注和监管，以保持碳价格市场的稳定运行。同时，我们应多关注掺杂剧烈上升或下降的交替出现的小幅上涨与下跌的模态，因为它们可能是价格变化的中间模式。

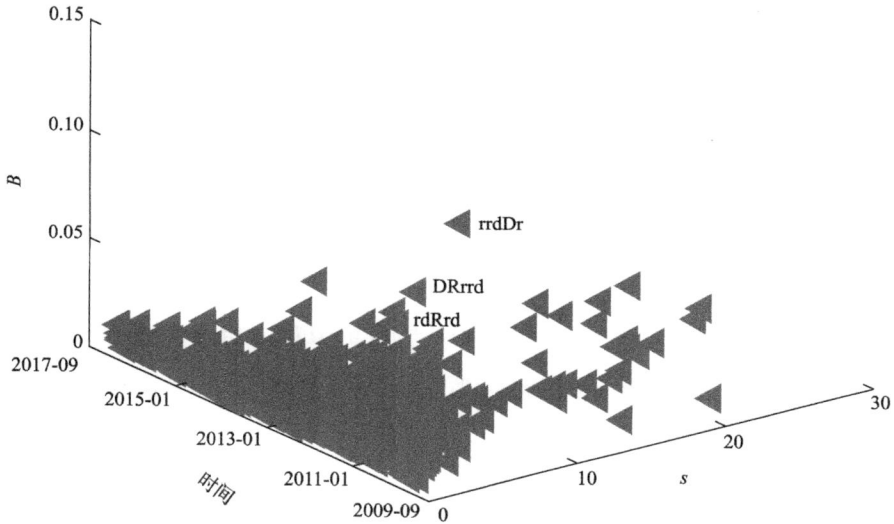

（a）欧洲碳期货价格波动网络节点介数与节点强度随时间的演化关系

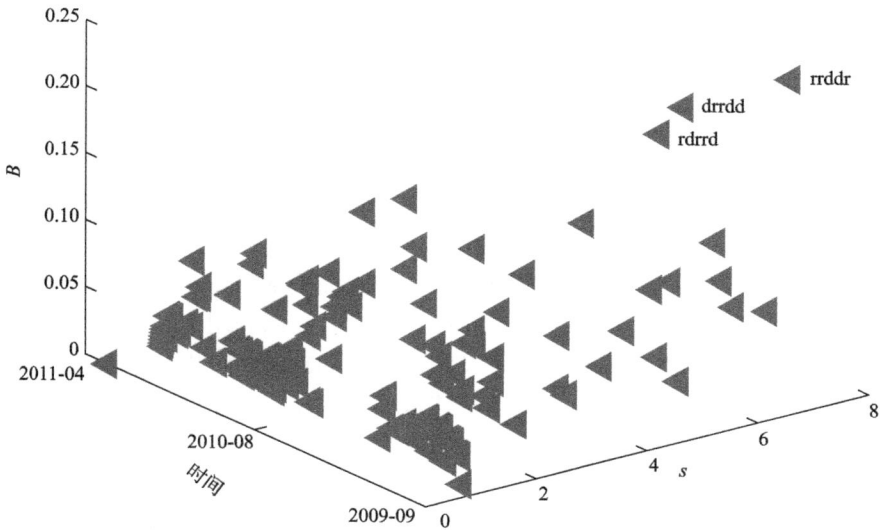

（b）高价期欧洲碳期货价格波动网络节点介数与节点强度随时间的演化关系

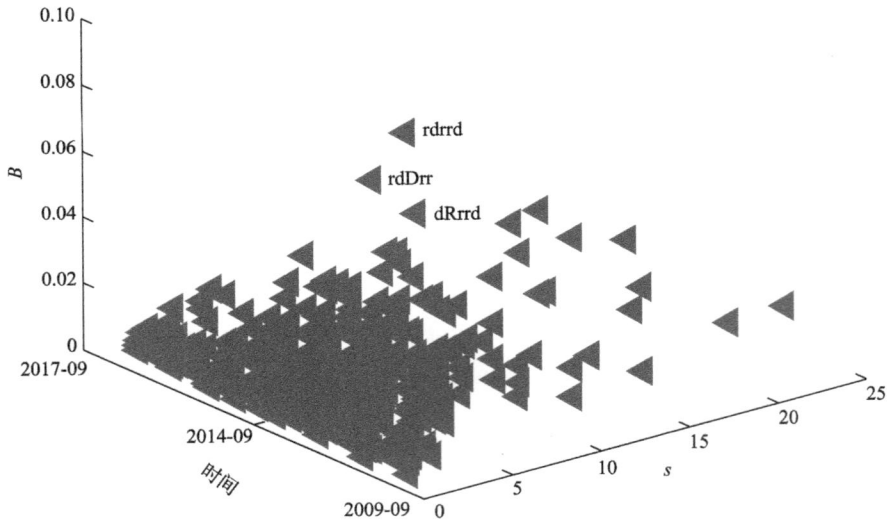

（c）低价期欧洲碳期货价格波动网络节点介数与节点强度随时间的演化关系

图 20.9　欧洲碳期货价格波动网络节点介数与节点强度随时间的演化关系

20.4　本 章 小 结

　　价格是碳市场的核心机制，对绿色低碳经济的发展具有重要意义。针对以往欧盟碳价格研究的不足，本章提出一个新的 DLPVG-CG 方法来研究碳价格不同时期的动态演化特征。首先，我们利用 DLPVG 方法，将碳价格序列与经典的随机序列、高斯序列及混沌序列进行对比分析。研究结果表明，欧洲碳期货价格序列同时具有均匀分布序列、高斯分布序列及混沌分布序列的特征，其演化关系极其复杂，且具有很强的时效性。依据各时期内欧洲碳期货价格序列邻接矩阵的特征，得到欧洲碳期货价格的四个潜在时期。其次，我们利用 CG 方法，获得了欧洲碳期货价格的波动模态，并建立了其波动模态的动态演化网络。最后，我们利用复杂网络指标，从新波动模态的增长速度、波动模态间转换周期分析、波动模态的强度分布、重要波动模态的特征分析四个方面对欧洲碳期货价格的演化特征进行分析，发现在从高价期走向低价期的过程中，欧洲碳期货价格波动网络中新模态的出现速度在减小，模态间的转换周期在缩短，模态间的紧密程度在下降，模态强度的幂律分布程度有提升的趋势。另外，我们发现连续四个小幅上涨或下跌，是构成集聚型重要模态的必要条件。代表交替出现的小幅上涨与下跌的波动模态是构成高价期过渡型重要模态的必要条件。掺杂剧烈上升或下降的交替出现的小幅上涨与下跌的模态往往是构成低价期过渡型重要模态的前提。受所收集数据的限制，本章的实证分析仅针对从高价期到低价期的碳价格序列进行，在诠释碳价格的波动规律上难免不够全面和深刻。如何依据碳价格的波动模态对碳价格进行准确预测，定量分析价格模态与外部因素的对应关系，是今后需要深入研究的内容。

参 考 文 献

[1] An H Z，Gao X Y，Fang W，et al. The role of fluctuating modes of autocorrelation in crude oil prices. Physica A：Statistical Mechanics and its Applications，2014，393：382-390.

[2] An H Z，Gao X Y，Fang W，et al. Research on patterns in the fluctuation of the co-movement between crude oil futures and spot prices：a complex network approach. Applied Energy，2014，136：1067-1075.

[3] Alberola E，Chevallier J，Cheze B. Price drivers and structural breaks in European carbon prices 2005-2007. Energy Policy，2008，36：787-797.

[4] Atsalakis G S. Using computational intelligence to forecast carbon prices. Applied Soft Computing，2016，43：107-116.

[5] Banerjee A，Chandrasekhar A G，Duflo E，et al. The diffusion of microfinance. Science，2013，341：1236498.

[6] Benz E，Truck S. Modeling the price dynamics of CO_2 emission allowances. Energy Economics，2009，31：4-15.

[7] Bezsudnov I V，Snarskii A A. From the time series to the complex networks：the parametric natural visibility graph. Physica A：Statistical Mechanics and its Applications，2014，414：53-60.

[8] Boyce J K. Carbon pricing：effectiveness and equity. Ecological Economics，2018，150：52-61.

[9] Chen J，Muckley C B，Bredin D. Is information assimilated at announcements in the European carbon market? Energy Economics，2017，63：234-247.

[10] Chen W D，Xu H，Guo Q. Dynamic analysis on the topological properties of the complex network of international oil prices. Acta Physica Sinica，2010，59：4514-4523.

[11] Creti A，Jouvet P A，Mignon V. Carbon price drivers：phase I versus phase Ⅱ equilibrium? Energy Economics，2012，34：327-334.

[12] Daskalakis G. Temporal restrictions on emissions trading and the implications for the carbon futures market：lessons from the EU emissions trading scheme. Energy Policy，2018，115：88-91.

[13] Fan J H，Todorova N. Dynamics of China's carbon prices in the pilot trading phase. Applied Energy，2017，208：1452-1467.

[14] Fang G C, Tian L X, Liu M H, et al. How to optimize the development of carbon trading in China-enlightenment from evolution rules of the EU carbon price. Applied Energy, 2018, 211: 1039-1049.

[15] Feng Z H, Zou L L, Wei Y M. Carbon price volatility: evidence from EU ETS. Applied Energy, 2011, 88: 590-598.

[16] Maria M B, Pardo A, Valor E. CO_2 prices, energy and weather. Energy Journal, 2006, 28: 73-92.

[17] Ren C, Lo A Y. Emission trading and carbon market performance in Shenzhen, China. Applied Energy, 2017, 193: 414-425.

[18] Fichera A, Frasca M, Volpe R. Complex networks for the integration of distributed energy systems in urban areas. Applied Energy, 2017, 193: 336-345.

[19] Gao Z K, Cai Q, Yang Y X, et al. Multiscale limited penetrable horizontal visibility graph for analyzing nonlinear time series. Scientific Reports, 2016, 6: 35622.

[20] Hossain M M, Alam S. A complex network approach towards modeling and analysis of the Australian Airport Network. Journal of Air Transport Management, 2017, 60: 1-9.

[21] Karpf A, Mandel A, Battiston S. Price and network dynamics in the European carbon market. Journal of Economic Behavior & Organization, 2018, 153: 103-122.

[22] Kim H J, Lee Y, Kahng B, et al. Weighted scale free network in financial correlations. Journal of the Physical Society of Japan, 2002, 71: 2133-2136.

[23] Kim J, Park Y J, Ryu D. Stochastic volatility of the futures prices of emission allowances: a Bayesian approach. Physica A: Statistical Mechanics and its Applications, 2017, 465: 714-724.

[24] Lacasa L, Luque B, Luque J, et al. The visibility graph: a new method for estimating the Hurst exponent of fractional Brownian motion. Europhysics Letters, 2009, 86: 30001-30005.

[25] Luque B, Lacasa L, Ballesteros F, et al. Horizontal visibility graphs: exact results for random time series. Physical Review E, 2009, 80: 593-598.

[26] Newman M E J. Mixing patterns in networks. Physical Review E, 2003, 67: 026126.

[27] Onnela J P, Kaski K, Kertesz J. Clustering and information in correlation based financial networks. European Physical Journal B, 2004, 38: 353-362.

[28] Palao F, Pardo A. Assessing price clustering in European carbon markets. Applied Energy, 2012, 92: 51-56.

[29] Tang J S, Ouyang K J. Controlling the period-doubling bifurcation of logistic model. Acta Physical Sinica, 2006, 55 (9): 4437-4441.

[30] Tang Y, Yi N, Mao J H. Derived network based on directed limited penetrable visibility graph for time series. Journal of Systems Engineering, 2017, 32: 156-162.

[31] Tsolas S D, Karim M N, Hasan M M F. Optimization of water-energy nexus: a network representation-based graphical approach. Applied Energy, 2018, 224: 230-250.

[32] Wang M, Chen Y, Tian L, et al. Fluctuation behavior analysis of international crude oil and gasoline price based on complex network perspective. Applied Energy, 2016, 175: 109-127.

[33] Yang Y, Liu Y, Zhou M, et al. Robustness assessment of urban rail transit based on complex

network theory: a case study of the Beijing Subway. Safety Science, 2015, 79: 149-162.

[34] Zhang X L, Ren Y B, Huang B X, et al. Analysis of time-varying characteristics of bus weighted complex network in Qingdao based on boarding passenger volume. Physica A: Statistical Mechanics and its Applications, 2018, 506: 376-394.

[35] Zhao Y, Weng T, Ye S. Geometrical invariability of transformation between a time series and a complex network. Physical Review E, 2014, 90: 012804.

[36] Zhou T T, Jin N D, Gao Z K, et al. Limited penetrable visibility graph for establishing complex network from time series. Acta Physical Sinica, 2012, 61: 030506.

[37] Zhu B Z, Ma S J, Chevallier J, et al. Modelling the dynamics of European carbon futures price: a Zipf analysis. Economic Modeling, 2014, 38: 372-380.

[38] Zhu B Z. A novel multiscale ensemble carbon price prediction model integrating empirical mode decomposition, genetic algorithm and artificial neural network. Energy, 2012, 5: 355-370.

第21章 三维碳价动力系统的演化分析

减少二氧化碳排放是遏制气候变暖的关键，这一点在《联合国气候变化框架公约》发布后得到了国际社会的广泛认可[1]。《京都议定书》要求欧洲共同体和37个工业化国家削减温室气体排放[2]。自2005年欧盟碳市场创建以来，市场机制已成为减少二氧化碳排放的新途径。2013年6月，中国宣布启动碳交易试点。在碳市场上，碳排放被定义为一种可交易的商品。这种市场化鼓励企业向低碳能源消费转型，积极推动技术创新，严格控制碳排放，从而促进低碳发展[3]。

市场需要逐步提高碳价格来为市场参与者提供长期信号。碳价格本质上受需求侧因素的影响，如能源价格[4]、宏观经济环境[5]、政策因素[6, 7]、相关产品价格[8]、气候变化[9]和外国直接投资[10]。能源价格和经济增长被认为是最重要的影响因素。现有文献表明，能源价格与碳价格在大多数情况下具有很强的正相关关系。Convery和Redmond[11]发现，能源价格是影响第一阶段欧盟市场碳价格波动的主要因素。与欧盟排放交易体系不同的是，美国地区温室气体市场与电力市场的联系并不紧密[12]。碳市场和能源市场之间存在双向的、时变的溢出效应。例如，Zhang和Sun[13]应用DCC-TGARCH（dynamic conditional correlational threshold generalized autoregressive conditional heteroscedasticity，动态条件相关门限广义自回归条件异方差）模型和完整的BEKK-GARCH①模型研究了碳价格和能源价格之间的动态波动溢出效应，发现煤炭市场与碳市场的正相关性最高。Kanamura[14]研究了碳交换交易和能源价格在碳市场价格相关性和波动性中的作用，发现能源价格对EUA价格的影响大于核证减排量价格，能源价格对EUA价格的影响为正向。Sousa等[15]使用多元小波分析表征了二氧化碳价格与能源价格之间的相互关系。经济增长通过刺激化石燃料消费来影响碳价格。长期来看，经济增长是决定碳价格的主要因素。据估计，GDP年增长率持续下降10%将导致EUA价格下降4.0%~

---

① BEKK：Baba, Engle, Kraft, Kroner。

4.5%[16]。区域影子价格与中国各省（区、市）的经济发展水平呈正相关关系[17]。使用结构向量自回归模型，发现北京试点的碳价格与经济发展呈正相关关系[18]。考虑到碳价格的约束，在不久的将来，经济增长将受到阻碍[19]。Fan 和 Todorova[20]发现，在中国的一些试点碳市场中，配额价格与公用事业、工业和材料行业指数呈正相关关系。Guo 等[21]构建了 GARCH 模型来研究微观行为与碳价格之间的差异，他们的微观经济研究结果证实了欧盟排放交易体系在第二阶段的成熟度。综合因素对其影响的研究在文献中受到越来越多的关注。Tan 和 Wang[5]阐述了欧盟能源和宏观经济基于分位数的依赖动态，并分析了欧盟排放交易体系不同阶段能源和金融市场对碳市场的影响路径。Chevallier[22]模拟了碳价格随经济活动和能源价格变化的动态，证实了宏观经济和碳价格之间的联系，揭示了碳价格、宏观经济和能源变量之间的新的相互作用。由于固有的高复杂性，碳价格的波动呈线性和非线性两种方式。通常用计量经济学方法和软计算模型将碳价格动态描述为随机过程[23~25]。Zhao 等[2]建立了一个实时程序来预测碳价格，结果表明混合频率经济和能源数据可用于预测碳价格。欧洲碳市场呈现混沌现象[26]。总的来说，我们假设碳价格在其演变过程中呈现出复杂的行为特征。

本章使用非线性动力系统来探索碳市场中碳价格的演变。这样的系统很好地反映了价格动态背后的非线性。以往对碳价格的研究大多采用统计学和计量经济学的方法和模型，很少有研究采用定量分析的方法来研究碳价格、能源价格和经济增长的影响。从动态增长的角度研究能源价格与经济增长之间的复杂互动关系，是一个新的视角。Berk 和 Yetkiner[27]采用两部门内生增长模型，揭示了能源价格增长率对能源使用增长率和实际 GDP 增长率的负面影响。Weber 等[28]通过多元动态综合评估模型研究了气候与社会经济系统之间的相互作用。相比简单的线性系统，描述变量随时间变化的非线性动力系统可能看起来是混沌的、不可预测的或违反直觉的。它通常使用非线性方程组描述复杂动力系统的行为。运用非线性动力学理论对经济系统复杂性进行的研究已取得了许多成果。Fang 等[29]建立了节能减排、碳排放与经济增长相互关系下的三维动力系统，并发现了一系列的结果[19, 30, 31]。Zhang 和 Tian[32]建立了一个关于能源价格、能源效率和经济增长的三维非线性动力系统。Wang 和 Tian[33]提出了能源价格、能源供应和经济增长的三维动力系统。Fan 等[34]通过资源、经济增长和污染之间的密切关系，提出了资源-经济-污染动力系统。这些研究为本章提供了良好的理论基础。

混沌行为对复杂系统的可持续性至关重要。由于可持续发展的非线性和动态性，当系统发展时，可能在非平衡状态发生混沌行为[35]。因此，在复杂系统中，混沌是在可持续性的背景下发生的。鉴于混沌系统在系统规模上是稳定的，混沌与可持续性之间并不存在矛盾[36]。考虑到局部尺度上混沌破坏可持续性，而可持续性掩盖了混沌，因此可将混沌和可持续性视为复杂系统发展的两极[37]。作为混沌系统的关键指标，奇异吸引子用于反映系统可持续发展也是最恰当的[38]。混沌不可预测的特性意味着系统保持以吸引子为代表的可持续状态[38]。基于这些意义，可以得出混沌现象代表可持续性的结论[39]。事实上，"混沌边缘"理论[40]表明，系统在从混沌到有序的不断往复中朝着可持续性发展。混沌的产生可能是系统参数值的不同，也可能是系统初始条件的不同造成的。本章给出了导致混沌行为的各种参数条件，改变这些条件就可得到可持续性的政策建议。

本章的目的是从非线性动力系统的角度研究碳价格的演变趋势。为此，本章基于碳价格、能源价格与经济增长之间的复杂关系，构建了一个三维非线性碳价动力系统。然后，通过耗散分析和参数分析得到混沌条件。李雅普诺夫指数谱和分岔图验证了混沌的存在。最后，给出参数扰动下碳价动力系统的演化趋势。本章主要贡献有三个方面：第一，构建了一个三维碳价动力系统，应用非线性动力学理论分析了系统的动态特性。第二，借助遗传算法，基于我国的统计数据得到一个实例系统。结果表明，该实例系统稳定，符合我国的实际情况。第三，本章通过扰动参数探讨了碳价动力系统的演化行为，并进一步研究了碳价格与各变量之间的动态行为。探讨碳价格的发展路径有利于完善碳市场的价格机制，可积累逐步提高碳价格的经验，促进我国的低碳发展。

21.1 碳价动力系统

我们对建模做了一些假设：第一，我们假设经济产出仅由能源产业产生，主要用于社会消费和能源消费；第二，我们只考虑煤和石油等化石燃料，暂时忽略低碳能源；第三，我们假设只有碳排放的现货价格，所有的交易商都是碳市场的控排企业。

21.1.1 碳价格、能源价格与经济增长之间的因果关系

碳价格体系是一个包含碳价格、经济增长、能源价格、政策调整、供需、能源结构等诸多因素的复杂体系。这些因素相互依存、相互制约。图 21.1 展示了这些因素与关系，其中方框表示变量和因素，$f_i(i=1,2,\cdots,24)$ 表示因素之间的传导关系，正号"+"表示正相关，负号"−"表示负相关。碳价格的上涨导致经济增长和能源价格的下降，它刺激技术进步，有效缩小碳排放供需缺口，降低了能源价格。能源价格的下跌削减了能源生产，从而导致经济增长放缓。另外，经济增长导致碳排放

和碳价格的持续增长。为控制碳价格过高，政府将调整政策法规以改善能源结构，促进低碳活动的发展，实现经济增长。随着经济发展，总生产力和能源价格上涨将促进科技进步。此外，能源价格上涨也可以促进新能源开发，从而增加低碳活动。因此，碳价格、能源价格和经济增长之间存在直接和间接复杂的非线性传导关系。

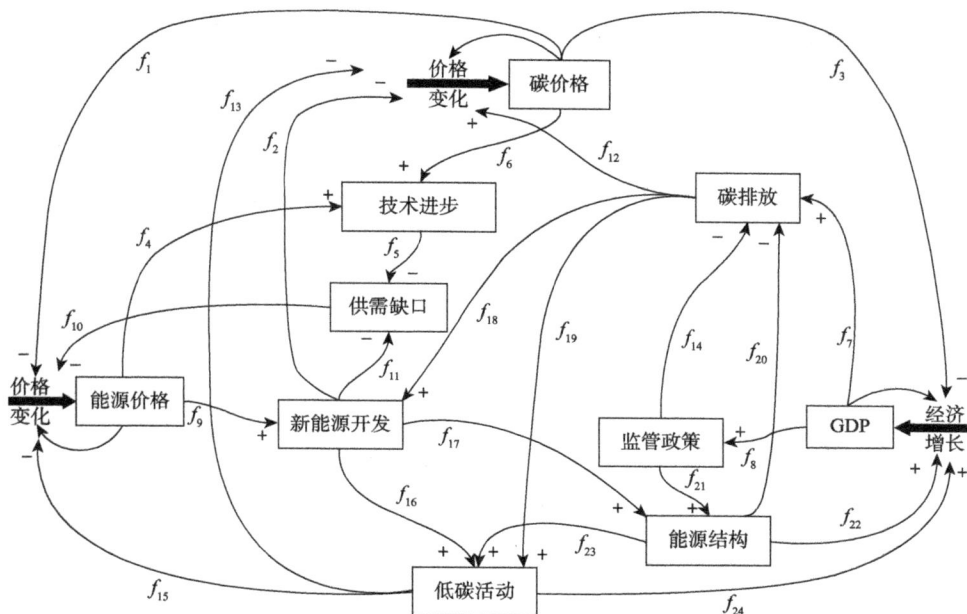

图 21.1　碳价系统各变量之间的因果关系

21.1.2　模型结构

本小节在时变背景下考虑碳价格、能源价格和经济产出，建立了一个非线性微分方程系统，用于量化碳价动力系统主要变量的演化。令 $x(t)$ 表示碳价格，$y(t)$ 表示能源价格，$z(t)$ 表示经济产出，$t \in T$，T 为一给定的经济时期。因为我们关注的是经济增长而非产出，故建立微分方程模型。根据第一个假设，经济产出的导数是产出、能源价格和碳价格的函数，即 $\dot{z} = F(x, y, z)$。直观上，F 包含一个基于有限增长理论的 Logistic 项 $z\left(1 - \dfrac{z}{N}\right)$。从图 21.1 可以看出 f_3 有一个负号，这意味着碳价格的上涨会直接抑制经济增长，故表示碳价格经济系数的偏导数 $\dfrac{\partial F}{\partial x}$

应该为负。偏导数 $\dfrac{\partial F}{\partial y}$ 表示能源价格的经济系数。能源价格的上涨可以促进新能源开发（图 21.1 中的 f_9），其中新能源开发可以通过调整能源结构（f_{17}）和低碳活动（f_{16} 和 f_{23}）促进经济增长（f_{22} 和 f_{24}）。因此，$\dfrac{\partial F}{\partial y}$ 是 f_9、f_{16}、f_{17}、f_{22}、f_{23} 和 f_{24} 的正函数。结合以上分析，我们有 $\dot{z} = -c_1 x + c_2 y + c_3 z\left(1 - \dfrac{z}{N}\right)$。

接下来，我们考虑 $\dot{y} = G(x, y, z)$。从长期来看，能源价格呈上升趋势，即 $\dfrac{\partial G}{\partial y} > 0$。由图 21.1 可知，碳价格的上涨会削弱能源价格（f_1），并通过技术进步（f_6）缩小碳排放供需缺口（f_5）。因此，碳价格对能源价格的影响是负向的，即 $\dfrac{\partial G}{\partial x} < 0$。因为经济产出仅来自能源消费，根据第一个假设，$G$ 中包含一个 Logistic 项 $z\left(\dfrac{z}{L} - 1\right)$。然后，我们有 $\dot{y} = b_1 y - b_2 x + b_3 z\left(\dfrac{z}{L} - 1\right)$。

最后，我们考虑 $\dot{x} = H(x, y, z)$。稳定而相对上涨的碳价格有利于减排。由于碳市场的多重特征，如环境、市场和金融及基于政策的属性[41]，政策制定者在经济发展时期往往更关注发展而不是环境问题，但在发达时期则相反。这表明经济发展时期的碳价格增长放缓，发达时期快速增加。然后我们有 $\dfrac{\partial H}{\partial x} = \dfrac{z}{M} - 1$，其中 $z < M$ 表示经济发展期，$z > M$ 表示发达时期。偏导数 $\dfrac{\partial H}{\partial y}$ 设为正值，因为高能源价格刺激新能源开发（f_9），进而促进能源结构调整（f_{17}），这就导致碳排放减少（f_{20}）及碳价格变化率的增加（f_{12}）。经济产出的增加，意味着排放量的增加，从而导致碳价格的提高。监管政策的调整（f_8）、低碳活动的开展（f_{16}，f_{19}，f_{23}）、能源结构的优化（f_{21}）及新能源开发（f_{18}）开始生效来减缓碳价格的变化。因此，碳价格的变化率与经济增长呈负相关关系。我们可以得到 $\dot{x} = a_1 x\left(\dfrac{z}{M} - 1\right) + a_2 y - a_3 z$。

综上所述，基于以上分析建立一个三维碳价动力系统：

$$\begin{cases} \dot{x} = a_1 x\left(\dfrac{z}{M} - 1\right) + a_2 y - a_3 z \\[2mm] \dot{y} = b_1 y - b_2 x + b_3 z\left(\dfrac{z}{L} - 1\right) \\[2mm] \dot{z} = -c_1 x + c_2 y + c_3 z\left(1 - \dfrac{z}{N}\right) \end{cases} \qquad (21.1)$$

其中，M、L分别为经济增长对碳价格和能源价格的阈值；N为经济增长的拐点。所有参数都是正常数。

21.2　碳价动力系统的动力学

本节通过理论分析和数值模拟讨论系统的复杂动态特性。

21.2.1　平衡点分析

常微分动力系统的平衡点是一个不随时间变化的解。对于系统（21.1），通过求解非线性代数方程组 $a_1 x\left(\dfrac{z}{M}-1\right)+a_2 y-a_3 z=0$ ，$b_1 y-b_2 x+b_3 z\left(\dfrac{z}{L}-1\right)=0$ ，$-c_1 x+c_2 y+c_3 z\left(1-\dfrac{z}{N}\right)=0$ 得到平衡点 $E(x_0, y_0, z_0)$。很明显，$O(0,0,0)$ 是各种情况下的平衡点。由于代数系统的高度非线性，由系统参数确定的其他平衡点并不简单，也难以显式表达。因此，我们只给出一组参数值下的特定平衡点。我们让这组集合对应于平衡点 $O(0,0,0)$ 不稳定的条件，然后确定该参数集下其他平衡点的数量和类型。

$O(0,0,0)$ 处线性近似系统的雅可比矩阵为

$$J_0=\begin{pmatrix} -a_1 & a_2 & -a_3 \\ -b_2 & b_1 & -b_3 \\ -c_1 & c_2 & c_3 \end{pmatrix} \tag{21.2}$$

具有特征多项式：

$$f(\lambda)=\left|\lambda I-J_0\right|=\lambda^3+p_1\lambda^2+p_2\lambda+p_3 \tag{21.3}$$

其中，I 为三阶单位矩阵；$p_1=a_1-b_1-c_3$ ；$p_2=b_1c_3+b_3c_2+a_2b_2-a_1b_1-a_1c_3-a_3c_1$ ；$p_3=a_1b_1c_3+a_1b_3c_2+a_3b_1c_1-a_2b_2c_3-a_2b_3c_1-a_3b_2c_2$。

通过多次仿真实验并将 Routh-Hurwitz 准则应用于 J_0 的特征多项式，我们获得一组参数：

$$\begin{aligned} &a_1=0.048,\ a_2=0.012,\ a_3=0.001,\ b_1=0.02, \\ &b_2=0.024,\ b_3=0.12,\ c_1=0.012,\ c_2=0.013, \\ &c_3=0.008,\ L=1.7,\ M=0.9,\ N=0.3 \end{aligned} \tag{21.4}$$

在这组参数下，有 3 个平衡点：$O(0,0,0)$、$E_1(-6.8017,-5.6811,0.7101)$ 和 $E_2(-0.9390,1.1163,1.1447)$。它们在 $O(0,0,0)$ 处的方程（21.1）的雅可比矩阵的特征值是 $\lambda_1 = -0.0412$，$\lambda_{2,3} = 0.0160 \pm 0.0376i$；在 E_1 处是 $\lambda_1 = -0.0740$，$\lambda_2 = 0.0594$，$\lambda_3 = -0.0054$；在 E_2 处是 $\lambda_1 = -0.0652$，$\lambda_{2,3} = 0.0226 \pm 0.0089i$。因此，所有的平衡点都是不稳定的鞍点。此外，$O$ 和 E_2 都是不稳定的鞍焦点。在接下来的小节中，我们只分析 O 处的行为。

21.2.2　混沌的存在性

我们发现有无穷多个参数组合导致混沌。混沌的发生可以从两个标准来考虑。第一标准是不稳定的鞍焦点的存在。存在的必要条件是方程（21.1）有一个实特征值 λ_1 和一对共轭复数特征值 $\lambda_{2,3} = \sigma \pm i\omega$ 满足 $\lambda_1 \sigma < 0$ 和 $|\lambda_1| > |\sigma|$，其中 $i^2 = -1$。第二个标准是耗散性，具有不稳定鞍点的耗散系统可能导致混沌。

系统（21.2）的散度是

$$\nabla V = \frac{\partial \dot{x}}{x} + \frac{\partial \dot{y}}{y} + \frac{\partial \dot{z}}{z} = \frac{a_1 z}{M} - a_1 + b_1 + c_3 - \frac{2c_3 z}{N} = \left(\frac{a_1}{M} - \frac{2c_3}{N}\right)z - a_1 + b_1 + c_3 \quad （21.5）$$

让 $A = p_1^2 - 3p_2$，$B = p_1 p_2 - 9p_3$，$C = p_2^2 - 3p_1 p_3$。根据这两个标准，当参数满足：

$$\text{CP}: \begin{cases} p_1^2 + \dfrac{p_1}{2}\left(\sqrt[3]{Y_1} + \sqrt[3]{Y_2}\right) - \dfrac{1}{2}\left(\sqrt[3]{Y_1} + \sqrt[3]{Y_2}\right)^2 < 0 \\ B^2 - 4AC > 0 \\ \dfrac{a_1}{M} = \dfrac{2c_3}{N} \\ -a_1 + b_1 + c_3 < 0 \end{cases} \quad （21.6）$$

时，可能会出现混沌，其中 $Y_{1,2} = Ap_1 + 3\left(\dfrac{-B \pm \sqrt{B^2 - 4AC}}{2}\right)$。

条件（21.6）以隐式的形式给出了混沌的无穷多个参数组合。我们为混沌的存在指定一组参数。利用李雅普诺夫指数谱和分岔图检验混沌的存在性。我们分析了在 $[0.10, 0.35]$ 区间内改变 b_3 时的李雅普诺夫指数和分岔图，其中固定参数为

$$\begin{gathered} a_1 = 0.048,\ a_2 = 0.012,\ a_3 = 0.001,\ b_1 = 0.02, \\ P_0: b_2 = 0.024,\ c_1 = 0.012,\ c_2 = 0.013,\ c_3 = 0.008, \\ L = 1.7,\ M = 0.9,\ N = 0.3 \end{gathered} \quad （21.7）$$

图 21.2 显示了参数 b_3 的李雅普诺夫指数谱。我们注意到，当 $0.10 < b_3 < 0.15$ 时，最大的李雅普诺夫指数为正值，这表明在李雅普诺夫意义上发生了混沌。状

态变量 z 对应的分岔图（图 21.3）中的突变分岔也验证了这种情况。图 21.2 和图 21.3 表明对 $[0.10, 0.15]$ 区间内的无限多个 b_3 存在混沌。图 21.4 显示了该系统丰富的动力学行为。将参数 $b_3 = 0.12$ 固定在 P_0 集合中，初始值为 $[0.016\,9, 0.2, 0, 3]$，我们可以发现一个奇异吸引子，如图 21.4（a）所示。

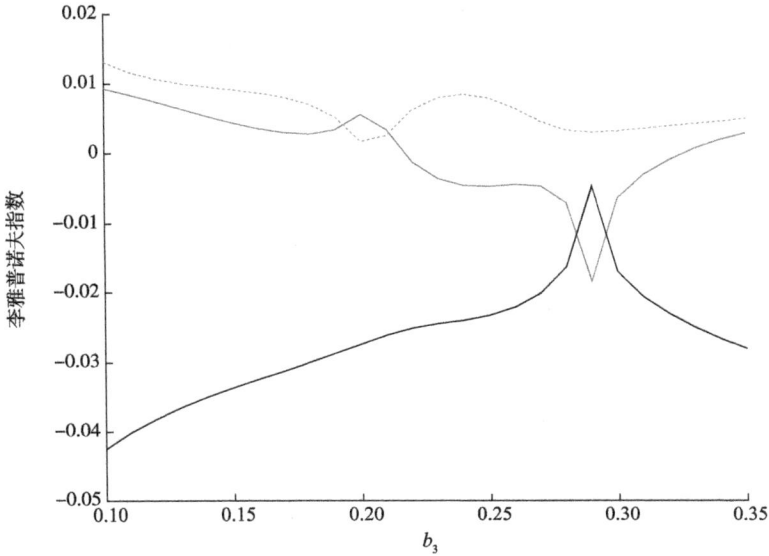

图 21.2 李雅普诺夫指数谱

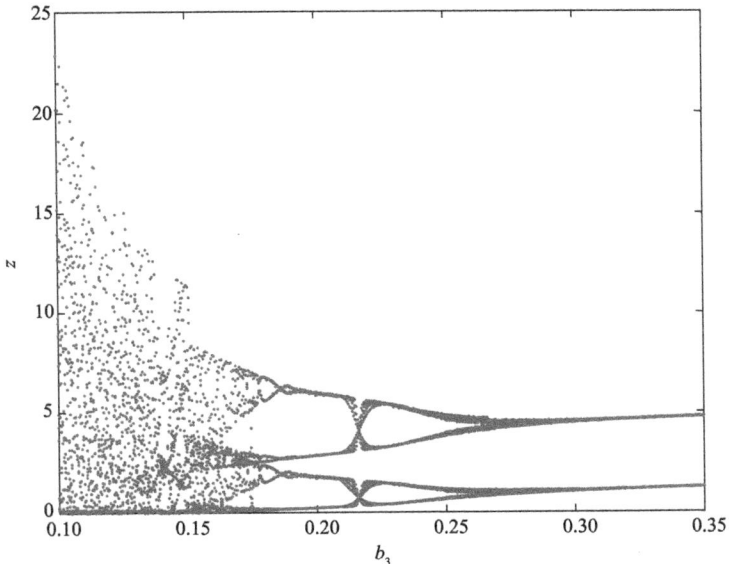

图 21.3 参数 b_3 的 z 分岔图

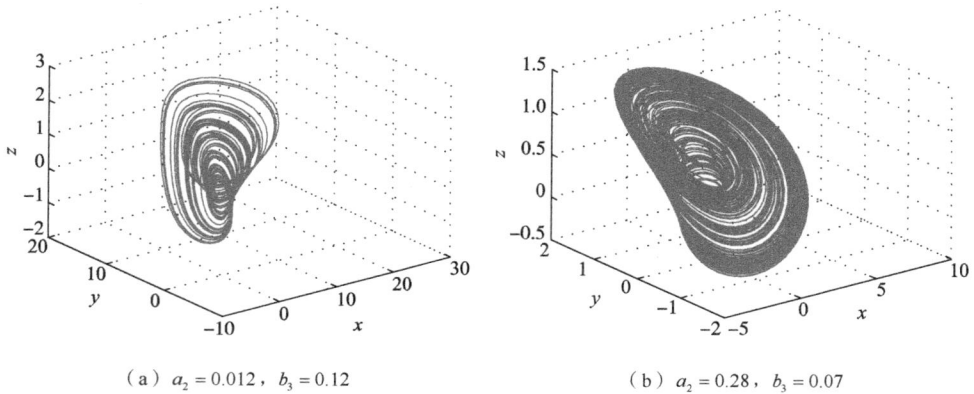

（a）$a_2 = 0.012$，$b_3 = 0.12$　　　　　　　　（b）$a_2 = 0.28$，$b_3 = 0.07$

图 21.4　两个碳价格混沌吸引子

除 a_2 和 b_3 外，参数与 $a_1 = 0.048$，$a_3 = 0.001$，$b_1 = 0.02$，$b_2 = 0.024$，$c_1 = 0.012$，$c_2 = 0.013$，
$c_3 = 0.008$，$L = 1.7$，$M = 0.9$，$N = 0.3$ 相同

除了参数集 P_0 之外，我们还观察到了混沌行为。例如，我们通过排除 a_2 而固定 $b_3 = 0.07$ 来获取新参数集。当初始值相同但 $a_2 = 0.28$ 时，观察到另一个混沌吸引子[图 21.4（b）]。这两个吸引子具有不同的模式，表明碳价动力系统有不同的混沌行为。

21.3　中国情景：一个稳定的系统

我们使用遗传算法确定中国的碳价动力系统。

21.3.1　数据来源与处理

本章研究的数据来自公共数据库和统计年鉴。碳价格数据从"碳 K 线"碳行情分析平台（http://k.tanjiaoyi.com/）下载。选择秦皇岛港 1 500 千卡的煤炭价格作为能源价格（http://www.shcce.com/）。GDP 数据来源于《中国统计年鉴 2017》。由于中国在 2013 年开始启动碳交易试点，样本期选为 2013~2017 年。我们将碳价格和能源价格的每日数据通过平均转换为年度值，使其时间尺度与 GDP 相同。详细来说，以每年总交易价格与总交易量之比作为碳价格数据，以每周平均价格总和的年平均值作为能源价格数据。我们先使用北京试点的碳价格。为了与碳价动力系统相一致，我们将碳价格、能源价格和经济增长的数据分别表示为 $x(t)$、$y(t)$ 和 $z(t)$，见表 21.1。

表21.1　碳价格、能源价格和经济增长的数据

年份	x/（元/吨）	y/（元/吨）	$z/10^8$ 元
2013	51.230 769 23	428.113 207 5	595 244.4
2014	59.613 569 62	408.076 923 1	643 974.0
2015	46.774 361 69	340.480 769 2	689 052.1
2016	48.881 949 77	369.423 076 9	744 127.2
2017	49.741 234 13	480.288 461 5	827 122.0

21.3.2　参数识别

采用遗传算法对离散系统进行参数辨识。第一步是对系统（21.1）进行离散。我们以矢量形式重写碳价动力系统：

$$\dot{X}(t) = f(X(t), \alpha) \tag{21.8}$$

其中，$X = (x(t), y(t), z(t))$ 表示系统状态；α 为系统参数。接下来我们将它离散化为

$$X(k+1) = X(k) + f(X(k)) = F(X(k), \alpha) \tag{21.9}$$

系统辨识参数等价于非线性优化问题：

$$\min \frac{1}{2} \sum_{k=1}^{T} X(k+1) - F(X(k), \alpha)^2, \text{ s.t. } \alpha_i > 0 \tag{21.10}$$

然后，通过遗传算法[42]识别参数，这是一种有效的随机优化技术，具有误差小的特征。该算法从一组称为总体的解开始。它根据适合度选择解（父母）；通过突变或交叉产生新的解（后代），然后将其作为新的总体。当满足结束条件时，算法停止。

本节的研究利用 Matlab 2017 平台的全局优化工具箱实现遗传算法。我们将表 21.1 中的数据标准化。重复尝试后，总体大小为 200，交叉率为 0.5，突变率为 0.3。当误差容量达到 10^{-6} 或者进化次数是 200 时，获得实例系统的参数，如表 21.2 所示。

表21.2　实例系统的参数

a_1	a_2	a_3	b_1	b_2	b_3
0.465 4	0.803 8	0.509 0	0.093 3	0.491 0	0.586 0
c_1	c_2	c_3	M	L	N
0.438 1	0.933 4	0.093 4	0.446 8	0.342 5	0.797 0

　　我们选择 2013 年的数据作为初始条件，即初始值为 $[0.498\,2, 0.711\,7, -0.082\,0]$，并选择表 21.2 中的参数，对应的稳定解如图 21.5（a）所示。因此，实例系统是稳定的，即实例系统是可持续的，符合实际情况。我们使用深圳试点的数据来分析相图。按照北京试点的相同程序，我们确定了参数并发现系统也是稳定的。图 21.5（b）显示了深圳试点的相图。两个相图的类比验证了模型的结构。

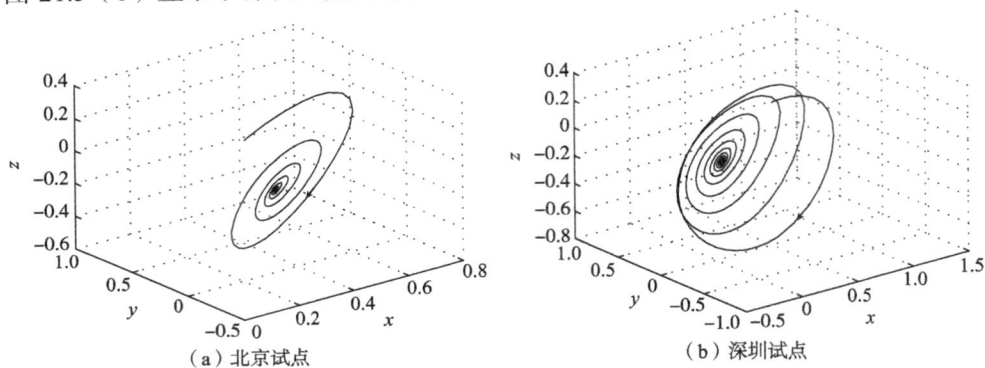

（a）北京试点　　　　　　　　　（b）深圳试点

图 21.5　实例系统的相图

21.4　参数对系统变量的影响

　　本章讨论了参数 a_2、a_3、b_2 和 c_1 对碳价格、能源价格和经济增长的影响。这些参数分别表示能源价格政策、政府控制、碳价格技术创新和碳交易投资。我们通过扰动参数设置了三种情景：基准情景对应使用表 21.2 中的参数，强情景对应使用较大的参数，弱情景对应使用较小的参数。

　　首先，分析能源价格政策对碳价格的影响。图 21.6 显示了 3 个不同 a_2 下的碳价格演变曲线。下面的曲线对应的是弱情景（ $a_2 = 0.703\,8$ ）；中间的曲线对应的是基准情景（ $a_2 = 0.803\,8$ ）；上面的曲线对应的是强情景（ $a_2 = 0.903\,8$ ）。我们得出结论，碳价格与 a_2 呈正相关关系。碳价格在短期内波动较大（ $t<15$ ）。长期来看，它是收敛的，如图 21.6 右上角的子图所示，这表明能源价格政策能够达到稳定碳价格的目的。另外，调整政策可以提高碳价格。然而，要达到稳定点需要很长时间。能源和经济也可能受到不可逆转的影响。这些结果表明，应制定和采取适当的能源价格政策。

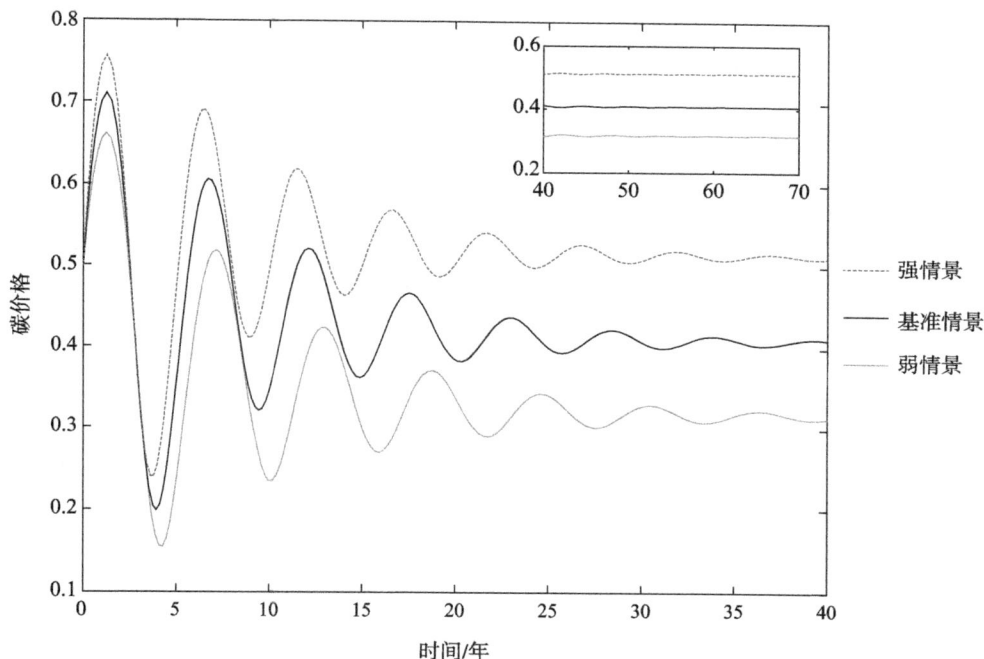

图 21.6　不同能源价格政策参数 a_2 的碳价格演变趋势

弱情景：$a_2 = 0.7038$；基准情景：$a_2 = 0.8038$；强情景：$a_2 = 0.9038$

其次，分析政府控制对碳价格的影响。图 21.7 为 3 个不同 a_3 下的碳价格演变曲线。下面的曲线对应的是弱情景（ $a_3 = 0.3590$ ）；中间的曲线对应的是基准情景（ $a_3 = 0.5090$ ）；上面的曲线对应的是强情景（ $a_3 = 0.6590$ ）。短期（ $t \leqslant 7$ ）和长期（ $t > 7$ ）的演变模式不同。从短期来看，强情景对应较低的碳价格，表明政府加强控制会抑制碳价格。然而，从长远来看，政府控制的负面影响会逆转为正面影响，碳价格趋于稳定。这些曲线在竖直方向上的顺序与 a_3 的顺序一致。这一发现表明，政府控制尽管在短期内会阻碍价格，但可以在长期内将碳价格提高到预期水平。因此，政府应积极参与碳市场，及时制定可调政策，促进碳交易市场的发展。

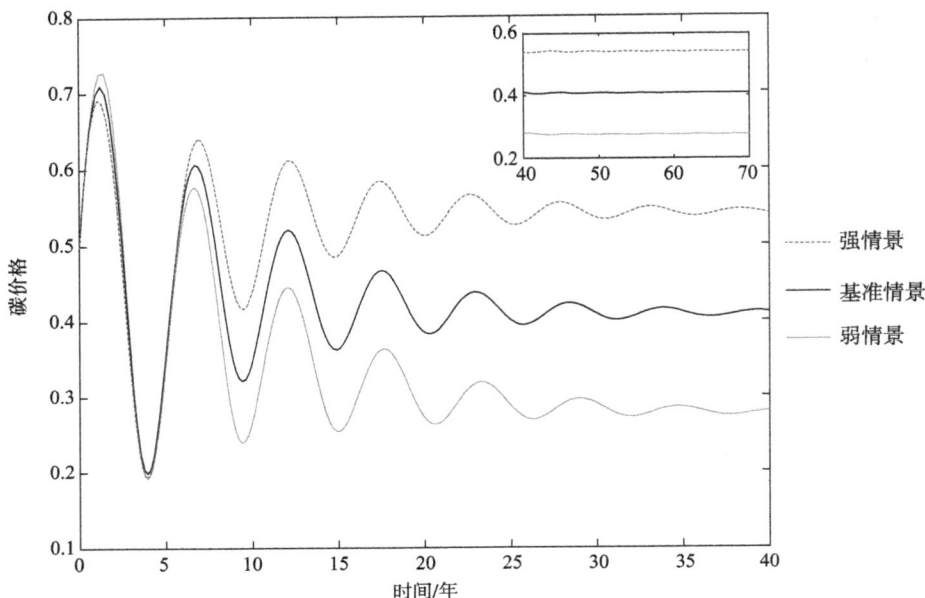

图 21.7 不同政府控制参数 a_3 的碳价格演变趋势

弱情景： $a_3 = 0.359\,0$ ；基准情景： $a_3 = 0.509\,0$ ；强情景： $a_3 = 0.659\,0$

再次，考察碳价格技术创新对能源价格的影响。图 21.8 为 3 个不同 b_2 下的能源价格演变曲线。下面的曲线对应的是弱情景（ $b_2 = 0.291\,0$ ）；中间的曲线对应的是基准情景（ $b_2 = 0.491\,0$ ）；上面的曲线对应的是强情景（ $b_2 = 0.691\,0$ ）。长期来看，随着曲线振幅的减小，能源价格趋于稳定。强情景曲线在多次与弱情景曲线和基准情景曲线相交后超越了它们，并最终稳定下来。这说明 b_2 越大，碳价格的控制效果越好。最后的演变结果表明，在当前约束强度下，碳价格技术创新与能源价格呈正相关关系。

最后，分析碳交易投资对经济增长的影响。图 21.9 显示了 3 个不同 c_1 下的经济增长演变曲线。上面的曲线对应的是弱情景（ $c_1 = 0.338\,1$ ）；中间的曲线对应的是基准情景（ $c_1 = 0.438\,1$ ）；下面的曲线对应的是强情景（ $c_1 = 0.538\,1$ ）。由于曲线呈下降趋势，该参数对经济增长有抑制作用。从长远来看，经济发展的所有值都是负的，表明对碳交易的过度投资阻碍了经济发展。然而，通过保护碳市场免受可能导致不合理或无根据的价格波动的过度投机，可以改善这种消极局面。

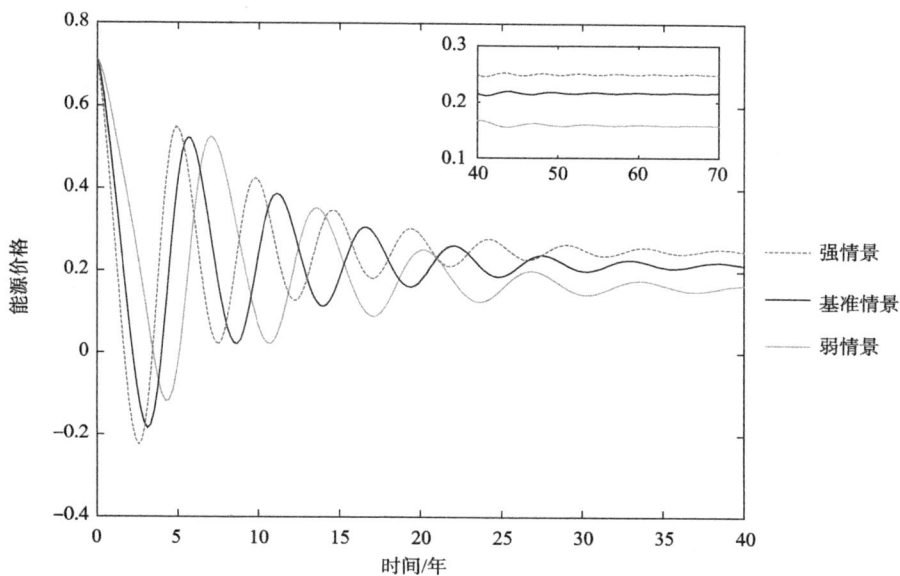

图 21.8　不同碳价格技术创新参数 b_2 的能源价格演变趋势

弱情景：$b_2 = 0.2910$；基准情景：$b_2 = 0.4910$；强情景：$b_2 = 0.6910$

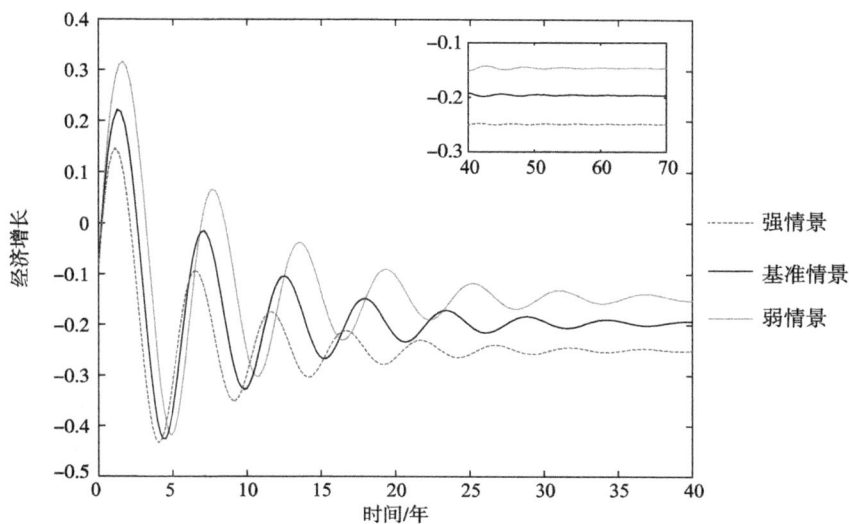

图 21.9　不同碳交易投资参数 c_1 的经济增长演变趋势

弱情景：$c_1 = 0.3381$；基准情景：$c_1 = 0.4381$；强情景：$c_1 = 0.5381$

21.5 本章小结

本章的研究建立了一个描述碳价格、能源价格与经济增长相互作用的三维微分动力系统。所构建的动力系统呈现出复杂的行为。通过平衡点分析和耗散分析，找到了混沌的一组参数。在该组参数下，利用李雅普诺夫指数谱和分岔图证明了系统是混沌的。借助遗传算法识别了我国的系统参数。对实例系统进行了情景分析。通过分析各变量的演化趋势，讨论了各参数的影响。通过分析碳价格随参数集的变化可以是混沌的，也可以是稳定的，验证了复杂行为特征的假设。碳价格演变趋势的结果表明政府控制碳市场的重要性。一方面，能源价格政策有利于碳价格的发展；另一方面，碳价格水平在短期内与政府控制呈负相关关系，但在长期内与政府控制呈正相关关系，这意味着政府可以将碳价格控制在它所期望的水平。因此，无论是能源价格政策还是政府对碳市场的控制都应谨慎使用。此外，价格政策应适当调整，与政府控制共同发挥作用。结果表明，碳价格技术创新与能源价格呈正相关关系，而碳交易投资与经济发展呈负相关关系。这一发现意味着，一个强劲的碳市场有助于合理配置资源，促进可持续发展。本章的研究存在一定的局限性：由于样本数据的数量有限，所确定参数的精度可能不太理想；由于经济背景和市场环境的独特性，在理论上建立模型的同时，模型的校准和验证只适用于局部地区，即该体系适用于个别国家，尤其是化石能源占主导地位的欠发达国家。本章的模型只包含三个变量，然而，在实际的减排体系中应该包含更多的变量，如公众接受度、经济增长率等。在这样一个新的体系中，可以进一步研究这些新因素对碳价格的影响。此外，比较两个或多个不同国家的系统参数也很有意义。

参 考 文 献

[1] Zhao X G, Wu L, Li A. Research on the efficiency of carbon trading market in China. Renewable and Sustainable Energy Reviews, 2017, 79: 1-8.

[2] Zhao X, Han M, Ding L, et al. Usefulness of economic and energy data at different frequencies for carbon price forecasting in the EU ETS. Applied Energy, 2018, 216: 132-141.

[3] Zhang F, Fang H, Wang X. Impact of carbon prices on corporate value: the case of China's thermal listed enterprises. Sustainability, 2018, 10（9）: 3328.

[4] Lutz B J, Pigorsch U, Rotfuss W. Nonlinearity in cap-and-trade systems: the EUA price and its fundamentals. Energy Economics, 2013, 40: 222-232.

[5] Tan X P, Wang X Y. Dependence changes between the carbon price and its fundamentals: a quantile regression approach. Applied Energy, 2017, 190: 306-325.

[6] Song Y Z, Liang D P, Liu T S, et al. How China's current carbon trading policy affects carbon price? An investigation of the Shanghai emission trading scheme. Journal of Cleaner Production, 2018, 181: 374-384.

[7] Yang B C, Liu C Z, Gou Z H, et al. How will policies of China's CO_2 ETS affect its carbon price: evidence from Chinese pilot regions. Sustainability, 2018, 10（3）: 605.

[8] Zhang Y J, Wang A D, Tan W. The impact of China's carbon allowance allocation rules on the product prices and emission reduction behaviors of ETS-covered enterprises. Energy Policy, 2015, 86: 176-185.

[9] Hintermann B. Allowance price drivers in the first phase of the EU ETS. Journal of Environmental Economics and Management, 2010, 59（1）: 43-56.

[10] Doytch N, Uctum M. Globalization and the environmental impact of sectoral FDI. Economic Systems, 2016, 40（4）: 582-594.

[11] Convery F J, Redmond L. Market and price developments in the European Union emissions trading scheme. Review of Environmental Economics and Policy, 2007, 1（1）: 88-111.

[12] Man-Keun K, Lee K. Dynamic interactions between carbon and energy prices in the US regional greenhouse gas initiative region. International Journal of Energy Economics and Policy, 2015, 5（2）: 494-501.

[13] Zhang Y J, Sun Y F. The dynamic volatility spillover between European carbon trading market and fossil energy market. Journal of Cleaner Production, 2016, 112: 2654-2663.

[14] Kanamura T. Role of carbon swap trading and energy prices in price correlations and volatilities between carbon markets. Energy Economics, 2016, 54: 204-212.

[15] Sousa R, Aguiar-Conraria L, Soares M J. Carbon financial markets: a time-frequency analysis of CO_2 prices. Physica A: Statistical Mechanics and its Applications, 2014, 414: 118-127.

[16] Carraro C, Favero A. The economic and financial determinants of carbon prices. Finance a Uver: Czech Journal of Economics & Finance, 2009, 59（5）: 396-409.

[17] Zhang X P, Xu Q N, Zhang F, et al. Exploring shadow prices of carbon emissions at provincial levels in China. Ecological Indicators, 2014, 46: 407-414.

[18] Zeng S, Nan X, Liu C, et al. The response of the Beijing carbon emissions allowance price（BJC）to macroeconomic and energy price indices. Energy Policy, 2017, 106: 111-121.

[19] Fang G C, Tian L X, Liu M H, et al. How to optimize the development of carbon trading in China-enlightenment from evolution rules of the EU carbon price. Applied energy, 2018, 211: 1039-1049.

[20] Fan J H, Todorova N. Dynamics of China's carbon prices in the pilot trading phase. Applied

Energy, 2017, 208: 1452-1467.

[21] Guo J F, Su B, Yang G, et al. How do verified emissions announcements affect the comoves between trading behaviors and carbon prices? Evidence from EU ETS. Sustainability, 2018, 10 (9): 3255.

[22] Chevallier J. A model of carbon price interactions with macroeconomic and energy dynamics. Energy Economics, 2011, 33 (6): 1295-1312.

[23] Benz E, Trück S. Modeling the price dynamics of CO_2 emission allowances. Energy Economics, 2009, 31 (1): 4-15.

[24] Daskalakis G, Psychoyios D, Markellos R N. Modeling CO_2 emission allowance prices and derivatives: evidence from the European trading scheme. Journal of Banking & Finance, 2009, 33 (7): 1230-1241.

[25] Seifert J, Uhrig-Homburg M, Wagner M. Dynamic behavior of CO_2 spot prices. Journal of Environmental Economics and Management, 2008, 56 (2): 180-194.

[26] Fan X H, Li S S, Tian L X, et al. Chaotic characteristic identification for carbon price and an multi-layer perceptron network prediction model. Expert Systems with Applications, 2015, 42 (8): 3945-3952.

[27] Berk I, Yetkiner H. Energy prices and economic growth in the long run: theory and evidence. Renewable and Sustainable Energy Reviews, 2014, 36: 228-235.

[28] Weber M, Barth V, Hasselmann K. A multi-actor dynamic integrated assessment model (MADIAM) of induced technological change and sustainable economic growth. Ecological Economics, 2005, 54 (2/3): 306-327.

[29] Fang G C, Tian L X, Sun M, et al. Analysis and application of a novel three-dimensional energy-saving and emission-reduction dynamic evolution system. Energy, 2012, 40 (1): 291-299.

[30] Fang G C, Tian L X, Fu M, et al. Government control or low carbon lifestyle? —Analysis and application of a novel selective-constrained energy-saving and emission-reduction dynamic evolution system. Energy Policy, 2014, 68: 498-507.

[31] Fang G C, Tian L X, Fu M, et al. Investigating carbon tax pilot in YRD urban agglomerations—analysis of a novel ESER system with carbon tax constraints and its application. Applied Energy, 2017, 194: 635-647.

[32] Zhang G Y, Tian L X. Evolution analysis and application of the dynamic system based on energy prices-energy efficiency-economic growth in China. International Journal of Nonlinear Science, 2017, 23: 109-115.

[33] Wang M G, Tian L X. Regulating effect of the energy market—theoretical and empirical analysis based on a novel energy prices-energy supply-economic growth dynamic system. Applied Energy, 2015, 155: 526-546.

[34] Fan X H, Xu H H, Yin J L. Chaotic behavior in a resource-economy-pollution dynamic system. Journal of Multidisciplinary Engineering Science and Technology, 2017, 4: 6508-6512.

[35] Hallegatte S, Ghil M, Dumas P, et al. Business cycles, bifurcations and chaos in a neo-classical

model with investment dynamics. Journal of Economic Behavior & Organization, 2008, 67(1): 57-77.

[36] Molz F, Faybishenko B. Increasing evidence for chaotic dynamics in the soil-plant-atmosphere system: a motivation for future research. Procedia Environmental Sciences, 2013, 19: 681-690.

[37] Patten B C. Synthesis of chaos and sustainability in a nonstationary linear dynamic model of the American black bear (Ursus americanus Pallas) in the Adirondack Mountains of New York. Ecological Modelling, 1997, 100 (1/3): 11-42.

[38] Hermanowicz S W. Sustainable development: physical and moral issues. Working Papers Berkeley (CA): Water Resources Center Archives, University of California Water Resources Center, 2006.

[39] Thomas C, Prasad R R, Mathew M. Introduction to complex systems, sustainability and innovation//Thomas C. Complex Systems, Sustainability and Innovation. London: IntechOpen, 2016.

[40] Hudson C G, Vissing Y M. Sustainability at the edge of chaos: Its limits and possibilities in public health. BioMed Research International, 2013, 52: 801614.

[41] Yi L, Li Z P, Yang L, et al. Comprehensive evaluation on the "maturity" of China's carbon markets. Journal of Cleaner Production, 2018, 198: 1336-1344.

[42] Bastidas-Rodriguez J D, Petrone G, Ramos-Paja C A, et al. A genetic algorithm for identifying the single diode model parameters of a photovoltaic panel. Mathematics and Computers in Simulation, 2017, 131: 38-54.